山乡宁静

乡宁县脱贫攻坚实录（上）

苏胜勇 ◎著

山西出版传媒集团

山西人民出版社

图书在版编目（CIP）数据

山乡宁静：乡宁县脱贫攻坚实录/苏胜勇著. — 太原：山西人民出版社，2019.12
ISBN 978-7-203-11152-8

Ⅰ．①山… Ⅱ．①苏… Ⅲ．①报告文学－中国－当代 Ⅳ．①I25

中国版本图书馆CIP数据核字(2019)第287753号

山乡宁静：乡宁县脱贫攻坚实录

著　　者：	苏胜勇
责任编辑：	吕绘元
复　　审：	刘小玲
终　　审：	姚　军
装帧设计：	尹志雷
出 版 者：	山西出版传媒集团·山西人民出版社
地　　址：	太原市建设南路21号
邮　　编：	030012
发行营销：	0351—4922220　4955996　4956039　4922127（传真）
天猫官网：	https://sxrmcbs.tmall.com　电话：0351—4922159
E—mail：	sxskcb@163.com　发行部
	sxskcb@126.com　总编室
网　　址：	www.sxskcb.com
经 销 者：	山西出版传媒集团·山西人民出版社
承 印 厂：	山西省教育学院印刷厂
开　　本：	787mm×1092mm　1/16
印　　张：	38
字　　数：	600千字
印　　数：	1—6000套
版　　次：	2019年12月　第1版
印　　次：	2019年12月　第1次印刷
书　　号：	ISBN 978-7-203-11152-8
定　　价：	98.00元（全二册）

如有印装质量问题请与本社联系调换

我们要立下愚公移山志，咬定目标，苦干实干，坚决打赢脱贫攻坚战，确保到2020年所有贫困地区和贫困人口一道迈入全面小康社会。

——习近平

苏胜勇，1951年生，山西浮山人，开过汽车，军队转业军官。1984年毕业于山西师范大学汉语言文学专业，现为山西省作家协会会员。

2004年以来，先后出版长篇小说《从太行到延安》《辛亥遗事》《日月》《烽火英雄》《秋月》《弟子规传奇》《京都一处》《薪火》、长篇纪实文学《隰州咏唱》《隰州梨人》《八千晋人当红军》《太行山最早的春天：安泽县脱贫攻坚战役记事》《梦圆蓝天》以及作品集《历程》等，共计700余万字。

山西省人大常委会副主任、临汾市委书记岳普煜在乡宁调研

临汾市委副书记、市长董一兵在乡宁调研

临汾市委副书记李云峰在乡宁调研

临汾市委常委、组织部部长刘文华在乡宁调研

临汾市委常委、政法委书记郭行杰在乡宁调研

乡宁县委书记樊洪平调研消费扶贫

乡宁县委副书记、县长廉海平在花椒基地调研

乡宁县充分发挥乡村两级组织作用决战决胜脱贫攻坚工作会议

攻坚英雄谱 扶贫教科书

——序《山乡宁静：乡宁县脱贫攻坚实录》

李骏虎

2018年11月底，我参加中国青年代表团出访印度，在上海浦东国际机场转机的间隙，接到了我初中时代的老师樊洪平先生的电话，樊老师这个时候已经是临汾市乡宁县的县委书记，他用跟30年前一样熟悉、一样浓重的乡音说："骏虎，乡宁脱贫了，你来看看，采采风，把奋战在脱贫攻坚第一线的基层干部们写一写！"

乡宁，十几年前我在家乡洪洞县挂职锻炼的时候，去开过科技工作现场会。神秘美丽的云丘山开发前后，我又去过若干次，并以云丘山的神话传说和人文历史为背景写过一部抗战小说《弃城》和一篇散文《北方有仙山》。樊老师刚当县长的时候，我借采风的机会顺道看望过他一回。有鉴于此，我对这块土地是熟悉和有感情的，并且这是一个多么好的深入生活、书写时代精神的好机会啊！遗憾的是，马上要出访，并且回来就要开始省作协五年一次的换届大会筹备工作，我不可能有专门的时间去采访创作，只能忍痛割爱，建议樊老师另外邀请一位文学功底好且熟悉风土人情的作家来写。

腊月里，在家乡小城跟樊老师短暂一聚，问起此事，他说大家举荐了原临汾市交通局副局长、作家苏胜勇来书写乡宁的脱贫事迹，我不由得拍着大腿表示赞同："好，苏局长一定能写好！"我参加过苏胜勇先生的长篇小说《日月》的研讨会，拜读过他的长篇历史小说《辛亥遗事》，深为钦敬他的历史眼光和把握时代脉搏的能力，苏先生是本市浮山人，可以说是本乡本土，采访中的沟通和创作时的人物刻画当然是得天独厚的。我对樊老师说，苏局长是写好乡宁脱贫攻坚故事的不二人选。

果然，经过半年多紧张深入的采访和埋头写作，苏先生拿出的这上下两册煌煌60万言的样稿，印证了我的判断。盛夏的苏州，我正在苏州大学参加山西省民主党派中青年骨干培训班学习，接到樊老师的电话，用他一贯的高门大嗓兴奋地告诉我："苏局长书写的全是扶贫一线的基层干部，非常感人，骏虎你来写个序吧！"我即刻就答应下来，并且急切地想读到书稿，嘱托樊老师快递到省作协，这样我回去后书稿也就到了。

回到太原，我放下手头所有的创作计划，开始阅读这部因为厚重而分为上下两册的书稿，我把它们放在公文包里，走到哪里带到哪里，在高铁上看，在外出会议或培训期间休息时看，不知不觉20多天过去，这20多天时间，我一直处于阅读带来的激动之中，几度洒泪沉思。而当读完全书掩卷之时，内心却获得了极大的平静，因为历经书中的人物253天的攻坚奋战，乡宁山山水水中的老百姓已经顺利脱贫，过上了安居乐业的好日子，在我眼前出现的是一幅山乡宁静的美好画卷——让人民过上平静幸福的生活，这不正是中国共产党的初心吗！"土地平旷，屋舍俨然，有良田美池桑竹之属。阡陌交通，鸡犬相闻。其中往来种作，男女衣着，悉如外人。黄发垂髫，并怡然自乐。"陶渊明的美好向往，在乡宁变为了现实，这宁静温馨的山水，不正是自古中华民族所憧憬的桃花源生活吗？不正是我们"两个一百年"奋斗目标的题中之义吗？我轻轻地把书稿封面上《乡宁在奔跑》的书名划去，改为《山乡宁静：乡宁县脱贫攻坚实录》。

苏胜勇先生的这部书，比我期待的还要好，这位年近古稀的退休干部，秉承了山西山药蛋派老一辈作家的优良传统，创作之前长期深入生活、扎根人民，他怀着满腔的乡情、热情奔走在乡宁的山山水水，几乎采访了所有奋战在脱贫攻坚第一线的干部，倾听他们的故事和心声，书写他们的平凡和伟大，讴歌他们的奉献和精神。他贴着人物写，把乡宁县的乡镇干部、第一书记、扶贫工作队、包联干部、青年志愿者、县脱贫攻坚行动总指挥部干部们的音容笑貌，苦辣酸甜，精神智慧都刻画得栩栩如生，有血有肉。在这场大决战中，他们来自不同的岗位，却担当着同样的使命；他们克服自身不同的困难，却做出了同样的奉献；他们动用了不同的资源、人脉，想出了不同的办法，采取了不同的举措，为的却是同一个目标。作家苏胜勇在描写他们的时候，虽然用了多种高妙的文学表现手法，他塑造的却不是什么虚构的文学形象，他笔下站立起来的这个人物群像，是在这场脱贫攻坚战役中冲锋陷阵、舍我其谁的英雄谱！

在这个英雄谱上，既有中国共产党党员，也有党外干部；既有数十年如一日投身农村工作的乡镇干部，也有刚刚毕业分配就来当第一书记的城里娃；既有在县里重要工作岗位上的领导，也有普通的科员干事，其中不乏夫妻俩都奋战在脱贫攻坚一线的家庭。他们来自各行各业，为了同一个目标走到一起来，又散落到偏远的山乡沟梁里去，这些新时代的干部们，聚是一团火，散是满天星，他们奉献的意义，绝不仅仅在于脱贫，更为重要的是他们重新焕发了党员干部的带头作用，成为带领广大群众脱贫致富奔小康的中坚力量——长期以来，由于市场经济意识的冲击，农村基层党组织普遍涣散，党员和群众都是各人顾各人，不能发挥党组织在群众中的凝聚力和带头作用，而扶贫干部来到包片的村子，第一个措施都是重新健全党组织，发挥党员的先锋模范带头作用，从而取得了良好的效果，充分体现了中国共产党为人民服务的宗旨。而农村支部和村委会的健全和战斗堡垒作用的发挥,也将是脱贫攻坚之后乡村振兴战略的组织保障和高效抓手。

因为县委书记樊洪平对此书"书写脱贫攻坚一线基层干部"的定位,苏胜勇笔下对县委书记和县上领导的着墨不多,但是作为乡宁县脱贫攻坚行动总指挥部的总指挥,要在短短253天内让1万多户、近4万贫困人口脱贫,没有高超的智慧、坚定的意志、强大的信心、合理的战略规划,是打不赢这场艰巨的战役的。在阅读书稿的时候,乡宁县在脱贫攻坚中的大胆创新、全面推进、因地制宜、多策并举、务实高效、着眼长远,渐渐使我想起了樊老师意志坚定、善于思考、雷厉风行的个性,乡宁县的脱贫攻坚战略特色,正是作为县委书记的樊洪平的性格特点的充分体现。早在30年前他还是一名初中教师的时候,就体现出与众不同的才华和情怀,创办了弄潮文学社,大胆革新教学方法,是我们少年时代的偶像,很多同学悄悄溜出教室去隔壁班听他抑扬顿挫的讲课。后来因为教学成果突出,文笔又好,被调到了镇政府办公室担任秘书,走上了仕途。子曰"学而优则仕",说得是学问做得好了,就可以在做官时更好地施善政,樊老师的学问和智慧正是他作为县上主要领导的施政特色。乡宁有很多值得夸耀的地方,从历史文化上说,乡宁是晋文公母亲戎子的故里,葡萄酒的发源地;从产业上说,乡宁的煤炭产能临汾市第一,是全国三大优质主焦煤基地之一;从生态上说,乡宁的绿化率达到52.6%,是山西省政府命名的林业生态县。但这些都不足夸,我觉得作为县委书记的樊洪平最值得称道的是在乡宁实施了12年义务教育,这在全山西省是第三家,临汾市是第一家!"百年大计,教育为本",这是一个目光长远、胸怀旷达的知识分子干部最让人钦敬的地方。

而在脱贫攻坚战役战略设计中,虽然时间紧任务重,乡宁还是把教育扶贫作为重中之重,注重扶智、扶志,精神扶贫,坚定信心,创立了脱贫攻坚领域的"乡宁模式",在这个特有的模式中,除了前面提到的狠抓基层党组织建设,我看到还有如下几个特点:一是多策并举,把国家的扶贫政策,比如"雨露计划"和县里因地制宜的本土政策,还有扶贫干部的个人办法结合起来,针对不同村庄的产业情况和不同贫困户的致贫原因制定专门的措施,达到脱贫发展的目的;二是转产治污,把产业扶贫和生态治理有机结合,乡宁县有很多大型的煤炭企业,政府鼓励他们投资旅游和三产,提供就业岗位,增加扶贫投入,比如驰名品牌戎子酒庄就是焦化企业永昌源转产,而闻名遐迩的云丘山,也是煤炭企业家张连水开发的;三是靠山吃山,乡宁主要是山区,盛产翅果、核桃、花椒、蘑菇等山珍,牛羊驴猪等家畜的养殖更是得天独厚,在为贫困户选择脱贫产业的时候,扶贫干部务实地利用了这些天时地利,使得原本贫瘠落后的山区林果丰盛,五畜兴旺,欣欣向荣。苏胜勇先生总结的乡宁县的扶贫模式和经验,宏观上战略布局科学合理,微观上方式方法各具特色,贫困户情况五花八门,扶贫干部来自各行各业,但处处体现着县脱贫攻坚行动总指挥部落实中央和省委部署,全面推进、精准扶贫、建设小康社会的战役意图,乡宁县的脱贫攻坚模式,已经达到了"教科书级"的高度,它不仅是共和国脱贫攻坚战役中一个县的历史记录,更为山区小康社会建设提供了难能可贵的先进经验。

阅读中尤其令我感动的是,全县4000户左右因病致贫、因残致贫、因学致贫的贫困人口的脱贫故事,作为弱势群体,他们得到了各级党委、政府和扶贫干部更多的关怀与帮扶,使得精神残障的人们头脑清晰起来,懵懂的生命重新焕发出了追求美好生活的信心,前途黯淡的学子走上了阳光大道,这已经超越了仅仅摆脱贫困、提高生活水平的层面,上升到了人文关怀的高度。《礼记·礼运篇》有云:"故人不独亲其亲,不独子其子。使老有所终,壮有所用,幼有所长,鳏寡孤独废疾者,皆有所养。"为官一任,造福一方,人民教师出身的樊洪平,作为县委书记和全县脱贫攻坚总指挥，把他的学养和情怀都灌注其中，备出了个性鲜明的一课，也交出了浓墨重彩的答卷，他不但打胜了这一仗，更是带出了一支精气神十足的干部队伍，鼓舞了全县人民奔向小康幸福生活的信心和决心。

习近平总书记说："幸福都是奋斗出来的。"愿更多的人读到这部攻坚英雄谱、扶贫教科书，记住里面那些感人至深的故事和人物，愿共和国的山乡都能够宁静如斯。

是为序。

2019年7月28日于太原

（作者为民盟中央委员、山西省政协常委、

山西省作家协会驻会副主席）

目 录

写在前面的话 ··· 001

第一章 2017：决战正酣（上） ·· 001
  一把尺子量到底 ·· 002
  三把快刀斩穷根 ·· 011
  四个轮子搬穷窝 ·· 018
  四个高潮唱大戏 ·· 027
  五根撬棍突破零 ·· 031

第二章 2017：决战正酣（下） ·· 037
  五大步骤奔健康 ·· 038
  七大推力兴产业 ·· 042
  煤老大在行动 ··· 046
  财神爷赶上来 ··· 051
  帮扶弱势群体 ··· 061
  构建空中商道 ··· 073

第三章 让"开口货"吐出效益 ··· 089
  松卜岭上财源开 ·· 090

万头肉牛促脱贫 …………………………………………… 094
　　獭兔点亮致富路 …………………………………………… 098
　　羊倌唤来羊财发 …………………………………………… 101
　　黑猪安家乡宁山 …………………………………………… 105
　　脱贫还靠大肥猪 …………………………………………… 108
　　鸡粪的华丽转身 …………………………………………… 112

第四章　叫黄土地长出金子 ……………………………………… 115
　　戎子酒庄葡萄酒 …………………………………………… 116
　　云丘山上招财旗 …………………………………………… 125
　　才子圪塔新庄园 …………………………………………… 133
　　玫瑰花香脱贫路 …………………………………………… 138
　　核桃砸开致富门 …………………………………………… 142
　　贡品茶惊艳天下 …………………………………………… 145
　　垣上吹来花椒香 …………………………………………… 149
　　真菌皇后大花菇 …………………………………………… 155
　　生态特色小镇 ……………………………………………… 161
　　农家乐园塔尔坡 …………………………………………… 165

第五章　追梦人的故事 …………………………………………… 169
　　贺三娃坚决不当贫困户 …………………………………… 170
　　王立世的感谢信 …………………………………………… 174
　　任青荣要坚强地活下去 …………………………………… 176
　　没有脱不了的贫 …………………………………………… 178
　　张元黄养羊走上致富路 …………………………………… 181
　　科学换来蜂蜜甜 …………………………………………… 184
　　当贫困户不光彩 …………………………………………… 187
　　曹改明一家的幸福生活 …………………………………… 190

六四老母撑起一个家…… 193
单凭养猪脱了贫…… 196
养蜂创造新生活…… 200
陈贵明的2017 …… 203
爹有娘有不如自己有…… 205
三大步过上好日子…… 208
搬掉头上的三座大山…… 211
母子俩发了猪财…… 214
精神分裂症患者的感谢…… 217
一篇美文的背后…… 220

第六章 脱贫攻坚战役中的敢死队员（上）…… 223
在大山里播种幸福…… 224
脱贫路上的带头人…… 235
青春在大咀村闪光…… 245
老罗是咱的贴心人…… 254
实干练就真功夫…… 262
第一书记的故事…… 273
少年壮志不言愁…… 281

写在前面的话

  吕梁山从北而南，贯穿于山西省西部，矗立在黄河东岸，像一座巨大无比的屏风阻挡着西北风沙，护佑着山西腹地。在吕梁山最南端坐落着一个古老的县份——乡宁县。乡宁县东顾临汾盆地，南瞰运城盆地，一条鄂河从乡宁县腹地流过。

  据史料记载，古时候这里曾有过一个鄂国，因此这里的山叫鄂岭，水叫鄂河，沟叫鄂谷，城叫鄂邑，村叫鄂乡。

  这里的先民曾经迁徙到如今的湖北省，该省的简称竟也叫鄂！真有意思，九头鸟竟是从乡宁这块土地上飞过去的！

  无论鄂岭，还是鄂河、鄂谷、鄂邑、鄂乡，还是鄂省，这个地方倒真是一个人杰地灵的所在。

  大名鼎鼎的春秋五霸之一晋文公的母亲戎子就出生在这里，并在这里酿造了世界上第一坛葡萄酒。

  在共产党为人民打天下的艰苦岁月，偏僻山区总是革命者最先接触、最先青睐、最先依靠的地方。

  至今，乡宁老百姓还牢记着那些在本县冒着生命危险播撒革命火种的革命先驱。

  1936年4月8日，东征的中国工农红军曾经来到这里，打土豪、分田地、组织抗日武装，播下了革命火种。

抗日战争全面爆发以后，这里的抗日武装在共产党的领导下，积极配合八路军主力部队反抗日军的侵略，沉重地打击了日军的嚣张气焰。抗战期间，作为黄河河防前哨阵地，乡宁军民为保卫陕甘宁边区做出了不可磨灭的贡献。

解放战争时期，乡宁人民积极参军参战，支援人民解放军于1947年5月5日，早早解放了本县全境，成为解放战争的可靠后方。

在长期的革命斗争实践中，在乡宁这块土地上留下了老一辈无产阶级革命家贺龙、陈赓、王新亭、罗元发、陈正湘、肖锋等人的革命足迹；乡宁人民为中国革命的胜利做出了巨大贡献，涌现出董光华和抗战二十四壮士等可歌可泣的英雄人物。

乡宁，这一块被战火烧过、被热血浸透的热土，因中国革命老区而受到世人的尊崇和歌颂。

上天似乎特别护佑这块地方，赋予鄂乡子民优渥的生活、生存资源。

乡宁县辖10个乡镇、181个（2018年底撤并为175个）行政村、1113个自然村，总人口240705人，农业人口193782人，是临汾市人口最多的山区县。

境内煤炭资源丰富，含煤面积1600平方公里，占全县总面积的78%，探明储量153亿吨，可采储量107亿吨，是全国三大优质主焦煤基地之一和全国100个重点产煤县之一。煤炭资源整合后，矿井数和总产能均位居临汾市第一。

森林覆盖率38.2%，林木绿化率52.6%，是临汾市林业资源最为丰富的县份之一，是省政府命名的林业生态县。

乡宁国土面积2029平方公里，居临汾市17个县（市、区）之首。

这里气候温和，风光宜人，文物古迹众多，旅游价值甚高，拥有全国著名的国家4A级景区——云丘山和全国唯一的葡萄干红酒庄、素有"大地艺术"之称的戎子酒庄。

乡宁是临汾市经济大县，财政总收入近50亿元，位居全市第一位。

但是这里山大沟深，自然条件恶劣，发展空间狭窄，依然存在严重的发展不平衡、不充分的问题，属于省级贫困县，现实与人民对美好生活的向往仍有不小差距。脱贫攻坚之初全县有36个贫困村、11218户建档立卡贫困户、38989口贫困人口，贫困发生率高达20.12%，脱贫攻坚的任务十分艰巨繁重。

自2014年以来，乡宁县历届县委、县政府按照中央和省委的安排部署，持续实施了全方位的扶贫工作，全县经济社会取得了极大进步。提高了农村的教育、卫生、交通、通信、金融等方面的发展速度，群众的生活水平和质量明显改善。

2017年4月22日，山西省委指出全省14个县争取在年底实现脱贫！乡宁县是其中之一。

虽说——

任务不可谓不艰巨！

道路不可谓不坎坷！

然而——

职责不可谓不神圣！

担当不可谓不光荣！

于是，乡宁县委、县政府带领全县干部深入学习贯彻习近平总书记精准扶贫、精准脱贫重要思想，带着对党的忠诚、为民的深情抓脱贫，采取得力措施，推动中央脱贫攻坚政策精准落地，加强农村基层党组织和党员队伍建设，扶贫扶志，扶贫治愚，真扶贫，扶真贫。

于是，在县委、县政府强有力的领导下，举全县之力将脱贫攻坚战役推向高潮。

第一书记、扶贫工作队、包村乡镇干部、青年志愿者打起背包奔赴农村！

各项脱贫优惠政策和扶贫措施迅速落实到位！

教育、医疗、技术、物资、人力资源纷纷向贫困村、贫困户倾斜！

于是，广大贫困户在党和政府优惠政策的激励和推动下、在各级领导的率领和感召下，振奋精神，以不甘落后、奋起直追的精神向贫困和愚昧宣战！

于是，一场空前绝后的脱贫攻坚战役在乡宁县打响！

仅仅经过一个寒暑，就从吕梁山的最南端传来令人激动的好消息——2018年9月7日，山西省人民政府批准阳曲等12县退出贫困县。通知指出：按照中共中央办公厅、国务院办公厅《关于建立贫困退出机制的意见》及中共山西省委办公厅、山西省人民政府办公厅《关于山西省贫困退出机制的办法》有关规定，经县级申请、市级初审、省级部门评价、省级第三方评估检查、整改专项检查和社会公示，阳曲县等12个省定贫困县均达到贫困县退出的相关指标，符合贫困县退出标准，经研究，批准阳曲、平鲁、山阴、柳林、昔阳、沁源、沁水、陵川、乡宁、安泽、夏县、闻喜退出贫困县。

由此，乡宁县成为山西省首批摘掉省级贫困县帽子的县份之一。

由此，历史又一次把乡宁县推到台前，接受世人的检验与评说。

2018年9月26日，乡宁县委书记樊洪平在全县脱贫摘帽巩固提升推进会上铿锵有力地说："我们必须清醒地认识和把握，脱贫摘帽不是终点，而是新的起点，决不能一摘了之、一脱了事，决不能刀枪入库、马放南山。下一步，工作重点要做到未脱贫的继续攻坚，已脱贫的巩固提升，新出现的重点帮扶，增强造血能力，防止反弹返贫。按照中央和省委要求，在脱贫攻坚期内，贫困县摘帽后仍要做到不摘责任、不摘政策、不摘帮扶、不摘监管的'四不摘'要求，持续建立并完善脱贫攻坚的长效机制，坚决走好脱贫攻坚后半程。"

乡宁人没有丝毫懈怠，没有点滴迟疑，在县委、县政府坚强有力的带领下，以习近平新时代中国特色社会主义思想为指引，以更加昂扬的斗志、更加有为的担当、更加务实的作风，全面巩固提升脱贫成果，大力实施乡村振兴战略，迈开大步，甩动双臂，精神抖擞地朝着更加美好的明天奔跑。

第一章

2017：决战正酣
（上）

2017年，对于乡宁县24万人民来说，是不平凡的一年，也是乡宁县各个方面发生深刻变化的一年。

这一年，乡宁县各级领导以党中央实施脱贫攻坚决战的大政方针为各项工作的指导方针，以脱贫攻坚决战的目标任务为冲刺方向，以脱贫攻坚决战的总体要求为行动准则，以更坚强的决心、更明确的思路、更精准的举措、超常规的力度，取得了脱贫攻坚决战的全胜。

建立了县、乡镇、村三级书记挂帅的脱贫攻坚作战指挥体系，四大班子领导明确包联乡镇村，坚持一线办公督导，乡镇党委、乡镇政府领导，第一书记，扶贫工作队，包村干部，村两委干部坚持常驻扶贫点。

按照上级政策与乡宁实际高度统一的原则和挂图作战的要求，研究出台了水利、交通、电力、教育、光伏等41个脱贫攻坚"乡宁方案"。根据工作实际，及时跟进调整政策措施，有效整合政策资源，充分发挥政策威力，确保脱贫攻坚沿着正确的方向前进。

一把尺子量到底

2017年乡宁县委、县政府率领全县之民，举全县之力，积极响应党中央和省委、省政府的决策，展开了脱贫攻坚战役决战！

县委、县政府主要领导深感肩上责任重大，任务艰巨。他们清楚地记得，习近平总书记在2015年11月27日—11月28日召开的中共中央扶贫开发工作会议上强调，消除贫困、改善民生、逐步实现共同富裕，是社会主义制度的本质要求，是中国共产党的重要使命。全面建成小康社会，是中国共产党对中国人民的庄严承诺。脱贫攻坚战役是全面建成小康社会的基础，如今脱贫攻坚战役的冲锋号已经吹响。全县干部群众一定要立下愚公移山志，咬定目标，苦干实干，坚决打赢脱贫攻坚战，确保到2020年所有贫困地区和贫困人口一道迈入全面小康社会。

他们的耳边还回响着山西省委书记骆惠宁铿锵有力的话语："打不赢脱贫攻坚战，就对不起这块红色土地！"

他们还记得山西省委副书记、省长楼阳生掷地有声的措辞："把脱贫攻坚政治责任扛在肩上，抓在手上，做足成色，如期交账！"

他们深感任务艰巨而光荣，责任重大而紧迫。

他们面前摆着反映全县贫困状况的一本账——

2017年初，乡宁县还有贫困户11218户、贫困人口38989人，大多分布在自然条件恶劣、资源匮乏、基础设施薄弱、发展落后的区域。

其中，因病致贫 1916 户、5515 人。

因残疾致贫 1071 户、3099 人。

因学致贫 930 户、4128 人。

因灾害致贫 145 户、470 人。

因缺水致贫 64 户、267 人。

因缺乏生产技术致贫 4937 户、18503 人。

因缺乏劳动力致贫 608 户、1379 人。

因缺乏资金致贫 738 户、2717 人。

因交通阻隔致贫 478 户、1758 人。

因缺乏自身发展动力致贫 296 户、1036 人。

全县还有因地质灾害、住房濒危、无房居住、住房拥挤的贫困户1482户，5143 人。

全县还有由于多种原因丧失劳动能力、无人赡养、无人供养的残疾人6047 人、孤寡老人 673 人、孤儿 38 人。

这一本账，不是工作人员统计上来的，而是他们深入各乡、镇、村调研，反复核实得来的。

为共和国的建立付出巨大牺牲、做出重大贡献的乡宁县，竟还有如此大的贫困面！竟还有如此多的贫困人口！县委、县政府的主要领导震惊了。

自己在这里主政一方，为官一任，如果不能在短时期内消除贫困人口，实难面对革命前辈，无颜面对乡宁父老！

可是怎么干呢？

用什么办法在省委限定的时间内完成脱贫攻坚任务，让近 4 万贫困人口脱贫呢？

一个个问题在他们脑海里浮现，一份份真情在他们心中涌动……

这一次的脱贫，不是数字上的脱贫，不是做表面文章，是实实在在的脱贫，是不留后患的脱贫！不仅要摘穷帽，而且要斩断穷根！让贫困户永久脱贫，彻底摆脱贫困，从此走上不愁吃、不愁穿，有病能医，有学能上的小康之路！

这次脱贫，既要大面上脱贫，还要精准脱贫，要精准到每个村、每个家户、每个人，拿习近平总书记的话说就是"小康路上一个都不能掉队！"

这次脱贫，意义重大，任务艰巨，空前绝后，运用以往惯用的办法不行，一定要勇于改革，创新工作思维和方法，出实招，用硬招，才能完成任务！

到底该怎么办？

哪里才是解决问题的切入点？

怎样才能从根本上解决问题？

哪里是发起总攻的突破口？

第一波攻击将在哪里发起？

第一声冲锋号将在哪里吹响？

这些严峻的问题实实在在地摆在面前，拷问着领导者的心智，检验着他们的工作能力！

县委、县政府主要领导为此绞尽脑汁。

面对脱贫攻坚历史欠账多、脱贫时间仅有253天、脱贫任务繁重的诸多困难，他们没有气馁和退缩，而是心神笃定，沉着应战。

他们组织县委、县政府一班人，认真学习《中共中央国务院关于打赢脱贫攻坚战的决定》和《中共中央国务院关于打赢脱贫攻坚战三年行动的指导意见》以及习近平总书记对脱贫攻坚战役的论述，大家明确认识了脱贫攻坚战役的指导思想、任务目标和工作要求。同时他们认真分析了本县脱贫攻坚战役的每一项具体任务、每一种致贫原因，有针对性地指出了脱贫路径。在此基础上，他们密切联系本县实际制定了组织脱贫攻坚战役的措施和有关制度。

具体地说就是"五个三"：

三级联动抓脱贫。成立了书记、县长任总指挥长，13名县级领导任副指挥长的县脱贫攻坚行动总指挥部，设立了"五个一批"分指挥部，组建了17个脱贫专项工作组，负责各行业领域脱贫攻坚方案制定和任务落实等工作；乡村两级也层层建立党政一把手牵头抓总的指挥体系，实现了县、乡、

秋到云丘山祖师顶

村三级联动，各部门合力攻坚。

三项机制阵前推。一是定期研判。县委常委会每月听取一次专题汇报，进行一次专题研究，县政府常务会每周进行专题部署，总指挥部和扶贫开发中心成员天天碰头，重要脱贫问题不过夜，各乡镇每周都要召集扶贫工作队开一次例会，邀请包联乡镇的县级领导参加，了解情况，发现问题，研究对策，安排工作。二是信息反馈。实行乡镇部门半月报、驻村扶贫工作队周报、问题建议即时报工作机制，既报进展，也报问题。三是督查考核。成立了6个由县人大、县政协副职任组长，县纪委监委和县委巡察办人员任副组长或成员的脱贫攻坚督查考核指导组，制定了详细的督查考核细则和脱贫攻坚干部履职考核办法，覆盖全县各乡镇、贫困村、县直单位和每个驻村扶贫工作队及第一书记，半个月一督查，一次一排名，一回一通报，实行严格的约谈规定，形成了问题反馈、限期整改、跟踪督导、验收考核机制，确保了脱贫攻坚各项工作、问题整改和主体责任落实到位。

三支队伍打冲锋。按照"一户一档一卡多策多干部"的帮扶思路，严格落实"两包三到"机制，县委常委以上率下依次按工作任务从重到轻包联乡镇和村；县直单位组建了96个驻村扶贫工作队，选派了492名工作队员，进驻全县181个行政村；4154名帮扶责任人与全县贫困户结对帮扶；下派50名第一书记，实现了贫困村和党组织软弱涣散村全覆盖。县财政给每个驻村扶贫工作队2万元经费，用于贫困群众帮扶工作的具体事项，为驻村扶贫工作队帮扶提供了灵活性。乡镇还成立了干部驻村帮扶工作站，为贫困户反映情况、提建议提供了便利条件。

三个时间定任务。出台了水利扶贫、交通扶贫、电力扶贫、教育扶贫、光伏扶贫、社会力量扶贫等41个脱贫攻坚"乡宁方案"，将任务目标量化细化到乡镇、村、户，精准施策。从6月初开始，全面打响脱贫攻坚"百日会战"，落实了"百日会战"实施方案，将目标任务细化到月、周、天，让全县干部群众对标对表，挂图作战，以超常规的手段、举措大干120天，确保完成脱贫攻坚的各项目标任务。

戎子酒庄的仿古建筑

三项资金做保证。经济状况，从来都是办任何事业的基础。有多大的经济实力，就办多大的事业。2017年，乡宁县除了财政拿出1.96亿元作为全县脱贫攻坚战役兜底资金以外，还从三个方面筹措资金10亿多元，其中财政预算资金达到3.21亿元。一是盘活结余资金增效益。创新"股加贷"资产收益扶贫模式，盘活财政结转结余扶贫资金2538.75余万元折股量化到户到人，配套扶贫低息贷款入股4家龙头企业，10155名贫困人口每年每人分红391.25元。二是撬动信贷资金壮产业。向县内各金融机构注入1486万元风险补偿金，发放扶贫小额贷款1.7亿元，同时加大财政扶贫资金贴息力度，2017年共投入带动主体和贫困户小额贷款贴息约250万元，有效解决了产业发展和贫困户自主发展资金短缺的问题。三是统筹各方资金聚合力。2017年，通过建立扶贫项目库，及时跟踪申报，高效密集对接，争取上级易地扶贫搬迁资金3.5亿元；着眼提高财政资金使用效率，统筹整合各类涉农资金1.25亿元，全部用于精准扶贫；鼓励和支持社会资金投入扶贫开发，扶贫领域吸纳社会资本1.5亿元。资金的注入，促进了各项脱贫措施不折不扣的落实，很快就收到了预期效果。

上述"五个三"，看起来内容繁复，但是说到底只有一把尺子，那就是习近平总书记说的："消除贫困、改善民生、逐步实现共同富裕！"

这一把尺子，是检查脱贫攻坚战役各项措施准确与否的最高尺度！

这一把尺子，更是衡量脱贫攻坚战役各项目标实现与否的最终标准！

这一把尺子，首先体现在县委、县政府组织推进脱贫攻坚战役每一个阶段的成果上！

这一把尺子，最终体现在广大贫困户生活的改善和农村产业的发展上！

说到底，这是一把从头量到底的尺子，没有商量的余地，也没有折扣机会！

乡宁县委、县政府在中央、省、市的总体安排指导下，分清轻重缓急，一一落实攻坚措施，按部就班地按照既定进攻路线大力推动全县的脱贫攻坚战役。

在抓好面上工作的同时，县委、县政府决定副县级以上领导干部，明确每个人扶贫工作联系点，包联到户，帮扶到人，并把联系人名单、联系电话号码通报全县，便于干部群众监督。

脱贫攻坚战役刚刚开始，乡宁县就传出县委书记三找贫困户的故事。

县委书记樊洪平率先响亮地提出自己要帮扶全县最穷的贫困户。为了确定包联贫困户，他曾三下有关乡镇调研，了解情况，寻找帮扶目标，前两次他到乡镇推荐的贫困户家里看，发现这几家还不是全县范围内最穷的贫困户，就叫乡镇再找，最后在尉庄乡店淹村找到了最贫困的农户，作为自己的帮扶贫困户。这些贫困户是——

任宏亮，老婆有病，两个孩子上学，本人在外边打零工，家住3孔几近坍塌的土窑洞，家境贫寒。

加张祥，本人身体不好，且无长技，妻子患痴呆症，一个儿子上初中，家庭经济十分困难，住房破烂。

加王腊，店淹村的老支书，曾经为村里建设做出很大贡献，如今年迈体弱，疾病缠身，一个38岁的儿子还是智障，住危房。

加成发，老两口均患心脏病，安装了支架，本人又患了脑梗，除了几亩薄田种一点玉米之外，再没有别的收入，全家生活困难。

加贵元，患有老年痴呆症，老伴身体状况不佳，住房破烂。

加徐贯，退伍军人，身体残疾，配偶患子宫癌，做了大手术，常年租房住。

在做好全县脱贫攻坚战役安排部署的基础上，樊洪平于2017年10月26日亲自走访了这些人家，与他们促膝谈心，征求他们的意见，找准致贫原因，最后针对每户的贫困情况，制定了具体的帮扶措施，帮助他们尽快脱贫。

对任宏亮家，决定落实资助贫困大学生的"雨露计划"，一定要叫两个大学生顺利完成学业。给任宏亮联系了合适的工作单位，使其有了稳定收入；为其老婆落实大病医保政策，不仅吃得起药，看得起病，而且大大减轻了家庭负担。还把他家纳入易地扶贫搬迁对象，住进了125平方米的新房。

在加张祥家，樊洪平发现他家是儿子加齐上学的困难，连校服费都交不起。樊洪平当即表态，从今往后加齐上学的费用由他负责，一直供到大学毕业！而后樊洪平专程赶到加齐就读的学校看望了他，还掏出200元钱交给随行的尉庄乡副乡长黑燕灵，委托她给孩子买一身新衣服。随行的乡村干部很受感动，乡人大主席王欣资助了1000元，尉庄乡党委书记资助了300元，店淹村支书冯连明资助了500元，彻底解决了加齐的上学困难。事后，黑燕灵还把加齐领到自己家里住了两天，给他买了两身新衣服。易地扶贫搬迁的时候，发现加张祥家装修房子有困难，尉庄乡乡长郑泽民又资助了500元，县脱贫攻坚行动总指挥部干部郑秀丽又联系爱心人士资助了1000元。加张祥感动地说："有了共产党和社会主义制度，我这一家

乡宁县城新貌

又活过来了……"

在加王腊家，这位昔日的村支书还是那样开朗，连说自家人口少，没有困难，不是贫困户。可是樊洪平看到老支书表情痴呆的智障儿子、空荡荡的破烂土窑洞和几件破烂家当时，自己的眼泪先涌出眼眶，他紧紧握住老支书的手说："老支书为党的事业、为村里的建设，出了大力，做出了很大的贡献，绝对不能叫您老人家吃亏！人民不会忘记您！"当他了解到老人的儿子至今还没有享受残疾人待遇的时候，当即下令让王欣3天以内办妥残疾证。乡人大主席王欣不敢懈怠，特事特办，终于在第三天把老支书儿子的残疾证办了回来。从此，加王腊的儿子每年可以享受6600元的残疾人生活补助。村两委还给老支书联系了村里保洁方面的工作，每月有一份稳定的收入，每年能进账几千元。全家也被纳入了易地扶贫搬迁对象，住进了宽敞明亮的新房。至此，加王腊家的脱贫问题彻底解决。

在加成发家，老两口有气无力地躺在炕上下不了地。再看看这个所谓的家，除了锅碗瓢盆之外，别无他物。樊洪平根据相关政策把他们纳入低保，同时发动社会捐助，解决迫在眉睫的困难。负责帮扶的工作队县国土资源局副局长辛建强当场拿出500元捐助，并说他们将发动全局干部职工进行募捐。樊洪平表态，自己负责监督各项低保待遇的到位和帮扶单位扶贫措施的落实。再有什么问题，还由他负责解决。最后，樊洪平把自己的手机号码给了加成发，告诉他如果哪一项政策没落实，帮扶单位哪些工作没有做好，还有哪些困难没解决，可以直接打电话给自己，他的手机24小时都开着。加成发高兴地说，这一下更有把握了。

在加贵元家，只见这位80多岁的老头儿，目光呆滞，胸前挂一个塑料牌牌，上面写着老头的姓名、年龄、住处、家庭电话。加贵元的老伴儿告诉樊洪平，老头子因患有老年痴呆症，不听话，动不动就偷着跑出去，好几回找不见人，发动亲戚朋友出去找，才找回来。后来就给他挂了一个牌牌，万一走丢了，碰上好心人也能把他送回来。平日里老两口种几亩柴胡，以此维持最低的生活水平。樊洪平根据老两口的实际情况，依据有关政策，把他家评为一类低保户，每人每月330元生活补助，老两口全年7920元，每月还有100元的养老金。这样就把老两口的生活问题彻底解决了。

在加徐贯家，樊洪平了解到这位57岁的退伍军人，本人残废，妻子患有子宫癌，做了大手术，花光了家里几十年的老底儿，还欠下1万多元的债，两口子没房住，租别人的烂窑洞住。几亩地租给别人种，每年有几百块钱的租金。这是一个典型的因病致贫的家庭。

意志坚强的加徐贯对樊洪平说："樊书记，我们能过得去。老天爷还饿不死瞎家雀儿呢，况且我的两只眼睛还能看见东西呢……"

樊洪平紧紧握住他的双手感动地说："相信我，一定要叫你们过上吃穿不愁、看病有保障的好日子！"

樊洪平与随行的乡镇干部、辛建强一块商量对加徐贯一家的帮扶措施，首先责成辛建强负责把医疗费按规定予以报销，而后确定了两口子的低保等级和养老金标准，加徐贯家的问题得到圆满解决。临走时，樊洪平和随行干部还为加徐贯捐助了数千元。

加徐贯感激地说："共产党好！社会主义好！"

其他县级领导干部和扶贫工作队也深入所包联帮扶乡村，紧密联系实际，找准切入点，制定脱贫措施，落实有关政策，带领广大贫困户脚踏实地地干了起来。

三把快刀斩穷根

在乡宁县一说到教育,人们必然会津津乐道近几年乡宁县的普通高考和对口高考的升学率,随口吐出一连串的数字——

2016年,998人。

2017年,1088人。

2018年,976人。

乡宁县的高考升学率,多年来一直稳居临汾市10个山区县第一位,甚至超过部分平川县。

这是一组值得乡宁人自豪的数字。

这是一组饱含着县委、县政府领导心血的数字。

这是一组令全县教育系统全体员工感到无比欣慰的数字。

这是一组叫乡宁县老百姓感到无比温暖的数字。

要知道,在不太久远的过去,一个山区县每年能考上一两个大学生都是令人激动万分的事情啊!

记得在改革开放初期,县里偶尔考上几个寥若晨星的大学生,县委书记、县长亲自为他们颁奖,敲锣打鼓,还派自己的专车送他们到火车站……

曾几何时,大学生就是一县之内的天之骄子。

除了物以稀为贵外,更重要的是全社会对知识的尊重和对科学技术的渴求。

然而，在尊重和渴求之后，更多的是痛苦与无奈！

多少家境贫寒的孩子，无论多么品学兼优，上学读书深造的愿望多么强烈，只因拿不出学费，被挡在高中和大学的校门之外。

不读书没有出路，但读书会给家庭带来沉重的负担。为了让孩子有个好的未来，不再像自己一样没有文化，很多家庭即使砸锅卖铁，倾其所有也要供孩子上学，以致因学致贫，生活陷入困境。

2016年底，乡宁县因学致贫930户，贫困人口高达4128人！

全国性脱贫攻坚战役展开以后，樊洪平一干人等经过分析脱贫原因以后，得出了一个深刻的结论——

教育的短板、知识的贫乏、技术的缺少是造成长期贫困而不能自拔的根源，是穷根！

要真正脱贫致富，就必须彻底斩断穷根！

要真正达到小康，就必须坚决阻断贫源！

扶贫，首先要进行教育扶贫。

结论既出，措施随之而来。

乡宁县采取了三项过硬措施，实施教育扶贫，三把快刀斩穷根。

第一把快刀：积极改善办学条件，打造一流硬件基础。

2016年、2017年，全县总投资19867.8万元，完成了义务教育"全面改薄"工程，标准化改造中小学校80余所。2016年11月，通过全国义务教育发展基本均衡县评估认定，全县义务教育阶段学校办学条件达到省定标准；总投资1460万元，完成南阁、台头、下园子3所幼儿园新建工程，2017年9月顺利开园招生；连续两年完成101所农村煤改电、煤改气学校清洁能源改造。2018年投资5258万元，新建乡宁县实验小学，设置六轨制36个教学班，可容纳学生1600余名，2019年春季开学投入使用。

利用省级专项资金1929.24万元，为义务教育阶段学校增配了食宿、安保、教学等设施，所有学校教育教学设施全部达到省定指标要求。同时，投资1916.2万元，为全县学校添置计算机、多媒体网络设备，为中学和乡镇所在地小学配备课堂录播设备，为县直小学和 18 个教学点安装同步课堂传导设备。目前，全县 126 所学校开通内网，30 所学校实现录播互动，15 所试点校实现异地同课。全县无论农村学校，还是城镇学校，在硬件设备方面不分彼此。

第二把快刀：科学规划队伍建设，全面提高教师执教能力。

严格按照省定编制，及时调整各中小学编制数额，确保满足教学需要。2016—2017 年通过考试招聘 30 岁以下教师 153 名，全部补充到了农村中小学校。2018 年招聘补充高中教师 35 人，解决 109 名长代、县聘教师遗留问题。

针对社会教育的短板同样存在于教育资源的贫乏和失衡，教育质量的提高同样有赖于教育资源的提升和教师素质提高的实际情况，乡宁县开展了各种形式、各种层次的业务培训，提高教师执教能力。2016 年、2017 年共组织各类培训 60 余期，参训教师 14665 人次，人均培训 5.37 次。此外，全县中小学校 7 个教研联合体，定期开展联片校际教研活动，邀请省市专家对全县教师进行专业引领。每年 10—11 月对全县 300 余名农村幼儿教师进行为期 4 周的全员跟岗培训，使他们的教学能力不断提高。

为了科学配置教育资源，他们实行了轮岗交流。按照 10% 的交流比例，对全县义务教育阶段学校教师绩效轮岗交流，优化教师队伍结构，推动中小学（园）教师区域内交流，实现教师资源科学配置，大力促进城乡教育优质均衡发展。

此外，为确保农村教师留得住、扎下根，从 2015 年 1 月起实施乡镇工作补贴，惠及 1500 余名乡村教师，年人均增收 4700 元，初步形成了"越是偏远、越是艰苦，待遇越好"的激励机制。

为了提高农村教育的质量，坚持开展支教帮扶活动。县城 2 所幼儿园先后派出 38 名骨干教师到尉庄、枣岭、西坡等乡镇幼儿园进行全年支教；同时，县直 4 所小学、2 所中学共 200 余名骨干教师，到 7 个乡镇、20 余所学校进行全年支教，结对帮扶，迅速提高农村学校、幼儿园的办学水平和教育质量。依据省市改革办学模式的要求，实行联盟帮扶制，从学校管理、教学研究、学生评价、教师发展等方面精准帮扶,实现优质教育教学资源共享,促进城乡义务教育学校一体化发展。

第三把快刀:实行12年义务教育,解决贫困孩子上学困难。

学校有了,老师有了,紧跟着的就是生源了!生源问题解决了,农村教育的问题就解决了一大半。

生源问题的关键还是经济问题,减轻学生家庭负担,解决贫困孩子上得起学、读得起书的困难。

乡宁县从2014年起实行了12年制义务教育,小学、初中、高中全部义务教育。从根本上解决了生源问题,解决了贫困孩子上学读书的困难。2017年投入154.94万元对建档立卡贫困户就学子女从幼儿园到普通高中、职业高中扶贫资助全覆盖,投入124万元对当年考取并就读二本B类以上普通本科院校贫困大学生应助尽助全覆盖。还全面免除了高中阶段学生的学费、住宿费、课本费等,实现了真正意义上的12年义务教育,属于全市第一家、全省第三家。为了让党和政府的阳光温暖社会的每一个角落,他们还对建档立卡贫困户重点关爱。完善了从学前教育到高等教育资助体系,保障在本县学校及幼儿园就读的建档立卡贫困户学生从入学到毕业的全程资助,2016年以来发放各类教育资助资金20677人次、2002.53万元,办理生源地助学贷款15438人、9514万元,确保全县没有一个学生因为家庭贫困而辍学。同时,实行特殊教育提升机制,在西街小学、乡宁二中设立了特教班,建立了西街小学、光华中学两个特殊教育资源教室,完善了残疾学生"一人一案"档案资料,残疾少儿入学率达到97%。

仅2018年,全县教育扶贫共资助15091人次,资助金额1008.625万元,包括建档立卡贫困学生13576人,资助金额925.475万元。其中,国家资助项目共资助10171人,资助金额658.2875万元,包括资助建档立卡贫困学生8656人,资助金额575.1375万元;县级教育扶贫资金共资助建档立卡贫困学生4920人次,资助金额350.3375万元。

他们实施了动态资助,密切关注贫困生的情况,保证每个孩子都有受教育的机会和权利。

双鹤乡中学教学楼

在脱贫攻坚战役中的工作人员进行贫困摸底、掌握动态、组织评审、名单公示、资金发放,对扶贫效果进行调研,对落实深度贫困户子女就学帮扶政策,以便发现问题,立即纠正和处理,确保各项帮扶政策落到实处,帮出实效。

教育扶贫的开展,不仅解决了教学的硬件设施和师资质量难题,而且保证了贫困户孩子的就学,更重要的是提高了全县的教学质量,培养出一批批品学兼优的学生,为经济社会发展进步和脱贫攻坚提供了坚强的支撑。

乡宁县的教育事业已经走上良性发展的坦途。在谈到以后的工作时,乡宁县教科局党组书记、局长阎江涛深情地说:"还是要坚持优先发展教育战略,充分发挥教育扶贫先导性、基础性和根本性作用,深化教师队伍建设改革,激发教育发展活力,努力办好每一所学校,遍及每一名教师,教好每一名学生,温暖每一户家庭,办好人民满意教育,阻断贫困代际传递,持续巩固提升脱贫攻坚成效,为全面建成小康乡宁贡献教育力量。"

经各方面的努力,全县的教育事业在社会上产生了极大的吸引力,不仅本县就学率、升学率明显提高,而且出现了到外地名校上学的乡宁籍学生返回本县乡镇学校的喜人气象。

双鹤中学位于乡宁县东南部,是一所山区初级中学,现有学生606名、教师65人。3年来,学校本着"为农村孩子的精彩人生奠基"的办学宗旨,围绕"强化管理、质量立校、特色兴校"的办学思路,坚持立德树人根本任务,努力提高教育质量,探索课堂教学改革,制定考核机制,有效促进学校学风、教风、校风良性循环,成为全县学校教育的一张品牌。呈现出学生回流的良好局面,原先就读于学校周边向阳、阳光、康杰、星源、惠祥等名校的学生回流已经超过50人。2018年,取得了八年级抽考全县第二、学校综合评估二等奖的好成绩,升学人数更是连续多年稳步攀升。

81班的学生孙新亚,其父母长期在江苏打工,决定将其带到江苏去上学,一是便于监护,再就是江苏教学质量也高。在转学籍的过程中,他们走访了老师,观摩了教学,转变了对学校的认识,最终决定让孩子留在本地。2018年,经过自己的努力和老师的精心培育,孙新亚以610分的好成绩考入乡宁一中。

就读于九年级103班的冯安香之前在襄汾上学,性格内向,不善交际,加之远离父母,一度轻度抑郁。她的父亲冯占红几经权衡,抱着试一试的心态,把女儿从襄汾转到双鹤中学。两年时间过去了,冯安香变成了一个阳光上进的学生。冯占红逢人便讲,是双鹤中学挽救了他的孩子。

西坡镇中学满怀热情对特困家庭的学生采取特殊帮扶措施,取得了很好的效果。学生高浩源、高浩琪兄弟俩,他们家是西坡镇柏崖湾村的特困户,母亲患有轻度精神分裂症,靠父亲给别人打零工来维持生活。每人每年除了享受寄宿生生活补助1250元以外,学校还专门建立了特困生档案,对他们定期进行心理辅导,要他们放下包袱,轻装上阵,努力前行。2017年,他们的父亲不幸发生车祸,经全力抢救虽保住了性命,但只能拄拐杖行走,完全丧失了劳动能力。兄弟俩情绪低落无心学习,产生了辍学的念头。校长与他们倾心交谈,班主任耐心细致地做他们的思想工作,寒暑假由于家庭原因他们无法回家,学校还安排专人专车将他们送到家。学校领导与教师的关心和帮助，让遭遇不幸的小哥俩鼓起了人生的风帆，哥哥高浩源以优异的成绩被乡宁一中录取，弟弟高浩琪成为班里的优等生。

在乡宁县，像这样的事例多得不胜枚举。好多贫困家庭的孩子考上大中专院校以后表示，学成以后还要回老家工作，报答家乡父老！这可能就是乡宁县实施教育扶贫的最佳结果。

四个轮子搬穷窝

2017年6月,在县委、县政府的坚强领导下,乡宁县的脱贫攻坚战役正式拉开序幕。

群众只有安居,才能乐业。

安居,就是要对"一方水土养育不了一方人"的穷窝窝和住房不安全的贫困户进行易地扶贫搬迁,这是脱贫攻坚战役的第一轮攻击波。第一声冲锋号就在这里吹响了。

"安得广厦千万间,大庇天下寒士俱欢颜,风雨不动安如山。"

这是唐代大诗人杜甫761年在著名诗篇《茅屋为秋风所破歌》中所写的千古名句。到2017年,距诗人发出这样的呼喊已经过去了1256年,但是限于生产力水平,长期以来,群众的住房状况并没有明显改善,特别是老少边穷地区,由于受所处地理环境影响,有些甚至连基本的居住安全都做不到。

自1980年开始,国家开始尝试通过移民的方式进行扶贫。制定扶助政策,帮助那些居住在条件恶劣的山庄窝铺的贫困农民搬到条件较好的地方生活。

2001年中国又启动了生态移民工程。2016年9月22日,经国务院批准,国家发改委印发《全国"十三五"易地扶贫搬迁规划》,计划5年内对近

1000万建档立卡贫困人口实施易地扶贫搬迁,着力解决"一方水土养育不了一方人"的贫困问题。该规划以精准扶贫、精准脱贫为统领,坚持搬迁与脱贫"两手抓",明确了"十三五"时期推进易地扶贫搬迁的指导思想、目标任务、资金来源、资金运作模式、保障措施等,把彻底改善贫困群众的住房条件提到了脱贫攻坚行动纲领的高度。

乡宁县境内山多川少,高边坡遍布,加之矿山开发等工程频繁,属地质灾害频发区,主要有崩塌、滑坡、地面塌陷等。境内煤矿矿区面积达561.4867平方公里,煤矿采空区塌陷已使2000多间民舍受损或开裂下沉,4000多亩农田遭到不同程度的损毁,累计影响面积大于150平方公里,目前已发现157个地质灾害隐患点,涉及9个乡镇、3000余户居民、15000余人。针对这一现状,乡宁县委、县政府把地质灾害治理与易地扶贫搬迁工作结合起来,在地质灾害面积较大的地方,实行整村移民搬迁,彻底解决贫困户的安居问题。

乡宁县委、县政府把易地扶贫搬迁作为脱贫攻坚战役的重中之重,按照高位推动、因地制宜、统筹资金、强化措施的要求,全力推进易地扶贫搬迁工作,很快就取得了明显的成效。

为了让群众住上安全房,投资3.1亿元,按照"集中、就近、跨区域、城镇化、农旅结合、自主搬迁"六种安置模式,2016年和2017两年间共搬迁2430户、8622人,其中集中安置贫困户1386户、4950人,分散安置694户、2540人,同步搬迁350户、1132人,共建设集中安置点45个。对于偏远地区,重点倾斜支持,共对51个深度贫困村实施了整村搬迁。同时彻底解决了搬迁户后续生产生活问题,确保贫困户搬得出、稳得住、能致富。

针对易地扶贫搬迁涉及面广、情况复杂、任务艰巨的特点,乡宁县委、县政府制定和健全明确的工作机制,强力推动。他们的做法是充实完善领导机构,建立联席会议制度,健全目标考核体系,高位推动,全力以赴。

他们的做法是四个轮子一起转动,促使贫困户搬离穷窝。

第一个轮子:提高认识,因地制宜,解决"如何搬"的问题。

按照"宜集中则集中、宜分散则分散"原则，坚持将易地扶贫搬迁与推进城镇化、促进产业发展和尊重群众意愿结合起来，遵循规律，讲求科学，一次规划，分步实施。同时做细致的思想工作，解决贫困户"金窝银窝赶不上自家的狗窝"的糊涂认识，增强"只有安居，才能乐业"的新思想。

第二个轮子：提供巨大资金支持，解决"搬得出"的问题。

易地扶贫搬迁需要大量的资金投入，必须把钱用在刀刃上，防止"最贫困的人搬不起"。对此，乡宁县主要采取了四个办法：一是严格控制建房标准和住房面积，二是统筹整合相关部门专项资金，三是用好土地增减挂钩政策，四是充分发挥金融扶贫作用。以充分发挥金融扶贫作用为例，该县与当地邮储银行签订了金融扶贫合作协议，县财政注入300万风险保障金作为杠杆，放大8倍发放信贷。2017年底，共发放"富民贷"106户、365.5万元，"强农贷"88户、45万元，解决了移民户发展后续产业资金匮乏的难题。

第三个轮子：完善配套服务设施，解决"稳得住"的问题。

移民新村新建了超市、卫生室、自来水、照明电、道路、活动广场、舞台、公交站点等公用设施，室内安装了抽水马桶或者冲水厕所、洗浴设施、电热水器等设备，有条件的还设立了幼儿园、小学等，大大方便了贫困户的日常生活。

第四个轮子：坚持以脱贫为目标，解决"能发展、可致富"的问题。

与创业就业相结合，持续强化扶持，增强搬迁户造血能力，推动搬迁户稳定脱贫，发展致富。依托琪尔康翅果生物制品有限公司、戎子酒庄有限公司、美聚香凝农产品开发有限公司等农业龙头企业，采取"公司＋基地＋农户"的发展模式，引导移民户发展翅果、葡萄、玫瑰等特色种植；大力发展农业专业合作社，引导移民户因地制宜发展核桃、苹果、米槐、肉牛、蛋鸡等特色产业；积极推广村级光伏发电项目，建成38个光伏发电站；利用乡宁林业资源优势，引导移民户栽植周期短、见效快的经济树种，让符合条件的贫困人口就地转为护林员。

如今人们在乡宁县，不经意间就能在垣面上、山坡下、树林里、小河

店淹村集中安置移民新村

旁发现一色青砖红墙的居民点,有文化广场、太阳能路灯、草地花园,还可以看见老人们在享受休闲时光,孩子们在玩耍……不用说,那一定是移民新村。毫无疑问,这已经成了乡宁县的一道靓丽风景。

尉庄乡是乡宁县易地扶贫搬迁任务最繁重的乡镇,涉及14个村、18个安置点,共需搬迁927户、3071人,截至2017年底已全部完成新建房屋工程,集中搬迁793户、2617人,分散搬迁134户、454人。总投资10759.35万元,其中民房修建7605.3万元、基础设施3154.05万元。

在樊洪平帮扶的尉庄乡店淹村,针对本村4个自然村都散落在方圆10平方公里的几条山沟和山梁上,存在交通极为不便、信息传播不畅、孩子上学入托困难、看病医疗受阻等问题,樊洪平和村两委干部细心倾听群众意见后,决定把4个自然村一举整体搬迁到自然条件较好的公路沿线,组成4个小区,仍旧用原来4个自然村的名称,分别取名店淹小区、店儿坪小区、石固小区、核桃园小区,沿袭原来的村民管理机构实行城市化管理。这样既符合群众念旧怀旧的心理特点,又便于集中统一管理,使各项工作保持连续性。

经过半年多的紧张建设,4个小区建成了。干线公路旁边横空出现了一大片设计科学、布局合理、设施齐全、工程质量上乘,依地形高低错落有致的新型住宅,一个现代化的小城镇实实在在地进入了人们的视野。店淹村全村252户、849人,集中搬迁231户、722人,做到了应搬尽搬,不留后患,不落一户,不少一人。新的居民小区按照统一规范自建、专业监理和群众监理相结合的方式,完善基础设施和公共服务配套设施,同步规划文化广场、便民超市、供水排水、供暖系统、宴会厅、活动室、老年人日间照料中心以及硬化、亮化、美化等工程,是全县最大的一个行政村集中搬迁安置点,也是整个临汾市第二大移民新村,产生了很大的示范效果。

2018年1月,店淹村里红旗招展,鞭炮声不断,欢声笑语不绝,村民们纷纷坐着拖拉机、小型农用车从山庄窝铺、深山老林、破旧的老窑洞里搬进移民新村,互道乔迁之喜。

那些天,古老而偏僻山村的人们,脸上洋溢着搬迁的喜悦,比过年过节还要热闹,贫困户们说的是搬家,想的是搬家。

搬家!搬家!搬家!

搬离穷窝,搬进富窝!

告别穷窝,迎接福窝!

贫困户任宏亮高兴地见人就说:"想也不敢想,自己能住上三室两厅的新房,还有独立小院,条件比城里还要好。"在这之前他家6口人挤在3孔土窑洞里,3个孩子上学,妻子多病,70多岁的老母亲也需要照料,他被生活的重担压得喘不过气来。随着一项项帮扶政策的落实,任宏亮的生活开始发生变化。任宏亮先是得到一份稳定的工作,在教育扶贫政策的支持下女儿顺利上了大学,在健康扶贫政策的帮扶下妻子的病治愈了,最让他感激的是没花多少钱就住上了新房。

搬家那天,樊洪平也来了。

任宏亮的老母亲激动地抱住樊洪平,流着热泪连声说:"我老婆子做梦也没想到这辈子还能住上这么好的房子。感谢共产党,感谢樊书记……"

樊洪平高兴地说:"咱们要感谢共产党,感谢习近平总书记制定的富民政策……"

尉庄乡仁义村所属7个自然村地处黄土残垣沟壑区、地质灾害滑坡区，交通不便，吃水困难，居住分散，大多数村民居住在土窑洞里。2016年经申请获批后，新建了仁义新村，按"整村搬迁、集中安置"的方式进行易地搬迁。该村共有85户、273人，集中安置贫困户79户、252人，同步搬迁5户、18人，分散搬迁贫困户1户、3人。他们还建设了仁和新村，共集中安置113户、380人，其中建档立卡贫困户100户、342人，同步搬迁13户、38人。2个移民新村均修建在公路沿线，相距不远，原来7个自然村相距遥远，交通受阻，村民之间很少来往，现在走动起来就像串门一样方便。

移民新村按照现代化新农村建设标准实施，通电、通水、通网，文化广场、村级服务活动室等公共服务设施全覆盖，户户家里水电暖齐全，极大地满足了群众物质生活和精神文化生活的需求。看戏、跑步、做操、打羽毛球成为村民早晚生活的规定动作，家家户户的小院里不仅种着蔬菜、花草，院墙上还绘上了反映农村生活场景的壁画，呈现出一幅社会主义新农村的喜人景象。

以前的仁义村在乡宁县穷得出了名，小伙子娶不上媳妇。村里办事的时候，光棍就坐了三桌半，人称"一个排"。整村搬迁以后，生活环境好了，成了远近闻名的幸福村，目前已经有好几个光棍脱了单。

曾经搬迁过一次的加发全，2005年修建了新房，几年后由于地质灾害出现严重塌陷，存在安全隐患。因孩子在县城上学，加发全就在外租住了好些年。这次加发全仍被列入易地搬迁范围。

搬进新房以后，加发全高兴地说："现在搬进了新村，总算有了自己的窝，不用再掏房租了。新房是我自己动手装修的，基本没花什么钱。左邻右舍住得集中了，没事可以串串门。以前垃圾胡乱倒，现在一家看一家做，都把门前院后打扫得干干净净，还是住在自己家里美气，真是没想到这辈子还能住上这么好的新房子。"

低保户加贵堂从烂土窑洞搬进属于自己的新房，兴奋得好几天都睡不着觉，深更半夜还要起来好几回，院里院外看不够，不相信这是属于自己的新房子。只要来了干部，就说个不停："原先住在破烂窑洞里面，半夜三更睡不着觉，只怕窑洞塌了，整天担惊受怕。现在也是半夜睡不着觉，是高兴啊！"

81岁的吕韩祥和79岁的老伴儿，从自家的破烂土窑洞搬进新房，把屋里屋外收拾得干干净净，一尘不染。一次报社记者到他家里采访的时候，吕韩祥竖起大拇指说："共产党就是好，社会主义真是好，习近平总书记了不得！"

除了集中安置以外，乡宁县对房屋不安全的贫困户，在合适的地方帮助他们建造新房，条件和标准不变，验收程序不变。全县共有694户、2540人实行了分散安置，效果也很好。

昌宁镇十里铺村的建档立卡户刘发平一家，原住在乡宁县城北的垣面上，5口人住在年久失修的两间土房子里面，本人愿意在本村建新房，理由是方便自己种地和发展产业。县、乡、村按照他的意愿，依照既定标准和优惠政策帮他建起了新房。一家人顺顺利利地在预定时间内搬进了新房，皆大欢喜。

离开了祖祖辈辈居住的老村子和老窑洞，舍弃了自己一砖一瓦建起来的家，告别了列祖列宗的坟茔，再也不能熟悉的一草一木，承载着自家几代人梦想的村子，对于每一个中国人来说，都有一种说不出的酸楚，故土难离呀！"金窝银窝不如自家的狗窝"的观念已经深深扎根于人们的心灵深处。

因此部分搬迁户对搬迁新居或多或少存在一些疑问和担心。新房建好了，很多人还是抱着"等等再看""看看再说"的心理一推再推，迟迟不愿意搬家。

当他们怀着忐忑不安的心情，搬进新房以后，面对一应俱全的生活设施、舒适的居住条件，以前的提心吊胆就被高枕无忧替代，获得感、安全感油然而生，贫困户们喜上眉梢，夸共产党没有说假话，政府真是为群众着想！

2018年12月18日上午，笔者在寒风中走进尉庄乡枣庄新村贫困户张明祥的新家采访。

身材矮小、头发稀疏、脸颊粗糙、两眼明亮的张明祥刚刚完成村中的保洁工作回家,听说笔者来访,急忙说:"老师请别着急,我得收拾一下,再给你好好说。"

随行的黑燕玲微笑着说:"好好好,我们等你,别着急。"

只见张明祥先拿毛巾细细擦了一把脸,而后拿过一把小塑料梳子,对着镜子把头上稀稀拉拉的头发梳成偏分,收拾妥当,这才转过身子,微笑着面对笔者。

笔者正要说话,张明祥又伸手一挡,说:"老师别着急,先听我给你念一段。你听听,提提意见。"

张明祥说罢,拿出两张纸就念了起来——

……
农村迈向城镇化,扶贫工作进农家;
百姓住进新农家,新村全部电气化;
扶贫团队周书记,入户宣传党政策;
伸出双手来援助,引领典型来带路;
老农爱的是土地,多种经营快致富;
黄芩牡丹小杂粮,蔬菜大葱和大豆;
红白萝卜有红薯,样样齐全都不缺;
彻底摘掉穷帽子,敢教日月换新天;
抬头见喜村生辉,尉庄东郊一明珠;
搬离穷窝住新房,复看复垦茅草屋;
土地资源全利用,庄园还在发展中;
庄园住户很自豪,明祥为你更骄傲!

张明祥一口念完他的诗,鼻子尖尖上冒出了细密的汗珠,微笑着问笔者:"老师,你说吧。"

笔者笑着说:"我没啥说的了,你已经把我想说的话都说完了呀。"

平心而论，张明祥创作的诗不是严格意义上的诗，可是贫困户搬离穷窝，住上新房而产生的那种兴奋、满足、感恩的心情洋溢在字里行间，表现在他欢欣的笑脸上。

"有恒产者有恒心，无恒产者无恒心"，孟子把私有财产提高到国家长治久安的高度。

孙中山曾经提出"耕者有其田，居者有其屋"的民生思想。

易地扶贫搬迁是当代中国农村一项伟大的举措，实现了前人想做而没有做成的事，它不仅仅是改善了贫困户的居住条件，而是将党的温暖和关怀送到每一个贫困户的心里，在奔向小康的路上，一个都不掉队。

"恒产"造就了"恒心"，

"恒心"稳固了"恒产"。

四个高潮唱大戏

脱贫攻坚战役，之所以叫作攻坚，之所以称之为战役，其根本原因就是脱贫难，难脱贫；一时脱贫容易，永久脱贫难；今年脱贫了，明年又可能返贫……

有的贫困户，远远不是给几个钱，办几件实事就能彻底脱贫的。

拿乡宁县来说，还有因缺乏劳动力致贫608户、1379人；还有由于多种原因丧失劳动能力、无人赡养、无人供养的残疾人6047人、孤寡老人673人、孤儿38人。

这些人给上多少钱，也不能从根本上解决问题。

这就是那些低保户、兜底户！

他们是这次脱贫攻坚战役的重中之重！

乡宁县委、县政府对这类人群给予高度关注，采取特殊政策，制定有针对性的措施，有效地解决他们的脱贫问题。

说句实话，作为全市、全省，乃至全国知名的主焦煤主产地的乡宁县财政应该是不困难的，拿出一些钱来脱贫攻坚也是可以的，这些年来，他们已经拿出了一大部分资金用于改善农业、农村、农民生产和生活中的困难，但是脱贫攻坚战役展开以后，他们还是遇到了一些难题。

如何叫低保户、兜底户和别的贫困户一起走在小康社会的康庄大道上，一户也别落下，一个也别掉队！

这是樊洪平们考虑和讨论最多的问题。

如何让兜底户手里的钱生钱？

如何让贫困户桌上的蛋糕越做越大？

如何搭建一个脱贫致富的平台？

问题越讨论越明确，措施越讨论越具体。

总的原则是加大投入，创新模式，着力打好脱贫组合拳。打赢脱贫攻坚战，必须注满"资金池"，保障"战斗给养"。2017年全县投入脱贫攻坚资金超10亿元，其中财政预算资金达3.21亿元。

蒿圪垛村快成熟的油用牡丹

接下来，事情的进展高潮迭出，亮点频仍。

第一个高潮和亮点：盘活结余资金增效益，创新"股加贷"资产收益扶贫模式。盘活财政结转结余扶贫资金2538.75余万元折股量化到户到人，配套扶贫低息贷款入股4家龙头企业，10155名贫困人口每年每人分红391.25元。其中戎子酒庄有限公司632万元，带动贫困人口2531人；

云丘山旅游开发有限责任公司1380万元,带动贫困人口5521人,使这些贫困户从此走上月月有进项、年年有收入的稳定生活。同时也盘活了资金,增强了金融机构的经济实力,不失为一个双赢的措施。

李子坪村的贫困户许任旺本人听力残疾,妻子系智力残疾,时常发病,生活不能自理,生有一儿一女,全家没有其他经济来源,靠许任旺一人种几亩玉米生活,生活贫困。脱贫攻坚战役开始后,他家被识别为建档立卡贫困户,两个孩子享受教育扶贫计划,每人每年补助1250元。介绍许任旺到村集体企业上班,每月工资800元。还把他家纳入"股加贷",两口子每年一共可分红798元。享受了残疾人生活困难补贴和低保。这样全家年收入在2万元以上,日子越过越红火。许任旺逢人就说,多亏了脱贫攻坚,要不我这一家人还真没有活路了。

第二个高潮和亮点:撬动信贷资金壮大产业,创新"富农贷"模式。

向县内各金融机构注入1486万元风险补偿金,发放扶贫小额贷款1.7亿元,同时加大财政扶贫资金贴息力度,共投入带动主体和贫困户小额贷款贴息约250万元,有效解决了产业发展和贫困户自主发展资金短缺的问题。2017年共投放扶贫再贷款8500万元,支小再贷款1亿元,引导金融机构投放产业扶贫信贷2.8亿元(较年初增长38.4%)、扶贫小额信贷16.95亿,完成全年任务的(4870万元)348.03%;两类信贷共惠及建档立卡贫困户5854户,覆盖率79.3%。

2018年12月底,全县金融机构共发放小额信用扶贫贷款5822.11万元,提前完成全年任务(4720万元)的123.35%。其中,农商银行3503.11万元,邮储银行154万元、工行255万元、建行1410万元、农行500万元。

由于背后有政府做后盾,贫困户没有后顾之忧,大胆使用资金发展产业。

这些资金的发放,给乡村经济注入了活力,激发了贫困户内生动力,使他们脚踏实地,撸起袖子大胆地干了起来,农村经济空前活跃起来,全县各种小微企业雨后春笋般地涌现出来,而且运转有力,效益明显。企业有了活力,增强了实力,扩大了生产,带动了农民就业,形成良性循环。

第三个高潮和亮点:统筹各方资金聚合力。

杜米焕（左）的幸福生活

2017年，通过建立扶贫项目库，及时跟踪申报，高效密集对接，争取上级易地扶贫搬迁资金3.5亿元；着眼提高财政资金使用效率，统筹整合各类涉农资金1.25亿元，全部用于精准扶贫；鼓励和支持社会资金投入扶贫开发，扶贫领域吸纳社会资本1.5亿元。为脱贫攻坚战役提供了雄厚的资金支撑，使各项脱贫措施得以一一落实。

第四个高潮和亮点：加大财政投入，强化保障力度。

2017年，县级财政投资1.96亿元，确保脱贫攻坚各方面项目措施支出所需资金保障到位。同时加大兜底扶贫资金保障力度，实施重度残疾人护理补贴民生工程，对孤、残贫困人员实行集中供养，认真落实健康扶贫"双签约"政策，开展"六个一"活动和"三个一批"行动，实行建档立卡贫困人口"三保险、三救助"全覆盖，实现农村五保、低保"两线合一"应保尽保，稳定提升兜底保障水平。

五根撬棍突破零

破零行动。

这个词从呱呱坠地、破土而出的那一刻起,就和脱贫攻坚战役紧密联系在一起。

村集体经济是助推脱贫攻坚战役顺利进展的巨大力量和无可替代的基础条件。一切脱贫措施都要依赖村集体来落实,一切难题都要靠村集体来化解,国家的政策法令也要靠村集体来贯彻执行。

在脱贫攻坚战役中,发展村集体经济,是助推贫困村脱贫必不可少的措施,因此找准村集体经济发展方向,摸清村集体经济当前存在的问题,是解决壮大村集体经济的必然途径。

乡宁县自然环境恶劣,虽然地下煤炭资源丰富,但是并不是每一个村地下都藏有煤炭,而且由于资源型经济与生俱来的产业单一化,生态环境破坏严重,可持续发展能力差,导致经济发展严重不平衡,有些村集体账上没有一分钱,成为名副其实的空壳村。

针对这一实际情况,乡宁县委、县政府果断采取措施,发起村集体经济破零行动,壮大集体经济,推动脱贫攻坚战役顺利进行。

俗话说:"尺有所短,寸有所长。"

俗话说:"只要思想不滑坡,办法总比困难多。"

事实证明，这些话是有道理的。

只要思想坚定，认识明确，办法随之而来。

他们用五根撬棍撬动和壮大集体经济。

第一根撬棍：盘活资源，实现共享。

党组织牵头进行清产核资、确权登记、量化评估，把村集体土地、荒山、水面、房屋和贫困群众自有耕地、林地的承包经营权等，折价入股经营主体，逐步建立面向市场的现代产权制度，让"死资源"变成"活资产"，通过股权收益壮大集体经济，带动农民脱贫致富，实现了"大河涨水小河满"。

比如关王庙乡大河村以村企联建、合作共赢为出发点，依托境内云丘山旅游景点带动优势，通过大力发展农业产业化，大力发展乡村休闲旅游，实现了集体增收、农民就业。

西坡镇韩咀村依托地处宏强煤焦集团有限公司腹地的优势，积极主动与企业对接联系，出租集体闲置土地，并依托区位优势，积极为企业搞好服务，企业每年付给村集体协调款200万元。

昌宁镇营里村通过租赁集体所有的门面房，每年实现收入87万元。

第二根撬棍：聚合资金，促进共享。

研究出台《乡宁县"股加贷"财政资金加信贷资金受益扶贫试行方案》，在不改变资金使用性质的前提下，把2016年以前结转结余财政扶贫资金2500余万元折股量化到户到人，每股2500元，开展多种形式的股份合作，发挥集体统一经营的优越性，通过股权收益帮助贫困户实现增收。

第三根撬棍：产业培育，带动共享。

按照农业产业化、"一村一品"发展思路，出台《经济林秋冬管理实施意见》和《"十三五"特色产业扶贫规划》，县财政拿出1000万元，通过集体经济组织引领，因地制宜发展苹果、葡萄、翅果、花椒、玫瑰以及中药材等特色产业，培育千亩以上"一村一品"专业村60个，以"公司+协会+基地+农户"的模式，有力地促进了企业生产增效、农民生活增收、农村生态增值。

比如枣岭乡史家沟村，依托枣原红花椒制品加工有限公司和电子商务服务点，带动史家沟及周边村的农产品销售，加快农业特色产业延伸精深发展和农业产业的转型升级。

尉庄乡山水村的油用牡丹种植专业合作社，农民入股，集体分红，村集体年收入可实现2万元。

枣岭乡的花椒大丰收

双鹤乡青丰崖村以技术和集体荒坡入股连翘种植公司，实现集体收入3万余元。

第四根撬棍：健全制度，保障共享。

建立健全村集体经济"三资"清理台账和产权明晰的资产管理制度，防止集体资产流失；建立健全村集体人员管理、重大事项决策、资金使用、利益分配程序、机制；认真抓好"四议两公开"和"定查评"工作法，落实村级财务定期公开、"村财乡管"等制度，严格规范管理，公开透明使用，确保村集体的每一分钱都花在刀刃上，广泛惠及农民群众。

第五根撬棍：引进光伏产业。

全县投资2800万元建设38个村级光伏扶贫电站，既增长了村集体经济收入，又带动760户贫困户、2463人长期受益。

通过上述五根撬棍的有力撬动，消灭了空壳村，使全县无集体经济收入的136个村全部摆脱零收入的状态，并都达到了1万元以上，提前完成破零工作任务，其中收入1-5万元的村121个、5-10万元的村6个、10-50万元的村9个。

村集体经济力量的壮大，使村两委有力量主持成立各种专业合作社，全村的经济发展随之活跃起来，原先一潭死水的被动状态不复存在。做到每一个贫困村都有一个专业合作社，每一户有劳动能力的贫困户都有一两种产业项目。通过两年来的运作，这些专业合作社充分显示出两大优势：一是壮大了集体经济，二是引导贫困户不断走向自我发展、自我完善，而且后劲十足。

2017年，昌宁镇龙鼻村成立了集种植、养殖、农副产品开发、观光旅游和休闲度假为一体的现代企业众丰农业开发有限公司。村两委依托自然资源优势，开发集体闲置的土地，采取"支部十公司+农户"的模式运转，由支部牵头，公司经营运作，农户参与生产，形成共同收益的产业新形态，最终实现集体壮大、农民富裕，

关王庙乡武云养鸡场

提出了发展生态农业和建设工业园区的新思路；依托距离县城近的区位优势，招商引资兴办鱼塘和农家乐，建成后当年就增收5万元，2018年底增加到9万元。不仅带动农民增收，也使集体收入大幅度增加，2019年预计收入20余万元。

关王庙乡党委针对国家级云丘山风景名胜区地跨大河村和坂儿上村两个村界的特点，大胆创新组织领导模式，经县委组织部批准，将云丘山景

区和大河、坂儿上共3个支部纳入,成立了云丘山村企联合党总支,鼓励村企党员干部交叉任职,实现利益相关联、任职相交叉,村企资源统筹,角色互换。同时成立由382名股东组成的上河优质粮食种植专业农业生产合作社,以每亩413元的价格流转村民土地907亩。农民变成了股民,参加劳动生产每天还可以赚到80元工资。目前,景区内从事导游、农耕、绿化、餐饮服务等工作的村民达258人,105名村民通过开设旅社和农家乐当起了小老板,每人每月能收入2000元以上。另外,协同发展促共享。一方面企业加大民生投入,几年来,先后投资2800余万元,新建移民新村住房191套,对167户散居在山沟里的农户进行集中安置;投资210万元新建了大河小学和坂儿上小学,适龄儿童全部免费入学;每年投入20万元,为周边农村60岁以上的老人提供服务,每位老人每天仅需3元钱就能享受到很好的服务。另一方面村企合作增加集体收入,景区开发建设进程不断加快,带动大河、坂儿上两个村累计土地流转1100余亩,村集体与景区合作成功开发了塔尔坡古村系列民俗旅游项目,并通过协调服务企业直接间接累计收益220余万元。

破零行动取得圆满成功!

村集体收入的稳定增长,为村级组织整体功能的提升注入了源头活水。随着村集体收入破零行动的深入推进,全县的乡村治理规范化、科学化、法制化水平进一步提升,党在农村的执政基础、核心地位进一步巩固,为推动乡宁县农村改革发展稳定凝聚起强大的正能量。

集体经济的壮大,立即在脱贫攻坚战役中发挥了巨大的助推作用,使村两委有力量对那些兜底户和低保户进行有效的扶持,使之不至于返贫,同时也使村两委在产业转型、发展绿色产业和村级公益事业建设中有所作为,真正成为全村政治经济建设发展壮大的领头雁和坚强后盾。

乡宁县破零行动的成功,至少给人们提供了以下几个方面的启示:

第一,在我国农村产业组织化和专业化程度较低的现实情况之下,只有发挥集体的力量把村民组织起来,抱团发展,才能有效应对市场经济竞争;只有发展壮大村集体经济,聚集体之智,举集体之力,才能补齐脱贫

紫砂小镇的工人们在精心打磨作品

攻坚最后一块短板,不让一个贫困群众在小康路上掉队。

第二,村集体经济要因地制宜,依托资源优势,大力发展特色经济,突出当地特色,发挥区位优势,才能突破瓶颈,凝聚后发优势,决不能搞一刀切和形式主义。

第三,围绕十九大提出的"产业兴旺、生态宜居、乡风文明、治理有效、生活富裕"乡村振兴战略总要求,要有效地组织农民、整合资源、发展产业,资源变资产、资金变股金、村民变股民,使支部更有凝聚力,村庄更有精气神,村民更有归属感和获得感。

第四,针对村集体经济中存在的突出问题,深入摸底调查,使产业发展项目符合实情;落实责任,整合力量,健全机制,落实挂钩包保责任,确保发展村集体经济项目取得实效,推动股份合作经济在创新中不断发展。

只有坚持了以上四点,才能有效地发展壮大村集体经济,才能加快脱贫攻坚战役的步伐,巩固脱贫攻坚战役的战果。

第二章

2017：决战正酣
（下）

在脱贫攻坚战役中，乡宁县把工作重点放在了关注广大群众的身体健康、农村产业的发展上，推动煤炭企业反哺农业，鼓励金融行业支持"三农"确保高线投入，必须注满"资金池"，保障"战斗给养"。通过加大财政投入、争取专项资金、撬动金融资金、搞好统筹整合，用真情实意、真金白银换取乡村变化，赢得脱贫摘帽，确保脱贫成效。

认真履行主体责任，坚守廉洁红线，经常性开展警示教育、廉政教育、约谈教育，打"预防针"，拧"安全阀"，通"高压电"，引导党员干部自觉严守法律法规和纪律，深入开展扶贫领域不正之风和腐败问题专项治理活动，确保脱贫攻坚决战规范推进。

五大步骤奔健康

有啥千万别有病，没啥千万别没健康。

乡宁县山大沟深，不少村医疗条件简陋，人们患病后得不到及时救治，以致小病发展成大病，很多家庭因病致贫。

2016年底，乡宁县因病致贫1916户、5515人。

帮扶贫困人口走出因病致贫的旋涡如箭在弦！

乡宁县委、县政府迅速制定和落实了健康扶贫规划。

县、乡、村三级医疗机构和乡村两级干部队伍作为责任主体，一村一户落实健康扶贫"双签约"，确保健康扶贫"双签约"对象全覆盖、服务内容全覆盖。各乡镇组织成立了健康扶贫"双签约"服务队伍，坚持精准识别、查漏补遗、务求真实的原则。乡村医生、卫生院医生、县人民医院医生和村干部联合进村入户，开展健康教育，建立健康档案，进行健康体检，签订服务协议，切实做到了健康扶贫"双签约"不漏一户、不漏一人。

将3.9万册《乡宁县健康扶贫"双签约"服务手册》发放到农户手中。农户一册在手，即能明白服务协议书、健康扶贫惠民政策、山西省重大基本医疗救治首批定点医院名单、24种大病目录、35种慢性病目录等惠民政策和服务内容。与此同时，签约团队成员深入乡村宣传讲解，结合贫困户自己学习领会，使广大贫困户全面正确掌握了健康扶贫政策和服务内容，为贫困户看病就医报销提供了便捷服务。

由380余人组成的干部团队和医生团队采取集中签约、入户签约等形式与贫困户签约，同时按照服务内容对贫困户进行健康指导、体检等服务。第一批健康扶贫"双签约"对象共计976人，实际签约945人，23人死亡、7人信息重复、1人查无此人，完成率100%。第二批38829人，至2017年底全面完成所有贫困户的健康扶贫"双签约"工作。

签约只是形式，服务才是关键。实实在在地为贫困户提供高质量的防病、治病、报销服务，才能把健康扶贫真正做足成色，收到实效。

在落实政策、提供服务方面，乡宁县先后走了五大步。

第一步：组织培训。

县委责成组织部牵头，乡镇政府实施，对乡村干部及第一书记进行健康扶贫培训，熟练掌握健康扶贫政策；由卫计部门对医生团队进行提高服务技能和水平的培训。以上两项培训使工作人员准确理解了健康扶贫的各项政策，全面掌握了各项服务工作的操作要领。

第二步：强化服务。

落实了各项服务项目的岗位规范和纪律，健全岗位责任，落实奖罚制度，不断提高两支团队的服务意识和责任意识，用高质量的服务效果提高贫困群众的知晓率、获得感和满意度。

第三步：落实先诊疗后付费的惠民方案。

针对贫困户经济拮据、资金困难的问题，卫计局、人社局、扶贫办、民政局于2017年5月4日联合转发了《临汾市农村住院患者县域内先诊疗后付费工作方案的通知》，公立医疗机构全面实行农村贫困住院患者县域内先诊疗后付费工作，极大地方便了贫困户就医诊疗。在实际运行中，工作人员边开展服务，边完善流程，受到贫困户的好评。

第四步：一站式结算平台。

县人民医院设立了一站式服务窗口，简化手续，随到随结。

第五步：大病救治。

开展农村贫困人口大病专项救治服务，通过村级摸底登记，加大宣传力

乡宁县人民医院在碾角村巡回医疗

度,提高群众对扶贫政策的知晓率。二是加大帮扶力度,提高筛查和确诊效率,加快大病患者在定点医院救治速度。告知大病患者到指定医院就诊,降低农村贫困人口就医费用,充分利用对口支援、巡回医疗、远程会诊等提高县级救治能力和水平。2017年共摸底调查大病患者103人,开展了精准救治。

上述五大步走得扎扎实实,一步一个脚印,使全县健康扶贫工作稳步推进,不少因病致贫的农户得到了救治,摆脱了病魔的折磨,重新恢复健康。

台头镇桃花山村的刘三生,左眼残疾,双膝患有关节炎,因没钱治疗,病情越来越重,发展到下不了床的地步。健康扶贫"双签约"后,刘三生于2018年3月到太原做了置换膝关节手术,共花费16.2万元。回来后,按照规定报销了15.58万元,个人仅负担了6200元。如今刘三生已经病愈,行走如飞。

梁周荣是双鹤乡张元村的重度残疾人,25岁时意外受伤致残,丧失劳动能力。10多年来,他与女儿相依为命,虽然近年来政府为他家落实了一些扶助政策,但由于自身残疾,每个月都要吃药,生活依旧困难。脱贫攻坚战役开始后,他家被识别为建档立卡贫困户,享受了"股加贷"和低保帮扶政策,加上其他补助,父女俩每年有12600多元的收入,尤其是健康扶贫"双签约"以后,他再也不用为看病费用发愁了。扶贫工作队还为他购买了轮椅,大大地方便了他的出行。

尉庄乡山水村的青年郑国民,不幸患上尿毒症,媳妇带着孩子走了,剩下他孑然一身等死。脱贫攻坚战役开始后,村里来了乡宁县人社局派出的扶贫工作队,工作队队长武红权联系村两委为郑国民落实了大病保险政策,亲自

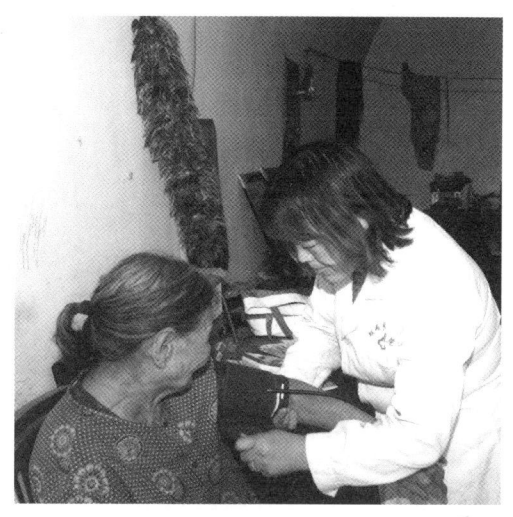

医务人员正在给贫困户检查身体

到太原联系山西省二院做了换肾手术,还按照规定帮他报销了20多万元的手术费,在网上募捐6万多元,发动工作队员捐款近3万元,基本解决了手术费用。目前郑国民的病情恢复很好,已经能干一些力所能及的农活了。郑国民逢人就说:"没想到我这个等死的人,又活了过来,我打心眼里感谢工作队和村两委,感谢各级政府的关怀。"

七大推力兴产业

有钱花,有房住,有衣穿,有饭吃,有学上,有健康,农民就富了吗?农村就美了吗?农业就强了吗?贫困户就能彻底脱贫了吗?

樊洪平在想,时任县长杨建军以及继任县长廉海平也在想,县委一班人在想,各级干部们也在想——

他们在想如何巩固脱贫攻坚的成果,如何使农民更富,农村更美,农业更强!

那些刚刚尝到幸福生活滋味的兜底户、低保户、贫困户和广大村民更在想——

他们怕到手的好日子跑了,担心幸福的生活再没了,不知道现今的好日子能享受多长时间……

乡村要振兴,发展是重点;经济要发展,产业是支撑。只有乡村经济发展了,农民才能富裕;只有乡村产业兴旺了,才能集聚人气和财气,达到农民富、农村美、农业强!

加快农村产业发展,壮大农村经济,这是当前工作的方向!

深入推进农业供给侧结构性改革,调整优化农业产业结构,积极推动农业高质量发展,这是当前工作的目标。

他们从七个方面深化农村改革,强力推动农村产业以更快的速度发展。

第一大推力:培育龙头企业。

采取"政府+银行+龙头企业+农户"的模式,培育壮大了戎子酒庄、琪尔康、昱德新、凤凰山庄等一批农产品生产、精深加工为一体的龙头企业,通过产业带动、规模生产、订单收购、务工就业,引领农业发展,带动农民增收。

第二大推力:发展合作社。

通过新建、改造和跨村、跨地区加入等方式,扶持农民专业合作社发展,促进利益联结、抱团发展。２０１８年底,全县贫困村共有完善的合作社45个,吸纳贫困户2248户,组建22个贫困户为主体的造林合作社,带动428户、1517人年人均增收2100元。欣隆养牛专业合作社、快乐波尔山羊饲养有限责任公司、永兴康黑猪养殖等明星合作社、企业,规模效益好,带动能力强,已经成为带动农民增收致富的新引擎。

第三大推力:扶持自主发展上给力。

2017年县财政拿出3178万元,对贫困户发展的种植类10个项目、养殖类7个项目进行补助,贫困户根据自身条件自主选择1—2个产业项目,户均补助4000—8000元。2017年以来奖补扶持贫困户发展中药材12940亩,水果640亩,核桃、花椒、玫瑰等经济林13645亩,果园提质增效6963亩,养牛1831头,养猪15140头,养羊6816只,养鸡20.2万只,养兔3177只,养驴189头,养蜂247箱,发展食用菌花菇14.86万菌棒,实现了有劳动能力的贫困户都有一两个产业项目。

第四大推力:提升群众致富能力。

在全县重点培养100名乡土科技人才,在36个贫困村重点培育108名致富带头人,针对性地开展"一个都不能少"的免费技能培训,贫困群众产业脱贫的本领大幅度提升。同时大力推进农业科技创新,强化新型职业农民培训,对有劳动能力和产业发展需求的贫困户普遍进行了实用技术技能培训,共建立农业科技试验示范基地4个,培育科技示范户810户,农民增收致富能力整体提升。

第五大推力:支持务工增收。

充分考虑贫困家庭实际情况，分省外、省内、市内三个层面引导扶持，鼓励支持走出大山的，保障关爱留下来的，让有劳动能力的贫困群众通过务工实现增收。招聘贫困人口护林员、协管员、保洁员、护路员741人，让贫困群众在家门口实现就业。同时对外出务工贫困户进行转移就业补助（省外每月100元，省内、市外每月80元，市内每月50元），累计发放补助390余万元，7000余名贫困人口通过转移就业实现年人均增收1.5万余元，1人就业可成功带动4人脱贫。

王黎（左）、张红兰（中）与乡村干部查看翅果油树生长情况

第六大推力：拓宽增收渠道。

对带动10户以上贫困户发展产业的合作社、新型经营主体实行奖补，2773户贫困户、9419人通过委托代养等方式实现增收；全县投资2800万元建设38个村级光伏扶贫电站，既增加了集体经济收入，又带动760户贫困户、2463人长期受益；实施互联网行政村全覆盖工程，建成乡村21个电商综合服务站点，通过"互联网＋电商"，打开农产品销售市场，实现贫困户创收增收。

第七大推力：调动社会力量扶贫。

建立健全了"1+3"保障机制，全县共有6个国有企业、41个民营企业、6个社会组织积极与贫困村和贫困户对接，出资出力，提供岗位，奉献爱心，用心帮扶，收到了良好的社会效果。乡宁焦煤集团等6家国有企业与5个乡镇、5个村、234户贫困户、725人结对帮扶；"十会（企）帮十村"，扶持发展产业项目12个，带动1591户贫困户稳定增收，走访慰问贫困户413户，让190户贫困户得到及时的医疗救助，吸纳228名贫困人员务工就业增收脱贫。纵横集团出资20万元，为昌宁镇21个村、241户

郑李堂抱着灵芝高兴得合不拢嘴

贫困户购买樱桃和梨树苗木，投入10万元扶持尉庄乡发展规模养羊产业；云丘山道教场所联合心美爱心公益机构向尉庄小学贫困学生捐赠衣服200套、鞋子70双；县政协组织政协委员给280户贫困户捐赠了生活医疗箱；团县委、妇联、社会公益组织通过志愿者服务、专业人才支持、扶贫募捐等多种形式积极参与扶贫，全县构建起了专项扶贫、行业扶贫、社会扶贫"三位一体"的大扶贫格局，全方位推动脱贫攻坚战役顺利发展。

同时，县委、县政府大力奖补激励，注入300万元贫困村集体经济和产业发展扶持资金，不仅带动了脱贫攻坚战役快速向前推进，而且促进了全县经济社会不断发展，向农业强、农村美、农民富的目标迈进了一大步！

煤老大在行动

作为全国的主焦煤基地之一，煤是乡宁县经济社会发展的原动力。

煤炭工业曾经是乡宁县引以为豪的最大亮点。近年来，扎实推进煤炭供给侧改革，淘汰关闭和化解落后产能，坚持加快推进工业新型化不停步，以煤为基，稳定规模，优化结构，做优做强，绿色清洁高效利用，为全县转型综改积蓄能量和力量，2018年全县原煤产销稳定在1200万吨以上。

在脱贫攻坚战役中，乡宁县煤炭企业凭借雄厚的经济实力反哺农业，助力脱贫致富的决心，从后台站到前台，从侧面冲到正面，从助攻变为主攻，勇于担当，为贫困户脱贫出钱、出人、出力。

2016年10月，山西乡宁焦煤集团台头煤焦有限责任公司开始驻双鹤乡张元村实施帮扶后，包村领导县委常委、统战部部长闫鹏在第一次与企业、村干部和群众代表的座谈会上说："咱们的乡村干部、企业人员来到村里，既要住下来，也要干出来，不能只是入户填表、走访慰问，搞花拳绣腿，要做让老百姓长远受益的实事，企业要根据老百姓的想法和村里的实际，兴办产业，壮大集体经济，带富贫困群众。"

牛国秀董事长在会上表态："国有企业扶贫是责任，更是义务，要的是扑下身子，用心为老百姓出主意、想办法，多开脱贫方子，多铺致富路子。"

2016年年关将近，牛国秀带领公司一班人不顾严寒，顶风冒雪，与乡村干部一户一户走访，邀请专家，召集群众，反复开会讨论，核算成本，分析市场……历经一个月的调研，淘汰了不适合在张元村发展的10多个产业，选定了效益良好、市场稳定的养牛产业，制定了"村企联手，兴办牛场，集体增收，百姓脱贫"的造血式扶贫思路。

台头煤焦有限责任公司出资50万元，村委会牵头，成立养殖公司，让贫困户在牛场打工增收，这样牛场的投资有了，贫困户也有钱挣了，迈出了脱贫攻坚战役的第一步。

2017年5月，公司的投资到位，公司的扶贫工作队又带着村干部外出到吕梁、忻州等地的牛场筛选品种，购回了50头夏洛莱、西门塔尔、利木赞三类优种牛，还追加投资10万元购置了草料加工等设备。6月，公司领导和驻村扶贫工作队又跟着乡村两级干部办好了张元民建养殖有限公司开业的一应手续，养殖公司在预期时间内开业。

驻村扶贫工作队在台头煤焦有限责任公司党委副书记李毅的带领下，协助村委会召开村民大会，通过集体研究，会上群众全部举手赞成，决定了"贫困户委托代养＋吸纳贫困户劳动就业""村集体留四成＋村民分红六成"的管理办法，形成了"企业和村委会＋养殖公司"的"2+1"扶贫模式。这个模式最明显的优势就在于，同步推动集体收入破零和贫困户就业、分红和救助，兼顾集体增收与个人分红、贫困户脱贫与非贫困户增收、产业发展和就业增收，创造了2+1大于3的"张元扶贫模式"。

投入60万元的牛场开张以后，基础设施落后不能满足实际需要的问题又显现出来。2017年下半年，台头煤焦有限责任公司又投入11万元搞圈舍维修、场区硬化等，真正为脱贫牛插上了致富的翅膀。

牛场解决了面上的问题，又有一些点的问题出现了。比如因病残致贫的问题，靠牛场的收入根本解决不了问题，必须采取特殊措施。

崔景龙因残致贫，本人股骨头坏死，暂时丧失了劳动能力，全家生活陷入困境。牛国秀知情后，帮他联系好山西省人民医院专家，对右侧股骨头进行了手术。手术很成功，经过一段时间的恢复，崔景龙扔掉拐杖，信心百倍地投入劳动，全家人的生活又有了希望。

2017年以来，台头煤焦有限责任公司扶贫工作队累计投入81.4513万元发展张元村养牛产业，带动16户贫困户户均年增收3000元左右；投资64525元协办光伏发电项目，带动19户、71人脱贫。2017年底，张元村贫困户已全部脱贫出列。

2018年，台头煤焦有限责任公司顺风行船，再次投入10万元扩建牛场场区面积730平方米，扩大养殖规模，让贫困户巩固脱贫成果。

关王庙乡贾庄村位于云头山脚下，下辖6个自然村，占地面积9.34平方公里，现有耕地2157.22亩，总人口286户、918人。2014年，全村112个建档立卡贫困户。2016年，申南凹焦煤有限公司包联帮扶贾庄村后，公司董事长任军科就与乡镇包村干部、村两委班子遍访贫困户，调研村情民情，反复研究，决定把重槌敲在产业脱贫上，走出贫困户脱贫、集体经济破零的好路子。

任军科与公司一班人带着贾庄及相邻3个贫困村3支队伍骨干外出到周边县市跑了十几个地方，把养殖、种植、加工等产业过筛子一般筛了一遍，又召开村民大会协商研究，敲定了种植花菇。

公司投资30万元，协助贾庄村建起了一个花菇种植场，还成立了关山食用菌有限公司。在此基础上，关王庙乡党委、乡政府积极牵头协调，多方整合资金100多万元。短短一个多月的时间，就在云头山脚下建起了高标准花菇大棚8个，周边4个村每村2个，共种植花菇8.8万余袋。大棚建在一处，实现了水、电、路、房等基础设施共享，最大限度地降低了建设成本及市场风险，节约资金约39万元，任军科把这一模式称为"多个渠道引水，一个龙头放水"。

为了把关山食用菌有限公司的花菇种植场确实管理好，公司又与乡村协商签约会经营、善经营的合伙人，把花菇大棚统一让剑泉花菇专业合作社托管经营。

他们运用"合作社＋村委会＋贫困户"的模式，保障花菇种得好、卖得出、出收益，合作社每年向 4 个村委会分别交纳 5 万元承包款，合作社还吸纳周边 6 户贫困村民就业，保障年人均增收 3000—5000 元。大棚管理员张明发说："花菇现在市场上卖得可好哩，多亏了政府的好政策，得好好感谢政府和申南凹煤矿。"自 2017 年 10 月关山食用菌有限公司正式运行至今，花菇销售总额突破 40 万元，取得了可喜的经济效益。

挣钱难，管钱更难。为了把钱袋子管好，公司协助贾庄村委会制定并完善了村级财务公开制度，出台了集体经济资金使用流程及规范，落实"四议一审两公开"制度，每项开支都做到公开、透明，为了消除因病因学等返贫现象，每年公司还重点帮扶 30 名左右的贫困群众，保障扶贫路上一个都不能少。

2017 年以来，在花菇产业效益向好形势的鼓舞下，贾庄村贫困户鼓足劲地搞种植和养殖，公司顺势而为购置优种苗木，引导全村发展连翘 33 户、109 亩，花椒 29 户、73 亩，核桃 12 户、64 亩，真正挖掉了穷根子，栽下了摇钱树，撑起了致富伞。2018 年底，建档立卡贫困户 112 户、403 人全部实现脱贫，人均年收入 3500 元以上。

台头前湾煤业有限公司驻村帮扶的是管头镇圪咀头村，该村的贫困特征主要是"一高两低"，即贫困发生率比较高；年人均收入只有 1850 元，远低于全县平均水平。历史上该村曾经是煤炭开采区，资源枯竭后，村集体收入几乎为零，加上土地贫瘠，农业薄弱，属省定贫困村中的特困村，是全镇乃至全县扶贫中的硬骨头。

2016 年 12 月，公司扶贫工作队进村伊始，就紧盯"稳定增收，全面小康"的脱贫目标，面对圪咀头村集体无产业、群众收入渠道窄的困境，认为产业扶贫是一把打开圪咀头村贫困铁门的金钥匙，只有产业兴，百姓才能富；只有产业强，集体才能好。

经过与乡村干部多次实地考察、协商探讨，确定利用石山森林区的土壤特性，发展柴胡特色产业。公司投资 17 万元，平整土地，荒地变良田，坡地变台地。公司又聘请技术人员指导种植柴胡 616 亩，播下了贫困群众脱贫的金种子。

  为了发挥好产业带动集体增收、百姓富裕的作用，公司帮助村委会成立了金穗种植合作社，以"合作社＋农户"的模式，吸纳70户贫困户入社，让贫困户在合作社的带领下共同致富。社员以土地入股，农户经营管理，合作社提供技术服务，统一指导、统一销售，切实保障群众的利益。

  合作社是产业规范发展的依托，对村委会负责，为每个村民服务。金穗种植合作社不仅将国家优惠政策补助发放给贫困户，而且种植利润按比例分成，合作社只留6%—10%，贫困户分红90%—94%。根据市场行情计算，预计亩产300斤左右，每亩可收入3000元。贫困户郭天虎种了23亩柴胡，3年后毛收入近7万元，柴胡成了他家的摇钱树，也是他家的"绿色银行"。

财神爷赶上来

2017年脱贫攻坚战役开始后,乡宁县的金融系统真正发挥了"有钱"的优势,为全县脱贫攻坚战役提供了有力的支持。

领头雁:人民银行乡宁县支行

作为金融系统的行政管理部门,人民银行乡宁县支行多措并举,积极创新扶贫信贷模式,全力支持地方脱贫摘帽。

积极引导辖区各银行业金融机构加强与政府等有关部门的沟通协作,通过并购贷款、技改项目贷款等方式,不断加大对县域支柱产业、中小企业、新兴行业和民生领域的信贷扶持力度,充分发挥金融支持地方经济发展的融资主渠道作用,为扶贫产业输血供氧。

为深入贯彻上级银行和地方政府关于金融助推脱贫攻坚的安排部署,他们把金融扶贫作为当前压倒一切的头等大事抓在手上、扛在肩上,继续秉承"三个一、三步走"的工作思路,主动积极抓宣传、促联动、给资金,在脱贫攻坚的战场上全力以赴,全面发力。

三项得力措施,使乡宁县金融系统在脱贫攻坚战役中攻城略地,所向披靡。

其一,采取多种形式加大金融扶贫政策宣传力度,提升群众靠金融脱贫的意识。

利用乡宁县全民健步走活动和四月初八古庙会开展金融知识普及系列宣传活动，把金融知识送到田间地头，送到农户身边；先后3次组织人行和金融机构青年志愿者走进农贸市场、健身广场、乡镇集市，摆摊设点开展金融知识宣传和惠民扶贫政策宣传活动。活动中共发放金融知识普及系列宣传材料2万余份，向全县小学生发放《金融与诚信》知识读本3087本，有效地提高了辖区群众的金融意识，使他们进一步掌握了金融知识，了解了国家的惠民政策，对精准扶贫工作起到了积极的促进作用。

其二，全力以赴，全面发力推动金融精准扶贫，打赢金融助推脱贫攻坚战。

2017年，共投放扶贫再贷款8500万元、再贷款1亿元，引导金融机构投放产业扶贫信贷2.8亿元（较年初增长38.4%）、投放扶贫小额信贷16950万元、完成全年任务的(4870万元)348.03%；两类信贷共惠及建档立卡贫困户5854户，覆盖率79.3%。

2018年12月底，全县金融机构共发放小额信用贷款5822.11万元，提前完成全年任务（4720万元）的123.35%。其中，农商银行3503.11万元，邮储银行154万元，工行255万元，建行1410万元，农行500万元，实现了真金白银助脱贫。

其三，发挥好牵头和协调作用，积极支持产业和项目扶贫工作。

继续履行产业扶贫领导组职责，将推进产业扶贫作为重要工作内容，明确产业扶贫融资承办主体，确定具体承办部门和责任人，统筹负责县域产业扶贫项目融资事宜。

制定实施了《乡宁县扶贫周转金使用管理办法（试行）》（乡脱贫攻坚组[2017]55号）。2017年底，乡宁县城市建设投资有限公司将扶贫周转金932万元发放完毕，帮助7家企业带动贫困户818户。2018年，积极对接省级扶贫周转金，研究确定支持名单，与山西扶贫开发投资有限公司和山西企业再担保有限公司一起赴企业调查审定，对初定的24家企业进行筛选，最终选定5家企业，共发放扶贫周转金5332万元。其中，银行自营贷款 3588 万元，带动贫困户 3050 人次。

对在产业扶贫行动中的龙头企业，鼓励其引进各类战略投资者，大力推动企业股份制改造，进行直接融资，降低融资成本。2018 年底，已签约企业 9 家，完成 4 家企业在山西股权交易中心晋兴板挂牌，举办山西股权交易中心乡宁专场挂牌仪式。

截至 2018 年 11 月，乡宁县金融系统精准扶贫贷款余额 4.69 亿元，当年累计投放 4.7 亿元。其中，产业精准扶贫贷款余额 3.66 亿元，较年初增加 0.34 亿元，当年累计投放 4.08 亿元，支持带动建档立卡贫困户 2107 户。

一心为了扶贫：工商银行乡宁县支行

脱贫攻坚战役打响后，工商银行乡宁县支行按照分行扶贫工作安排部署及县政府、人行、银监办要求，按照临汾分行扶贫小额信贷工作指导意见及扶贫小额信贷投放实施意见，充分发挥财政扶贫贴息资金的引导和激励作用，积极开展小额扶贫资金发放工作，缓解了贫困户生产资金短缺的困难，为部分贫困户增加收入、脱贫致富送去了及时雨。

宣传动员，加强信任沟通。扶贫小额贷款主要针对在扶贫办建档立卡的贫困户，由于多种原因，不少贫困户对小额信贷政策并不了解，尽管很需要这笔资金却不敢用。为此，行领导带领支行扶贫工作小组通过走村进户宣传，让所有建档立卡贫困户全面了解扶贫贷款的贴息对象、标准、额度、期限以及申报程序等，增进贫困户与银行间的相互信任，从而为小额贷款的顺利发放打下了良好基础。

调查评估，选定投放对象。本着对银行资金高度负责的态度，严肃认真地选定投放对象，力争做到既要确保资金用在刀刃上，也要降低资金使用风险。为此工作人员做了大量的细致工作，采取入户走访、实地调查等方式，面对面地了解贫困户的真实情况，然后根据走访调查收集到的信息和乡村领导再进行逐户核实，对资金投放对象做出综合判断和评估，力争做到扶贫资金投得准、有效益。

心系贫困户，亲自上门服务。2017 年至今，工行工作人员先后为台头镇、西交口乡、光华镇31个行政村214户贫困户办理精准小额扶贫贷款共计1070万元。2017年依据县政府"四位一体"的放款政策（政府、企业、银行、贫困户）首先对台头镇、西交口乡19个行政村163户符合政策的贫困户发放了815万元小额扶贫贷款（2017年乡宁工商银行担负了临汾分行全辖800万元贷款任务）。2018年，工行再接再厉，先后赴光华镇12个行政村，深入98户贫困户家中进行调研，先后筛选出了51户符合最新政策的贫困户，以直贷的模式发放了255万元扶贫贷款。工行通过实际行动担负起了应尽的社会责任，而且充分体现出了作为"宇宙行"的大行风范。

只讲服务：建设银行乡宁县支行

乡宁建行积极响应县委、县政府脱贫攻坚的号召，在上级部门的正确指引和大力支持下，统一思想，高度重视，充分履行社会责任，全力推进金融扶贫贷款工作，由一把手侯行长亲自牵头，深入落实金融扶贫政策，优化内部操作流程，配备精干人员成立金融扶贫贷款专项行动队，提高资料审核效率，2017—2018年开始了为期两年的金融扶贫之旅。

工作伊始，侯行长多次召开专题会议，要求全行人员在金融扶贫工作上要有政治意识、大局意识，认真做好前期准备，加快主体落实和贷款投放。侯行长亲力亲为抓落实，积极与当地政府和扶贫主管部门沟通，为全面推进金融扶贫贷款工作打下了坚实的基础。在具体推进过程中，最难的是与贫困户的对接，愿不愿意、相不相信、能不能放心地把贷款交给实施主体等问题，都需要去做大量的思想工作。行领导积极联系乡镇政府、村委会，通过对贫困户进行政策宣讲，最终让贫困户放心、安心地办理贷款，为扶贫贷款的顺利推进奠定了基础。

在实际工作中，建行工作队员分成几支小分队，分工负责，有的填写贷款申请资料，有的携带移动办卡机专门为贫困户办卡。为了做好便民服务，工作人员提前与村主任及会计联系，把资料证明、表格、盖章等工作办理好，贫困户直接领表办理，真正做到一站式服务。

2017—2018年，建行工作人员走遍了昌宁、管头、尉庄、光华、西坡、关王庙6个乡镇、52个行政村、102个自然村、735户贫困户。通过他们的努力，最终审批通过682户，发放贷款3410万元，为脱贫攻坚工作贡献了建行力量，并获得了由市行颁发的扶贫精英奖。

同时侯行长还担任支行扶贫工作队第一书记兼队长，带领3名队员对所包的昌宁镇张马村、牛塔村24户贫困户67人进行驻村帮扶，通过采取多次整理村级、户档资料，入户宣传讲解各项扶贫政策，大力激发贫困户的自我发展意识，完善全国扶贫开发信息系统信息补录等措施，至年末，24户贫困户全部顺利实现脱贫。

有道是往事不堪回首。

总有一些经历让工作人员难以忘怀，总有一些激动使年轻人魂牵梦绕，总有一些细节提起来就叫人热泪盈眶，总有一些故事讲起来倍感温暖……

一个小秀才用诗一样的语言描述自己的工作情形——

  陡坡急弯是常走的路径，
  桶面饼子是常吃的饭菜。
  浸透汗碱是常穿的衣裳，
  深夜加班是常干的事情。
  减少喝水是常见的情景，
  群众笑容是常得的奖赏。

为穷亲戚送温暖：农业银行乡宁县支行

2018年11月27日，随着农行乡宁县支行最后一笔5万元扶贫小额贷款的顺利投放，乡宁支行精准扶贫贷款投放工作圆满收官。累计发放精准扶贫小额贷款100笔、500万元，覆盖100户建档立卡贫困户。

一串串的数字是农行人的艰辛付出。他们曾经遇到过行业政策与地方政府政策相悖的问题，那是在发放风险补偿金前期工作中，由于行业政策是风险补偿金到位方可投放扶贫贷款，而地方政府政策为投放扶贫贷款后方可发放风险补偿金。

同一件事情，两样政策，这可怎么办？

扶贫贷款项目落地难度巨大，农行班子成员积极奔走，认真研究两样政策的利弊，耐心宣传行业政策，多方协调关系，终于打通关节，于9月28日，落实风险补偿金62.5万元。银行班子成员积极研究部署，紧紧抓住9月的最后两天，成功投放扶贫贷款4笔、20万元。

他们曾经遇到扶贫贷款发放困难的问题。那是2018年10月，由于其他行已于去年启动扶贫贷款项目，目标客户有限，农行扶贫贷款工作进展缓慢。眼看就是年底了，扶贫贷款发放不出去，就意味着还有贫困户缺资金。

怎么办？

班子成员再研究、再督导，确定分组作战，全员营销，不能坐等客户，要主动寻找。11月上旬，黄福明行长再次借关于配合中央脱贫攻坚专项巡视工作会议，强调扶贫贷款是一项政治任务，要不折不扣确保完成。全体员工心往一处想，劲往一处使，通力协作，全力以赴进行扶贫贷款投放工作。

一位笔杆子这样形容他们的工作情形——

　　翻山越岭不说苦，
　　田间地头不喊累。
　　披星戴月不言弃，
　　风雨兼程不松劲。

黄福明不顾身体尚未完全恢复，病休期间，陪同加班，并亲自坐镇指挥，全程协调，挂图作战。

副行长卫晋梅亲自坐镇，信贷人员整理资料、录入信贷系统，加班至深夜。

经过近一个月的努力奋斗，500万扶贫贷款为贫困户"贷"去希望。

同时他们不忘驻村帮扶工作，2016年9月9日，农行参加了尉庄乡政府组织召开的帮扶工作动员会，与帮扶对象进行对接，决定全面落实帮扶工作责任。面对致贫原因多样化和银行人员少等实际情况，结合村委会前期的脱贫措施，工作队决定动员全行力量开展帮扶工作，将107户帮扶对象进行分类，与贫困户结对子。在摸清贫困户情况后，逐户建立了《扶贫手册》，完成了贫困户建档立卡工作。

瞄准靶心：乡宁农商银行

应该说前身为乡宁农村信用社的乡宁农商银行是金融业最贴近地气、最了解民情的银行。

他们始终坚持服务"三农"的根本宗旨，充分发挥农商行在金融精准扶贫中的主力军作用，全面落实扶贫小额贷款政策要求，坚持以点带面，通过靶向发力，多举措全力推进金融精准扶贫工作。

农商行以扶贫整村推进为平台，以建档立卡贫困户为对象，以重点贫困村为主战场，积极组织客户经理进村入户，对全县范围内的贫困村进行更深一步的脱贫攻坚，全面吹响精准扶贫的集结号。

农商行在如何实现贫困户提高收入、摆脱贫困的道路上一直在不停地探索、尝试，最终确立了由扶持龙头企业壮大发展，带动贫困户脱贫致富的特色扶贫模式。通过为农业产业化龙头企业提供"量体裁衣式"金融服务，达到扶持一个龙头，促进产业发展、企业增效，拉动贫困户增收。云丘山旅游景区开发建设自2007年启动至今，农商行已累计信贷支持5.3亿元，直接带动关王庙乡大河、坂儿上2个行政村、11个自然村、405户、1697口人（其中贫困人口870人）的人均收入翻番，同时也为关王庙乡各村及周边乡镇直接提供6000个就业岗位，解决了700个贫困劳动力的就业。云丘山旅游景区开发项目，已成为临汾市百企千村产业扶贫开发工程项目建设中，发展旅游产业直接带动周边贫困人口就业和增收的示范项目。

农商行积极贯彻落实县委、县政府精准扶贫的要求，充分发挥自身优势，勇担县域金融主力军职责，积极参与脱贫攻坚工作，配合县政府、财政局、扶贫办、人行等相关单位，创新推出"股加贷"信贷扶贫新模式，变"输血式扶贫"为"造血式扶贫"，开创了新时期助力"精准扶贫、精准脱贫"的新局面。他们对有能力、有扶贫意愿、能带动贫困户就业、增收效果好的企业、农民合作社、种养大户等农村经营主体进行授信评估，鼓励符合条件的经营主体吸纳贫困户入股，发放扶贫资金给符合条件的经营主体集中使用，收益全部发放给入股贫困户。贫困户通过在企业获得的劳动收入和分红，提高了自身的经济收入，自我发展能力明显增强，实现了"资金变股金，农民变股东，收益有分红"。截至目前，共支持3家企业、5064.5万元，其中借用扶贫再贷款发放2680万元、委托贷款发放2384.5万元，惠及2959户建档立卡贫困户从中受益，人均分红390元，实现了政府、银行、企业、贫困户的四方共赢。

在脱贫攻坚战役推进过程中，那些无经营项目、无劳动能力、无技术支持等原因的贫困户比例较大，该部分贫困户无法正常自主使用扶贫资金实现增收脱贫。针对这些贫困户，研究创新出台"牵手贷"扶贫产品，向他们发放扶贫小额信用贷款。"牵手贷"模式为政府支持，银行投放，实施主体合作使用，贫困户承贷并受益。具体内容为贫困户将其在农商行承贷的扶贫小额信用贷款通过帮扶协议委托给组织资金机构，组织资金机构将资金委托给有实力的实施主体集中使用并获得收益，实施主体按协商红利向贫困户分红，帮助增收脱贫。截至目前农商行共发放"牵手贷"931笔、3530万元。将资金委托给农业龙头企业戎子酒庄有限公司，每年按转入组织资金的10%作为红利给予贫困户分红，助力增收脱贫。

2015—2018年，农商行累计发放137432.2万元，截至12月扶贫贷款余额47366.92万元，较年初净增6917.48万元。其中，单位扶贫贷款11户、37078万元，个人精准扶贫贷款1787户、10288.92万元，较年初净增3049.48万元。"5321"扶贫小额贷款1744户、7121.49万元，较年初净增2069.66万元。

杨建章是乡宁农商行支行的一名行长，他所在支行负责尉庄乡辖区，肩负21个行政村、114个自然村、16346人的金融服务重任，直接对1674户建档立卡贫困户、5325口人实行金融扶贫。辖区贫困人口多，且属石山森林区，村落分散，道路崎岖，交通十分不便。面对困难，他和支行的全体员工迎难而上,逐村摸底调查,逐户走访了解,走遍了辖区内的村落和农户,如期完成任务,也把支农扶农的宗旨践行在了田间地头。

农商行分管扶贫工作的副行长付红红,在与工作人员深入一线入户走访座谈了解情况的基础上,充分考虑无房(危房)、因病返贫、因灾因学致贫、无劳动能力等困难家庭的实际情况,带领大家顺利完成建档立卡贫困户对接和基础信息采集工作,主动配合驻村扶贫工作队和乡干部深入开展调研,分析致贫原因,寻找脱贫措施,制订脱贫计划,在充分尊重贫困户意愿的基础上,不仅提供扶贫小额信贷资金支持,更是联系原材料、找销路,为贫困群众做了许多实事好事,得到大家的一致好评。

两年的脱贫攻坚战役打下来,农商行的扶贫工作取得了显著成效。

尉庄乡黑凹村的张彦兵自幼家贫,没受过什么教育。家里有一个年迈多病的老母亲,还有3个正在上学的孩子,经济负担非常重。2016年3月,他拿出积攒多年的1万元,又向亲朋借了些钱,建起一个不到200平方米的鸡舍,购买了1000余只鸡。受禽流感的影响,鸡蛋价格大幅度下跌,而饲料价格却持续上涨。尽管他苦心经营,没有出现死鸡现象,但一天1000元的开销像磨盘一样压住了他的手。正当张彦兵愁眉不展之时,农商行城郊支行客户经理在对接调查中,发现了他的困难。在了解到他为人诚实守信可靠、头脑灵活后,决定一次性给他发放5万元扶贫小额信贷,帮助其投资养殖,走出资金困境。有了资金扶持,鸡饲料供应有了保证,张彦兵又购入1000余只鸡,扩大了养殖规模。现在每天都有鸡蛋销往超市、菜市场,张彦兵心里别提有多高兴了。

尉庄乡桐上村茶卜沟村的余成水为人本分,以种地为生,他有养牛的心思,但因为缺少资金,无力购买。逐家走访的农商行客户经理发现了他家的困难,就热心向他宣传精准扶贫政策,动员其承贷扶贫小额贷款。不到10天的时间,5万元的扶贫贷款就发放到他的手上。余成水喜上眉梢,立即购回6头小牛,每天精心照料,小牛生长情况良好,出栏后能收到可观的经济效益。

双鹤乡稍坡村贫困户闫张友,因没有收入来源加之年迈,造成家庭贫困。

2017年3月，在了解了金融扶贫的政策后，他向农商行崖下支行提交了扶贫贷款的申请，很快就得到了崖下支行发放的5万元扶贫小额信贷。他用这笔贷款购买了3头母牛和1头公牛，很快3头母牛都怀上了小牛，获利2000多元，再加上别的扶贫优惠政策，闫张友一举脱贫。

帮扶弱势群体

一个心智、身体健全的人在社会上立足都不容易,更何况孤、寡、病、残人员,生存更加艰难。他们是社会的弱势群体,理应获得帮扶。

脱贫攻坚战役中,乡宁县委、县政府对这一群体高度关注,实施有效帮扶,使他们能够过上正常人的生活。

樊洪平明确指出:"我们要采取得力措施,落实习近平总书记的庄严承诺,一定要让孤儿、残疾人、孤寡老人充分享受到改革的红利,要让党和政府的阳光温暖他们的心,要让他们拥有温饱、教育、医疗、住房等方面的权益。这一条是我们县脱贫攻坚战役不容推卸、必须完成的一项重大任务!"

满满的关爱

他们首先关注的是那些因各种原因失去父母的孤儿。

乡宁县根据上级文件精神,建立孤儿基本生活保障制度,将父母双亡、查找不到亲生父母和一方死亡、另一方失踪等事实上无人抚养的未满18周岁的未成年人,纳入孤儿保障体系。对已满18周岁的孤儿,在终止养育时,按照不低于6个月的孤儿基本生活养育标准一次性发给基本生活费用。对18周岁以上在读全日制高校的孤儿,按照孤儿基本生活费养育标准发放至毕业，在终止养育时，按照不低于 6 个月的孤儿基本生活养育标准一次性发给基本生活费用。同时，将所有孤儿纳入城镇居民基本医疗保险、新型农村合作医疗、城乡医疗救助制度体系，参保（合）费用通过县财政予以补助。

2016 年底，乡宁县有孤儿 38 人，为了使这些孤儿享受到与正常儿童一样的生活和学习条件、机会，乡宁县采取了三项得力措施给予帮扶。

其一，按照每人每月 630 元的标准（2019 年 1 月 1 日起标准为 1000 元）发放孤儿抚养资金。

其二，建立了领导干部和孤儿"一对一"结对帮扶机制，有针对性地研究具体措施和具体办法，确保各项关怀帮扶政策精准，落实到位。

全县 26 位县级领导干部，结对 26 个孤儿。

"一对一"结对帮扶措施里面把孤儿的姓名、性别、年龄、身份证号码、所在乡村、致孤原因、就读学校、监护人姓名及手机号码，结对县级领导干部的职务、姓名、手机号码等信息公布于众，便于大家监督。还明确了结对帮扶时间，一定要帮到该孤儿成人、就业。中间如果结对帮扶领导因工作变动或其他原因不能继续完成帮扶任务，由继任者接着结对帮扶，一帮到底。

"一对一"结对帮扶方案确定以后，县级领导干部第一时间深入所帮扶孤儿所在村，与孤儿及监护人进行了对接，还给孩子们送去了衣物、学习用具等，把关怀送到每个孤儿的心田，让他们感受到国家与政府的温暖及帮扶人对他们的关爱，健康成长，对未来充满信心。

其三，发动机关团体在助学贷款、医疗救助、临时救助、住房保障及就业培训方面给予帮助，让他们自强自立。

做命运的强者

2017 年 3 月 2 日在乡宁县西街小学开展了以"防聋治聋，精准康复"为主题的第 18 次全国爱耳日宣传教育活动，县残联会同县医院耳鼻喉科工作人员现场讲解防聋知识，发放宣传资料 1000 余份，进一步增强少年儿童

到访者与希望农场的部分学员合影

的爱耳、护耳意识。

2017年5月22日,乡宁县城迎旭广场红旗招展,人声鼎沸,熙熙攘攘,由县残联、县卫计局、教科局、司法局、明仁眼科医院、市残疾人辅助器具服务中心联合举办的以"推进残疾预防,健康成就小康"为主题的第27次全国助残日活动在这里隆重举行。

8月25日,在全国第一个残疾预防日到来之际,乡宁全县上下通过悬挂标语,深入学校、社区、残疾人家中进行残疾预防宣传等方式,大力宣传预防人身残疾常识和国家有关政策。

2017年,全县共组织开展大型宣传活动8次,发放宣传资料8000余份,电视台制作、播放反映残疾人生活、残疾人事业和优秀残疾人事迹的专题节目3次。在省市残联网站发布各类工作动态信息80余条,有效地宣传了残疾人事业,提升了县残联的整体形象。

在脱贫攻坚战役迅猛进行中,乡宁县制定确实可行的措施,对残疾人给予零距离关爱和帮扶。

在对残疾人的帮扶工作中,他们瞄准两个重点,采取个性化的救助措施。

第一个重点:残疾儿童。

他们坚持早发现、早康复、早治疗的原则,始终把0—6岁残疾儿童的康复救助作为一项脱贫攻坚的重要工作来抓。截至2018年底，全县共筛查诊断的0—6岁的残疾儿童95名，其中肢体残疾25名、听力残疾31名、智力残疾31名、孤独症8名。

为了保障全县残疾儿童及时得到基本康复服务，在广泛深入宣传优惠政策，充分利用全国爱耳日、全国爱眼日、全国助残日、全国残疾预防日等重大活动，利用新闻媒体、微信、短信、散发传单等形式，把党和国家的惠残政策宣传到家喻户晓、人人皆知的基础上，根据残疾儿童个性化需要，以减轻功能障碍、改善功能状况、增强生活自理能力和社会参与能力为主要目的，为残疾儿童提供包括儿童残疾筛查诊断、康复训练、手术、辅助器具适配、支持性康复等方面的服务。联合县卫生计生部门县、乡、村三级网络开展0—6岁疑似残疾儿童筛查，形成村级卫生室摸底，乡镇卫生院初筛，县卫生、计生、妇幼保健服务中心复筛的网格化管理模式，最后由临汾市妇幼保健院诊断。2017年，完成残疾诊断37人；2018年，完成残疾诊断12人，为精准康复服务残疾儿童提供有力的依据和保障。2018年，共有7名聋儿得到助听器免费验配服务，2名聋儿得到了听力语言康复训练服务，16名肢体、智力、孤独症残疾儿童得到康复训练服务，12名残疾儿童得到辅助器具适配服务。

除了落实国家人工耳蜗免费手术救助政策以外，县财政还对残疾儿童的康复提供资金保障。2017年、2018年为在临汾市残疾人康复服务中心接受康复训练的0—6岁农村贫困残疾儿童每人补助2000元，用于残疾儿童家长的生活费、交通费和房租等补贴。

上述措施的落实，对残疾儿童的康复帮扶起到了极大的促进作用。尉庄乡6岁的乔某、光华镇3岁的薛某，先后得到20余万元的人工耳蜗免费手术，分别在山西省聋儿康复教育研究中心和太原市中心医院儿童康复服务中心进行听力言语功能康复训练，康复效果很好。近两年来，全县先后有57名残疾儿童得到了不同类型的康复救助。2017年，完成28名残疾儿童的抢救性康复，其中2名聋儿、14名孤独症儿童、6名脑瘫儿童在机构康复训练，6名肢体残疾儿童装配了矫形器，向市残疾人康复中心转介10

名脑瘫儿患者进行康复。

另外,乡宁县还十分重视残障儿童就学受教育的工作。2017年,对适龄残疾少儿入学情况进行了摸底调查,残疾少儿193人,已入学190人,仅有3人由于智障严重无法入学。全县还有1名残疾人大学生享受临汾市彩票公益金助学项目,2000元;14名残疾人子女享受临汾市彩票公益金助学项目,每人2000元,共2.8万元;2名学前残疾幼儿享受山西省彩票公益金助学项目,每人3000元,共6000元。

这些孩子是不幸的,他们生来残疾,比正常人承受更多的苦难,但从某种意义而言,他们又是幸运的,能得到政府的帮扶救助,借助现代先进的医疗手段和技术,提高生活质量,和正常人一样学习、工作,融入社会。

在乡宁县流传着特教老师岳代章坚持对残疾儿童进行特殊教育的动人故事。

1996年6月毕业于山西省特殊教育师范学校盲专业的岳代章,一直从事特殊儿童随班就读工作。从事特教近20年,多次受到上级嘉奖,分别获得地级优秀班主任、县级教学能手等,撰写的论文获山西省教育青年学会一等奖,辅导学生科技发明获省级一等奖,获得很高的赞誉。他帮教出的残疾学生很多已经成才,与正常人一样生活和工作。

学生王某,患有孤独症,上课不听讲,下课跟同学打架。岳代章注意发现他身上的闪光点,给予及时表扬和肯定。除了定期找王某谈心外,他还像一位父亲一样时刻关注王某,让他真正体会到老师的关心。随着交流次数的增多,王某开始信任并依赖岳代章了。看见王某的进步,岳代章心里高兴极了,进一步加强了对他的帮教。岳代章还有意识地发动别的同学热情地帮助他,让他感受到集体的温暖。在潜移默化中,让他逐步感受到交好朋友的快乐,慢慢学会与人交往。

王某现在已经中学毕业,帮助父母在超市理货,还能独立处理一些疑难问题。

第二个重点:成年残疾人。

很多残疾人由于部分丧失或全部丧失劳动能力,生活比较贫困,需要全社会的关注和救助。2017年初，乡宁县共持有第二代残疾证的各类残疾人6047人，这些残疾人毫无疑问也是脱贫对象。

乡宁县残联大力对残疾人进行身残志坚的思想宣传，提高残疾人的综合素质，帮助他们牢固树立自立自强的意识，同时认真落实县委、县政府以及省市残联关于在脱贫攻坚战役中对残疾人帮扶的各项政策措施，全县残疾人扶贫工作取得明显效果。

2017年，乡宁县残联工作人员加班加点完成了残疾人脱贫工作任务。

坚持残疾人培训工作。全年县残联共组织农村实用技术、扫盲、精准康复、盲人定向培训共5期，400余人参加。对残疾人就业和职业培训实行实名制录入，共录入4115人，录入率100%，就业年龄段残疾人培训887人，培训率约为22.53%。此外，还推荐了10名残疾人参加临汾市职业技能培训，其中保健按摩5人、电子商务4人、美甲1人。于6月27日、10月27日专门召开了全县残疾人精准康复服务工作培训会和推进会，对精准康复的政策进行了解读，对精准康复服务管理系统进行了操作培训，印发了《精准康复手册》1000册。对全县有康复需求的残疾人提供精准康复服务2415人次，配发各类辅具600余件，录入精准康复服务管理系统2415人。

狠抓康复不放松，残疾人精准康复工作实现全覆盖。继续免费实施白内障复明手术，做到"发现一例，手术一例"，会同临汾明仁眼科医院，逐村逐户筛查，不漏一人，已经完成各类眼病筛查780例，免费手术313例，使残疾人眼病患者见到了光明。

完成了疑似残疾人残疾评定服务。全县持有第二代残疾证7089人，因死亡或者重户注销残疾证805人，全年共办理第二代残疾证460人，其中为322名重度残疾人提供残疾评定服务。

加大辅助器具适配工作力度，提高康复覆盖率。全年共为12名肢体残疾人免费装配了大小腿假肢，为全县有需求的残疾人免费发放轮椅、拐杖、手杖、助听器等辅助器具600余件，康复体育器材50件。

实施了残疾人精准康复服务行动。明确了各部门的工作职责，出台了《乡宁县残疾人精准康复服务实施方案》，明确了精准康复服务目录及补贴标准，会同卫计局确定了残疾人精准康复服务评估机构和服务机构。

推动了残疾人扶贫救助、教育、就业、培训、维权工作。2017年全县建档立卡贫困残疾人1889人，其中重度残疾人891人。经过摸底、筛查、公示，最终确定30名建档立卡贫困残疾人为基层党组织助残扶贫帮扶对象，每人3000元，并且开展了个性化定制帮扶，建立了帮扶档案，定期对帮扶进展情况进行跟踪服务。

希望农场

2016年，乡宁县企业家张连水到台湾考察，接触到一个新兴机构——希望农场。

所谓希望农场，就是这样一家机构，他们把那些智障少年集中起来，无偿给予心理疏导和科学训练，叫他们掌握一定的生活技能，成为自食其力的人。

类似的机构在台湾有好几十家，这给了张连水极大的启发。

张连水决心引进这种特殊教育机构。他立即联系了台湾有关机构，表达了自己的心愿，希望与他们合作，在乡宁县也办一个这样的机构。

张连水的要求得到积极回应，台湾的一个特教团队派遣特教专家陈礼龙带领团队来乡宁县与云丘山旅游开发有限责任公司洽谈合作，议定开办一个希望农场，招收一些智障少年进行特殊教育和特殊训练。先行试点，取得经验之后再向社会慢慢推广。

2017年1月，希望农场在云丘山景区的康家坪村正式成立。云丘山旅游开发有限责任公司提供了20亩土地，建设了2个使用面积4亩的种植大棚、1个使用面积1亩的育苗大棚、1个使用面积15亩的露天种植区，还建设了1个室内的生活和生产技能训练基地。

希望农场第一期招收了10名智障少年，开始了名为手心翻转的特殊教育。手心翻转的含义是：这些孩子在自己家里的时候，总是手心向上向父母亲要这要那，现在要把手心翻转向下，自己动手，创造生活。让他们懂得用自己的双手自力更生，锻炼自己，甚至帮助别人。

希望农场的育苗基地

陈礼龙和他的团队，给予孩子们心灵上的抚慰和生活、生产技能的培训，使他们的智力得到开发，四肢得到训练，初步懂得一些如讲究卫生、礼貌待人、热心助人、热爱劳动、锻炼身体等方面的知识和技能。

两年多的时间过去了，第一批孩子的身心已经发生了明显的变化。他们学会了育苗、种菜、管理，还掌握了烘焙技术，亲手制作蛋糕、点心、大米、面条等食物，有的孩子还当了希望农场的导游和解说员。

这些孩子的父母看见自己的孩子成长为自食其力的人，还能跟周围的人交流沟通，活得有尊严和价值，感动得热泪盈眶，连声感谢希望农场，感谢陈礼龙老师。

乡宁县委、县政府对希望农场热情支持，帮助他们解决实际困难，使之越办越好。

希望农场在社会上引起了极大的反响，不仅有来自国内的志愿者，还有国外的志愿者来这里体验生活。

现在的希望农场不仅是智障孩子的特殊学校，而且是培养特殊教育师资的场所，成为一个特殊教育事业的孵化基地。

希望农场，一个充满希望的地方。

手心翻转，一个充满温度的活动。

在乡宁县，一说到身残志坚的话题，人们必然想到两个人：李通和郭威。

李通先天残疾，在他两个月大的时候，父母发现孩子的双眼基本上没有光感，确诊为先天性白内障。后经手术，视力仅仅恢复到了 0.01。正当父母为儿子的眼睛愁眉不展的时候，却意外发现孩子的音乐感特别强，只要电视里面播放音乐，他就跟着哼哼，还像模像样地扭起来。8 岁那年，李通被父母送到临汾市特殊教育学校学音乐，从此开始了他的音乐求学之路。经过几年的学习，他不仅掌握了一定的音乐知识，学会了各种风格的唱法，还能谱一些简单的乐曲。毕业后，他先后在县蒲剧团等团体担任乐手，过着到处流动的生活。脱贫攻坚战役开始后，县里领导关怀他的生活，为了更好地发挥他的特长，推荐他到云丘山景区表演团体工作，有了固定的工作和稳定的收入。他终于有了大显身手的机会和平台。

几年来，他捧回大大小小 40 多个专业奖项。本为被帮扶对象的他，反过来用自己的特长去帮扶别的贫困户。他用自己的行动深刻地诠释了"我的明天不是梦"，坚信自己在音乐的道路上会越走越远！

12 岁生日那天，一次意外让郭威双目失明。悲痛欲绝的父母带着他到临汾、太原、北京求医，但均无功而返，医生回天乏术，郭威永远地失去光明。后来父亲给他补办了一次隆重的 12 岁生日庆典，本意竟是儿子这一辈子很可能娶不上媳妇了，这次生日庆典就算是他的结婚庆典吧。

以后的日子，郭威痛苦过、彷徨过，但他慢慢地接受了失明的现实，变得自强自立。他参加了县里组织的残疾人技术培训，到临汾市特殊教育学校进行了系统的学习，考上山西中医学院深造，掌握了医疗按摩和针灸技术，获得了行医医师从业资格证。他还到广州、西安等地拜名师求学，使自己的技术更加成熟。如今，他已注册成立了自己的医疗按摩院，有了自己的事业，他还是乡宁县残联的理事。由于业绩突出，郭威先后获得多种荣誉。

在不懈的奋斗中，郭威还收获了自己爱情，结了婚并有了一个健康的儿子，小日子过得红红火火。

脱贫攻坚战役中他积极参加各种技术培训，用自己的亲身经历现身说法，鼓励广大残疾人自强自立，勇敢地面对生活，突破自我。

家有令尊高堂——孤寡老人

对孤寡老人的帮扶,同样是脱贫攻坚战役的一项重要任务。

在对孤寡老人的帮扶工作上,乡宁县有针对性地采取了两个措施。

第一,建立老年人日间照料中心。

为切实解决好农村空巢、高龄孤寡老人的实际生活困难,根据上级文件精神,挑选了一批基础条件较好、人员集中、村委会积极性较高的村成立农村社区老年人日间照料中心。日间照料中心采取"村集体提供服务,老年人白天集中接受照料、晚上回家休息"的敬老养老模式;坚持"村级主办、政府扶持,社会支持、群众参与,家庭负担、老人互助,日间照料、生活服务"的基本原则,使农村老人离家不离村,离亲不离情,养老在社区,享乐家门口,实现居家养老和集中养老的有效结合。

杨建泽(右)与亲人们在一起

至2018年底,全县共审批运营19个农村社区老年人日间照料中心,增加301张养老床位,养老服务辐射19个行政村,服务人口2.3万余人,直接服务老年人700余人。上级对建设完成的日间照料中心扶持10万元改扩建资金,县财政按照文件要求对每个中心预算每年1-3万元的运营补助,在政策上大力支持村级养老事业发展,保证老年人日间照料中心工作进展顺利。

为了使老年人日间照料中心真正办好,办出特色、办出效果,确实替老年人解决一些具体问题,县领导和民政局高度关注每一个细节问题,小到每一顿饭,大到硬件设备的建设和管理,都要深入实际调研,确保老年人日间照料中心确实办好，长期坚持下去。

第二，建设养老机构。

为了使孤寡老人老有所养、老有所依，在脱贫攻坚战役中，乡宁县加强了对养老机构建设和运营管理的领导，增加了服务经费，配备了服务设备，提高了服务质量。

全县现运营养老机构4个，分别是枣岭乡岭上敬老院（公办）、台头镇老年公寓、敬和院老年公寓和申南凹舒逸苑医养结合老年公寓（民办）。全县养老机构增加347张床位，直接服务老年人138人。

枣岭乡岭上敬老院位于岭南上村，占地面积3000平方米，建筑面积1416.96平方米，2012年10月正式运营，设计床位72张，现入住床位43张。

台头镇老年公寓位于台头村，占地面积3710.03平方米，建筑面积2607.56平方米，2006年投入使用，设计床位75张，现入住床位25张。

敬和院老年公寓位于北山公园内，占地面积9577平方米，建筑面积10600余平方米，用于养老服务面积4000余平方米，2013年11月12日投入运营，设计床位100张，现入住床位44张。

申南凹舒逸苑医养结合老年公寓，是县里的"医养结合"试点单位，建筑面积35000余平方米，2018年4月投入运营，设计床位100张，现入住床位26张。

岭上敬老院是一所公办敬老院，2012年登记为县民政局下属事业单位，除去集中特困供养对象每人每年8580元的专项经费外，其他人员工资、水电等全部列入县财政预算。

宋春发6岁时因病双耳失聪，失去了上学的机会，但他天资聪颖，自学成才，写得一笔好字，还能写文作诗，擅长歌赋，因残疾和家境贫寒终生未娶。2016年入住岭上敬老院后，生活有了保障。他自己设计制作了一幅写着做人警句的贴画，置于床头，将亲手书写的条幅挂在壁上，使一间原本简单的3人宿舍变成洋溢着文化气息的雅室，生命充满阳光，焕发出生活的激情。他内心明镜一般，这一切全是政府办的敬老院给他带来的。他的床头总放着一叠白纸，用铅笔在纸上有意无意地书写下"生活幸福""感谢政府"……

一天早晨，岭上敬老院正在开饭，七旬老人师海江突发疾病。杨荣喜院长立即开车把老人送到县医院，诊断为急性脑梗，生命垂危。在来不及通知其亲属的情况下，杨院长果断代为签字，及时做了开颅手术，把老人从死亡线上拉了回来。

岭上敬老院把每位老人的生日都登记做表，每逢生日，敬老院都要给寿星买蛋糕，做长寿面。好几位老人是平生第一次过生日，吃第一口生日蛋糕、第一碗长寿面。他们很感激敬老院对自己无微不至的关怀和照顾，不是亲人胜似亲人。

他们还为孤寡老人料理后事。2018年12月3日，91岁的西交口乡苏家塔村的张发子老人因病去世。因老人的妻子儿女均已过世，无人为他料理后事，敬老院把老人送回老家，在村委会的协助下安葬了老人，使之落叶归根。

自开院之日到2018年底，敬老院已经送走了26位老人。每一位老人离世后，敬老院领导都要亲自带人把他送回老家安葬。

杨荣喜深情地说："我们代表的是政府，给这些老人养老送终是我们的职责。"

对那些不愿意到养老机构的老人，乡宁县采取了由村委会代建住房的方式解决他们的安居问题。

枣岭乡马涧村的五保户，原来分散居住在土窑洞中，住房不安全，交通不方便，也不愿意到养老机构，村委会结合相关易地搬迁补助规定，在县财政局驻村扶贫工作队等各方力量的帮扶下，经征求意见，协调沟通，由村委会统筹使用五保户的建房补助，采取易地搬迁代建住房新模式，为五保户统一在村子中心修建了两层上下共10间的安全保障房，实行集中安置和供养。新房水、电、暖、灶、电视、卫生间、煤等生活设施齐全，并安排专人负责照料，老人们其乐融融。

关爱老人，赡养老人，乡宁县用实际行动将党和政府的温暖送到这些老人的心间，谱写了一曲爱的赞歌。

构建空中商道

乡宁人把电商玩到了极致,不仅玩出了名堂,而且还玩出了效益。

丰富多彩的现实生活,有时候就是这样神奇和不可思议,让人应接不暇。

谁能想到,一条信息,就能把深山沟里的土特产卖到北京、上海,卖到天南海北!

谁能想到,一个电话,就能叫积压许久的大量农副产品一扫而光,而且后续订单接踵而来!

谁能想到,在深山沟里家常见惯的土得掉渣的东西,却成了大都市人们餐桌上的佳肴!

谁能想到,浙江宁波舟山群岛上一家濒临破产的海鲜水产公司因来自黄土高原上乡宁县的一个小女子,竟然起死回生,风摆杨柳!

奇迹来源于乡宁县委的一个决定:

2017年6月2日,乡宁县委、县政府制发《乡宁县2017年度脱贫攻坚规划》及《乡宁县电商扶贫实施方案》。方案提出,为加快电子商务扶贫步伐,探索精准扶贫新路径、新模式,切实做好电商扶贫工作,特制定方案。当年9月之前,要在全县10个乡镇建立10个电商服务站,在村建立11个电商服务点。电商服务站包括实体店改造、装修,农特产品展厅、宣传及农产品上行洽谈，电商培训，农产品包装、设计，电子设备等。电商服务点包括实体商店改造、装修，销售系统或电脑。县财政预算投资188.5万元，资产归乡镇和村委会所有。

随着电商服务站的建成，还完善并落实了一系列的配套措施，使电商雨后春笋般地发展起来。

首先实施了互联网行政村全覆盖工程，鼓励社会有志之士从事电商业务。为了使电商运营者有一个便捷的平台，乡宁县投资数百万元于2017年6月在县城建设了乡宁县双创基地，聘请浙江颐高集团下属临汾电子商务有限公司负责运营管理。基地拥有众创空间、众创咖啡、颐居草堂、微巢学院、智能体验馆和创业会客厅大板块。众创空间是入驻

电商服务中心的商品展示

企业和创业者的办公场地，共有158个工位、29个独立办公室，同时配有法务、会计、物流等第三方创业服务，帮助创业者轻松创业。基地集"创业创新孵化、众创空间、电商示范平台"为一体，已被认定为省级众创空间、市级中小企业创业创新基地。

双创基地为入驻企业提供五项优惠服务：提供免费的办公场地、硬件设施，物业水、电、暖、网费全免，提供企业法务、会计、工商注册等创业类服务，通过链接颐高互联网公司在全国项目资源的创业者，提供免费的线下农副产品展示、线上平台销售服务，提供免费的创业电商类培训及专业的创业培训体系。

良好的办公条件、优惠的服务项目，吸引企业踊跃入驻。截至2018年底，共计入驻企业57家，其中小微企业30家、个体工商户18家、合作社3家、

创客团队6家。这其中最具规模的就是电商企业,新建电商运营中心3个、乡村电商综合服务站点95个。通过"互联网+电商",打开农产品销售市场,实现贫困户创收增收。从此,通向世界各地的空中商道建成,本地的土特产顺着这条空中商道卖到天涯海角,外地的商品信息顺着这条空中商道不断反馈回来,指导贫困户根据市场信息发展商品生产。乡宁县的脱贫攻坚战役又多了一个进攻突击的方向,贫困户又增加了一个脱贫致富的渠道。一个新的产业链条形成了。

这就是以互联网为平台的空中商道。

在乡宁县众多的电商企业中,在省内外叫得最响的有4家。

香凝牌叫响全世界

"他的电商平台还在,香凝牌还在。"

2015年,山西农业大学硕士研究生杨宗鹏受乡宁县委委派任枣岭乡神底村第一书记。刚到神底村的时候,他发现群众家里除了粮食收入外,再没有别的经济收入,而这里的苹果、小杂粮、花椒、核桃、酸枣、红薯、土豆等土特产质量高、产量大,但是运不出去,卖不上好价钱,人们守着金饭碗讨饭吃。

作为第一书记,年轻气盛且具有扎实专业知识的他挖空心思寻找能够叫贫困户增收的好路子。

他想到了县里发展电商的优惠措施,于是大胆地干了起来。

为了彻底改变土特产销售难的现状,他注册成立了香凝农业开发专业合作社和香凝牌商标。他立即筹集资金将苹果、花椒、杂粮等数十种农产品包装后进行品牌化销售,把全县现有的13万亩核桃、1万亩杂粮等全都纳入销售范围。在此基础上,建立销售网站和产品展示中心,将农副产品全部放到各大平台上销售。一年时间,包装开发了10余款产品,通过网络途径售出苹果8万余斤、核桃5000余斤、花椒500余斤、酸枣100余斤、红薯1.5万余斤、土豆1.5万余斤、胡萝卜1.5万余斤,销售额突破55万元,带动100余户贫困户和农户直接受益。目前产品已销往全国32个省、区、直辖市，口碑良好。每个产品的售出都是对乡宁一次最美、最全面的宣传。他的目标是不仅要将神底的农副产品销售出去，还要带动整个乡宁县。

神底村盛产苹果、核桃等农产品，但因信息闭塞、交通不便，销路不畅，即使果品丰收也很难卖上好价钱。到了收获的季节，果农们本该个个脸上洋溢着丰收的喜悦，此时此刻他们却急得像热锅上的蚂蚁团团转。苹果是季节性很强的农产品，如果不能及时卖出去就会腐烂变质，一年的辛苦将付之东流。

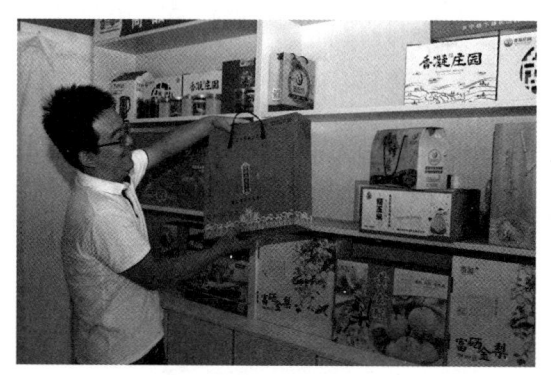

杨宗鹏向顾客热情地介绍农产品

杨宗鹏依托香凝农业开发专业合作社把苹果收购回来，进行精心包装，发往外地，很快就把积压的苹果销售一空。看着贫困户脸上难得的笑容，杨宗鹏心里别提有多惬意了。

每年10月份苹果采摘、销售旺季，枣岭乡贫困户10多万斤的优质苹果要在几天内采摘、入库，而后包装发售。2017年10月，为了把住入库苹果的质量关，杨宗鹏和他的伙伴们守在恒温果库外面，逐箱验收，绝不放过一个有毛病的苹果。饿了啃一个苹果，累了趴在包装箱上眯一会儿，醒来再接着干。

通过杨宗鹏的努力，当地农副产品逐渐有了影响力。为了彻底解决苹果品质不佳的问题，他四处考察学习，最终成功引进并推广矮化密植苹果栽培技术和果园辩证管理技术，推动2000亩老果园改造，通过"引进来、走出去"的模式，让2000余户果农受益，栽植新品种苹果7000亩。他又向上级争取项目资金30.35万元，用于培训果农，发放优质苹果苗，购买有机肥、农业机械设备等。

经过几年的奋斗，杨宗鹏终于为乡宁的农产品打开了销路，销售业绩逐年递增。2016年，销售额14万元；2017年，销售额55万元；2018年上半年，销售额 35 万元。

杨宗鹏说："今天你有什么，我就卖什么；明天我卖什么，你就种什么！要玩电商就要玩得灵魂出窍，欲罢不能！"

2018 年 6 月，杨宗鹏第一书记任期已满，被组织调往别的工作岗位，但他的电商平台还在，香凝牌还在……

丑怪核桃香飘四海

30 多岁的吴东山是乡宁县西坡镇赵垛村人，乡宁县丑怪核桃种植专业合作社负责人，先后获得乡宁县县长创新奖个人优秀奖、西坡镇优秀电商个人奖等荣誉。2017 年被认证为乡宁县新型职业农民。

2010 年，他在乡宁县委、县政府和村党支部的支持下，牵头成立了乡宁县丑怪核桃种植专业合作社，拥有一座覆盖 1000 余亩的现代化无公害核桃示范园。他又注册了丑怪核桃商标，还积极申请 1000 亩核桃、1000 亩花椒无公害食品认证。

为什么叫丑怪核桃呢？乡宁县核桃的品相不如外地的核桃好看，表皮的纹理较深，起伏较大，颜色发黑，可是含油量高，吃起来香味十足。于是吴东山说："人常说包子有肉不在褶上，核桃好吃不在皮上，咱就叫丑怪核桃。丑怪核桃，名丑果香，皮薄肉厚，长在深山，不打农药，用农家粪、泉水灌溉。"

丑怪核桃种植专业合作社以"源于农户，服务农户"为发展理念，为农户谋福祉，通过统一的组织管理、统一的包装销售，带动 32 户、108 人，其中贫困户 29 户、一般农户 3 户。

2017 年，脱贫攻坚战役开始后，他建设了电商服务站，搭建了"乡里乡亲"电微商平台，将线上与线下结合起来，帮助农户收购绿色有机农产品，涉及核桃、花椒、苹果、养生茶、果干（杏皮、桃皮等）、葵花油、土鸡蛋、土猪肉等 50 余种，产品远销内蒙古、浙江、上海等地，并与汾阳、商洛等客商直接地头对接，收购农户的核桃。同时有偿鼓励贫困户参与生产、加工与销售，带动贫困户脱贫致富，推动丑怪品牌走出大山，融入市场，

吴东山在向到访者介绍丑怪核桃

成为乡宁的明信片、老百姓的金饭碗。

2017年9月下旬，秋高气爽，乡宁县的核桃进入了成熟期，正是核农采摘的最佳时节，可是天公不作美，整整10余天阴雨绵绵，核农采摘的几十万斤核桃放在家中无法变卖渐渐发霉，吴东山与核农心中万分焦灼。要知道，有的贫困户就指靠这一季核桃见一点现钱，要是不能及时卖出去，今年怕是血本无归了！

在这种情况下，丑怪核桃种植专业合作社迅速整合信息资源，在网上对外发布核桃义卖活动，以枣岭乡岭上村为中心并辐射周边村落分级收购，且高于市场价格0.2元。通过各方努力，10余天内共销售青皮核桃300余吨，解了贫困核农的燃眉之急。

为了把乡宁青皮丑怪核桃的品牌叫得更响，吴东山亲自设计包装箱，大打品牌文化。推出乡里乡亲丑怪青皮核桃亲情包装，每个包装箱上印有沟渠纵横的吕梁山，一块平地上一棵百年老树枝繁叶茂挂满了核桃，树下是一个小孩，拿着长竹竿敲打着核桃，以此唤起50后、60后，甚至70后、80后的童年记忆。每箱5斤优质青皮核桃，并赠送精美的核桃刀、手套、湿纸巾、便利袋。2017年7月18日，举行了"品核香、忆童年，扶贫助销主题活动"，包括：体验核桃园采摘、现场签单网上销售、文艺表演、电子商务贫困户培训。

当天参与人数200余人，网上销售青皮核桃500余单。培训贫困户100余人次，聘请山西省电商知名专家珍子老师给大家授课，使贫困户及学员都受益匪浅，增加了对电子商务的兴趣和认知，有了浓厚的产品文化情怀。细致的服务和优质的核桃品质收到了可喜的回报：青皮核桃销售2

万余单!

电商做得红红火火热热闹闹,吴东山没有忘记那些贫困户,想尽一切办法帮助他们脱贫致富。

赵垛村的王俊珍,一家4口包括她在内就有3个是残疾人,生活贫困。吴东山决心帮助这个家庭走出贫困。他发现王俊珍虽然肢体残疾,但是心灵手巧,绣的一手好鞋垫,然而这么好的手工鞋垫,王俊珍平时也只是用来馈赠亲友,空有好手艺却不能贴补家用。吴东山主动向她伸出了援助之手,热心地帮忙包装、宣传,并教会王俊珍如何在手机上作图,如何发微信朋友圈。通过线上平台的宣传推广,2017年下半年就销售鞋垫200余双,销售金额2万余元。订单源源不断而来,王俊珍一个人干不过来,就又请了几个帮手一块干,成为一个有一定规模的民间艺术鞋垫生产作坊。仅一个腊月就做出几百双,全被吴东山的电商平台销了出去。

这一下,王俊珍一家的生活彻底好转。

王俊珍几次要感谢吴东山,都被吴东山谢绝了。后来实在盛情难却,吴东山就到她家吃了一顿乡宁饸饹面。

2017年四月初八古庙会期间,乡宁纵横众创空间公司展示推广活动中,乡宁电视台《百姓焦点》栏目组,也注意到了王俊珍的手工鞋垫,并深为残疾人自主创业的艰辛与不易而感动,多次打电话要求做专访。由于传统思想观念的束缚,她多次推脱,不愿接受专访。后来,经过吴东山多次沟通和心理疏导,王俊珍终于同意于2017年5月24日接受电视台联合残联对自己做了一次系统的宣传和报道。如今,王俊珍已经成功地将自己的刺绣工艺品推销了出去,产品已销往全国各地,并带动村里的10余名妇女做鞋垫、老布鞋及各种手工艺品。

一部手机闯天下

"这也是没有办法的事情……"

微商模式最大的好处便是将N种渠道所接触的客户通通汇聚起来,形成一个属于企业自己的大数据库,从而实现精准营销。微信是一个绝佳的客户管理平台,将各渠道的客户汇聚进来后便能实现畅通无阻的通道模式,直接消除了一切中间障碍,商家在公众号上就能和消费者建立直接联系。当消费者使用企业的产品后,可以通过企业统一搭建的微信商城入口申请成为微客,微客可以分享商品链接到朋友圈、微博、QQ 空间等媒体上,实现基于熟人推荐方式的裂变式分销。

晋美众创彩彩微电商运营中心的老板刘彩彩把这个过程说得轻描淡写:"无非是用微信向朋友圈发信息,想让朋友们一块赚一点钱罢了。"

刘彩彩的生意开始于 2013 年 11 月,为了准备过年,她拉了 3000 箱舟山带鱼,准备摆摊销售,同时向朋友们发微信:"我从舟山拉回 3000 箱带鱼,据说挺好吃,我先尝尝,然后分享给大家。"立即引起较大反响。

有朋友一下子买走了 30 箱。

还有朋友问:"我可以跟你一起销售吗?"

刘彩彩的回答是肯定的。

很快就有 170 多人做了她的代理,40 天时间,3000 箱带鱼一扫而空。

刘彩彩第一桶金赚了 2 万多元!

简直是天上掉下的馅饼,差一点把年轻的刘彩彩砸晕了。

从此刘彩彩干起了微商。

聪明的刘彩彩心里明白,微商最重要的是商品质量。

所以从一开始,刘彩彩就严抓商品质量。

她还是看准了舟山带鱼。带鱼是海水鱼,不能淡水养殖,食品安全系数高,深受内陆地区消费者的喜爱,因而带鱼市场火爆。

每一次进货,刘彩彩都要和爱人一起到舟山渔场现场验货,不符合标准的坚决不要。

刘彩彩看准了一家水产公司——舟山万利水产公司,这是一家濒临倒闭的企业。刘彩彩找到该企业老板,说明了自己的标准和质量要求。该企业老板答应与刘彩彩合作。

从那以后,每年春节前一个月,刘彩彩都要派出 7 个人的质量监督团队,到舟山万利水产公司现场验货。

而在山西这边，刘彩彩已经发展了8000多家代理商。同样也是约法三章，严把质量、分量关。刘彩彩的话很简单："不行，你就别干了！"

有了固定的货源和稳定的销售网络，刘彩彩就大张旗鼓地干了起来，销售量连年递增。

2017年，销售6万多箱；2018年，销售10多万箱；2019年，已销售20万箱。

最直接的效果是，彻底救活了舟山万利水产公司。

刘彩彩把舟山带鱼卖到了全国各地，包括武汉、杭州、成都、重庆等大城市。

更有意思的是，连与舟山隔海相望的宁波市都有代理商销售刘彩彩的舟山带鱼。

宁波人吃自己所属舟山群岛出产的带鱼，都要从山西人手里买！实在是有点欺负人哪！

电子商务分拣线

刘彩彩轻巧地说："不论你在哪里，都能买到我的商品。宁波人还抢购我经营的舟山带鱼，为什么？因为我的带鱼品质高，价格合理。"

2017年冬天，四川丑橘在市场上火爆，刘彩彩决定也玩一把。

刘彩彩看重的还是质量。

2018年春节前一个月，她带着老公亲自到四川眉山市丹楼县去进货。她在当地看中了一种精美的礼品盒，精心挑选好丑橘后统一包装，一下子就进了五台半拖挂汽车的4000箱丑橘。

4000箱丑橘回到山西很快就销售一空，赚了8万元。

刘彩彩并不是只顾自己发财的人，她还牵挂着家乡的父老乡亲。她的婆家在乡宁县枣岭乡，2017年秋天，得知枣岭乡的苹果积压严重后，决定帮助家乡人把苹果卖出去。她在客户群里把卖苹果的消息一发出去，一下子就销售了3万斤。

刘彩彩还想到了娘家——西交口乡。西交口是乡宁县最贫困的乡，贫困面很大。刘彩彩决心用开发产业、微商销售的模式为家乡脱贫攻坚战役做贡献。

乡宁县农村素有逢年过节油炸馓子的习俗，刘彩彩决定做一做油炸馓子的生意。她嫌馓子的名字不好听——过年是全家团圆的节日，怎么能散（馓）呢，就另取了一个很接地气的名字——手搓果。

这个名字，有两方面的意思：一是纯手工制作，拿手搓嘛；二是把油炸面食称一个"果"字，平添了几分优雅，提高了品位。

刘彩彩专门在娘家村里成立了福您发食品加工厂，第一期招收了14个员工，精心研究了配方和制作流程，试着制作了一小批手搓果，设计了精美的礼品盒和礼品袋，投放到市场，5000盒一扫而光。

刘彩彩在联系业务

试水成功，刘彩彩信心大增，又招收了一批贫困户，员工达到30多人，扩大了手搓果的生产规模。山西传统食品手搓果通过微商传遍全国各地，订单纷至沓来，其中青海省的订单最多。

2016年，销售5000多盒、1.5万袋；2017年，销售1万多盒、2万袋；2018年，销售1.8万盒、5万多袋。

那些跟着刘彩彩加工和销售手搓果的贫困户大大地赚了一笔。

乐村淘乐陶陶

2015年10月，乡宁县双创基地入驻了一家外地电商企业——乐村淘。

乐村淘总部在太原，是针对目前农村存在的货品少、假货多、购物难，同时农产品不好卖的情况,采用了独特的双向O2O经营模式的电商企业。首先,是走进农村模式,让工业品走进农村,让农民买到安全、实惠、质高的产品,提升农民的生活品质,降低生产成本,缩小城乡差距。其次,走出农村模式,为农民和当地企业提供全国销售平台,让农产品走出农村,走向全国,帮助农民发家致富,助推当地企业增产创收。

针对当前农村物流成本高的问题,乐村淘制定了一个更适合农村的独特的销售模式——乐6集。所谓乐6集,就是每月逢6赶集,让农民把线下的赶集搬到网上,在每月的6号、16号、26号集中下单,集中销售,集中配送,这样大大地降低了物流成本和采购成本。

第二个特色业务就是乐村淘特色馆,一个B2B子平台,针对每一个县成立一个主题特色馆。通过挖掘每个县的乡魂、乡情、乡味,把当地的人文、历史、故事融入特色产品中,带到互联网上去,让全国人民更加了解当地的文化与特色,促进县域经济发展。

由于服务优质,效益明显,乐村淘先后获得最具影响力的农村电商平台、国家级高新技术企业、2017—2018年度电子商务示范企业、全国农业农村信息化示范基地、山西省优秀企业等奖项和荣誉称号。

进驻乡宁县之后,乐村淘把全县135个行政村的乡村便利店升级为农村土特产电商销售服务站,甚至把便利店的工作人员聘请为农村商品的销售顾问。从而把电商的触角延伸到农村的各个角落,能够及时获得农村有什么,农民需要什么,从而主动地整合信息,集中采购,组织货源,配送商品,积极为"三农"服务。

乐村淘乡宁县总经理高峰说:"我为农家辛苦,我为农家忙,只为农家早脱贫,只为乡亲解决买难和卖难的问题,大家一起乐陶陶。"

2017年9月18日,乐村淘联合农芯乐邮乐购等电商企业在乡宁县城迎旭广场设立临时集中销售站点,对关王庙、尉庄、双鹤乡18个村的80余户贫困户的农产品进行为期一周的宣传销售。主打产品为关王庙乡海珍养殖专业合作社生产的秾稼牌羊奶蛋以及80余户贫困户散养的土鸡蛋、核桃、红皮土豆等农产品,同时在乐村淘10个乡镇级电商服务站和各村级乐村淘体验店进行线上推广、线下常态化销售。9月18日当天就销售羊奶蛋300余斤、普通鸡蛋500余斤，销售了贫困户的红皮土豆200余斤、核桃130余斤、小米80余斤、土鸡蛋160枚，本次活动带动贫困户每户增收500元左右。

2017年脱贫攻坚战役最紧张的期间，乐村淘在线上、线下组织土特产销售700多万元，解了贫困户苹果、核桃销售的难题。

2018年，销售苹果600多吨，带动贫困户成功脱贫。

山旮旯里出精品

纵观乡宁县众多电商销售的土特产，如石磨麸粉、石磨小麦粉、石磨玉米粉、石磨玉米糁、山旮旯小米、石磨绿豆面、石磨杂粮面等商品，均出自乡宁县山旮旯食品有限公司。

乡宁县山旮旯食品有限公司，并不是电商，而是为电商提供加工好的原汁原味的乡宁面粉和小杂粮。

老板李学堂是一个很精明的人。在全县电商迅猛发展的大背景下，他发现乡宁的土特产缺乏初级加工和精美包装，不符合电商销售的需要。

品相不好，客户看不上；包装不好，容易松散破包。

对电商产品的初加工和合理的包装应该是一个商机。电商为客户服务，也要有人为电商服务嘛。

于是，他于2015年10月注册成立了乡宁县山旮旯食品有限公司，位于昌宁镇寺院村，是集粮食种植、加工、餐饮为一体的综合性企业。公司成立之初，他就认识到，并不是任何粮食都能线上销售，而是要注重无污染、无农药、有机、绿色，而要达到这些要求，必须以推动绿色发展、绿色农业、生态农业、有机农业为使命，以合作共赢为经营理念，创建自己的有机绿色粮食生产基地。于是，他与乡宁县金蛐蛐种植专业合作社合作，吸收100多户贫困户种植有机作物5000余亩，年产有机小麦1000吨、五谷杂粮800吨、小麻籽400吨。

原料有了，如何加工呢？

难道还是机器磨面、机器碾米？加工出来的面粉和小米一股子油腻味？

不行，一定要有黄土高原的原汁原味！

他设计成功了半机械化的粮食加工系统，实现了用电带动传统石磨、石碾低速转动，用石磨加工面粉，用石碾加工小米。

就这样，乡宁县山旮旯食品有限公司坚持农耕文明的古老传统，把古老生产工艺与现代技术相融合，投资 200 余万元，建成 8 台石磨及一组精炼食用油加工生产线，可加工有机面粉 500 吨、有机小麻籽油 100 吨。低速研磨、低温加工，不会破坏小麦中的营养物质。生产出来的面粉经过化验，最大限度地保留了小麦中的胡萝卜素、钙、磷、铁、维生素 E 等营养物质，特

山旮旯食品有限公司的石磨

别是石磨粉中的胡萝卜素和维生素 E 是其他面粉的数倍。低速研磨的特点是完全保持了面粉的分子结构，无须任何添加剂，面粉呈淡黄色，制作各种面食口感柔韧，麦香浓郁，营养价值高，是真正纯天然绿色健康食品。

每年秋天秋粮下来的生产旺季，乡宁县山旮旯食品有限公司都要雇用二三十名贫困户来公司务工，使他们有了一份固定的工作和稳定的经济收入。秋冬两季，每个人能收入 3000—5000 元。

他们还使用民间传统方法对谷子、糜子、黍子、高粱、绿豆、小豆、豇豆、芸豆、豌豆、蚕豆等进行初加工。比如用电动低速石碾加工小米、黍米、高粱，避免了机械在加工过程中对杂粮本身结构和品质的破坏，保留了杂粮本身的矿物质和维生素等营养成分。

李学堂说："深山出俊鸟，这里的小麦粉、玉米粉、豆类粉以及小杂粮，纯原生态加工，长上翅膀，飞到世界各地城市居民的餐桌上。"

乡宁县山旮旯食品有限公司加工出来的绿色产品，如石磨小麦粉、石磨玉米粉和石碾小米先后获得山西省名牌农产评选办公室和山西省名优特新产品协会在山西好货网组织评选的山西名牌农产品最佳新年礼大奖。

2017年9月27日，新华社刊发了一篇题为《幸福生活像玫瑰一样绽放：山西乡宁多举措推进精准扶贫》的通讯报道：

新华社太原9月27日电（记者王菲菲）走进乡宁美聚香凝农产品开发有限公司，沁人花香中，工人们正在赶制玫瑰花馅月饼。这些甜蜜的馅料来自周边3000亩玫瑰花田，这也为42户贫困户带来了每亩3000元的收益。

山西省乡宁县位于吕梁山南端，是省级扶贫开发重点县。近年来，乡宁县大力推进特色产业扶贫，大手笔投入补齐基础设施短板，让贫困户的生活像玫瑰一样绽放。

金融"活水"浇灌产业之花

15万亩核桃林、5万亩苹果、3万亩花椒、6万亩翅果、6000亩酿酒葡萄、1万亩油用牡丹、双季米槐和食用玫瑰……金秋九月，乡宁县迎来丰收季，品种繁多的特色产业为贫困农民带来了脱贫的希望。

"玫瑰是个好东西，今年靠它挣了近1万元。"47岁的贫困户葛新平乐得合不拢嘴，今年他种了3亩玫瑰花田，从5月忙到9月，挣的钱比过去一整年还要多。

发展产业是脱贫攻坚的重要支撑。乡宁县东部属石山森林区，西部属黄土残垣区，山区资源的多样性决定了产业发展必须因地制宜，多轮驱动。因此，该县确定了"核桃产业主导，若干特色并进，畜牧养殖同步，精深加工跟进"的发展思路。

产业发展需要金融支持。乡宁县创新实施"股加贷"资产收益扶贫模式，将2538.75元的财政结余扶贫资金折股量化到符合条件的贫困户名下，配套扶贫低息贷款入股4家龙头企业，既为龙头企业注入了资金，又能让10144名贫困人口获得分红收益。

乡宁县欣隆养牛专业合作社是4家龙头企业之一，贫困户不仅可以在这里打工挣钱，还可以入股分红。1486名贫困人口利用"股加贷"政策，每人每年能从合作社分红391.25元。62户贫困户利用国家扶贫小额贴息贷款政策，每户贷款5万元，入股合作社，每年能获得4000元分红。此外，还有149户贫困户将政府补贴的牛放到合作社代养，最少一年可收益400元，最多可达800元。

易地搬迁拔穷根

今年43岁的闫耀杰差点就打了光棍。家住大山里，交通不便，房屋破败，直到33岁才找到媳妇。

他所在的仁义村属于黄土残垣区，土质疏松，道路开裂，房屋移位甚至塌陷，地质灾害严重。闫耀杰一家原本住在山上的3孔窑洞里。"一下雨，窑顶就往下掉土块。"因为担心家人安全，他外出打工从来不敢去太远的地方。为了两个孩子上学，他就在县城边上租了间房子，一年光租金就要2000元。

随着当地易地搬迁政策的推进，今年，闫耀杰一家就要在山脚下拥有自己的新房子了。

"十三五"期间，乡宁县共实施易地扶贫搬迁2428户、8569人，其中建档立卡贫困户2078户、7473人，建设集中安置点45个，总投资3.1亿元。对于贫困人口，国家每人补助2.5万元，自筹资金不超过1万元。

记者看到，闫耀杰的新房共有121.5平方米，有一间专门留给老人的卧室还可以盘炕。现在，闫耀杰正忙着给新房刷墙、铺地。很快，他们就不用在县城租房住了，从这里骑摩托车到县城用不了半个小时，还可以乘公交进城。

"以后进城打工也方便了。"闫耀杰相信,树挪死,人挪活,离开了祖祖辈辈生活的大山,日子肯定会越来越好。

大手笔投入补短板

贫困地区基础设施历史欠账较多,是最大的短板。"水、路、网等基础设施是农村产业发展的瓶颈,也是农民脱贫最大的制约,以前我们想引进一个大型养殖企业,就是因为基础设施不行,没谈成。"乡宁县脱贫攻坚行动总指挥部办公室副主任刘科军说。

为实现稳定脱贫,全面改善和提升农村生产生活面貌,乡宁县今年共投资4.13亿元着力补齐水、路、卫生室、互联网等方面的短板,其中投资3.2亿元,实施284条466.8公里村组道路工程和244.43平方米街巷硬化工程,惠及贫困户3731户、13587人;投资7446.29万元,实施水利扶贫工程344处;投资188.5万元,建立电商扶贫物流服务和快递服务点乡级10个、村级11个。

在尉庄乡瓦厦村,记者看到,3米宽的水泥路已经通到了村民家门口。村民们说,以前村里都是土路,一下雨满脚泥,不仅出行不方便,收农产品的商贩也不愿上门。现在路修好了,农产品也能比原来多卖点钱了。

"全县自然村全通水泥路,入户街巷全硬化,行政村卫生室和文化活动场所全覆盖,具备条件的实现通客车,全县农民和贫困群众都能吃上放心水、连上互联网、走上致富路,通过电商让农产品走出大山、走进市场。"刘科军说,基础设施的改善为农村持续稳定脱贫提供了保障,也让农民真正有了获得感。

应该说,新华社的报道,为乡宁县脱贫攻坚战役做出了恰如其分的权威判断。

第三章

让"开口货"吐出效益

老百姓有两句俗话。

第一句是：家有万贯，带毛的不算。

第二句是：有钱不买开口货。

这两句话是一个意思，就是养殖业风险大，一般情况下不要干。

所谓风险大，无非是牲畜容易患瘟疫，一旦流行，就没办法控制，弄不好就是血本无归。

可是，在科学技术发展的今天，无论何种瘟疫都能有效控制和扑灭，"带毛的""开口货"再也不是农村经济发展中的"雷区"了，不仅成为贫困户脱贫致富的有效途径，而且是国民经济转型的基础性产业，国家制定了很多有效措施推动养殖业朝着规模扩张、集约程度高、科技含量大、覆盖面广、经济效益显著的方向快速发展。

乡宁县在脱贫攻坚战役中紧紧抓住这一机遇，投入大量财力、物力、人力和精力，大力发展养殖业，取得了可喜的业绩。各种养殖合作社、养牛场、养猪场、养鸡场，星罗棋布一般散落在广大农村，为脱贫攻坚战役的胜利提供了有力的支持。

松卜岭上财源开

2017年脱贫攻坚战役打响后，台头镇党委、镇政府从本镇实际情况出发，在用活用足国家对贫困户的各项优惠政策的基础上，本着贫困户能够稳定持久脱贫，真扶贫、扶真贫的目的，经过认真调查研究，决定夯实脱贫产业根基。围绕稳步脱贫目标，采取"支部＋企业＋贫困户"的模式，因地制宜鼓励发展特色产业，发挥企业、合作社和能人的带动作用，实现主体产业全覆盖。李子坪村党支部牵头，返乡企业大户出资，结合李子坪地理自然优势，成立了道源农林开发有限公司，栽植连翘、柴胡，带动李子坪、孔家两个村68户，发展药材320亩、林下经济3800亩，村集体经济增收20万元。

采取"能人＋合作社＋贫困户"的模式，当地能人赵雪根利用废弃煤矿场地成立了松卜岭养殖专业合作社，以带动建档立卡贫困户脱贫为目标，贫困户将县财政补助的养殖产业资金作为委托代养资金参与合作社分红。为全镇93户贫困户代养育肥猪1914头，成立融盛种养殖专业合作社，为25户贫困户代养能繁母牛25头。贫困户每年按代养金10%的比例分红，同时发挥基地作用为自主养殖户提供饲料、防疫等服务。

成立花山核桃专业合作社、新胜核桃专业合作社，为全镇170户贫困户提供核桃培训、管理、营销服务。

成立丰茂园造林合作社，吸纳贫困户16户，完成退耕还林任务923亩，同时参与街道绿化、卫生整治，增加贫困户收入。

这些合作社接地气，切合实际，符合贫困户意愿，在脱贫攻坚战役中发挥了立竿见影的作用。

尤其是松卜岭养殖专业合作社在发展养殖规模、扶贫覆盖面、经济效益、带动作用等方面走在全镇前面。

台头镇党委、镇政府明确工作目标和实施方案以后，指定一名副镇长组织致富带头人到河南南阳牧原养殖有限公司和山西大象集团等优秀养殖企业考察，帮助开阔视野、拓宽理念、坚定信心，组织专业人才召开项目论证会，分析养殖市场前景、发展动态和经营模式等问题，鼓励其新办养猪专业合作社，发挥主体带动作用助力脱贫攻坚。镇政府牵头与华盛煤业协商，将煤矿整合后闲置空地作为合作社土地用地，协调当地村委会解决了合作社用水用电等实际问题。

接下来事情就热闹了，镇政府与有关职能部门协商，帮助合作社申办有关手续，聘请农业部门专业人员进行业务指导，帮助规范合作社管理运营有关制度。

松卜岭养殖专业合作社董事长赵雪根，中专毕业，年轻的时候担任过多年的村委会会计、副主任、党支部书记。后来到松卜岭煤矿和同泰达煤业公司工作多年，具有丰富的农村和企业工作经验，是一个群众公认的能人。脱贫攻坚战役中，看到乡亲们脱贫致富缺乏门路，他就主动提出自己牵头创办松卜岭养殖专业合作社，带动大家脱贫致富。

赵雪根和镇党委、镇政府的心思不谋而合。

松卜岭养殖专业合作社生逢其时，天时地利人和占全了，茁壮成长起来了。

2017年4月合作社开始筹建，2017年9月合作社基建工程完工，占地面积120亩，新建4个600平方米猪舍，存栏猪2000头。

庙盖起来了，神也请进去了，松卜岭养殖专业合作社于2017年10月1日正式开业。

镇党委、镇政府针对脱贫攻坚中产业布局与时代发展贴合不紧、经营风险难以把控等问题，采取得力措施打造现代农业，延伸产业链。他们协助企业将当前最新养殖理念贯穿于合作社建设的全过程，投资80余万元购置了全自动养殖设备，实现供料、供水、控温等通过专用设备自动调节，整个合作社用1名工作人员就可通过一键式操作完成对2000头生猪的养殖管理，大大节约了生产成本，提高了养殖利润。注重延伸产业链，安装干湿分离器，采用干湿分离原理将生猪产生的粪污进行分离，年可制造有机肥150吨，可为合作社带来经济效益6万余元，同时又解决了污染排放问题，实现生态效益与经济效益双赢。与中粮集团建立长期合作关系，中粮集团派两名技术指导员，为合作社提供饲料采购、技术指导、疫病防治等服务，利用大集团成熟、高效、现代的技术支持，使合作社在较短时间内掌握了养殖技能，有效地降低了养殖风险。

合作社实力增强，底气十足，才有条件发挥脱贫攻坚的带动作用。他们创新带动模式，扩大辐射范围，着力破解脱贫攻坚中产业发展中个体分散力弱、难以形成集聚效应等问题。落实县委、县政府产业扶贫相关政策，运用财政扶持补助政策，扩大合作社主体带动作用。采取"政府＋合作社＋基地＋农户"的模式，将全镇台头、桃花山、孔家等6个村有养殖意愿的贫困户93户、289人纳入合作社代养项目。县财政根据贫困户家庭人口数分别补助3000—7800元，所补款项按照每头育肥猪补助300元价格购置相应育肥猪数，交由合作社代养3年，每年按10%给参与代养贫困户分红。代养期间合作社为贫困户提供免费养猪技术学习指导，为贫困户脱贫增收奠定技术基础。代养结束后，贫困户可按入股数折价领回生猪开展自养，自养中合作社为其提供技术指导、饲料供给、疫病防治、统购统销等服务，帮助贫困户自行发展长效致富产业，确保扶贫成效稳定巩固。至2017年底，合作社共饲养育肥猪2000头，其中为贫困户代养育肥猪1914头，年底生猪出栏后按代养资金10%的比例分红，共为贫困户分红5万余元，预计3年后将孵化农村养殖专业人才60余人，同时发挥基地作用为自主养殖户提供饲料、防疫服务。

松卜岭脱贫模式、扶贫资金使用方式的创新，夯实了建档立卡贫困户脱贫的基础，使他们有了稳定的收入，同时也使合作社实力不断增强，自觉跨上脱贫攻坚的战车，与贫困户共同应对挑战，取得了双赢的结果。

万头肉牛促脱贫

光华河，一条相当有名的河流。

说它有名，是因为在以前几十年里这条河两岸星罗棋布般地散布着数不清的煤矿、洗煤厂、炼焦厂，公路上运煤的汽车川流不息，荡起团团灰尘，整条光华河滩空气污浊，河水变黑，山峰染灰，连村民的牙齿都是黑的。

最近几年，在产业转型、环保风暴的大背景下，这种情况发生了明显的变化，煤矿大幅度减少，洗煤厂和炼焦厂绝迹，连公路上拉煤的汽车也少了许多。带来的自然是空气通透清新，河水清澈见底，群山回绿返黛，百姓喜笑颜开……

以前很少见到的养殖企业，如养牛场、养羊场、养鸡场相继出现在原来的炼焦厂和洗煤厂废墟上。

光华河滩一派生机盎然。

光华镇七郎庙村欣隆养牛专业合作社也应势而生，于2016年筹备，2017年挂牌，当年投产就产生效益，在脱贫攻坚战役中发挥了极大的作用。

欣隆养牛专业合作社和乡宁县成瑞养殖有限公司携手合作，成瑞公司占70%股份，欣隆合作社占30%股份。该企业地处光华镇峪口村，占地面积207亩，规划总投资1.3亿元，是一家集肉牛养殖、屠宰、销售、饲料加工、粪便无害化处理、年产5万吨有机肥生产销售以及600万千瓦沼气发电为一体的循环绿色企业，拥有员工58人，高级技术人员15人。2018年，合作社存栏肉牛2000余头；2019年，肉牛存栏9000头，年底达产达标。

工程要建成标准化牛棚50个、8万平方米，饲料加工车间2个、6000平方米，贮青池10个、2.4万立方米，购置撒料车、铡草机、破碎机、揉草机等设备；还要建设年5万吨有机肥生产加工设备，车间1600平方米成品库1200平方米等设备购置；沼气发电池5170平方米和设备购置等。项目建成以后，达到存栏达1万头肉牛的目标。

2017年，成瑞公司资金链意外断裂，紧张建设中的肉牛场工程面临夭折的危险，公司董事长成胜堂果断投入1000万元，保证工程得以暂时按计划进展，但是1000万元对于投资预算1.3亿元的工程来说无异于杯水车薪。

成胜堂焦急万分，这1000万元花完了可怎么办！

正在这危急关头，光华镇党委、镇政府伸出援手，协助合作社健全"公司+合作社+农户+贫困户"的管理经营模式，发动农户投资50万元，使用"股加贷"扶贫资金带动贫困户408户、1486人，共注入资金370万元，同时投入"四位一体"扶贫小额贷款1180万元，带动农户237户，政府还提供了370万元的周转金。此外，金融机构还为企业贷款3000万元，一共注入资金6000万元，彻底解决了工程建设的资金困难。

成胜堂出生于1963年，乡宁县光华镇峪口村人，中共党员，曾入伍当兵13年。1997年退伍以后，担任民营企业负责人，开过炼焦厂，当过老板，2011年12月起担任光华镇七郎庙村党支部书记。因工作成绩突出，成胜堂曾多次获得市县优秀民营企业家、优秀共产党员和市劳动模范等荣誉称号，现为临汾市人大代表。

脱贫攻坚战役全面展开以后，成胜堂积极寻思加快全村653户、1872人脱贫的好办法、好路径。几经深入调研以后，产生了变废为宝，利用废弃的炼焦厂创办万头肉牛养殖场的想法。

这个想法得到广大村民和镇党委、镇政府的大力支持。于是，盘活土地207亩，成立了拥有社员48人、可规模养殖万头肉牛的欣隆养牛专业合作社。他的目标是建设一家当地乃至全市集肉牛养殖、销售、饲料加工、

欣隆养牛专业合作社的牛舍

粪便无害化处理、有机肥生产销售以及沼气发电一体化的龙头养殖企业。

合作社开张，万头肉牛场建成以后，立即与脱贫攻坚战役进行深度融合。积极贯彻落实脱贫攻坚政策，采取"公司＋合作社＋农户＋贫困户"的模式，坚持精准扶贫、产业脱贫原则，落实贫困户"股加贷"政策409户、1486口人；签订"五位一体"扶贫贷款协议62户、234人，落实贷款306万元；与151户贫困户、563人签订主体代养协议，代养能繁母牛151头，落实代养资金75.2万元。至2018年底，合作社共为贫困户分红100余万元，使贫困户能不断增产、增收，稳定脱贫。

刘福荣是欣隆养牛专业合作社的一名员工，也是建档立卡贫困户。2016年，刘福荣全家的年收入加起来还不到6000元。自他成为欣隆养牛专业合作社的一名员工后，每个月都能准时领到工资，日子越过越安逸。

七郎庙村的张建临，全家就靠他在外边打工勉强维持最低的生活水平。几年来，他到新疆、内蒙古、甘肃等地打工，但入不敷出。2017年，张建临和妻子都到牛场打工，每人月收入3000元，场里帮他代养的能繁母牛还能分红4000元，全家每年总收入8万多元，2017年底一举脱贫。张建临自豪地说："是牛场帮我脱了贫，我要在场里多贡献！"

作为乡宁县的龙头企业，欣隆养牛专业合作社为周边贫困户提供了就业岗位，符合条件的建档立卡贫困户，夫妻双方都可以来牛场打工，包吃住。目前欣隆养牛专业合作社已吸纳30名贫困户就业，2019年底预计还将增加就业岗位近百个。

与此同时，合作社把肉牛养殖作为发展集体经济的一项主要工作来抓。在资金筹集上，每个村委会干部以入股形式，实行股份制管理，风险共担。2018年，共出栏肉牛3000余头，取得可观的经济效益。2019年，继续扩大养殖规模，为集体经济造血，不断壮大村集体经济，受到了村干部与广大群众的大力支持。

目前，沼气发电已进入联电并网阶段，预计投入使用后，年发电量可达100万千瓦，可创收50万元；有机肥生产设备已于2019年9月底完成安装试产，将形成年产5万吨有机肥的生产能力，可创收1500万元。有机肥项目建成后吸纳65户贫困户参与生产，户均增收3000元，为当地贫困户增收脱贫打下坚实的产业基础。合作社已成为真正的扶贫能手，多次受到县市，甚至省级相关部门领导的表扬，被山西省农委指定为非洲国家农业部参观交流学习地，接待外宾50余人。

獭兔点亮致富路

农民合作组织建设先进单位、科技示范基地、农业产业化科技示范基地、创业示范基地、县级扶贫龙头企业、乡宁县县长创新奖二等奖，几面红底金字的锦旗挂在福兴獭兔养殖专业合作社理事长侯李平简陋的办公室墙上。

桌子上还放着獭兔种兔饲料配方专利权和福兴牌兔肉的商标镜框。

锦旗、镜框和桌面上铺着一层灰尘，几张东倒西歪的沙发和椅子上印着人坐过的屁股痕迹，就连这个称作办公室的彩钢板房也有一些走形……

精瘦如秆、浑身泥巴的董事长侯李平腼腆地说："忙得顾不上收拾……"

光华镇副书记闫峰解释说："这个獭兔养殖场是在填平沟壑的基础上盖的房子，前些日子雨水大，沟壑上的填土下沉，导致办公房和獭兔养殖房都走形了。镇上调剂了些资金，正在重新夯实地基，新建养殖房，工程还在进行中，很快就完工。"

场地上新旧兔舍交替，有一些杂乱。可是在已经改建完工，100多米长、30米宽的兔舍里，待产兔笼、幼崽兔笼、断奶兔笼、生长期兔笼、成年兔笼，层层叠叠，排列整齐，俨然是繁荣兴旺的兔家族。

最叫人感到稀罕的是幼崽兔笼外面那一盒盒铺着干净松软棉花中间一窝窝还没长毛、肉嘟嘟地挤在一起的兔崽子，两眼还没睁开，煞是可爱。

侯李平介绍说，目前改建兔舍期间，合作社基础繁育母兔1100余只、商品兔存栏 8000 只左右，等兔舍改建完工后，将发展年存栏兔 1 万多只，出栏商品兔 3 万只。

福兴獭兔养殖专业合作社位于光华镇东宽水村，于 2012 年 5 月成立，占地面积 30 余亩，总投资 350 万元，是集獭兔养殖、饲料加工、屠宰、兔肉熟食加工为一体的农民互助型合作经济组织，有饲料加工厂、笼具厂、屠宰场、冷库、种兔繁育区、幼兔生产区、后备种兔生产区和商品兔生产区。

侯李平与他的獭兔

合作社主导产品为白条兔肉和新鲜兔皮，创新产品为风味兔肉特色加工和兔粪生物菌肥深加工。合作社现有员工 15 人，其中科技人员 3 人，中级 2 人、初级 1 人。2016 年，科技投入 25 万元，占总销售收入的 5%。2017 年，投资 150 万元，新建全封闭式自动化养殖大棚 4 个。在新产品的开发上，与山西省畜牧研究所、山东宝来利来生物工程股份有限公司、山东金福饲料有限公司进行技术合作，研发成功兔粪生物菌肥。

在脱贫攻坚战役中，福兴獭兔养殖专业合作社认真贯彻执行上级有关精准扶贫精神，落实光华镇党委、镇政府的总体安排部署，坚持"政府引领、合作社带动、贫困户受益"的原则，积极发挥和履行企业的社会责任，与 20 户贫困户签订了委托代养协议，带动 10 户贫困户自主发展獭兔，签订保护价回收合同,增强贫困户的自我发展能力,达到尽快脱贫致富的目的,收到良好效果。

为了确实给广大养殖户搞好服务,合作社确定了"六个统一"的发展模式,提供一条龙、一站式服务,包括场地规划、种兔、饲料、技术、笼具、药品等,保底回收,统一销售,把合作社的养殖技术、经验直接转化为养殖户致富的第一生产力,市场风险由合作社统一承担,让养殖户养放心兔,赚放心钱,实现农民致富梦。

目前,合作社月销售收入15万元,纯利润可达6万元。发展和带动獭兔养殖示范户30户,户均每月纯收入5000元以上,收到了良好的经济效益和社会效益。合作社多次荣获乡宁县委、县政府和光华镇党委、镇政府的表彰。

侯李平说:"咱本身就是苦出身,过怕了苦日子。现在条件好了,要带领贫困户一块儿朝前奔。我首先要把公司办好,把兔场管好,叫乡亲们彻底脱贫,稳定致富!"

这是一个农村汉子的真情表露,更是合作社兴办宗旨的直接体现。

羊倌唤来羊财发

昌宁镇龙鼻村柳阁原自然村的耿德春做梦也没想到自己这一辈子能成为养羊专家。

在这之前,耿德春的身份曾几经变换:1995年,粮食大酒楼学徒工;1996年,太原专业厨师学校学员;1999年,粮食大酒楼主厨;2002年,文具精品店老板。

耿德春就是这样一个很能折腾的主儿。

2009年,正当所有熟悉他的人都理所当然地认为他应该继续做生意挣大钱的时候,耿德春竟然又一次跳槽了。当然,他跳的是自己的槽。

不甘寂寞、不知满足的耿德春旨在寻找一个值得自己运用智慧和精力发展得更好、更远、更强的机会。这几年的反复跳槽,正是基于这个理念。

这一年,耿德春拿着几年来做生意所得的30万元,转身回村创业,他要养羊。大多数人都认为他疯了,因为他几乎没有任何养羊的经验。

可是,耿德春语惊四座:"我是农村娃,还是要回到村里做点事,现时的国家政策是保护林地,支持圈养,养羊成本低、回报高,我相信自己的眼光。"

耿德春说到做到,于2009年9月注册成立了快乐波尔山羊饲养有限责任公司,主要从事饲养、销售波尔山羊、土山羊、绵羊业务。公司从自家散养的80余只山羊起步，历经6年左右的发展壮大，到2016年的时候最高存栏达1万余只，每年出栏2000只左右。年总收入180余万元，纯收入50余万元，员工13人。已收储土地150亩，建成2个育肥区、2个繁殖区、草库、洗浴池、消毒池、储青、4个圈舍等；购置了收草机、打捆机、三轮车、搅拌机、铡草机、粉碎机、饲料加工等设备，累计投资700余万元。一个现代化的养羊基地出现在乡宁大地上。

耿德春说起自家的羊高兴得合不拢嘴

2014年和2015年公司先后荣获昌宁镇政府和乡宁县人民政府养殖示范户、养殖建设先进单位的光荣称号。

2017年，耿德春按照脱贫攻坚战役的要求，热心扶持昌宁镇的贫困户脱贫致富。本着合作双赢的原则，带动7个村、154户、504人发展代养，年分红9.6万元。公司以科学的管理、优良的品种、合理的价格、良好的信誉，赢得了广大养殖户、代养贫困户和商户的信赖与好评。2017年他被评为全县养殖状元户，为全镇转型跨越发展和社会力量助推脱贫发挥了表率作用，树立了先进榜样。

各种赞扬声不绝于耳，各种荣誉接踵而来……

但是这些并没有叫耿德春陶醉和转向。

他觉得肩上的担子更重了，责任更大了。原来是自己一家在干，赚了赔了都是自己的，可是现在自己是为贫困户代养，说白了是代表政府替贫困户代养。公司的成败，至少代表着昌宁镇脱贫攻坚战役的成败。

耿德春做的第一件事是：扩大养殖规模。

他投资扩建饲养基地，从最初占地面积3000余平方米发展到目前的18670平方米，仅圈舍面积就13067平方米。除了继续养好波尔山羊以外，耿德春经过考察，选中辽宁盖州市大庙沟的纯种绒山羊，大胆引进一批，成年种羊和生殖期母羊的总数已从165只增长至1200余只，周转羊达到近20000只。

耿德春做的第二件事是：注重科学管理。

耿德春总结圈养绒山羊的成功经验：一是饲料科学营养搭配，二是预防疾病与日常护理。东北黑土地肥沃，草类含蛋白质高，绒山羊引进乡宁会出现水土不服，要使饲料营养达标，就要在"配"字上下功夫。通过几年的潜心研究和不断试验，耿德春获得独家秘方，使绒山羊10个月一个周期就可以出栏。除国家规定的注射疫苗外，耿德春根据经验还要再注射防治口疮等疫苗。在护理方面，耿德春的绒山羊真正能够快乐成长，不仅吃得好，作息有规律，还有专门的饮水设备、运动场和游泳、洗澡处。

耿德春做的第三件事是：热心传帮带，带领大家共同致富。

耿德春是一个性情中人，懂得感恩。

2014年，耿德春的养殖公司在厂房扩建过程中遭遇资金周转困难，乡宁县为大力扶持中小微企业发展，成立惠商贷工作组，组建全县重点小微企业池，县委、县政府出资500万元作为政府风险补偿金，对入池企业向该县农商行推荐，耿德春的养殖场亦在推荐之列，成功贷款50万元渡过难关。由于纯种绒山羊的肉质好、绒毛长，经济价值极高，耿德春饲养的绒山羊远销广州、延安等地。每年2月，每只羊仅剪羊毛的利润就在100—200元，现有规模下每年出售绒山羊的纯利润可达四五十万元，耿德春的贷款在规定时间内连本带息全部还清。

耿德春没有忘记政府在自己遇到困难之际提供的帮助，他懂得滴水之恩当涌泉相报的深刻含义。

耿德春成了声名远播的能人，很多人要跟他学习饲养技术，当各地慕名而来上门取经时，耿德春都毫无保留地耐心指导。

长期的养羊实践，使耿德春能一眼就看出羊的喜怒哀乐，尤其是羊出现各种不舒服的症状时，他都能找到原因并及时处理。他憨厚地说："如果羊卧似狗坐，说明羊消化不良、有积食；如果病羊离群独处，卧地，不愿走动、强迫行走时，运动失调，腹部膨胀，有疼痛感，排出黑色稀粪，磨牙，说明羊得了传染病；如果羊羔精神委顿，垂头弓背，不吮乳，腹泻，粪便呈粥样或水样，颜色呈灰白色、黄色或黄绿色，恶臭，虚弱脱水，眼球下陷，皮毛粗乱，说明羔羊患了痢疾病。……"他总是主动地把自己的经验传授给大家。

现在，耿德春不仅是养羊专家，还是兼职兽医，经常被其他养羊户请去给羊看病。

黑猪安家乡宁山

改革开放的大潮中，尤其是网络时代，新词层出不穷，令人目不暇接。好些新词来不及消化，来不及考证，就被人们叫得满天响。

这不，又一个新词叫响了——黑猪。

黑猪是筛选特有猪种进行纯粮喂养，不添加违禁药物，因而肥膘少、胆固醇低，尤其猪皮中富含大量胶原蛋白和弹性蛋白，对于抗衰老、延缓肌龄有一定功效，猪肉中的维生素 E 也有抗氧化的功效，符合人们追求食品健康、安全的新需求，得到快速发展。

近年来，尽管猪肉价格高位运行，但生产成本也水涨船高，更多的养猪户不得已转向饲养附加值较高的黑猪、土猪，甚至野猪。

由于黑猪肉富含铁质、蛋白质和维生素，加之生长慢、体重偏低，一年生黑猪仅 100 多斤，因而价格较高，每斤在 40 元以上，最高的达到每斤 160 元。

聪明的乡宁人也认准了黑猪。

2010 年以后，西交口、关王庙等乡镇先后出现了专门繁殖、养殖和销售黑猪的企业和合作社。摸索出了饲养经验，取得了不错的经济效益。

康隆黑猪养殖专业合作社

康隆黑猪养殖专业合作社位于关王庙东沟行政村安汾自然村境内，2015年8月6日注册成立，注册资金200万元，现有员工58人，其中企业经营管理专业大专以上学历7人、兽医专业大中专以上学历22人，是山西农大定点实习单位。经营范围为黑猪、马身猪养殖销售，是一家集黑猪种猪繁育、养殖、推广及生猪屠宰、饲料生产供应、物流配送、技术服务、农副产品收购等为一体的现代化、综合性绿色生态企业。

康隆黑猪养殖专业合作社积极投入脱贫攻坚战役，热心帮扶贫困户脱贫致富。2017年，共委托代养育肥猪1617头，带动贫困户153户、539人，年分红47250元。企业吸收县财政补助48.5万元，贫困户实现户均年增收312元。该合作社是关王庙乡主体产业带动脱贫的一个缩影，通过主体代养解决了贫困户缺资金、缺技术、缺劳力、抵御风险能力差的难题，实现了户户有产业、人人有收入。

三旺养殖专业合作社

三旺养殖专业合作社位于西交口乡元头村，占地面积15亩，成立于2014年10月，投资总额300万元。主要养殖黑猪与销售，现有员工8人，其中管理及技术人员2人。

合作社各类建筑面积1800平方米，有猪舍2个、办公室5间、储水池4个，各种设施配套齐全，现存栏黑猪830余头。

该合作社为贫困户代养黑猪500余头，吸收贫困户在养猪场务工，带动当地贫困户发展产业，增加收入，促进脱贫攻坚战役顺利进展。

兴农相逢专业养殖合作社

兴农相逢专业养殖合作社是经乡宁县发改局批准立项、西交口乡村民张昌西等合资成立的一家专业养殖黑猪的合作社。该合作社位于西交口乡北营行政村野沟自然村，征用荒山荒坡200余亩，目前黑猪存栏2000余头。

西交口乡地处偏僻，交通条件落后，信息比较闭塞，广大农民只能靠传统的田间作业广种薄收，求得温饱，当地经济发展缓慢。张昌西目睹父老乡亲长期受穷，内心焦虑不堪。于是，他经过多次外出考察论证，决定因地制宜，依靠当地草资源丰富，适宜发展猪养殖的便利条件，为乡亲们闯出一条摆脱贫困快速致富的生产门路。

合作社成立后，张昌西先后投资370余万元，引进北京黑猪和山西黑猪优良品种，购进种猪110头，新建猪舍800余平方米，通过利用原有废弃的20余孔土窑洞改建圈舍500平方米，新建饲料储备库160余平方米，打130米深井。

张昌西在乡党委、乡政府的协助下，结合国家精准脱贫和乡村振兴政策，积极带领村民共同致富，为脱贫攻坚探索出一条适合当地发展致富的新门路，先后带动贫困户146户、540人。目前，为贫困户代养1405头，平均每户每年收入280元。

初战告捷，极大地鼓舞了张昌西。他信心百倍，优化管理，使合作社不断发展壮大，力争到2020年发展到5000头，2025年发展到1万头，为每户贫困户每年增收1—2万元。

在日常管理中，合作社按照黑猪的生长习惯，在生长环境、喂养、防疫等方面严格进行科学管理，实行户外散养，并根据当地实际情况制定了相应的喂养办法和防疫消毒措施，做到猪舍内粪便随时清理，一日一次消毒，为黑猪创造一个整洁卫生的环境，提高黑猪的出栏质量和市场信誉。

由于黑猪品种优良，肉质细嫩，再加之繁殖率高，野外生存能力强，生长周期长，因此黑猪肉在市场上深受广大消费者的青睐，当地群众也从中看到了通过黑猪养殖发家致富的希望。合作社面对市场的这种需求和广大群众对养殖黑猪致富的热切期望，为当地村民特别是贫困户免费提供种猪、技术和销售渠道等服务。目前，已有20余户农户开始养殖黑猪，平均每户养殖黑猪5头以上，年收入近3万元，为当地脱贫致富做出了积极的贡献。

脱贫还靠大肥猪

清晨，太阳从山头上露出半个脸，照亮了西坡镇赵垛村的沟沟坎坎，山下的 209 国道上运煤车辆川流不息，公路两旁的梯田里的玉米已经长得齐腰高，山风吹过来，公路上扬起团团灰尘，地里的玉米似潮水来回推涌。

年届不惑的赵垛村委会主任吴关学站在村外的高台上，眯着两眼朝远处眺望，那里是连片的玉米地，那里是长满茂密草木的山坡，那里是老百姓用石头券起来的窑洞，那里是弯弯曲曲的村道……

这几年随着国家扶贫力度的加大，村里的面貌发生了不小的变化，村与村之间的道路进行了硬化，拉了照明和动力电，解决了自来水……群众的生活发生了明显变化，可是由于缺乏真正能够换来真金白银的产业，生活水平难以进一步提高，村里还有贫困户 20 户、62 人。作为村主任，吴关学感到内心有愧，深深自责自己没能带领村民走出贫困。

怎么办？

如何带领村民以最快的步伐融入小康社会的建设？

自己这个村主任还能发挥多大的作用？

赵垛村没有矿产资源，都是些老实巴交的农民，没文化、没技术，到底干什么才能脱贫致富呢？

吴关学找西坡镇领导请教，领导说，还是要依据咱们本地的自然条件想办法。

吴关学又和好朋友吴新泽、吴王章协商,二人有点文化,在外面闯荡过,有心眼、有想法。

几经讨论,3个好朋友决定在村里创建一个赵垛养殖专业合作社万头生猪标准化养殖区。

麦田村两委实地了解村民养猪场管理情况

要干,就干高级的、现代化的!吴关学下定了决心。

西坡镇党委、镇政府协助他们理顺了创新发展模式,确定了发展目标,使赵垛养殖专业合作社万头生猪标准化养殖区一开始就迈上了科学发展的轨道。

养殖区始建于2013年11月,设计规模为年出栏1万头,规划投资1015万元,占地面积19.3亩,建筑面积9600平方米,按照环保、效能、科学的原则高起点规划设计,分为办公生活区、养猪生产区和粪污处理区。

养殖区遵循"规模化发展、产业化经营、企业化管理、商品化生产"理念,依靠科技全力推进标准化饲养。联系本地实际,学习消化傲农集团最先进的养殖理念,建设标准化圈舍设施,采用标准的营养饲料和防疫程序,由傲农集团提供全程技术指导和服务。引进傲农集团的优质种猪,选用目前世界上最流行的杜长大三元杂交体系,确保种猪质量。

2014年,引进优良种猪100头;2015年7月,产崽运营。至2016年,已发展至能繁母猪250头、后备母猪60多头,已出售仔猪2500余头、育肥猪1000余头。2016年底能繁母猪250头,月产崽600头。

全部运营后,种猪存栏500头、育肥猪6250头,年向市场提供商品猪8000头、二元杂交母猪2400头,有机猪肥1120吨等,2016年产值达150万余元,利润45万余元。

一个现代化的养猪企业出现在吕梁山脉的最南端。

时间推进到2017年,脱贫攻坚战役在吕梁山中打响。

吴关学积极响应党和政府的号召,踊跃投身于脱贫攻坚战役的战场。

于是，赵垛养殖专业合作社万头生猪标准化养殖区摇身一变，成了赵垛养殖专业合作社万头生猪标准化合作社。

这一次的变化，不仅仅是名称的变化，而是企业发展方向和生产本质的变化，是一次华丽的转身。

赵垛养殖专业合作社万头生猪标准化合作社不是个人发财致富的企业，而是带动广大村民，尤其是贫困户脱贫致富的平台。

吴关学说："我们的初心原本就是这样！"

接下来的事情如行云流水，水到渠成。

为加快"小康乡宁"建设进程，做大做强合作社，带动本村及周边村建档立卡贫困户共同富裕，实现合作共赢的目的，合作社在镇党委、镇政府的指导下，根据县委、县政府产业扶贫有关政策，制定了《赵垛养殖专业合作社精准扶贫实施方案》。

合作社与建档立卡贫困户在自愿、平等、互信和互利基础上，经过充分协商，以委托代养模式建成育肥猪集中委托代养小区。

代养小区吸纳贫困户扶贫贴息贷款资金95万元，一批次代养育肥猪495头，一年两批次共990头，带动建档立卡贫困户20户、62人脱贫致富。除本村7户外，还有胡家村5户、韩咀村8户。按育肥猪保底出栏价每斤8元，出栏斤数每头240斤，计每头1920元，除去成本每头1550元，保底利润每头370元，贫困户占7成、合作社占3成，贫困户每头猪分红259元、合作社111元。每年代养出栏育肥猪990头，贫困户可增收25.6万多元。

这一新型合作经营主体不仅解决了建档立卡贫困户无圈舍、缺技术、缺资金的问题，而且盘活了闲置资源，达到双赢。

2017年赵垛养殖专业合作社万头生猪标准化合作社和代养户赚了个盆满钵溢。

似乎真是花无百日红，人无千日好，正当合作社和贫困户准备甩开膀子大干一场的时候，一记闷棍劈头盖脸打下来，打得大家头昏脑涨，摸不着北。

2018年下半年，由于非洲猪瘟的影响，猪肉市场低迷，销路不畅，合作社所带动的建档立卡贫困户20户就有18户亏损严重。西坡镇领导及时走出来，提出由镇政府予以扶持兜底。

有了政府的大力扶持，吴关学又制定了未来发展的总目标。未来几年，要实现小规模、大群体养殖，增强合作社市场竞争力，年出栏1万头；扶持、带动本村及周边村10户以上建档立卡贫困户，每户养猪50—100头，每户年出栏100—200头，收益4—8万元；带动双季米槐种植基地和200个以上玉米种植户实现无公害种植，实现增收。

具体措施是：对有养殖意愿的建档立卡贫困户，采取"三固定、六统一"措施，进行帮扶。

"三固定"：向贫困户提供的猪崽价格、饲料价格、回收价格相对固定；向养殖户供给第一批时，贫困户缴纳50%定金；本期回收时，扣除成本，返还利润和定金。

"六统一"：统一规划猪舍标准、统一提供猪崽、统一提供饲料、统一提供药品、统一实施防疫、统一回收育肥猪。

吴关学又站在赵垛村口的高台上面对满目青山和崭新的猪舍、猪场，哼起了《我的未来不是梦》——

> 你是不是像我在太阳下低头，
> 流着汗水默默辛苦地工作。
> 你是不是像我就算受了冷落，
> 也不放弃自己想要的生活。
> 你是不是像我整天忙着追求，
> 追求一种意想不到的温柔。
> 你是不是像我曾经茫然失措，
> 一次一次徘徊在十字街头。
> 因为我，不在乎，
> 别人怎么说，
> 我从来没有忘记我，
> 对自己的承诺，
> ……

鸡粪的华丽转身

关王庙乡的安汾河西侧有一条15公里长的山沟。百十年来，山沟里雨季洪水泛滥，旱季灰尘弥漫。冬天的时候，一场大雪下来，山沟里被厚雪覆盖，两边山崖上垂着冰挂，寒冷无比；夏天的时候，一场大雨过后，好不容易长成的庄稼被冲得七零八落。几个小村子羊粪蛋子一般散落在沟里边，信息不灵，交通不便，村民们全靠种几亩玉米为生，多数人一辈子连乡宁县城都没去过，有的人甚至连几里地以外的安汾村都没去过。

谁也没想到，改革开放几十年间，这个山沟沟竟时来运转，鱼龙变化，成为关王庙最具经济实力的所在。

蘑菇废料变鸡蛋

先是几个能人学会了种植蘑菇，几年间跟变戏法一般，一举发展成为远近闻名的蘑菇基地。最著名是剑泉花菇专业合作社，经过几年的发展，种植秋菇和春菇23万袋，年产香菇50万斤，收入200余万元，利润110余万元。合作社的干鲜香菇销往河津、吉县、稷山、乡宁、临汾等县市。吸收20余名贫困户在此务工，到了出菇的季节，还要雇用近百人，远远村里那些闲散劳力都把这里当成在家门口务工的好地方。

梁坪村的剑泉花菇成功了，鸡儿架村也有了种蘑菇的合作社，吸引左邻右舍也干了起来,时间不长,山沟里就出现了 10 多家大大小小的蘑菇种植大棚,银白色的蘑菇大棚蜿蜒数里,煞是壮观。

种蘑菇的多了,蘑菇产量也多了,可是种蘑菇产生的废料也小山一般堆在山沟里,呈现出越来越多、越来越高的趋势,占地不说,还影响环境卫生。蘑菇废料不能当柴火烧,更不能当作建筑材料修路建房,还发出一阵阵熏人的臭味。这可咋办?

还是剑泉花菇专业合作社有办法,竟然想出了利用蘑菇废料养虫,再用虫子养鸡的办法。用金属或者塑料网子把几亩地围起来,在中间堆上一大堆蘑菇废料,浇上水,叫它发酵生虫子。不用几天,肥肥嫩嫩的虫子就钻出蘑菇废料,四处游逛。这时候,再把上百只小鸡放进笼子里面。那些小鸡看见满地乱爬的虫子,高兴得不得了,一顿猛啄,一会儿工夫就吃得肚满肠肥。表面上的虫子吃完了,小鸡们又用爪子扒蘑菇废料里面的虫子。虫子是多么好的营养呀,用不了几天,小鸡就变成了大鸡。公鸡开始打鸣,母鸡开始下蛋,真是一件很有意思的事情。吃上虫子的母鸡下的鸡蛋,纯白色的蛋皮、丰满的蛋体、清亮焦黄的蛋液,这才是纯种的土鸡蛋呢。

说是蘑菇大棚里养鸡,谁也不信,可是改革年代的事情偏偏就是如此的神奇,硬硬地出现在人们的视野中!

家里有百石粮,邻居有千杆秤。利用蘑菇废料养虫,用虫子养鸡的经验立刻在山谷里传播开来。有多少蘑菇大棚,就有多少养鸡大网。数千只鸡、上万只鸡、数十万只鸡的鸡场,先后在山沟里诞生了。

武云农民养鸡专业合作社是由 8 户农民承办的,是以养殖蛋鸡及产品包装、销售为一体的农业合作经济组织。占地面积 41.6 亩,建筑面积 1.6 万平方米,注册资金 500 余万元,总投资 900 余万元,年存栏蛋鸡 8 万只,年产鲜蛋 900 余吨,年销售收入 630 余万元,年创利润 100 余万元。饲料加工车间年加工饲料 3000 余吨,既降低了饲料成本,又可创利润 20 余万元。

合作社被县政府确定为脱贫攻坚主体带动企业,通过技术转让、饲料供给、良种推广、代为销售带动周边尉庄乡、关王庙乡发展养鸡场 20 余个、

40 余万只。

合作社本着回馈乡亲、反哺农业的宗旨，积极参与脱贫攻坚战役，吸收贫困户 20 人，实现工资性收入 60 余万元，同时拉动周边玉米等作物的种植。2017 年，为 131 户贫困户代养脱贫，带动全村产业结构的调整和农业产业化进程。

鸡粪变有机肥料

用蘑菇废料养的鸡多了，产生的鸡粪自然也多了，带来了环境卫生和空气污染等问题，成堆的鸡粪毫无例外地对河流水质造成污染。

鸡粪是一种优质的有机肥，含纯氮、磷、钾，作为优质肥料使玉米增产 30%。鸡粪在施用前必须经过腐熟剂的腐熟，将存在鸡粪中的寄生虫及卵灭活和脱臭。

精明的关王庙人，为了彻底解决鸡粪污染的问题，充分利用鸡粪的优质肥力，为村民创造一个优化的生产和生活环境，确保农民增产增收，动员各个合作社投资 490 余万元，筹建有机复合肥加工厂。

有机复合肥加工厂位于武家河村后沟里，距村民生活区 700 余米，占地面积 15 亩，全部为非耕地，项目总投资 800 余万元，设计年产有机复合肥 3 万吨，实现利润 200 余万元。

该项目分两期实施，第一期于 2018 年 7 开工，12 月底完工，主要任务是地基平整硬化，排污设施化粪池、堆放场建设、通电工程、道路建设等；第二期于 2019 年 3 月开工，8 月底完工，主要为厂房修建、设备购置和安装调试。

有机复合肥加工厂建成后，不仅可以解决养殖发展对环境造成的污染问题，实施养殖业可持续发展，而且可以有效改良区域土壤板结问题，增加土地有机质含量，提高农产品质量，推进有机农业快捷发展，为建设美丽乡村、实现乡村振兴战略发挥积极作用。

从工厂建设到开工以来，优先吸收贫困户到厂务工。同时动员贫困户入股，可带动贫困户 131 户、533 人脱贫，每年为贫困户分红 7.97 万元。

第四章

叫黄土地长出金子

黄土地里有黄金。

黄土能够变成金。

原本是黄土高原上的群众聊以自慰的两句俗话，谁也不相信黄土里面能够长出金子，说来也是，过头的话不能说，过头的事能够做嘛。

脱贫攻坚战役中，乡宁人用自己的聪明智慧和勤奋劳动，硬硬地是叫黄土地长出了金子。

秋天季节，天高云淡，在乡宁县田野里随处可见生长成熟的苹果、花椒、翅果、玫瑰、牡丹等。2018年底，全县千亩以上的"一村一品"专业村已达60个。核桃、苹果、葡萄、花椒、米槐、翅果、玫瑰、牡丹、中药材等九大产业，30万亩经济林产值达6亿元，带动农民人均增收3000余元。

戎子酒庄葡萄酒

2007年以来,各种媒体多次宣传一个以前很少见的酿造干红葡萄酒的厂家——戎子酒庄。人们的日常饭桌和各种宴请场合也越来越多地出现了一种名叫戎子葡萄酒的饮品。

戎子葡萄酒作为世界葡萄酒家族中的新成员,正在以其与众不同的品质和古色古香的精美包装赢得世人的青睐。法国欧博酒业总经理、亚洲地区总代理米奥·乔治和酿酒师米歇尔·哥赫参观了葡萄基地和品尝了样酒后,大加赞赏,称"这里将诞生世界一流的葡萄艺术品和酒中珍品"。中国酒业协会秘书长王琦和葡萄酒协会秘书长王祖明在视察以后也对戎子酒庄给予了高度评价,认为戎子干红将是葡萄酒行业的领军产品。

在全国葡萄酒昆明品酒会上,戎子酒庄用赤霞珠酿酒葡萄酿造的小试酒,在众多葡萄酒的盲评中,其色度、口感等均受到好评。

2009年,在中国第三届CEO高峰论坛北京会议中,戎子酒庄被列入全国最有成长型十大企业之一。

2010年,戎子酒庄又被确定为山西省农产品加工513工程省级重点龙头企业之一。

2015年9月13日,德国柏林世界葡萄酒大赛,戎子酒庄生产的干红葡萄酒获得三金一银。

2015—2018年，戎子酒庄共获得107个奖项和30个专利。

戎子酒庄的产品销往美国、英国、法国、德国、日本、泰国、菲律宾等国家以及我国的香港、澳门等地区。

欧洲主要葡萄酒生产国法国、英国、德国以及中国葡萄酒老牌生产地青岛海拔都在1—2米，而戎子酒庄是全球唯一位于海拔1200多米的酒庄。

戎子酒庄的葡萄基地

生逢其时

投资创建戎子酒庄的山西永昌源集团，是集采煤、洗选、炼焦、发电、城市供气供热为一体的综合性民营企业。和乡宁众多的煤焦企业一样，越来越少的地下资源和传统工业经济结构的轻重失衡，使集团的生存和发展空间受到制约。要实现企业扩张和发展，就必须另辟蹊径，重找出路。此时，国家也提出，要调整产业结构，走可持续发展路子。

集团董事长张文泉是一位精明的企业家，深刻感受到乡宁县煤炭资源发展所面临的困境，认真解读了国家调整产业结构推动可持续发展战略，企业发展一定要适合经济发展规律，只有这样企业才能可持续发展。

但是，怎么转，朝哪里转呢？

张文泉颇费心思。

他想起了乡宁县北垣一带遗存的关于晋文公母子的古迹及戎子酿葡萄酒的美丽故事。

他想到了乡宁县城北垣地处黄河中游、吕梁山南端，属温带大陆性季风气候，四季分明，光照充足，昼夜温差大，水资源相对丰沛，通风良好，灾害较少，被业内专家誉为"酿酒葡萄的黄金生长地带"的论断。

他还想起了中国酒业协会秘书长王琦所说的，葡萄酒产业是少数在金融风暴中波动较小的行业。与葡萄酒主要消费国家相比，我国葡萄酒人均消费量仍有较大的提升空间。据统计，2003年以来，我国葡萄酒生产和消费每年都以20%以上的速度增长，市场空间巨大。2007年，我国葡萄酒产量66.5万吨，同比增长37%；实现产值150亿元，同比增长22.8%。2008年葡萄酒产量82.3万吨，实现产值200亿元。

于是，利用乡宁北垣适合酿酒葡萄生长的独特地理条件，执行当前国家产业政策，紧紧抓住适应国际葡萄酒产业发展空间的有利时机，传承戎子酿造葡萄酒的技艺，建设中国最大的葡萄酒酿造基地的战略思路在张文泉的脑海中形成了。

张文泉把目光投向了戎子酿酒的乡宁北垣那一块古老而神奇的土地。

2005年，集团根据国家调整产业结构，坚持可持续发展战略，紧密结合乡宁县实际，果断调整了发展战略，提出了"巩固煤化，进军轻工业，培植区域新型产业"的战略方针，在广泛征求专家意见并多方调研考察的基础上，确定了构建葡萄及葡萄酒为核心的产业链的发展战略。张文泉认为，葡萄酒产业是资源型地区调产的可行产业、最好项目，也是工业反哺农业，建设地上绿色银行的明智选择。

2007年，戎子酒庄有限公司在乡宁县东廒村挂牌闪亮登场了。公司占地面积13万平方米，总投资7.7亿元，建设规模目标为1万亩酿酒葡萄基地、年产5000吨的中高档葡萄酒生产线及葡萄酒文化旅游观光配套设施。

这是中国黄土高原上第一家集优质酿酒葡萄种植、中高档葡萄酒生产、农业生态观光、葡萄酒文化旅游为一体的现代化综合企业。

作为全县农业产业化的一个龙头企业，戎子酒庄是县委、县政府扶持的重点企业。县里为公司列支科技三项费50万元，对基地农民进行了种植管理免费培训，并实行苗木定向补贴。当时的县长杨安虎表示，政府对企业补贴是战略性投资。目前经济减速期，正是转型的黄金期，县委、县政府积极引导煤焦企业经营者投资转产，把资金重点从传统产业转向新兴产业和高科技产业。永昌源集团投资非煤产业，对乡宁这个资源大县具有很重要的导向意义。戎子酒庄不仅是全县农业调产的典范，而且也将成为全县经济的支柱。

酒庄创办之初，张文泉带着员工进行了两年多的调研准备，多次请教专家学者，并与西北农林科技大学葡萄酒学院和山西省果树研究所共同组建了研发中心，分析了国内外市场变化及当地的地理、气候等各项因素，为企业的长远发展奠定了坚实的基础。

专家指出，葡萄酒品质的高低主要取决于原料，即所谓"七分原料，三分工艺"，而原料的优劣不仅取决于品种，还取决于产地，包括当地土壤条件和当年气候条件。根据西北农林科技大学副校长、中国食协葡萄酒果酒专家委员会主任委员李华博士的研究，当地处于全球优质酿酒葡萄的黄金区划区内，小气候特征及外围条件符合最佳葡萄生产区的要求，该区域没有现代工业的存在，环境优美，没有污染，是得天独厚的庄园酒生产场所。

山西省农科院果树所副研究员、葡萄课题研究组负责人马小和认为，对乡宁这样一个经济快速发展的产煤县，以工业投资农业、反哺农业，建立大型酿酒葡萄种植基地，对促进乡宁农业生产规模发展，加快农业产业化进程，带动一方百姓脱贫致富，有着十分重要的意义。戎子酒庄及其基地将成为全县乃至全省农业产业化发展的一大亮点。

戎子酒庄在国家调整产业结构、转型发展的大气候中诞生了，它生逢其时，天时地利人和全占了，它是时代的骄子、改革开放的宠儿。

事实证明，国家调产转型战略是英明的，专家学者的论断是正确的，张文泉的决策是科学的，永昌源集团的调产转型是成功的。

西北农林科技大学葡萄酒学院副院长沈忠勋认为，未来10年葡萄酒市场最具挑战性的将是黄河岸边的戎子葡萄酒。

精心打造

今天人们徜徉在古色古香的戎子酒庄,置身于厚重的传统文化氛围中,品尝融合着古代思绪和现代风情的葡萄酒,无不赞扬张文泉又为山西葡萄酒产业做出了贡献。

具有儒将风度的张文泉慢声细语地说,哪里哪里,我只是做了两件再普通不过的小事。

他做的第一件事是:建设供酿造葡萄酒用的葡萄基地。

并不是任何一种葡萄都可以作为酿造葡萄酒的原料。国际国内有名的葡萄酒庄,都有自己专供的葡萄酒原料基地。要想保证葡萄酒品质和产量稳定,必须要有自己的葡萄生产基地。

公司划定了重点,以山西农科院果树研究所为依托,引进专用优质酿酒葡萄种苗,组织农民开始种植。张文泉把葡萄生产基地定在了乡宁县北垣的东廒行政村所属的8个自然村以及周边地区,总耕地面积3000亩,调整1500亩作为第一批葡萄生产基地。他们采用"公司+农户"和"村企联动"的办法,为基地农户免费提供架材、苗木、技术、灌溉,并在葡萄丰产前两年向农户每亩补助400元,每亩投资达5000余元,极大地调动了当地农民发展葡萄种植的积极性。

原来种粮食每亩收入六七百元,现在种葡萄收入可达4000元以上。第二批葡萄种植基地将扩展到东廒村周边6个行政村、18个自然村的上千农户,达到万亩的规模,为当地农民增收3300万元。

在确定地块,大规模平田整地的基础上,公司投资1200万元修建水库与蓄水工程及配套设施,引水上垣灌溉耕地。建设了200万立方米库容的水库、1500立方米的高原总灌站、旱井268眼等配套设施。葡萄种植基地内采用滴灌技术,铺设了滴灌网线,可满足种植基地的灌溉需求,保证基地范围内葡萄生长发育关键期的用水需求。目前,已完成5000亩葡萄种植基地滴灌设施的安装工作并已投入使用,同时公司还投资90万元解决了

1100余口人的饮用水问题。

千古旱垣得着充足的渠水浇灌，引进的数千亩优质酿酒葡萄陆续挂果，为酒庄生产提供着源源不断的原料。随着种植基地的逐步发展，酒庄在未来几年内将大力推广循环经济，用葡萄叶、行间间作苜蓿、酿酒下脚料作为饲料养猪，并在东厫村建设猪肉加工厂。同时，戎子生态园、农业观光、精品采撷园，将各类葡萄名品荟萃一园，通过园林搭建，形成园中之园，成为游人观赏、品尝、亲自体验的休闲娱乐场所。戎子酒庄及整个风景区将成为中部黄河壶口风景区和西部秦俑古阵区的纽带。

张文泉干的第二件事是：酒庄建设。

依据早已确定的建设传统文化与现代葡萄酒文化相结合，即以"和谐融合"的发展理念，"天人合一"的酿造思想，传承历史文明，酿造民族经典，把戎子酒庄建设成为具有深厚文化底蕴的世界一流酒庄。

仿宋建筑是戎子酒庄的一大特色，包括原址重建的晋文公庙和戎子博物馆、戎子文化广场、生产车间、综合办公管理园区等在内的所有建筑，都采用基于宋代为主的中国古典建筑风格。整个园区将园林艺术与葡萄园、建筑物、水系、道路、门楼、雕塑、长廊融合，构成了特色鲜明的戎子文化观光风景区。今天人们走进戎子酒庄，仿佛跨越1000多年的时空。人们不仅能品尝到味道醇厚的红葡萄酒，还能观赏到具有宋代风格的建筑。恢宏大气的晋文公庙、巍峨肃穆的鄂山关、充满神奇的文公路、宽阔漂亮的戎子大道、令人震撼的仿古双阙，以独有的风姿吸引着游客；整洁美观的厂区装饰、春花夏香秋美冬绿的四季花木、格调高雅的地下酒窖、功能先进的温室大棚、黄土高原上唯一的黄土窑洞酒窖充满着浓郁的黄土风情，让游客流连忘返。庄园中的"和园"歌台舞榭、曲径回廊、奇石假山、碧波涟漪，被人们誉为"精品袖珍园"；犹如仙境溢文流彩的戎子书院，造型独特，古朴典雅，奇妙精巧，它的每一个角落，都散发着华夏古文化的魅力。

高低错落的飞檐斗拱仿古建筑与层层叠叠、郁郁葱葱的葡萄园相映成趣，形成了一道靓丽的风景线。上千农户、近万名农民在风景如画的葡萄园中辛勤劳作，对自己的生活充满了坚定的信心和热切的希望。

追求卓越

还在戎子酒庄建设之初，张文泉就确定了建设一流酒庄、酿造一流葡萄酒的宏伟目标。

经过几年的建设，这一宏伟目标已经实现。

"扬黄土高原风情，创世界顶级酒庄"的追求理念已经渗透在戎子酒庄的每一个环节、每一个角落。

在生产建设上，从意大利、法国、美国等发达国家引进先进的生产设备，具备了年产5000吨中高档葡萄酒及1万吨发酵储酒的能力。同时配套建设了富有独特中华民族风格的地下酒窖和世界上最大且唯一的黄土高原自然生态酒窖——黄土窑洞酒窖。

在酒庄管理上，酒庄聘请素有"法国酒王"之称的让·克劳德·柏图担任首席酿酒师，并组建了以他为核心的葡萄酒酿造团队及专业的技术研发中心。按照"细选、佳酿、窖藏、精装"的八字方针，采用低温冷渍发酵工艺和后处理绿色过滤技术，并在国内率先采用氮气防氧化系统和温度控制系统。此外，酒庄还引进了世界上最先进的粒选机——全自动光学分选仪，成为首家使用该设备的中国葡萄酒企业。这些硬件设施保证了葡萄酒的天然特性和优良品质。让·克劳德·柏图坚信，酒庄所处的地理条件，必将酿造出独具黄土高原风格、尽显民族华贵的世界顶级葡萄酒。

戎子酒庄葡萄酒产品以干红、干白和桃红为主，分为戎子、小戎子两大系列。自2011年戎子、小戎子葡萄酒相继上市以来，得到了国内外葡萄酒专家的充分肯定和赞许。戎子酒庄葡萄酒在第五届亚洲葡萄酒质量大赛、中国国际葡萄酒烈酒品评赛、克隆宾第六届国际葡萄酒大赛等国内外品评赛上多次获奖，戎子珍藏外形设计在2012年比利时pentawards大赛上荣获银奖。酒庄所生产的干红葡萄酒成为2012年首届世界晋商大会指定用酒、第二届中国（北京）国际服务贸易交易会指定供应商，受到国内外各级领导、专家、葡萄酒爱好者的充分肯定和一致好评。

在市场营销方面，酒庄主要采取直销模式。为了推进营销工作的顺利开展，酒庄于 2011 年 5 月在太原注册成立了山西戎子酒业有限公司。此后，根据市场情况，设立营销分公司及专卖店。目前，在太原、临汾、乡宁均设立了营销分公司，下设专卖店。

回馈家乡

农民出身的张文泉是一个充满家国情怀的人，他创办戎子酒庄从来不是为了自己发家致富，而是始终关注着父老乡亲的脱贫致富。

以前北垣是乡宁县最穷的地方，因为地下没有资源可挖；地势高，气候寒冷，只能种一些小杂粮，产量低、品质差。自打有了戎子酒庄，这里成了乡宁县最富的地方。

戎子葡萄基地栽培优质酿酒葡萄 5800 余亩，涉及 9 个行政村、22 个自然村的 940 户种植户，城北垣村民每亩耕地的收入由原来的 800 元增长到现在的 7000 元以上，户均收入达到 4 万元，人均收入高达 8000 余元。

酒庄所在地的昌宁镇东廒村可以说是近水楼台先得月。过去是东廒村的人出去打工，现在是外村的人来东廒打季节工。东廒村的陈林祥家有 13 亩地，儿子以前去太原打工，自从种上葡萄再也不外出了，娶了媳妇，住上了砖瓦房，还购买了小轿车。这些实实在在的变化，让群众真真切切地感受到酒庄就是在为他们种植脱贫致富的金葡萄。

酒庄开展青年、巾帼、人才、能人先锋对接活动和蒲公英育才计划，酒庄联系科研院所、技术人员和乡村土专家组成技术服务队，产前、产中、产后提供技术指导服务，先后培育国家级品酒师、酿酒师 5 名，经营型、技术型村干部 6 人、党员致富能手 26 人，为企业扩规增量、集体增收提供了人才支持。

在项目推进过程中，酒庄承担标准化葡萄园建设的所有费用，免费为种植户提供葡萄苗、架材，并与农户之间采取订单式合同管理，按协议价收购。丰产期的葡萄，每亩纯收入可达 6500 元以上，酒庄先后为社会增加就业岗位 1300 多个，让 970 多户贫困户实现了稳定脱贫。

通过葡萄产业辐射带动，东廒、西廒等6个村集体增收80余万元，工程建设、餐饮娱乐、采摘生产等方面为社会增加2000多个就业机会。种植葡萄、入股合作社、提供劳务服务，使周边3700余户农民从中受益。东廒村葡萄种植户陈高平承包了70多亩，自家还有20多亩，每亩地收入5000元，一年下来就是40余万元。昌宁镇十里铺村的建档立卡贫困户刘发平，本人弱视，妻子失聪，一儿一女上学，自打种了8亩赤霞珠酿酒葡萄，每年收入近6万元，家庭经济状况一下子得到根本好转，再不用为两个孩子上学和夫妻二人治病的费用犯难了，还在国家的帮助下盖起了新房，购买了耕种机械。单种葡萄一项收入，全家就稳定脱贫。

除了种植酿酒葡萄和在基地务工以外，2017年以来，通过政、银、企三方联动，县、乡、村协调落实，以戎子酒庄为主体，通过"股加贷""牵手贷"和"扶贫贷"落实金融扶助资金6285.75万元，带动3889户，累积分红775.24万元。其中，"股加贷"带动双鹤乡、台头镇、昌宁镇、管头镇、关王庙乡5个乡镇、17个村委、18个自然村732户2531人，涉及扶助资金632.75万元，按照每年15.65%的标准向贫困户发放固定分红，每个贫困人口每年分红391元。2017年，总计分红86.47万元；2018年，总计分红73.83万元。"牵手贷"共带动西坡镇、管头镇、双鹤乡、关王庙乡、尉庄乡5个乡镇、938户，落实资金3553万元。2017年，总计分红177.65万元；2018年，总计分红269.89万元。"扶贫贷"落实资金2100万元，带动420户，每年每户分红4000元。2018年，总计分红167.4万元。一个又一个扶助行动，一次又一次年终分红，使贫困户得到了实惠，见到了真金白银，验证了戎子酒庄的扶贫行动，彰显了民营企业与贫困群众同呼吸、共命运为民担当的情怀。

虽然戎子酒庄在乡宁县脱贫攻坚战役中做出了卓越贡献，但张文泉内心并不满足。他晓得，离自己的最终目标还有一定距离……

云丘山上招财旗

在临汾说到旅游景区，许多年前人们津津乐道的是壶口瀑布、小西天、东岳庙、大槐树、尧庙、华门、丁村等著名景区。近几年，乡宁县的云丘山横空出世，越来越火，目前正在创建国家5A级旅游景区。

如果说云丘山旅游景区的发展充满传奇性，那么它的创建者、乡宁县云丘山旅游开发有限责任公司董事长张连水则更是一位传奇式的人物。

张连水，1959年5月生，乡宁县枣岭乡人，大专文化，中共党员，高级经济师，山西省第九届、十届、十一届、十二届人大代表，现任隆水实业集团有限公司、琪尔康翅果生物制品有限公司、云丘山旅游开发有限责任公司董事长，先后荣获全国劳动模范、全国乡镇企业家、全国优秀厂长、山西省农村改革发展30年功勋人物——杰出农民企业家等称号。

一个频繁产生脱贫攻坚新闻的企业

2017年脱贫攻坚战役打响后，云丘山旅游开发有限责任公司成为产生新闻的基地，一年时间省内外媒体就报道了有关公司助力脱贫攻坚战役的新闻近200条。

云丘山坐落于乡宁县城南50公里，总面积203平方公里，景区累计投入14.8亿元，开发自然景点42处、人文景点77处，属于国家4A级旅游景区，被山西省人民政府评定为省级风景名胜区，景区的重头活动云丘山中和节被列入国家级非物质文化遗产保护名录，被国家旅游局评定为全国景区带村旅游扶贫示范项目。景区已成为乡宁产业强县的排头兵、旅游富民的领头雁。

景区开发过程中同步建设美丽乡村，实施周边3个行政村、16个自然村、561户居民整村搬迁105687平方米，实施美化、绿化、亮化等配套工程，新建高标准移民小学，鼓励当地村民结合自身优势，开办旅馆10个、农家乐7个，每个门店年均收入55万元，带动64户、257人脱贫。大河村民光根全原先6口人住几孔旧窑洞，夏天漏雨，冬天钻风，在景区建设美丽乡村后，住进了150多平方米的二层小洋楼，宽敞暖和，还在景区工队打工，遇到人就说："这几年变化太大了，不仅住得好了，还能打工挣钱，一年收入3万元以上，比山上的神仙不差。"

周边山村的贫困户在景区各岗位上直接就业的累计有258人，人均月收入2550元。景区开发建设后，当地村民承包工程，年收入3—8万元，常年在景区从事务工的有860多人，真正是一人就业，全家脱贫，带富了一方群众。坂儿上村赵云东在公司绿化队上班，妻子在景区生产队工作，两口子年收入6万元，除了供儿子上大学外，还富富有余。赵云东和妻子计划，"有空了，咱也出去旅游转转，看看外边的大世界"。

贫困户张保龙有制作特色小吃的技艺，由于离县城和较大的村镇远，浑身的手艺派不上用场，生活贫困。云丘山景区开发了塔尔坡古村落，给原住村民提供商铺，优先对贫困户进行培训，教他们唱民歌、演婚俗、练武术、蒸花馍、玩皮影戏，鼓励他们开铁匠铺、茶馆、做农家饭、磨豆腐、做水席、小吃等，直接脱贫105人。张保龙也加入进去，在景区开了饭馆，做乡宁特色小吃勾魂羊汤，一年少说也能挣6万元，还不用出家门口。

为了让更多的老百姓尽快脱贫致富，张连水成立了上河优质粮食种植专业合作社，吸收周边382户农民入社，公司以每亩420元的价格流转村民土地4000余亩发展有机农业，雇用村民在合作社劳动，每人每天80元；还出资帮扶建档立卡贫困户购买猪崽、羊羔，贫困户自己来喂养，出栏后由合作社帮助销售。同时，公司每年定期聘请国内农林专家来给村民培训种植、养殖等技术，聘请文化艺术团教授老年人打花鼓，聘请外教对年轻人进行外语培训，让农民增长文化知识和致富技术。梁坪村贫困户高玉喜入社后，由合作社提供黑猪18头代养，合作社按市场价收购，稳赚不赔，除此之外每年还分红5400元，全家人过上了让人羡慕的好光景。

2017年，公司还在景区成立了希望农场，招收智障孩子，高薪聘请台湾的特教老师长期教这些孩子学习生活技能和有机蔬菜的种植技能，让他们能生活自理，成为自食其力的劳动者。希望农场成立以后，还开展了"爱心农场、手心翻转"活动，得到了全球各界爱心人士的关爱，来自印度尼西亚、埃及、美国、捷克、坦桑尼亚、泰国、马来西亚、印度、新加坡、意大利、西班牙、波兰、俄罗斯、匈牙利等14个国家的24名志愿者到云丘山帮助智障孩子，既学习了中国的传统文化和农耕文化，又宣传了云丘山的乡村旅游。目前有5名智障儿童得到精准帮扶，其中大河村贫困户赵宝忠身患残疾的儿子，已经在希望农场工作，月收入2000多元，完全可以自食其力。

公司积极响应县委、县政府"股加贷"政策，在乡宁县双鹤乡、尉庄乡、关王庙乡、枣岭乡、西坡镇、西交口乡共6个乡镇、76个行政村实施景区为主体的"股加贷"项目，吸纳贫困户1642户、5519人入股分红，每个贫困人口每年可分红391.25元，年分红总计215.93多万元；同时，实施"牵手贷"政策，吸纳贫困户363户、1368人入股分红，每年每户可直接分红4000元，年分红总计145.2万元。尉庄村贫困户乔根新享受的是"牵手贷"，在务工创收的同时，还能分红4000元，打工、分红两条腿走路，享双份利。乔根新美滋滋地说："都说天上不能掉馅饼，咱可是接到了……"

同时，景区每年可接待游客200万人次，年收入6亿元，上缴税费7000万元。还能直接提供1500余个就业岗位，并带动其他行业发展，为扶贫事业做出更多贡献。

在文化旅游作为战略性支柱产业已经成为山西省经济转型、脱贫攻坚的有效途径和发展新引擎的大环境下，云丘山风景区作为全国景区带村旅游扶贫示范项目，直接带动当地2000多村民走上了脱贫致富道路。随着景区影响力越来越大，势必对当地综合经济发展发挥更大的促进作用。

一位被困惑萦绕的煤老板

张连水1978年高中毕业后回到村里,干过大队干部,当过团支书。20世纪80年代中期,改革开放的浪潮席卷全国,让这个年轻人蠢蠢欲动,张连水就把目光盯在了家乡的煤矿上。1987年,他和几个同伴借款40多万元承包了长咀湾煤矿,开始了创业。40多万元,在当时是一个天文数字,但张连水却没有把它当成包袱,而是励精图治,艰苦创业。转眼两年过去了,煤矿开始赢利。钱来了,但张连水并没有用于享受,而是投入矿井的安全改造中,实现了半机械化采掘,成为全省的样本矿。接下来几年,他创办的乡宁县煤焦实业有限公司不断发展壮大,成为集原煤开采、精煤洗选、焦炭冶炼、化产回收、煤气发电为一体的煤炭加工转化综合型企业,企业连续被授予山西省百强民营企业、山西省科技型先进民营企业、山西省优秀中小企业荣誉称号。

煤炭企业给张连水带来了巨额经济效益,也带来了困惑。一方面因为挖煤,地表塌陷、房屋裂缝、水源枯竭、环境污染、生态破坏;另一方面煤炭资源挖完就没有了。挖完了怎么办?企业向何处发展?这两个严峻的问题摆在了张连水的面前。他有过苦恼,有过无奈,但是他很快就想到了企业的转型、转产。

一位高端生物产品企业的新老板

张连水首先把目光投向家乡漫山遍野的树。翅果油树是在第四纪冰川时代就出现的植物之一,仅存中国,主要分布于吕梁山南端的乡宁和中条山西端,1999年被列入国家级珍稀保护植物。该树种抗寒、抗旱、耐贫瘠,根系发达,固氮作用强,能有效地改善土壤结构,适宜大面积种植。若形成经济林带,有利于保持水土、防风固沙、改善生态环境。翅果油中富含人体所需的油酸、亚油酸、亚麻酸等高达95%的不饱和脂肪酸,以及丰富的维生素E、氨基酸、非皂化物、有机硒等微量元素,对调节人体高密度脂蛋白胆固醇,对高血脂、高血压、冠心病、糖尿病、中老年人便秘有意想不到的作用。

出于企业家的敏感和精明，张连水很快就看出了发展产业的巨大产品市场和良好经济效益。随后，他下定决心创办新型生物工程企业，开发翅果油产品。张连水以"进军高科产业，开发绿色健康产品"为目的，背着几公斤翅果油，奔波于上海、西安、北京等地大专院校和科研单位，拜访专家教授。虽然辛苦，却让身处煤海的张连水感到如同找到了顶级富矿一般。

2000年3月，张连水注资5658万元的山西琪尔康翅果生物制品有限公司闪亮登场了。他要让古老的翅果油为人类献宝，为人类的健康长寿服务。经国家发改委批准立项，翅果综合利用产业化关键技术示范工程成为国家级农产品深加工食品工业专项工程项目，同时被山西省列为农业产业化"1311"项目工程、"两区"开发项目，以及省、市、县、乡农业产业化龙头企业项目。项目总规模为10年发展翅果油树10万亩，总投资2.71亿元，年加工翅果5000吨，实现利税2亿元。

随着项目的迅速推进，公司建成长咀湾高科技试验园区、孟庄种苗繁育园区、谭坪生产示范园区3个高标准苗木繁育基地，建起2座全自动智能日光育苗温室、二氧化碳超临界萃取翅果油生产线和全自动软胶囊生产线。翅果油填补特种油脂国内空白，翅果油软胶囊获得国产保健食品批准证书、绿色食品证书、首届中国国际林博会技术创新奖、首届中国国际农产品交易会畅销产品奖、山西省农业产业化百龙企业产品优秀奖、山西省名牌产品和著名商标。同时，他们在北京中关村组建了北京晋嘉琪尔康生物资源研究中心，与中国农业大学、中国林科院、山西农业大学、山西大学生命科学与技术学院、山西师范大学、太原育康人体营养研究所等建立长期协作关系，组建了以7名博士生导师和11名研究生为主力的科研团队。

为了打造企业生产原料基地，张连水通过无偿技术援助，帮助本地农民创业增收。实行"科技＋基地＋农户"的模式，带动当地农户大面积种植翅果油树，坚持谁栽植、谁受益的原则，与当地3025户农家签订管护和转包土地协议，无偿提供苗木、技术、栽植、管护费用，每亩给农民带来1000—2000元的收益。从2003年开始，周边部分县的农民也加入翅果基地林建设的行列，带动了当地食品、机电、包装、运输、服务等行业的发展。

几年来，在各级党委、政府的正确领导和各职能部门的大力支持下，公司已建成翅果油树三大高科技示范园区2000余亩、三大翅果油树生态经济林基地3万余亩、茶叶基地2000余亩，琪尔康牌翅果油软胶囊、健身茶、琪尔美牌翅果油高档化妆品已上市销售，成长为集科技研发、经济林建设、生产加工、销售服务于一体的高新技术企业。

近两年，山西省委、省政府做出的转型发展的决策，使该公司更加明确了认识，信心倍增。2008年，在国际金融危机大环境下，煤焦产业亏损严重，隆水集团却因翅果油树开发产业的快速发展，利税反增50%。2009年，仅翅果油软胶囊和健身茶的销售收入就突破1亿元。2010年，随着高档、超高档系列化妆品和新的系列保健营养品的上市，销售收入5亿元，利税1.8亿元。

"在连水的眼里，咱乡宁遍地是黄金。"家乡的父老乡亲这样评价张连水。张连水是一个扒钱的好手，更是一个热心扶贫的企业家。多年来，投资1.285亿元，先后完成移民新村建设85680平方米，涉及大河、陈家岭、塔尔坡、康家坪等9个自然村、458户居民，实现了整村搬迁。投资460万元，新建2200平方米半寄宿制的移民小学1所。同时，配套实施移民新村街道硬化、绿化、亮化、净化、污水处理，实现部分村民集体供暖、饮水安全。他的企业累计拿出3000多万元，用于家乡修路、建学校、引水等公益事业，受到政府和家乡父老的广泛好评。

一位热心旅游文化开发的"文老板"

2005年，正当煤炭市场红得发紫、翅果油企业也风生水起的时候，张连水又把经济开发的触角伸向云丘山旅游景区的开发。他钻在云丘山里实地踏勘，外出找专家学者求教，四处募资开始在云丘山进行修路、盖房等基础设施建设。头三脚还没踢出去，钱已经花下一铺滩。

家里人说："你把钱都烧了，扔到山里了。"

张连水微微一笑："你们不懂。"依然我行我素，初衷不改，钻在云丘山里不回头。

乡宁、稷山交界的云丘山，地处吕梁山南段，是一处有着深厚宗教文化和民俗文化积淀的圣地。这里的中和节是从唐宋传承下来的传统节日，已经延续2000多年，是我国民俗文化中的活化石、黄河文化的大摇篮和汉族文化以至华夏文明诞生和繁荣的原始载体。每年农历二月十四至十六，来自晋陕豫等地的数十万民众自发聚集到云丘山参加庙会，祈求风调雨顺、五谷丰登，青年男女祈求美满姻缘生育繁衍。

云丘山群峰壁立，林木茂盛，溪流淙淙，曲径通幽，风景迷人。每年春夏季节，漫山翠绿，树茂草幽，鸟语花香。这里有全国规模最大、最具观赏价值的季相观叶植物枫叶山、柿子林。这里的植被是全覆盖式的，几百年甚至上千年的古树比比皆是，茂密的灌木和种类繁多的花草漫山遍野。站到峰巅，放眼眺望，云雾缭绕，山色因云彩的飘忽不定而忽明忽暗、忽隐忽现，云彩则因山的高低不同而错落有致，真可谓"云来山更佳，云去山如画"。秋季到来的时候，红叶遍山，层林尽染。到了冬天，大雪纷至，满山雪白，银装素裹，树枝上满是树挂，山崖边悬挂着冰凌，仙境一般。

张连水认定云丘山是一个值得投资开发的绝佳旅游项目，他邀请国内知名专家、旅游策划机构对云丘山旅游景区发展进行全面规划编制，加快基础设施建设……就这样执着地一步一步开发着这片绿色资源，挖掘着深藏于其中的民俗文化。景区居民的搬迁是第一难事。位于云丘山境内的大河、坂儿上村共计496户、1860人，首批搬迁涉及3个自然村的108户。旧房产评估，分类定价，面积一对一置换。漂亮的单元楼建好了，搬迁却难以进行，因为没有小院，不方便，也不习惯，更因为故土难离。于是，又重新建设了成排的小院型移民新村。头绪繁多，情况复杂，超出预想。210平方公里的山要租赁，国有林木需要管护，集体和居民个人的林木需要购买，景区的旅游线路投资每延长1米最高可达2500元，山上每个台阶的实际费用最高的达到1800元。仅人员工资一项，每个月就得105—110万。张连水说，景区开发的初衷就是要实现村民致富，村委有利益，企业有利润，我们始终坚持以这样的理念发展旅游产业。

受区位条件限制，云丘山周边土地基本都是旱地、山地，地块小，土地贫瘠，交通不便，很难实现机械化作业，土地撂荒较严重。为高效利用土地资源，拓宽农民增收渠道，景区坚持自愿有偿原则，以每亩550元的价格同村民签订土地流转合同，保障村民的土地流转收益。目前，景区已流转土地3180亩，实现土地连片耕种、机械化作业，其中2200亩用于种植小麦、玉米、小杂粮等作物。偏远的地块栽植附加值高的翅果油树，并同当地村民签订管护、采摘协议，让农民在享有土地流转收益的同时获得管护、采摘双重收入，实现了景区同周边村民双赢。

张连水深感肩上的责任和担子沉甸甸的。对大山的眷恋、对员工的爱戴，让他丝毫不敢懈怠。他正在筹建五星级宾馆、游泳馆、三星级会议中心、青少年爱国主义教育及传统教育基地、抗日纪念文化园、学校、医院、养老院；正在筹划"两区两村"——塔尔坡农耕文化体验区、康家坪民俗文化体验区、前庄云丘人家养生度假村、后庄云丘山居养生度假村。他计划把五保户请进塔尔坡等村的宜居小院，免费食宿，养老送终。在未来规划中的14个大型项目中，有关社会和公益的占到78.5%！"望得见山，看得见水，留得住村庄。"张连水给了云丘山新的面貌，云丘山也留住了他的心。

经过10多年的不懈努力，投资11亿多元把云丘山建成景区总面积210平方公里，人文景观30余处、自然景观50余处，吃、住、行、游、购、娱为一体，满足游客观光、旅游、休闲、养生需求的山西南部的旅游胜地。

张连水为人低调，曾穿着汉服在景区担任导游。他对自己小气从不乱花钱，他对社会和贫困户大方仗义……

2019年，张连水步入花甲之年，他说："我的养老，就定在云丘山。"

才子圪塔新庄园

两个故事牵出一个人

乡宁县，一个有故事的地方。

《战国竹简》记载：公元前 770 年周平王率领群臣东迁时路过乡宁，为祈祷上天护佑一路顺利，在乡宁境内的云台山中选了一座整齐有序的山峰作为祭坛祭天。祭坛设三层，自上而下为天、地、人三才融合。其形貌为圆台，三层之台直径分别为 33 米、66 米、99 米，乃取三六九吉祥数字。祭天仪式完成后，君臣再转而南下，直至河南的洛阳建都，史称东周。后人遂称此祭坛为才子圪塔。根据山西省文物局、社科院等多部门专家学者多次实地踏勘，还发现了许多绳纹陶片、造型古朴的瓦当等春秋战国时期的文物。

乡宁人郑崇俭，字大章，自幼聪颖，刻苦好学，明万历四十四年（1616）中进士。万历皇帝殿试之时问郑崇俭乡宁县城什么状况，崇俭以诗回答——

南北无二里，
东西一条川。
人饮泉中水，

牛耕山上田。

万历皇帝听罢大喜，觉得此人学问不浅，遂授河南府推官，后任济南兵备副使。崇祯初，迁陕西右参政，累迁右佥都御史，巡抚宁夏，数败套寇，因功获赐银币，世荫锦衣副千户。明崇祯十二年（1639）正月，郑崇俭升任兵部右侍郎，接替洪承畴总督陕西三边军务。多建功勋，后受奸人谗言，被崇祯误杀。据说，郑崇俭被砍头以后身体仍直立不倒，崇祯拜了三拜才倒，直到崇祯赐给他一颗金头与身躯对上，事情才算完。

这两个故事与郑崇俭第十一世孙、1999年已经退休赋闲的临汾市公安局原副县级调研员郑中午有关。

郑中午退休后，没有在城市享受安逸的生活，而是回到故乡乡宁。他要在老家干一番事业。

才子圪塔上创大业

郑中午盯上了才子圪塔。

才子圪塔对郑中午的巨大吸引力，来之于郑中午浓厚的文人情结。还是在山西师范大学念书的时候，他就对悠久的华夏文明史产生了兴趣，尤其对山西积淀深厚的文明难以释怀。好不容易解甲归田了，还不爬上山巅，面对古老的村落和悠久的遗存一诉衷肠！

郑中午在田家原村高岭凹一带一连跑了3天，发现这里多为典型的黄土残垣区，海拔1100—1400米，阳光充足，全年日照时间2400—2700小时，年平均气温9—11摄氏度，无霜期180—240天，年降雨量550—650毫米。区内土壤为山地褐土，有机质含量高，PH酸碱度7.4，微碱性，钾丰富。此地以灌木为主，多为荒山，历史文化遗存比比皆是，古代建筑遗迹随处可见。

这是一个大有作为的地方！郑中午做出如此结论。

我要在这里真正大干一番！郑中午下定这般决心。

我要做第一个治理荒山的人！郑中午定下如此目标。

第四章 叫黄土地长出金子

于是，郑中午与田家原村委会签订了5000亩的荒山承包协议，一包30年。修路、整地、栽树、引水、打旱井，一干就是20年。郑中午在2013年牵头成立了乡宁县绿海仓林业种植专业合作社，一下子就吸引了50多户村民加入。郑中午引进名优品种，带领社员荒山造林2000亩，栽植油松、白皮松、柏树、国槐、刺槐、香花槐、元宝枫等20万株；美林绿化荒山1800亩，栽种山桃、山杏、连翘、金银花、皂角树、翅果油30万株和药材，而且还整修出1000亩机耕梯田，每年能生产玉米、小麦、小杂粮15万余斤。

年过七旬的郑中午在才子庄园里的杏园采摘

一个集生态农业、传统文化、田园风光为一体的休闲养生教育基地初见规模。

郑中午心想事成。

他站在周平王的祭坛上，居高临下俯瞰自己亲手绿化的荒山，心潮起伏，文思涛涌，口占一篇《才子圪塔赋》——

才子圪塔非山水大观、古刹名园，乃上古先贤肇创鄂文化、测日观斗、祭天祈福之圣地。往昔辉煌，烟灭云散。人文遗存，千古奇缘。久负盛名，平淡非凡。发人深省，令人惊叹。

才子圪塔之称谓，地图可鉴。由来弥久，古老源远。西周末年，平王东迁。文武护驾，少鄂立焉。下京为都，周礼兴焉。才子圪塔，始为天坛。时逢冬至，平王祭天。祈国安泰，祷民康健。春风化雨，万象欣然。斯峰突兀，下方上圆。身临其境，伸手摸天。正北云台，一脉相连。阴阳开泰，正南尖山。五岳入怀，望断山川。王者气象，虎踞龙盘。三层之台，九五尊严。驻足古坛上，心驰九霄间。气壮撼山河，胸可纳百川。一览鄂疆土，独尊天地间。华夏文明史，传统文化苑。感受天人合一三才之大道，万物并育生命之源泉。领悟物种空灵道法自然之规律，人与宇宙博爱共存之情缘。

畅想当年，平王危难，晋人斡旋。养精蓄势于少鄂，直下洛阳建东周。延续帝业，裕后光前。天地悠悠，文脉绵绵。中华传统，尊祖敬天。

畅想当年，平王祭天，斋宫沐浴歇驾苑（薛家原），路转峰回走马山。王旌猎猎，鸾凤翩翩。承天景命，重开纪元。社稷安泰，富穰荣繁。

星移斗转风流尽，云台安逸未改面。才子圪塔风雨后，巍然屹立六合间。绳纹陶鬲，古玉残片。青铜汉瓦，沉睡千年。芳草萋萋，一尘不染。宠辱不惊，再现祭坛。

世纪之初，吾友金铸，徒步踏勘，惊瞻奇观。三生有幸，非邻无缘，二十春秋，耕耘心田。营造一方净土，又见世外桃源。种瓜采菊品逸，共享白云蓝天。幸得紫气东来，国运民风盎然。同辟蹊径俱进，复兴昌盛梦圆。

此赋将郑中午对才子圪塔的情感和建设开发荒山的初衷表现得淋漓尽致。

脱贫攻坚正当时

脱贫攻坚战役开始后，郑中午又萌生了新的想法。

他要把才子圪塔建设成吃、住、行、玩、游为一体的别墅庄园式的田园综合体，取名才子庄园，为贫困户创造在家门口就能挣钱的机会。

乡宁县委、县政府非常关心支持才子庄园的建设，在水、电、路建设工程上全力支持，并把这里列入研学旅行基地之一。

经过建设,具有明代民间风格的 6 座别墅小院达到居住标准。

目前,才子庄园每年平均有 10 名贫困户务工人员,每年收入 1.5 万余元。

贫困户们也把才子庄园当作自己的家,一门心思想把才子庄园建设得更好。

2017 年 6 月 28 日上午,"情牵大山、心系贫困"大型户外采摘助农主题活动在才子庄园隆重举行。参加此次活动的有乡宁县委常委、统战部部长闫鹏,昌宁镇党委书记贺伟科、副书记杨秀峰,科技服务中心主任辛东平、副主任刘洋,共青团县委书记臧宁,工商联党组书记郑中和,纵横众创空间全体创客,著名微商大咖、电商团队以及社会各界朋友。

参与人数众多,共赏才子圪塔风光,品有机蔬果浓香,更有微商大咖当场采摘发货,蔬菜、水果远销千里。

2018 年,郑中午已经七十有三的年纪了,但是他创业的雄心未改,为家乡父老造福的初衷依旧,他这样描述自己的事业——才子庄园满山元宝,遍地金银。这里有茂密的森林,野果、野菜、山珍、药材满山遍野,还是天然氧吧。

才子开门,恭迎佳人。如果想要远离都市的喧嚣,享受一份清静,呼吸新鲜空气,体验田园风光,探究历史文化,您不妨到这里转一转。

玫瑰花香脱贫路

2018年11月16日,是光华镇西宽水村民刘香玲最高兴的日子。

这天早上8点钟,刘香玲拿到了她家在美聚香凝农产品开发有限公司下设的凤凰山庄玫瑰种植专业合作社2018年种玫瑰花的收入和分红的6万多元。这位农家妇女从来没见过这么多的钱,回到家,闭上家门,一连数了好几遍。

刘香玲家5口人,3个孩子中2个上大学、1个上高中,负担很重,属因学致贫的贫困户。

刘香玲和丈夫以种地为生,前几年丈夫农闲时在外打零工补贴家用,一年全家总收入只有5000余元,收入远不够开销,几年下来,塌了1万多块钱的饥荒,日子越过越紧,最困难的时候孩子们差点都辍学了,连换季的衣服都买不起,成了村里最穷的贫困户。

2017年,脱贫攻坚战役开始了,村两委领导主动找上门,鼓励她家用土地入股美聚香凝农产品开发有限公司,发展玫瑰产业致富。听村两委和公司领导说得头头是道,刘香玲半信半疑,抱着试试看的心态答应了下来,将自家的承包地和流转地共14.5亩入股乡宁县凤凰山庄玫瑰种植专业合作社,在技术人员的指导下,试着种植玫瑰。她自己则在公司里务工管理玫瑰。没想到还真成功了,年底还没到,就见到了现钱。

凤凰山庄玫瑰种植合作社成立于2013年，专业从事食用玫瑰花的种植、采摘、加工和销售。合作社第一期有机玫瑰种植基地3300亩，入社农户400余户。有机玫瑰基地和产品已通过有机认证审核，生产车间4000平方米，年实现利润560万元。合作社生产的美聚香凝牌玫瑰系列产品正在持续研发中，现在已经开发生产的产品有：糖渍玫瑰花酱、玫瑰花代用茶、玫瑰花苞水、玫瑰蜂蜜、玫瑰酒、玫瑰干花粉、玫瑰干花、玫瑰花饼等，销往我国台湾、香港地区，甚至国外。

凤凰山庄玫瑰种植专业合作社员工在分拣牡丹花瓣

玫瑰花是药食同源的植物，由于其作用温和，无毒副作用，被中医称为君子药。纯天然的玫瑰花具有舒肝活血、美容养颜、安神解郁、降脂去火、调经止痛、去痘祛斑、健脾养胃、抗衰保健等作用。玫瑰花对皮肤的修复作用极好，玫瑰花是所有美白产品和养颜产品中功效最好的原料，所以它是化妆品厂家的首选原料。为了保证玫瑰花的功效和质量，合作社执行了一整套严格的有机玫瑰种植、管护、收购、生产、检验制度，确保产品加工生产流程上不存在漏洞，保证产品的质量。为了保证玫瑰的纯天然品质，合作社严格自种、自采、自制、自酿，注重每个生产环节的过程控制，严禁使用农药、化肥、除草剂等有损玫瑰品质的农资，严格按照有机生产的要求进行种植。加工过程中为保证营养物质不受损失，合作社注重产学研结合，努力进行技术攻关，合理配方，低温加工，严禁使用化学添加剂、防腐剂、味素、色素等有害健康的物质，更无硫黄熏制过程，合作社生产的玫瑰产品品质、味道、功效均在同行业中领先。

合作社秉承调整产业结构，脱贫巩固提升，产业稳定增收，改善生态环境，促进休闲观光农业发展的理念，与天津九华科技有限公司联合投资5000万元，成立了山西旺谷农业开发公司，与光华镇、双鹤乡、管头镇共签订2.96万亩的玫瑰种植合同，准备依托玫瑰基地开发古村落，建成集文化、休闲、旅游为一体的农村经济综合体。

未来的凤凰山庄玫瑰种植专业合作社产业规模将达到3万亩，企业将生产出更多、更高质量的玫瑰系列产品，满足消费者的需求。

玫瑰花的发展有效地调整了当地产业结构，带动了当地经济发展，增加了农民收入，改善了生态环境，促进了休闲观光农业发展，圆满实现了生态、经济、社会效益的总目标。在恢复生态系统稳定发展的前提下，使系统经济效益达到最大，一举多得，实现绿化转化产业化的目标。

由于合作社经营管理办法科学，农户种植玫瑰的积极性空前高涨。可以说，农户不用担心自己会有损失，合作社有保底措施；不用担心产品卖不出去，合作社保证100%收购；不用担心不懂技术，合作社无偿培训。运用这种好模式，合作社玫瑰花产业稳健发展，规模逐年扩大，质量稳步提升。2017年，合作社作为乡宁县美聚香凝农产品开发有限公司的种植基地，通过了中绿华夏有机认证中心进行的有机种植基地的认证（已两次取得有机转换证书）。2017年，合作社自主研发玫瑰花干燥与花苞水收集提质增效技术，2018年1月经权威专家评价，该技术达到了国际先进水平，通过了科技成果评价。美聚香凝已成为乡宁农业的名优品牌和扶贫助困的特色品牌。

合作社章程规定，农户必须以土地入股加入合作社，加入合作社的土地不按面积进行分红，而是要和劳动收入相结合。合作社社员收入分两部分：一部分是劳动收入，就是玫瑰花采收之后，合作社按每斤鲜花 × 元的价格（根据全国市场平均价格浮动）付给劳动报酬；另一部分是入社的土地分红收入，这个分红收入不按土地面积，而是按花的收获量进行分红，也就是收获每斤鲜花可分红2元。

这是一种创新的劳动成果分配方式，具有三个方面的优越性：

一是坚持劳动致富,避免了懒人加入合作社。

二是避免了土地等级(肥沃程度)不同而形成的无休止争议。

三是保证了农户,特别是贫困户不论企业有没有效益都能分到红利,不承担经营风险,经营风险由投资人承担。

2017年,合作社积极投入脱贫攻坚战役,热心吸收贫困户入股合作社,参加玫瑰生产的管护工作。2017年底,共吸纳建档立卡贫困户72户、260人进入合作社,入股贫困户每年每亩地的收入由原来的1000多元提高到3000多元,72户建档立卡贫困户全部实现了稳定脱贫。

核桃砸开致富门

  核桃不离口,
  能活九十九。
  稳做老寿星,
  阎王叫不走。

这四句顺口溜是老百姓对核桃保健功效的赞颂。

  耐干耐旱适应强,
  天南海北都能长。
  树龄长达数百年,
  造福人类不用忙。

这四句顺口溜是人们对核桃树生存特点的总结。

  近几年来,乡宁县结合本县荒坡沟壑地形多的特点,大力发展核桃产业,取得了很大成绩。脱贫攻坚战役期间县委、县政府提出"核桃产业主导、若干特色并进、畜牧养殖同步、精深加工跟进"的产业发展思路,把核桃作为农村产业的主导，号召各村成立核桃产业发展合作社，聘请科技人员现场传授种植技术，安排资金扶持，大力推动核桃种植。如今，种植核桃已经成为贫困户脱贫致富的一个便捷实惠的主导产业，2018年达到15万亩。

桃花山村是发展核桃产业突出的代表。

桃花山，一听这个村名，就知道这是一个非常美丽的山村。不由得使人想到，春天漫山遍野盛开的桃花，秋天繁盛的山桃果压弯了树枝……

桃花山村位于台头镇东北部，是全县36个贫困村之一，辖桃花山、大凹、卧石坡、北宿头4个自然村，全村180户、565口人，耕地面积1250亩。

过去的桃花山因煤炭资源丰富而成为远近闻名的富裕村，2000年以后随着煤炭资源的枯竭，村办煤矿关闭，桃花山村的经济实力一落千丈，村集体收入多年为零，村民日子越过越紧。2014年以来，全村识别建档立卡贫困户73户、238人，贫困发生率高达42.12%，脱贫任务繁重而紧迫。

近年来，随着脱贫攻坚战的步步深入，桃花山村委会按照"一村一品一主体"部署要求，以思想转型、扶志扶智为突破口，以狠抓核桃种植为主体带动全村经济大跨度发展，走出了一条符合自身发展实际的产业扶贫之路，并逐步开花结果，脱贫成果初见成效。

脱贫攻坚工作中，针对核桃产业发展中存在的管理技术缺乏、优良品种不足等瓶颈问题，统筹运用政策激励、技能培训、主体带动等多种措施，使核桃发展步入正轨并初见成效。政策激励方面，共建设核桃精品园区125.6亩，将886.4亩核桃林纳入干果经济林提质增效项目，每年每亩给予200元政策补助激励，以此提高农民对核桃产业的认可度和发展积极性。同时加强技术培训，提高种植户的管理技能。与山西农业大学签订培训指导合作协议，从2015年开始，连续3年邀请李卫东教授和王琳博士到村开展现场教学6次；针对核桃病虫害和施肥、修剪等技术困惑，常年聘请专业技师到村里手把手地进行指导，使技能培训覆盖到全村核桃种植户，有效地解决了管护技能短板。

随着核桃逐步进入盛果期，缺乏产品品牌、市场信息闭塞、单打独斗、

桃花山村的核桃林

销路不畅的问题又摆在村两委的面前。他们在县乡两级政府的协助下，采取抱团取暖的办法，成立了花山核桃专业合作社，动员全村126户加入合作社，其中73户贫困户全部加入合作社，通过提供农用物资、技能培训、统购统销等服务措施，推动核桃产业健康、有序、快速、高效发展。2017年，全村收获核桃2.8万余斤，由第一书记、驻村扶贫工作队和合作社共同严把质量装箱销售，销售收入21万余元，实现户均增收1166元。

全村的贫困户除了自家地里的核桃收入以外，还享受"牵手贷""富农贷"等扶贫措施，家家有产业，人人有活干，年年有收入，一举脱贫。

贫困户刘三生，全家6口人，4个孩子上学，他本人左眼残疾，双膝患严重关节炎，什么活儿也干不了，全家除了几亩地里种植的玉米以外，再没有别的收入，生活极度贫困。在第一书记、驻村扶贫工作队和村两委的支持下，他参加了核桃管理技术培训班，掌握了核桃管理的全套业务技术，参加了花山核桃专业合作社。又在健康扶贫"双签约"的优惠政策的扶持下，到太原大医院做了换双膝盖手术，使他扔掉了挂了几十年的拐杖。参加了全村核桃产业的管理，热心帮助贫困户修剪核桃树、防治病虫害、嫁接新品种，还注册了花山核桃商标，堂而皇之地进入了各大超市，使全村近3万斤的核桃销售一空。如今刘三生一家已经彻底脱贫，走上了小康之路。他自己是花山核桃专业合作社的带头人，还担任了全村核桃技术顾问，用所掌握的核桃生产管理的技术，帮助全村核桃产业不断迈上新台阶。

贡品茶惊艳天下

纯粹是一个民间传说。

可是,乔国发宁愿意把它当作一个历史事实记在自己心里,更多的时候是讲给众人听。

清乾隆年间,乡宁县盛产一种连翘茶,香味独特,不仅具有茶叶之香醇,而且还携中药之芬芳,时人饮之,解渴且化痰止咳,闻名遐迩,衙门中人争相饮之。

有一年,乡宁县来了一位王姓县令,地方贤达免不了给他接风洗尘,酒足饭饱,自然要请他品尝本县的特产连翘茶。这位王县令略做矜持,端起茶碗喝了一小口,还没来得及细品,就被连翘茶的香味折服,连声称绝:"这么好的茶叶,比龙井茶好过百倍!"陪酒的贤达自然得意扬扬,说这是本县所产连翘茶。

事后,王县令到平阳府找知府大人复命,趁机孝敬连翘茶,知府大人尝过,连声称奇。知府大人正愁无合适礼品巴结八府巡按大人,正好把连翘茶奉上。八府巡按大人又把连翘茶进贡给乾隆皇帝。

乾隆皇帝贵为天子,什么样的茶没见过、没喝过,所以连看都没看,摆摆手叫太监收下。

一日后响,乾隆皇帝批阅奏章至红日西沉,不觉口干舌燥,便唤太监

乔国发（左）深入车间检查制茶原料质量

端茶伺候。太监收了八府巡按大人的好处，趁机泡上连翘茶奉上。乾隆皇帝连喝几口，只觉得心旷神怡，脑清目明，劳累顿消，急忙询问："哪里来的好茶？"太监顺口禀报："系昨日八府巡按所奉山西的连翘茶。"乾隆皇帝不禁龙颜大悦，重赏了八府巡按，遂将连翘茶定为贡品茶。

乾隆以后，世事变幻无穷，人事更迭频繁，加之人们口味各异，连翘茶逐渐在朝廷失宠。原产地见朝廷不再索要，制作连翘茶的热情随之降低，以致制茶技艺慢慢失传。

连翘茶重新面世，是在500多年后的2017年。

那一年，脱贫攻坚战役全面展开，尉庄乡成立了丰兴源新农业开发有限公司，注册资金380万元，占地面积15亩，决心挖掘传统制作连翘茶技艺，开发产业扶贫。

丰兴源新农业开发有限公司是一家集连翘茶加工、销售，中药材收购、加工、开发为一体的综合型研发生产企业。依托全乡20万亩优质野生连翘得天独厚的自然资源，传承史上连翘茶生产传统，重点发展连翘茶生产。第一期工程茶厂建起了厂房、办公楼、冷库、茶叶展厅、新时代农民学院以及附属的一些凉亭、喷泉等设施，具备了生产条件。年可生产连翘绿茶、红茶和黑茶等功能茶叶 3 万余斤，于 2018 年 4 月投产。2018 年共生产 8000 余斤茶叶，2019 年达产达标，成为尉庄乡依托当地丰富的野生中药材资源发展起来的新兴龙头企业。

开张伊始，企业就把注重茶叶品质、生产精品茶叶确定为发展宗旨。2018 年 4 月开始收连翘叶，全部来自尉庄乡邻近村民采摘的野生连翘叶，纯天然，无添加，无公害，分精品绿茶、绿茶、红茶、黑茶四种。在采摘之前，邀请专家对农户进行技术培训，并严格按照标准进行收购，保证了茶叶的品质。公司聘请台湾炒茶技师，做出来的药茶香气浓厚、茶汤透亮、入口甘甜，功效兼优。同时，注重包装宣传，做精品连翘茶。

公司董事长乔国发，是个年近半百的中年汉子，阅历丰富，积累深厚，忠诚实在。以往办企业的经历告诉他，办企业不干则已，要干就干好；不鸣则已，一鸣惊人。当然，他不是那种好大喜功、沽名钓誉的虚荣之人，自打决定办公司制茶那一天起，他就打定主意，一定要严格按照茶叶生产工艺操作，脚踏实地把企业办好，制茶过程一定要严谨、整洁、卫生。因为他知道种茶、制茶、饮茶是一种源远流长的文化现象，一开始就是作为健康、高雅的象征出现在古老中国的。种茶，讲究高山云端，气清水洁，绝无秽尘；制茶，讲究精挑细选，程序严谨，切忌毛糙；饮茶，讲究衣冠整洁，神笃意清，彬彬有礼，所以他的茶厂规划科学，职能明确，施工规范，管理严格。人们在生产区域，看见原料库、成品库、调度室、更衣室、消毒室、生产车间、检验车间、包装车间、进口、出口等处一尘不染，流程清晰，工艺精湛。在厂区参观，如同翻阅一本装帧精美、内容充实的文艺书籍一般，一种悄悄沁入心田的享受油然而生。

乔国发在搞好企业管理的同时，把带动农户增收帮扶贫困户尽早脱贫作为自己必须履行的社会责任，积极探索"党支部＋"的模式，由支部书记带头实施，结合当地农户都有采售中药材等山货的传统，动员大量闲散劳力采摘连翘叶，为茶厂提供优质原料，每人每天收入 100 余元，共带动 400 余户贫困户，实现户均年增收 1 万元以上。二期工程完工以后，再增加一条生产线，带动能力会更强。另外，还在乡党委、乡政府的支持下，动员全乡10个贫困村每个村入股5万元，每年按10%分红给村集体，拓宽了村集体经济增收的渠道，壮大了集体经济。

进入2019年，乔国发继续在做精做优上下功夫，打造连翘茶的品牌和龙头，采取了五大步骤：

一是加快厂房的改建工程，严格按照标准设计进行施工，将现有厂房进行密封改造。

二是技术上再提高，4月份开始联合乡政府组织连翘技术培训，增加精品绿茶的产量，聘请更专业的炒茶技师进行制作，确保茶叶品质上乘。

三是带动农户增收，发展连翘基地。计划多收连翘叶，还是采取当天交货当天现金支付的模式，调动群众采摘积极性，结合尉庄乡打造"野生连翘之乡"的产业布局，多发展优质野生连翘基地，加快连翘产业发展步伐。

四是在产品多样化上下功夫，在原有4种连翘茶的基础上，利用尉庄满山都是药材的先天优势，开发制作黄芩茶、流苏茶、金银花等保健茶，品种多样化，满足市场需求。

五是增加土蜂蜜加工包装设备，将尉庄山上独有的优质土蜂蜜进行加工包装，增加产品价值。同时，已增加养蜂基地建设，购买100箱土蜂进行养殖，确保有产量、有市场、有品牌。

500年前，连翘茶惊艳皇宫朝野！

500年后，连翘茶受宠城乡大地！

公司在连翘茶的带动下，生产门路越来越广，生产规模越来越大，生产实力越来越强，已经脱贫的农户随着企业的发展将走得更远、更快！

垣上吹来花椒香

看见过漫山遍野碗口粗的花椒树吗？

听说过单株年收入 500 多元的花椒树吗？

知道靠种植花椒树的贫困户供出 3 个大学生的新闻吗？

闻到过满是浓郁花椒香的空气吗？

驱车走过两边净是花椒行道树的公路吗？

一连串的问号，带来一连串的好奇。

人们在乡宁县枣岭乡和西坡镇的山梁上看到漫山遍野的花椒林如同江河波涛滚滚而来！

人们在枣岭乡和西坡镇韩咀村的花椒林中，见证了似钢炼铁铸一般挺立在田野之中碗口粗的花椒树！

人们驻足那些每亩创造二三万元经济收入的花椒林里流连忘返！

人们在那些靠种植花椒树告别贫困快速富裕起来的农户家中感慨万千！

枣岭乡是乡宁县种植花椒树最早、规模最大、效益最好、受益贫困户最多的乡镇。

枣岭花椒种植起步于 2013 年，几年间，该乡贫困户靠种花椒，收入翻了好几番。目前，枣岭花椒种植规模已超过 3 万亩，高品质的花椒每斤市场价能达到40元,每亩种植收益近万元。目前,全县花椒种植总面积达8万亩,有3万亩已进入盛产期,年产值1.8亿元。随着产业结构的调整,未来几年内预估可发展2万余亩,总面积可达10万亩,为山区群众今后的增收致富打下基础。

脱贫攻坚战役中,枣岭乡坚持特色产业带动,通过政府引导、科技创新、产业经营、市场开拓,把花椒作为当地的一项特色产业项目来发展,为群众带来可观的收益,显现出强有力的示范带动作用,花椒树成为当地群众的摇钱树。

经过多年发展,枣岭乡花椒栽植面积占到全县的1/3多。在此基础上,该乡紧紧抓住脱贫攻坚工程项目建设契机,完善水利、道路等配套基础设施,高标准建设花椒基地;建立花椒栽植示范园,推广标准化生产管理技术,强化示范引领带动;培育花椒优良品种,加快推广步伐,不断夯实花椒产业发展基础。

在发展花椒产业的过程中,枣岭乡的干部群众深刻认识到只有科学种植才能增产增收,乡党委、乡政府常年联系农业技术专家,充分利用各类农科技术资源,加强对椒农的花椒栽植管理技术培训。举办学习培训班,印发技术手册,邀请专家深入田间地头现场指导;组织椒农外出参观考察,学习先进管理经验,着力引导椒农科学管护、有机种植,保护和提升枣岭花椒的品质,延伸产业发展促升级。

至此,事情还不算完。

花椒产下了,收回来了,如何卖出去呢?

如何卖个好价钱呢?

只有把花椒销售出去,才能实现群众的增收致富目标!

只有群众靠花椒增收了,才能推动花椒产业发展壮大!

乡村两级干部和椒农又想到了一起。

乡党委、乡政府充分发挥对花椒产业发展的推动、调控、服务、监管作用,加大对外宣传力度,全力实施品牌战略,打造了枣原红、乡枣皇、香凝等花椒品牌;借助互联网,运用大数据,建立了乡村电子商务服务平台,积极发展农超对接,线上线下交易同步进行,实现了花椒触网销售,让枣岭花椒走出深闺、走出家门、走向全国市场。

广大椒农则把主要精力都用到花椒树的管理,精心做好剪枝、施肥、除虫、浇水等环节上,提升花椒质量,提高花椒产量,使自己的产品在市场上有话说、有理讲、有分量!

随着整体品质的不断提升,枣岭花椒受到了各地客商的青睐,前来购买的外地客商络绎不绝,花椒的收购价格也是持续走高。2019年,烘干后每公斤的收购价有望达到70—80元,预计每亩收入可达4000元,一些管理好的花椒每亩收入可能达到七八千元。花椒的丰收,也带动了劳务市场的繁荣,一名摘椒工每天可收入近80元,一个月收入2000多元,花椒已经成为当地群众脱贫致富的重要渠道。

桃子院村民董建明种植了20亩花椒,这几年学会了给花椒除草、剪枝、施肥,大大增加了花椒产量,年产花椒2200斤,收入近9万元,一年的花椒收入,比种玉米10年的收入还要多。

砚圪塔村贫困户张大妈,过去家中收入不足4000元。2015年,种了10亩花椒,当年收入就翻了一番。2018年,全家人住上了新房,买全了家电。只要一说起当今的日子,张大妈就高兴得合不拢嘴。

史家沟村民师万喜、樊家原村民杨德科等,2017年仅花椒种植一项就收入10多万元,一举脱贫。

尝到花椒种植甜头的枣岭人民,种植花椒的积极性更高了,大家积极扩大种植规模,主动加强与科技、林业、农业等部门的联系,寻求技术帮助,提高管护水平,有力地加快了花椒的产业化步伐。乡村两级干部欣喜地说,原先为了动员群众种植花椒,磨破了嘴皮子。现在,找上门来要求种植花椒,还要求新品种、新技术,真是不可同日而语……

还有的椒农自信地说,财门不开,烧香磕头不管用;财门开了,想不要都不行……

没种花椒前,村里的人都跑出去打工了,村集体收入低,村民日子也不好过。自打种上管护容易、不太费工、市场销路也不错的花椒,很多留守老人靠自己就能有收入，一些出去打工的年轻人也回来种花椒了。花椒种植不仅成为当地农村的特色产业，还吸引周边村来学习参观，群众发展产业的后劲儿更足了。

2017年8月10日，正值花椒收获季节，《图说临汾》的记者来枣岭乡采访。

他们看见漫山遍野的花椒树，枝繁叶茂，风光旖旎。一串串火红的花椒挂满枝头，压弯了枝条，挡住了道路，扑鼻的花椒香味随风飘散。椒农们出没在花椒林中采摘花椒，田间地头一派忙碌的景象。花椒的香味和着椒农的欢声笑语飘荡在黄土高原上。

笔杆子们欣然命笔，写下标题为《乡宁县枣岭乡3万亩花椒喜获丰收》的稿件，还配以多幅精美的图片，短时间之内就被省内外新闻媒体广泛转载。

> 乡宁县枣岭乡位于县城西南部，全乡栽植花椒3万亩，主要分布在枣岭乡黄河沿岸，这里优质的土壤和独特的自然环境孕育了个大、色红、味浓，远近闻名的"大红袍"花椒。
>
> 现正是花椒采摘的季节。漫山遍野的花椒给山坡披上了一件绿袍，椒农们正提着筐、戴着帽子，把自己的身影融入那片片火红之中，全副武装采摘花椒。看着火红的花椒，椒农们满脸都是丰收的喜悦。……
>
> ……多年来，枣岭乡坚持"市场引导、政府主导、项目扶持、示范带动、群众参与、延伸发展"的思路，大力发展花椒等农业特色产业，特别是紧紧围绕脱贫攻坚目标任务，因地制宜，把发展花椒产业作为加快贫困村和贫困群众脱贫的主导产业，加强技术指导，提供市场信息，组织参观考察，扶持龙头企业，打造特色品牌，延伸产业链条，逐步走出了一条扶贫开发和产业结构优化相结合的新路子。

笔杆子们生花妙笔写出的美文，在广泛的范围内传播，更激发了广大椒农的生产积极性，黄河沿岸的花椒产业发展的势头更加强劲了。

脱贫攻坚战役中，乡村两级政府又把目光瞄准了打造特色品牌的目标，充分发挥花椒产业的优势，做大做强花椒产业，实现产业升级。在黄河边成立了枣原红花椒制品有限公司，引进加工设备和加工工艺，请来师傅现场指导，大力开发生产以花椒为主的系列产品，年生产能力1000吨，实现年销售收入9200万元以上。与此同时，原有的吉阳专业合作社、香凝农业开发专业合作社等不断壮大，引进了加工花椒颗粒、花椒叶、花椒油、花椒芽、花椒粉生产线和工艺，同时还注册了乡枣皇花椒品牌，在广阔的市场上销售自己的花椒深加工产品，大幅度提高了花椒的附加值，延伸了花椒产业发展链，花椒生产种植、加工贸易于一体的发展格局逐渐形成。

韩咀村的花椒林莽

在枣岭乡大力发展花椒产业的同时，相邻的西坡镇按照"有劳动能力的贫困户户户有产业"的工作目标和"2+1"产业引领计划，以实施产业扶贫项目为抓手，以贫困户增收脱贫为目标，坚持把贫困户家底摸清、把潜力挖尽、把政策用尽，整合贫困户土地、人力资源，为所有贫困户都制定产业发展规划。他们开发的主要产业引领项目也是花椒种植。

为加快贫困户花椒种植项目实施，镇党委、镇政府落实"两免一统一"措施，对贫困户自主实施的花椒种植项目，镇政府免费提供优质苗木，免费为贫困户平整地块，组织专业队统一栽植。地块平整涉及7个行政村、26个自然村、758亩新发展地块、198户贫困户，花椒栽植涉及8个行政村、290余户贫困户、1080亩新发展地块。调运优质大红袍、狮子头花椒苗木8万株，地块平整完成450亩，专业队栽植和农户自主栽植正在实施，完成投资474.5万元。为贫困户免费提供、非贫困户按0.5元价格购买花椒苗木的优惠政策，带动群众栽植花椒6万株，花椒总量稳定在6000亩以上，并成立了花椒加工、销售专业合作社。花椒产业一跃成为全镇的第一主导产业。

2018年初，沿西坡几十公里长的公路两旁远近地块上长满了大红袍花椒树，既有前几年栽植的碗口粗的盛年花椒树，也有近几年栽植的幼龄花椒树，密密麻麻，满目皆是。镇村干部介绍说，这些盛年花椒树每株每年生产的花椒价值最高达到500元，一亩地种植50棵，产值达到2.5万元。而幼龄期的花椒树2—3年就可挂果，5年以后逐渐达到盛果期，此后50年长盛不衰，而且管理成本很低，是山区群众脱贫的理想主导种植产业。西坡镇许多农户就是靠花椒脱贫致富，盖房、娶媳妇、孩子上学全靠它。

真菌皇后大花菇

大花菇是乡宁人对香菇的戏称。

说起香菇产业的发展,全县拔尖的有3个香菇种植基地。

关山食用菌有限公司

关山食用菌有限公司是在2017年脱贫攻坚战役的高潮中诞生的。

关王庙乡辖22个行政村、141个自然村、23450口人,总面积343.7平方公里。全乡建档立卡贫困户2193户、7983人,有6个省定贫困村,是全县脱贫攻坚任务最艰巨的乡镇之一。而赵庄、贾庄、白燕、北村这4个贫困村没资源,少产业,缺门路,脱贫致富的任务相当艰巨。关王庙乡党委、乡政府立足资源禀赋和现实条件,因地制宜发展特色产业,带动贫困群众融入产业链,走好脱贫路。他们找准小花菇大产业这个着力点,确定了发展花菇产业的奋斗目标,综合各方面力量成立了关山食用菌有限公司。

他们按照贫困村脱贫产业"五有"标准,充分整合项目区公共资源,采取共建模式组建而成,取得了当年建设、当年投产、当年达产、当年受益的效果。

选取赵庄、北村、白燕、贾庄中心地带共建厂房,共享水、电、路、房等基础设施，节约了成本。资金上整合了申南凹煤业、中煤集团华宁煤业的捐助款，县财政产业补助140余万元，解决了建设资金困难的问题。

硬件设施建成以后，经上述4个村委会研究确定，报经乡政府批准，委托有十几年种植花菇经验的剑泉花菇专业合作社管理经营，各村委会成立由村两委主干、党员、贫困户代表组成的监委会，及时公开相关信息，保障村民的知情权、参与权。委托经营期间，每年向各村委会上缴5万元，并负责免费培训种植技术和人才。收益主要用于建立村级保障体系，重点预防出现返贫现象。

公司实行民主管理，各村每年通过公开、公推、公选、公示的方式，选出30名生活困难群众，重点用于改善困难群众的生产生活条件，增强自我发展能力，共享集体经济发展成果。

公司拥有高标准花菇大棚8个，育有花菇8.8万袋，公司自2017年10月正式投产以来，已稳定生产花菇10万余斤，首批20万分红已经分配完毕。

公司的成立和正常运营、各项管理机制进一步的充实和完善，使关王庙乡最贫困的4个行政村的贫困户49户、169人有了稳定的工作和可靠的经济收入，实现了整体脱贫，为资源缺乏连片贫困村的脱贫致富提供了很有价值的经验。

梁坪剑泉花菇专业合作社

梁坪剑泉花菇专业合作社成立于2007年，由于种种原因，该合作社从开办之初到2009年就一直处于亏损状态，几乎到了散摊子的境地。

现任合作社理事长余怀龙2009年冬天接任后，通过进行市场调查，发现种植香菇是一个前景广阔的项目。合作社亏损不景气不是香菇没市场，而是管理没跟上。问题的根源找到后，余怀龙毫不犹豫地挑起了理事长的重任。正当他准备撸起袖子大干一场的时候，一场意外车祸让他双腿受伤。病情稍有好转，他就把妻子武俊英送到河南南阳市泌阳县学习香菇种植和管理技术，妻子学习回来后，先试种了一棚香菇。眼看花菇一天天长大，却因大棚的土墙频繁倒塌，损失惨重，血本无归。

接连两次打击，并没有叫余怀龙倒下，反而更激起了他带头发展农村产业的决心和信心。

要干就干大的！

要干就干最现代化的！

剑泉花菇茂盛生长

他咬牙拖着还没好利索的双腿到哈尔滨考察，投资 2 万元让专家为他们设计了带有压膜槽和卷帘机的 4 个香菇种植大棚。回来以后对原来的香菇大棚进行了彻底改造，把原来的土坯、简易棚全部改造成青砖钢架棚，占地面积由原来的 24 亩增加到 40 亩，到 2016 年，又新增建筑面积 10340 平方米、2 条装袋拌料生产线、4 台自动连续接种机、4 个无菌接种箱、3 台高压灭菌锅、8 台电动喷雾器、1 座 10 吨冷库、16 台排风扇、10 台采菇手推车、1000 个塑料筐、4 台电子秤、2 辆运输车、1 辆柳工 50 装载机、1 套供电设备、1 套供水设备及拉水罐车，加上道路场地硬化、修建桥梁、办公宿舍，购置机械设备等，总投资达 620 余万元。

一个现代化的香菇种植基地就这样建起来了。

合作社脱胎换骨以后，生产和管理水平明显提升，产量逐年增加，质量大幅度提高。2013年，合作社种植香菇8万袋，年产香菇20万斤，收入60余万元；2014年，种植香菇11万袋，年产香菇23万斤，收入100余万元，利润60余万元；2015年，种植秋菇和春菇23万袋，年产香菇50万斤，收入200余万元，利润110余万元。合作社的干鲜香菇销往河津、吉县、稷山、乡宁、临汾等县市。

合作社连年被关王庙乡党委、乡政府授予特色农业典型户，被乡宁县科技服务中心授予香菇栽培科技示范基地。余怀龙本人连年被临汾市科学技术协会授予农村科普带头人，还被山西省委宣传部、科协、科技厅、农业厅授予优秀合作组织负责人。

脱贫攻坚战役中，余怀龙怀着对贫困户的深厚感情，利用种种方式帮扶父老乡亲。他以优惠的薪酬吸收42名贫困户到合作社务工，每人每年收入1.1万元，取得了村集体、企业、个人三赢的喜人业绩。

双鹤乡孝义富民种植专业合作社

在双鹤乡孝义村向阳的山坡上有一大片彩钢围栏、金属拱顶、通道畅通的别样建筑，在青山农舍中间很是显眼。

这就是孝义富民种植专业合作社的食用菌种植基地。

双鹤乡的扶贫工作已经进行了多年，取得了一定的效果，摸索到一些行之有效的经验。乡村两级领导充分认识到，发展农业产业是贫困户快速稳定脱贫的唯一途径。2017年，脱贫攻坚战役打响后，各级干部就开始摸索如何发展产业脱贫的问题，最后终于选定将种植食用菌作为脱贫攻坚战役的突破口。孝义富民种植专业合作社就是在这样的背景下于2017年3月成立的。

孝义富民种植专业合作社是一家集食用菌种植、加工和销售为一体的农产品加工企业。企业现有职工56人，具有丰富经营管理经验者6人、技术团队3人、销售团队5人，主打鹤笑一园品牌。已投入资金400余万元，建成食用菌大棚16个,种植冬栽菇15万袋、夏栽菇10万袋,包括猴头菇、香菇、茶树菇、灵芝等,年实现净利润125万元。

企业成立后,首先解决了股权配置问题,经过村两委一班人反复讨论,最终形成"集体注资、政策增资、社会吸资"的融资模式,科学设置股金、配置股权,大力鼓励贫困户入股,将资金变成股金,农民变成股民。将集体撂荒的58亩土地整理出来,以量化折股的方式入股企业,形成村集体的原始股金,盘活了沉睡资本。接下来将29户贫困户的180828

孝义富民种植专业合作社的香菇大棚

元的财政扶贫资金量化为股金注入企业,按10%收益用于贫困户股金分红。最后一条就是量化股权面向社会,吸纳社会闲散资金入股企业,提高资金利用率,推进现代企业管理。

合作社以富余劳力为依托,以优良的生态为载体,以带动村民致富为目标,按照"五统一"(统一规划基地、统一原辅材料、统一菌种供应、统一技术服务、统一加工销售)原则,围绕"公司生产+农户管理+公司回收"的运作模式,不断加大管理力度,提升科技含量,落实"三变"(资源变资产、资金变股金、农民变服民)政策,创出了一条"支部+合作社+农户+贫困户"的致富之路。提供务工岗位100多个,带动帮扶贫困户29户、105人,务工农户和贫困户年增收均在2万元以上。

南窑村的卢俊香,全家5口人,靠几亩薄田种玉米为生,一年收入不到1万元,挣扎在温饱线上。合作社成立以后,她积极报名来企业务工,为的是在家门口上班,挣点钱补贴家用。随着企业的发展,她不仅学会了蘑菇大棚的安装,还掌握了制作蘑菇原料技术,成为技术骨干。仅安装和制梱两项工作，她每月就能收入 4000 元。后来又把挣来的 1 万元入股，到年底分红 3 万元。后来，她的老公也来公司务工，月收入 3000 元，全家年收入近 10 万元，彻底脱了贫。婆婆的病经过医治，大为好转。两个儿子也能安心上学读书了，大儿子考上了山西医科大学，小儿子在乡宁一中读高中。全家人的生活来了一个鱼跃龙门，发生了质的改变。

铁里村的陈金秀，全家 6 口人，以前两口子种地打工拼死拼活年收入 2 万多元，供两儿两女上学，是村里有名的贫困户。自打有了合作社后，夫妇二人都到企业务工，年收入 4 万多元，全家的生活一下子翻了身，日子好过了，精气神也上来了，在村里也能抬起头来了。

目前，合作社正采取各种方式，努力使食用菌的种植向集约化、工厂化轨道上发展，扩容增量、提质增效将成为企业发展的主流方向。支部和企业充分发挥自身的优势，不断提升自身创新能力，下大力气实行工厂化菌棒生产，降低投入成本，确保节本增效，在基地建设上实行统一标准、精准化生产、园区化管理。

现在企业已打造出强有力的管理团队，无论从生产加工，还是技术研发，都有一流精尖人才在组织实施。无论从母种分离、菌种的研发制作，还是成品菌棒的生产加工，已形成完整的生产链，相比其他食用菌企业生产成本降低了 15% 左右。基地采用的程控式、机械化生产加工流水线，不但比传统模式效率提高了 2 倍，而且生产成本降低了 60%。这一生产模式的改变，为强力打造食用菌自主产业奠定了良好的基础。现在企业已着手对产品进行多方位包装，多方向提升产品的商业价值，并开始进行线上线下同步销售，通过扩大产品销售范围、提升产品知名度，极力打造鹤笑一园品牌效应。

生态特色小镇

从枣岭乡政府所在地一路向下走,通过一连串的黄土残垣沟壑,就到了黄河岸边一个叫驮涧的村子。

这里地块破碎,水土流失严重,缺乏资源,植被稀疏,土地挂在山坡上,完全靠天吃饭,遇上大旱年景,连草都不长。

2010年以后,随着昱德新农业发展有限公司的成立,尤其是2017年脱贫攻坚战役以来,驮涧村的情况才发生了翻天覆地的变化。

万亩优质苹果基地、农副产品综合服务园区、万亩生态休闲观光农业园区,总投资1.2亿多元的上述3个项目的陆续建成,彻底改变了这里的自然面貌和群众的精神追求。

一个新的经济增长极出现在黄河东岸。

万亩优质苹果基地

公司在聘请专家对本地的土壤特性进行科学检测分析的基础上,根据光照时间长、昼夜温差较大,适合苹果生长的特点,投资384万元,与河南三门峡二仙坡有机苹果公司全面合作,采取"公司+合作社+基地+农户"的模式,以公司为中心新建和改造了万亩有机苹果基地,实行统一技术服务、统一生产标准、统一商标、统一销售的管理模式。

公司免费为农户提供优质苗木、剪枝、施肥、除虫、灭菌、浇水等服务，使纳入公司农户的苹果管理工作提高到一个新的水平，生产的苹果产量高、品相好、口味佳、质量好，市场上供不应求。原来乡宁苹果还得打上吉县苹果的旗号进入市场，现在乡宁苹果的品牌已经与吉县苹果不相上下了。

2017年，仅公司的万亩苹果园，就生产优质苹果550万斤，按每斤2元钱计算，收入过千万元，果农赚了一个盆满钵溢。

农副产品综合服务园区

农副产品综合服务园区项目的主要目的是为果农提供产前、产中、产后服务，包括冷链物流体系、百姓服务楼、新增苹果基地建设、农副产品产前技术服务、产中生产资料配套、产后收购加工包装等全产业链。

农副产品综合服务园区主项目总投资2550余万元，包括以下两项工程：

其一，投资1213万元修建3000吨冷库，含主体结构、叉车、果框、场地、冷库地基平整硬化、电力设施等附属配套设备。冷库不仅可以满足公司自身的苹果储藏，还能为农户或果商提供服务，从而彻底解决周边苹果压价销售的问题。

其二，投资1340万建设3000平方米的百姓服务楼，主要用于农副产品展销、农村星创天地、培训、法律、金融、洗浴、住宿等农民急需的服务。

2018年，中共中央一号文件明确提出鼓励支持延长产业链、提升价值链、完善利益链，实施农产品加工业提升行动，支持农副产品就地加工转化增值。综合服务园区的建立旨在千方百计带动农户增收致富，公司重点对花椒、皂角、西红柿酱、牡丹、黄酒、蒲公英、茵陈等本土特色农副产品进行开发、深加工、包装、储存、保鲜、销售等。

万亩生态休闲观光农业园区

万亩生态休闲观光农业园区主要包括窑洞宾馆、生态餐厅、水面休闲垂钓娱乐、绿化苗木花卉基地、油用牡丹基地、园区与沿黄河旅游路贯通

水上乐园

工程。

该项目投资 8000 万元，主要用于流转土地 6000 亩，购买机器设备，平整土地 1600 亩，修建 10 万平方米水面，治理 6 条大坝，进行水产养殖、休闲垂钓、水面娱乐。每一条大坝四周全部用石头砌好，蓄水 1.5 米左右，养殖各种鱼类、甲鱼、虾等。这里的水质特别好，经化验，微量元素锶的含量很高，很多指标都超过了当前市面上零售的矿泉水，这里的野生甲鱼营养价值高。在此基础上，配备一系列水面娱乐设施，如标准游泳馆、水上餐厅等。在每条大坝四周栽植不同的水果树（桃、李、杏、樱桃、海棠等）、绿化树，坝体暴露面种植苜蓿等，池中适当种植莲藕。

投资 362 万元用于窑洞宾馆。为了实现现代人追本溯源、追求自然的愿望，结合地形因势利导，修建窑洞 100 孔。在整个建设过程中追求零土地、零能耗、零排放、零支出的最高标准，遵循"因地制宜、节能环保、现代与传统相结合"的理念，在追求传统的同时又不失精致、典雅和端庄。

生态餐厅建设。这是一个可容纳 300 余人的生态餐厅，各种喜庆活动、会议都可以在此举办，整个餐厅追求健康、安全、绿色的理念，让大家吃得放心吃得安心，吃得开心。整个餐厅分为若干特色区，以自己种养殖和带动周边农户按标准种养殖的农副产品为主。

配套音乐广场、草坪、花卉等，形成一个动静结合、错落有致、活泼有趣的场景。

投资382万元对整个园区进行了绿化。这里的绿化，不是一般意义上的栽树种草，而是由一个个经济林木基地组成的群落，有花椒基地、皂角基地、油用牡丹基地、核桃基地、红果基地等。人们在园区游览，看到的不仅是绿色和红色，更多的是接受农业生态科学知识的熏陶和满足。

田园风光

至2019年5月底，一个鸟语花香、流水潺潺、曲径通幽、空气新鲜、功能齐全、环境宜人、设备完善的万亩生态休闲观光农业园区呈现在了世人面前。

在园区的全部工程建设中，公司与贫困户签订劳务协议，贫困户通过务工就可得到一份稳定收入。同时，签订农副产品收购协议，带动农户增收致富。仅2018年，全村凡参加园区工程建设的农户，每人可支配收入迈过万元大关。

可以预料，在以后园区的运营过程中，驮涧村乃至枣岭乡的农户一定会从中得到更多的福祉。

驮涧万亩生态观光农业园区的建设，也为国家提倡和推进的田园综合体建设提供了值得借鉴的模式和经验。

农家乐园塔尔坡

在云丘山旅游景区高山峡谷中坐落着一个距今有 2500 多年历史的古村落——塔尔坡。

这里依山傍水，坐北朝南，古树茂密，山泉清冽，绿树成荫，背风向阳，空气清新，鸟语花香。陡峭的山体，自上而下分布着高低错落 7 层民居石质窑洞，现遗存有窑洞 60 余孔、木构房屋 50 余间，村内所有院落均是依山而建，建筑材料就地取材，以石材为主。村落里有石拱顶的窑洞建构，也有在石砌拱顶的窑洞后依山挖掘的石洞、土洞，而房屋则为石砌墙体的抬梁木结构。这里的古建筑几乎没有一块砖，全部是石材，是北方民居建筑的活化石。

古村院子套院子，窑洞通窑洞，院落之间有暗道相通，有很强的防御功能与私密空间，形成了迷宫般的建筑形态，尽显前人的智慧。村落的道路全部用石板、石块铺设，石头台阶。家家院里有暗水道，直通道路，排到村外。2014 年，塔尔坡古村已被文化部等四部委选入中国传统村落保护名录。住房建设部同济大学国家历史名城研究中心主任、教授、博士生导师阮仪三先生亲临古村时评价说："塔尔坡古民居很有建筑价值。"

据村民陈怀胜老人介绍，塔尔坡最兴盛时曾有 40 多户、200 多口人。先祖们究竟是什么年代来此地生活已无据可考，现存建筑据专家推测至少有 2500 多年的历史。

  云丘山旅游开发有限责任公司董事长张连水认准了塔尔坡的保护研究价值，投巨资收购了全村所有建筑，对古村落进行了保护性开发修缮。本着修旧如旧的原则，加固了危房坍塌的部分，重建了各条年久失修的通道，粉刷了内外墙壁，增建了安全防护设施，栽植了花草树木，使古村落焕发出青春。

  张连水在专家规划指导下对塔尔坡进行了科学布展，按照北方农家一年四季的生产和生活百事，从大年三十开始，以四季为纵，人生为横，春种、夏管、秋收、冬藏，生老病死，红白喜事，祈祷上苍，祭祀祖宗，教育后人，林林总总，事无巨细，全部纳入小小古村落。游人进入村中，仿佛实现了时光穿越，从商品社会回到了农耕时代，亲切地与古人对话，跟祖宗聊天，返璞归真，不禁感慨万千，流连忘返……

  目前的塔尔坡已经形成"一院一品"和"一院一乐"的旅游特色。

  在村口院，人们首先看到的是一左一右的石碾和石磨，磨子上堆放着还没碾碎的原粮颗粒，有兴趣的游客可以推着石磨、石碾试着磨一下面，或者碾一下米，体验一下加工粮食的感觉。

  在婚俗文化院，游客可以免费欣赏花鼓表演，民俗歌曲，皮影，武术，婚俗文化中的迎亲仪仗、婆婆抱盐罐、新郎新娘吃换碗面等情景。有兴趣的游客还可以再坐一回花轿，再当一回新郎。

  在农耕体验院，可以欣赏和体验蒸花馍、打铁、倒辣椒、做豆腐、骑毛驴、农耕等。

  在特色纪念品院，游客可以选购古法豆腐、花馍纪念品、铁制小玩意、粗线棉麻制品、醋、柿子酒、翅果油等当地土特产。

  在农家小吃院，游客可以选择富于晋南特色的小吃饭菜，如敬爷油糕、抹嘴凉粉、勾魂羊汤、云丘河捞面等，还可以尝尝有当地特色的流水席，地道农家体验。

  在农耕体验院，可以看到各种农具：耕地用的犁、播种用的耧、整地用的耙、平地用的耱、种地用的耩等。在农耕社会里，我们的前辈就是用

塔尔坡古村落

这些简单而实用的工具在黄土地上耕耘，繁衍生息。

在六畜院，首先映入眼眶的是"六畜兴旺"4个大字。6个牲口家禽圈，分别养着马、牛、羊、猪、狗、鸡等畜禽，来此地的人可以与它们来个亲密接触。

在钱币院，放着一个巨大的用玉米做成的铜钱，可以去摸一摸这个铜钱，所谓"摸摸铜钱边，富贵永绵延。摸摸铜钱孔，黄金赚一桶"。

在量器院，可以看到一些如今已经绝迹了的家用器皿，如醮盆、香炉、酒罐、官斗、私斗等。

在手工院，最叫人眼花缭乱的是塔尔坡百姓随身佩戴的一种小包——荷包。荷包的造型有圆形、椭圆形、方形、长方形，也有桃形、如意形、石榴形等。塔尔坡的荷包除了造型很有特点外，图案也非常有特色。荷包上面有各种刺绣：花卉、鸟兽、草虫、山水、人物以及吉祥话、诗词等，装饰意味浓厚，寓意深远。制作印花布是晋南农村老百姓的拿手活，先将白布下水浸泡，用豆面、石膏搅成糊状，用硬油纸制版，然后投入染缸中洗染，阴干后剥落图案上的附着物即成。传统工艺制作的印花布曾是塔尔坡村民，也是晋南农村老百姓的最爱，它是古代陪嫁被褥、衣服的必备品。

在五谷杂粮院，人们可以看到豆类、麻子、高粱、黍、谷子等粮食。

五谷杂粮随着农耕文明的发展不断增加,不仅丰富了人们的餐桌,更强壮了人们的体魄。《齐民要术·杂说》记载:"五谷者万民之命,国之重宝。"可见五谷杂粮在江山社稷中的重要性。

在铁匠铺院,有打铁的砧子和锤子,墙上挂着各种铁制品,品相古朴,坚固耐用。

塔尔坡还有皮影戏院、挂草院、豆腐坊院、辣椒院……

来到塔尔坡,就等于来到古老中国日常生活的大观园,见过的、没见过的物品和场景都能在这里找到,还能亲自体验一把,真有穿越回古代之感。

更为可喜的是,公司董事长张连水把旅游与脱贫攻坚有机地联系起来,凡是在古村落里面从事解说、导游、表演、展示、保洁、安保工作的全是本村的贫困户,每人都有固定工资,月收入 2000 多元,真正脱贫致富了,公司还在山下给他们盖了新房,上下班都是私家车。

第五章

追梦人的故事

破茧蝶变的故事早听说了,也听得多了。

黑暗中的沉默、寂寞中的积蓄、绝望中的磨炼,无不是在等待一个冲破桎梏的机会……

终于机会来了,毕其功于一役,电光石火破茧而出!于是丑陋变为美丽,僵化变为灵动,平庸变为神奇,那是灵魂的升华,那是价值的增进……

鱼跃龙门的典故很早就知道了,并且记住了它。

泥淖中的拼争、逆流中的搏斗、失败中的奋起,无不是在等待那个改变命运的一跃……

终于因缘降临,一举而功成,跃过龙门,鱼龙变化!所以艰难成为昨日,困苦呈现吉祥,勤勉得以报偿,那是险中的折桂,那是劳作的硕果……

无论是粉蝶,还是小鲤鱼,都有一个锲而不舍追梦的故事。

这里记载的不是漫天飞舞的蝴蝶,也不是跳过龙门的小鲤鱼,而是在脱贫攻坚战役中接受党和政府帮扶,通过自身努力而脱贫致富的贫困户,还有那些享受国家和集体兜底政策,迈入小康生活的深度贫困户。正是党和政府的惠政,让他们实现了脱贫致富的梦想。

山乡宁静

贺三娃坚决不当贫困户

少年丧父，中年丧偶，老年丧子，是人生的三大不幸。

少年丧父，幼儿谁来抚养？

中年丧偶，未来谁予相伴？

老年丧子，生活希望何在？

2004年，双鹤乡岭玉村60岁的贺三娃，恰恰遇上了老年丧子。在一次交通事故中，他失去了正值中年的儿子，随后儿媳妇不声不响地改嫁了，留下两个正在上学的孙子孙女。真是房屋大梁折断，河水断流，原本红红火火的一家人，现在是老的老，小的小，老伴还有病，一连串的问题毫无商量地摆在贺三娃面前。

孙子孙女谁来代养？

我们老两口能不能活到孙子孙女成家立业的那个时候？

以后的日子可咋过呀？

贺三娃愁得一夜白了头。

但是，贺三娃很快从悲伤之中摆脱出来，一家人还得靠他养啊！

他年轻的时候干过建筑工程，在社会上打拼过，他懂得如何直面现实，如何应对命运的挑战！

他唯独忘记了自己已是花甲老人。

原来外面有儿子打工挣钱，家里有儿媳妇操持家务，他和老伴已经开始享受晚年生活，每天无非就是打扫一下院子，归置一下东西，和老街坊下下棋，再跟老伴散散步……

突如其来的变故，无情地打乱了老两口的晚年生活。老两口下定决心，在有生之年一定把孙子孙女培养成人，撑起这个苦难的家！

须发霜染的贺三娃再次背起行囊，外出打工挣钱。

可是，人家嫌他岁数大，不太愿意收留他。每每此时，他总是把自己家的遭遇讲给人家听。他不是叫人家怜悯，而是叫人家知道自己偌大年纪还出来打工，就是为了把孙子孙女抚养成人！

整整10年，贺三娃在平朔煤矿挖过煤，在延安贩过牛，最多的一次贩了90头牛，还在运城盐池、临汾城里打过工……好几年都不回家。

为了撑起这个家，他什么苦都吃过，什么难都遭过……

只要工钱一到手，他马上就寄回家，老伴拖着病在家照顾孙子孙女的生活，贺三娃在外打工，日子一天天过去，可喜的是孙子孙女成绩优秀，让老两口很欣慰。

从2004年儿子因车祸身亡，到2014年，10年的时间过去了，贺三娃也由花甲之年进入古稀之年。

他越来越老了，出门打工也干不动了，没有哪家用工单位愿意用一个70岁的老头。

可是两个孩子上学的费用越来越多，这可咋办？

贺三娃没有向乡政府和村委会提出救济，也不好意思向亲戚朋友开口借钱。他仍在村里、地里寻找挣钱的门路，夜里睡不好觉，白天吃不好饭，他在寻思能种点什么、养点什么……

正当贺三娃走投无路之际，2014年全国性的脱贫攻坚战役开始了，贺三娃老两口被精准识别，纳入建档立卡贫困户。

扶贫工作队和包村干部结合村实际，通过村广播宣传、召开座谈会、入户走访、制作宣传展板等形式，大力宣传县财政补助项目实施方案，增强群众通过勤劳致富的信心和决心，提高发展种植养殖的意识和积极性。

协调并组织县农业、林业、畜牧、劳动等有关部门的技术专家来村里开展技术培训，为村民发展种植养殖和外出务工进行技术培训，及时为贫困户提供信息服务，畅通服务通道，帮助他们学习各项技术，提高贫困人口的劳动技能，拓宽增收门路。岭玉村委会在对贫困户宣讲党和政府的扶贫方案和优惠政策的同时，有针对性地开展心理辅导，分析致贫原因，寻找脱贫措施，制定帮扶计划，积极帮助落实。

贺三娃决定自主养殖能繁母牛和加入造林合作社造林务工增收。

政府扶持他筹资购买了一头能繁母牛；引导其加入

贺三娃老两口在放牛

蓊郁造林合作社，造林务工，增加家庭收入，还帮助他加入惠源养殖有限公司代养育肥猪，享受分红。

三项扶贫措施的一一落实，鼓起了贺三娃脱贫致富的勇气。他精心喂养刚买来的母牛，这头母牛还真不含糊，当年后半年就生下一头小牛。贺三娃又精心喂养小牛，年底就卖了8000多元。

另外，贺三娃还积极参加造林务工，又增加了一份收入，年底还有代养殖企业分红，过年的时候，老两口一算账，这一年净收入1万多元。贺三娃高兴地说："比我在外边忙活一年还挣得多哩！"

短短两年过去，贺三娃的牛已经发展到三头，其中两头母牛又怀上了小牛。牛多了，消耗也多了，贺三娃购置了饲料粉碎机等设备，既减轻了劳动强度，又提高了工作效率。

贺三娃把牛圈拾掇得干干净净，适时起出牛粪，垫上干净黄土，为牛提供卫生整洁的内外部环境。受到人们的赞扬时，这位七旬老人总是诚恳地说:"没有政府的扶持,就没有咱今天的好日子。说到底,当贫困户不是光彩体面的事情,咱要活出个样儿来给世人看。"

如今,贺三娃的孙子孙女已经学有所成,孙子还成了家。两个孩子十分懂事,特别孝顺为了他们兄妹的健康成长付出无数辛劳的爷爷奶奶。贺三娃老两口看着已经成人的孙子孙女,欣慰地笑了。原来残破不堪的小院,现在充满了欢声笑语。

贺三娃决定再购买几头牛进行繁殖,慢慢扩大养牛规模,自力更生,劳动致富。他还想学习新技术,引进新品种,开展科学养牛,不仅要继续繁殖小牛,还要养肉牛,让人们吃上优质牛肉……

王立世的感谢信

2018年元月,正值农历腊月期间,乡宁县委、县政府有关部门多次收到一位叫王立世的贫困户的感谢信。

王立世是西坡镇柏崖村人,原本身强力壮,在煤矿做井下工。2002年,在煤矿的一次顶板事故中,王立世不幸受了重伤,腰部以下失去知觉,瘫痪在床,一家人的顶梁柱顿时塌了……当时,13岁的大女儿王鹏娇正读小学四年级,5岁的小女儿王琴娇刚上学。面对沉重的家庭负担,王立世无可奈何,终日以泪洗面,唉声叹气。

10多年来王立世只能在床上躺着,出门晒个太阳都要费很大的劲。家里的重担全部落在妻子王贤梅的肩上,柔弱的妻子打发两个孩子上了学,既要照护卧床的丈夫,还要照顾因脑梗行动不便的母亲,实在是心有余而力不足,全家人的生活陷入困境,大女儿不得不辍学为父母分忧。

2008年的一天,灾难再次降临这个不幸的家庭,妻子王贤梅意外摔伤,致腿部骨折,对于这个苦难的家庭无疑是雪上加霜。

想起十几年来家庭生活的艰难,王立世多次产生了轻生的念头,幸好被及时发现劝阻。

脱贫攻坚战役开始后,县、镇、村领导和扶贫工作队多次来他家帮扶。将他家识别为建档立卡贫困户,享受一类低保和残联补助、生活补助、护理补助等,每年可获得1200元,还和赵垛养殖专业合作社签了"牵手贷"协议,委托代养肉猪,每年分红4000元。

2017年,政府补贴帮他家盖起了新房,全家在中秋节之前搬离了穷窝,硬化了门前道路,安装了水电设备。

二女儿王琴娇正读大二,享受了2000元的"雨露计划",大大地减轻了家里的负担。

还是2017年,西坡镇通过"两免一统一"措施,出台了为贫困户免费提供花椒苗木的优惠政策,投资125万元,为贫困户免费平整土地982亩,带动群众栽植花椒16万株,花椒产业成为全镇的第一主导产业。王立世家种了4亩花椒,这些花椒又为家里增加了经济收入,一年下来能增加万数块钱的收入。

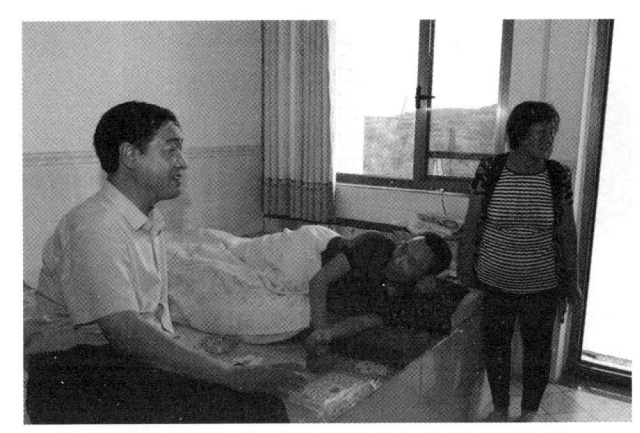

王立世(中)与到访者畅谈自家的幸福生活

2017年底,王立世一家各种进项近2万元,让王立世一家彻底稳定脱了贫。

收入增加了,生活各方面有了保障,思想上的负担彻底解决了,平日里沉默寡言的王立世的精神振奋起来。看着眼前安居乐业的好日子,想想以前的苦光景,他非常感谢党和政府对自己一家的帮扶,急于向各级领导表达感激之情,苦于自己行动不便,只能不断地给县镇有关部门写感谢信,以此表达自己脱贫致富的喜悦心情与对党和政府炽热的感恩之情。

任青荣要坚强地活下去

"我要坚强地活下去!"

说这句话的是西坡镇韩咀村的贫困户任青荣。

任青荣结婚较早,但结婚没几年,妻子就患上了脑子不清楚的疾病,不仅生活不能自理,还常常跑得不见人影。善良的任青荣对妻子不离不弃,耐心地照护她的生活。在她脑子稍微清楚的时候,耐心地开导她,这样妻子的病情基本稳定,没有再朝坏的方向发展。

家里的日子虽然不太富裕,但看着孩子们有个完整的家,任青荣很是欣慰,清贫的小院里经常充满了笑声,倒也不觉得日子有多苦。

好在两个孩子都听话,没有叫任青荣操心。这个一家之主,对于幸福生活有自己的理解,他认为只要能够按照自己的心思,把一家人的生活打点、安排好,就是好日月。虽然自己累一点,家里的生活清贫一点,任青荣感到极大的满足。两个大孩子成家后,按理说,负担轻了,日子该好一些了。可是,随着岁数的增长,接近花甲之年的任青荣身板已大不如前,干重活已力不从心,再就是两个小儿子上学也需要一笔不小的费用。

2017年,脱贫攻坚战役全面展开后,任青荣一家被识别为建档立卡贫困户,享受政府和村集体提供的各种优惠脱贫政策。任青荣还在村里的合作社务工,一年下来全家有4万多元的收入。村委会和扶贫工作队根据任

任青荣的两个小儿子为患病的母亲洗脸

青荣自己的意愿为他家落实了分散搬迁安置的住房政策,给他联系了水泥、钢筋、砖瓦、沙子、白灰等建材和施工队,协助他建起了新房。

任青荣家的日子好过了,他过早苍老的脸上露出了久违的笑容,腰杆也直了,说话的底气也足了,走路的步伐也快了。

俗话说,国难见忠臣,家贫出孝子。从贫困中长大的两个正读初中的小儿子十分懂事孝顺,不仅在学校刻苦学习,回到家不是帮父亲干活,就是照顾有病的母亲。

无论什么时候,这个清贫的农家总是充满温馨和欢乐。

任青荣说:"以前的日子那么困难,咱都坚持下来了。如今有党和政府的好政策,我家的日子过好了。我更得坚强地活下去,把我的老婆伺候好,给孩子们树立个好榜样。老婆在,家就在,孩子们回来就有个地方可去,就有爸爸妈妈可以叫唤……我还要把我的两个小儿子培养好,让他们早日成才,报效国家……"

没有脱不了的贫

"只要实实在在地干,就没有脱不了的贫!"

这是现在经常挂在西交口乡屯子窑李家峪村左长科嘴边的一句话。

以前可不是这样,他是村里有名的闷葫芦,出门不抬头,逢人不说话。

左长科年轻的时候当过兵,是一个见过世面的人。

从部队退伍以后,他在铁厂包过工,凭着军人严谨的作风和坚强的意志,他踏实肯干,按时完成任务,多次受到厂里的表彰奖励,月收入2000多元,这在当时是很高的收入了,一家人过着不愁吃穿、稍有盈余的好日子。

能这样下去,也不错!左长科很知足。

然而,好景不长,先是铁厂倒闭,失去了赖以生存的工作,家里不多的积蓄很快见了底。

紧接着父母先后去世,两个兄弟也因意外事故离世,自己原有3个孩子,再加上二弟家的4个孩子,他成了7个孩子的爸爸。左长科肩负重担带着全家在艰苦的日子里挣扎。

倒霉的事情到此还没有完,先是自己家的房屋全部坍塌,接着是媳妇、孩子做手术。常年流泪让妻子王省朵的视力减退,左长科也被生活的重担压得得了冠心病。

那是左长科一家生活最为困难的日子,老房子塌了,又盖不起新房,

左长科的妻子在向到访者介绍自家的养鸡情况

全家人连遮风避雨的窝都没有了。后来在村委会的帮助下，全家人暂时搬到村里小学住了5年。

左长科和妻子对失去父爱的侄儿侄女始终视如己出，家里再困难，也要侄儿侄女吃饱穿暖；经济再紧张，也要叫侄儿侄女上学读书，没有让一个孩子失学。儿子和侄儿拌嘴，左长科永远先骂儿子，背地里再给儿子做工作。侄儿不吃肉，王省朵就做两样饭。孩子们虽然称呼的是大爸大妈，但这里就是自己的家。还是在侄儿左栋梁小时候，患了头疼病，起不了床，左长科四处求医问药，总算给他治好了病。

有一年暑假，三弟家的两个孩子回村里看望他们，一个炕头挤着9个孩子，像学校的集体宿舍，9双鞋子在地上排成一行。吃饭、上茅房都要排队。吃饭时，后面的孩子还没轮上端碗，前面的孩子已经吃完，常常是一顿饭要做两锅。左长科总是叫侄儿侄女先吃，自己孩子后吃，而他们两口子总是把剩下的饭热一热，胡乱垫几口就算了。

日子虽然过得紧巴巴，但是看到自己家里的孩子排起了队，左长科心里涌起的不是累，而是满足：有人手，就有希望！

正是因为有了这个信念，不管生活多困难、日子多难过，左长科只有一个念头，宁愿自己委屈，不能让孩子们受屈，不能误了孩子们的前程。

精准扶贫之前的2004年，赶上乡宁县整村推进的政策扶持，西交口屯子窑村委会免费给左长科分了33只羊，左长科就信心十足起早贪黑地放羊、侍弄羊、种地。正是靠着这33只羊，维持着一家人的生活。可是2012年，左长科又患病，只得忍痛卖掉了羊。他家的日子又一落千丈，但是左长科脱贫致富的心劲儿不减，仍旧咬牙想尽一切办法维持全家人的生活。

他又动了依托当地山高坡广地多的自然条件优势养牛致富的念头，2013年因受资金所限仅购买了一头牛。这一头牛，他是当作自己家的宝贝来伺候的，白天饮水，夜间加料，冬天保暖，夏天消暑，没有事的时候还给牛刷身上的尘土草屑，早起晚睡，从未懈怠，把牛养得膘肥体壮。

全国性的脱贫攻坚战役打响后，左长科一家被村委会识别为建档立卡贫困户。村两委、驻村第一书记和驻村乡宁县畜牧兽医中心扶贫工作队组长刘小红、责任人关云发把他一家当作重点贫困户帮扶，采取了一系列措施，帮助他摆脱贫困。

让左长科当了护林防火员，全年收入9000元。又帮他养了5头牛，科学规划盖了牛棚，利用专业优势给母牛配上种，生下2头牛犊。协调镇农商支行给他发放富农贷款4万元，畜牧兽医中心按给所有建档立卡贫困户一头牛补贴1200元的标准，补给左长科7200元。

加上教育补贴、退耕还林补贴、煤补、年底慰问等，左长科一家收入，达到贫困户退出标准。

如今，左长科家已经有9头牛，购进了彩钢板准备盖新牛棚，日子越过越好。一大家子相亲相爱，和睦团结，左长科又成了村里人羡慕的对象，微笑重新回到了他的脸上。脱贫攻坚让他有了精气神，他还想扩大养殖规模，形成一个有一定规模的牛场。

左长科走过了返贫又脱贫的历程，他感慨万千地说："党的好政策、各级政府的帮扶和支持，为贫困户脱贫致富提供了一个发展的平台。最终，还是要靠自己实干致富！只要肯下力气、肯实干，没有脱不了的贫！"

第五章 追梦人的故事

张元黄养羊走上致富路

2014年,对西交口乡赵家沟村的张元黄来说,是一个灰色的年份。那一年,共同生活了20多年的妻子因病去世,把两个还在上学的孩子和两孔破烂不堪的窑洞扔给了老实巴交的他。

张元黄一家的生活本来就不富裕,妻子常年有病,硬撑着料理家务,张元黄本人除了种地别无所长,每年靠种玉米换几个钱,不足以给妻子看病吃药和供两个孩子上学,两口子多年没买过一件新衣服。两个孩子除了过年时吃一顿猪肉饺子外,平时见不到一点肉星星。住的窑洞裂开长长的缝隙,下雨就朝下渗水,由于没有钱修缮,只好拿一块塑料布盖着,全家人凑合着住在里面。

妻子去世以后,家里的日子更难了。张元黄又当爹又当妈,里里外外忙碌。

乡村领导看到张元黄一家的困难,伸出了援助之手,根据政策把他家识别为建档立卡贫困户,落实扶贫优惠政策,鼓励他克服眼前的困难,积极发展种植养殖业,帮他买了十几只羊,家里的日子慢慢好起来了。

可是,由于缺乏养羊技术,死了几只羊,经济效益不是很理想,仅能勉强维持日常开支。

脱贫攻坚战役如火如荼展开后,乡政府包联干部副乡长张红兰、县工

张元黄家的山羊群

会驻村扶贫工作队、第一书记王黎一进村就了解到张元黄的情况,把他作为重点帮扶对象,多次与他深入交谈,沟通思想,鼓励他改变现状,靠自己的双手脱贫致富。慢慢地张元黄的思想发生了变化,明确表态:"我一定要脱贫!"从那以后,张元黄积极参加各种养殖技术培训班,结合自己在养羊实践中遇到的问题,主动向技术人员请教,不断提高自己的养殖水平。经过学习培训,他才认识到,前一段时间自己的羊死亡是因为没有及时给羊注射疫苗。培训后,各方面的管理都逐步规范了,羊的成活率高了,发育也快了。

2017年,在包村干部、第一书记和工作队的帮助下,享受县财政产业补助政策,张元黄扩大养殖规模,羊群数量达到110余只,还养了1头牛。与此同时,他将自己的3亩闲置土地种植了花椒,大大提高了家庭的整体收入。

2018年年关到了,张元黄的羊也该出栏了,可是由于信息不灵,动手迟了一些,销售渠道不畅,出售情况不是很理想。张红兰知道了他的困难后,主动出面帮他打广告,联系买主,还自己掏1万元买了他的8只羊,卖给县城的饭店。张红兰还和县工会驻村扶贫工作队、第一书记王黎一起帮助张元黄销售山羊50多只,收入3万余元,彻底解决了羊的销售问题。

如此这般做下来,张元黄养羊致富的劲头更足了。2018年底,他又新养了30余只羊,总规模达到了150余只。新建了规范化的羊圈,添置了防疫免疫设备,走上科学养羊的道路,信心越来越足,效益越来越好。如今,张元黄已经成了远近闻名的养羊专家,谁家的羊出了问题,都找他过去诊断解决。谁家准备养羊,也来找他拿主意。

脱贫攻坚战役的饮水到户、道路硬化等措施一一落实,解决了张元黄家的饮水安全、出行困难的问题。

易地扶贫搬迁,解决了他家的住房安全问题。

教育扶贫补助,解决了两个孩子上学的问题。

经验收评定,张元黄一家于2017年底脱贫。

张元黄(左一)在向乡村干部介绍自家的养羊情况

张元黄不满足于现状,把剩余的土地全部利用起来发展种植业,还承包土地种植了10亩花椒和8亩玉米。

如今的张元黄想法多了,话也多了,总想把养殖和种植都搞好,但是一个人的精力是有限的,一下子干不了那么多,怎么办呢?他想雇人来干。

科学换来蜂蜜甜

"整整 3000 元!"

2017 年 10 月的一天,尉庄乡东沟门村 67 岁的养中蜂专业户刘保山还没进家门就对站在院门口的老伴说。

"烧得你……"

老伴报报嘴指点着老头子说。看得出来,她心里也是蛮高兴的。因为老两口在村委会和第一书记张伟的帮助下辛苦一年养中蜂,净赚下 3000 块钱,再加上种植连翘和玉米的收入,还有各项优惠政策的落实,他们老两口一年收入在万元之上,这在以前可是想都不敢想的事情。

东沟门村在尉庄乡的森林石山沟里,一条窄窄的水泥路延伸到沟底,就可看见几排红砖白墙的新房子,一家一个小院,很是显眼。这是脱贫攻坚战役中政府帮助贫困户建起来的移民新村。村子周围是漫山遍野的松柏树和成片的连翘,村里没有多少地,村里人靠外出打工和搞一些种植养殖维持生活。

刘保山的家就在新村里面。这几年刘保山的儿子媳妇外出打工,把孩子也带出去到运城稷山念书去了,家里就剩下老两口。

刘保山是一个心性很强的人,虽说年近古稀,但是他不认为自己老了,也不服老,总想跟年轻人比试比试,外出打工挣些钱,把自己的日月过得富裕一些。无奈腿脚不行,出不了远门,试了几次都败下阵来,只好在老家窝着。老两口坐在窑洞里面你看我我瞅你,末了,长叹一声,还是没有办法。

后来看见村里有人养土蜂,每年多多少少都能弄一些钱回来,刘保山也动了养土蜂的念头。

一开始他用土办法养了10来箱,可是不知怎么回事,土蜂光跑,有时候一箱蜂全跑了。不仅如此,还有一个更为严重的问题:很多蜂不明不白地死了!辛辛苦苦一年,到头来产不下多少蜂蜜,还白白搭上一年的辛苦。

正当刘保山为养土蜂不挣钱反而赔钱而大伤脑筋的时候,扶贫工作队和第一书记张伟驻村了。

当天下午,张伟就来到

刘保山在观察中蜂的生长情况

刘保山家。那时候,刘保山一家还住在破旧的房子里。张伟问刘保山平日里干啥挣钱的门路。刘保山直来直去,说土蜂养不下个样子,忙碌一年挣不下几个钱。张伟问为啥把土蜂养不下个样子?刘保山就说了蜂跑、蜂死、蜂蜜少。

经过几天的走访,张伟了解到,东沟门村很早就有养土蜂的传统,人们也积累了一些经验,存在的普遍问题,不外乎刘保山说的那些。

事后,张伟和村支书刘高鹏商量,决定在村里发展养蜂产业,助贫困户脱贫。他们聘请管头镇养蜂土专家王智民来村里给养蜂户传授养蜂经验,并建议他们抛弃土蜂,转而养中蜂,因为中蜂好侍弄,抗病能力强,蜂蜜产量高,再就是建议他们引进科学方法养蜂。

刘保山问王智民如何解决蜂跑、蜂死、蜂蜜少的问题。

王智民看了他们用土办法养蜂的设备以后,说一是蜂箱不行,空间太小,蜂多了容纳不下,造成蜂跑;二是秋天后期花儿败了,蜂没有东西吃,也会跑;三是很可能风箱里钻进了野蜂,把养的蜂咬死了;四是蜂少了,自然产的蜂蜜就少了。

王智民一番话,给养蜂户开了窍,纷纷表示按照王智民说的办法养中蜂。

随后,他们引进新型中蜂养殖技术,并与乡宁县圣酝坊中蜂养殖专业合作社建立了合作关系,为贫困户提供技术、收购等产销一条龙服务,签订协议保证合格蜂蜜采购保护价。在张伟的派驻单位临汾市规划局的支持下,为45户贫困户免费提供新型蜂箱、配套装备一套,同时申请到中蜂养殖产业资金补贴每箱500元。目前,近30户村民养殖中蜂百余箱,村民累计增收7万余元。

科学养殖中蜂很快就在东沟门村推广开来。一排排新式蜂箱在村道和家户院墙上齐刷刷地摆开来,成为一道吸引人眼球的风景。人们一进村子就能闻到蜂蜜的香甜味道,听见中蜂嗡嗡的歌声,稍微走近一点还能看见辛勤的中蜂在蜂箱周围飞来飞去劳作……

刘保山是一个很有心计的人,为了避免淡季中蜂没有东西吃的问题,他专门买来白糖,秋冬季在加固蜂箱、为中蜂保暖的同时,定期给中蜂喂白糖,隔上几天就要打开蜂箱检查里面有没有混进野蜂……慢慢地他还总结出分期清理养蜂框的经验,避免了因为蜂蜜多发生养蜂框粘连影响蜂蜜产量的问题。从那以后,再没有发现跑蜂和死蜂的问题,蜂蜜的产量稳定提高。

刘保山还用五句话总结出科学养殖中蜂的经验:

>蜂箱宽敞利繁殖,
>冬天加被来保暖,
>勤喂白糖别饿着,
>打开蜂箱治野蜂,
>清理蜂框多产蜜。

如今刘保山的中蜂已经养到了20箱,每箱产蜜至少30斤,每斤卖50元,除去各项开支,每年净赚近万元。刘保山的目标是继续扩大规模,年收入达到2万元。

当贫困户不光彩

2017年4月,脱贫攻坚战役正处于短兵相接的紧张关头,有的农户想方设法使劲朝贫困户行列里挤的时候,光华镇坂头村传出一条新闻:坂头村经过识别被列入建档立卡贫困户的村民闫生伟主动提出自己一家生活还能过得去,三番五次提出"我不当贫困户!"

村两委和县法院驻村扶贫工作队队长、第一书记陈进军经过慎重研究,认为他家3个孩子上大学,全家5口人,全靠他一人打工为生,经济来源单一,年人均收入不足2000元,家庭生活确实困难,属于因子女上学致贫,最后还是把他家保留在建档立卡贫困户之内。

闫生伟1986年毕业于光华中学,同年留校,代体育课,1993年由于家庭特殊情况,于1994年离校回家。

闫生伟本是一个体育爱好者,曾立志做一个合格的体育老师。正当他努力工作,为实现自己的理想奋斗的时候,却因特殊的家庭情况割舍下了热爱的体育事业。这件事成了闫生伟心中永远的痛。

闫生伟回到家,为了一家人的生计,下过煤矿,挖过铁矿,打过短工。他还和妻子加娉枝,去过榆林、山东、北京等地打工,经历了人生最艰难的时光,也深刻地认识了社会,为他以后的生活道路打下坚实的基础。他在艰苦劳作、四处漂泊之中度过了自己的青春时期,如此人生,他无怨无悔，反而觉得就该如此。

家里出了3个大学生，这是令闫生伟最为感到自豪的事情。过年的时候，孩子们都回来团聚，看着朝气蓬勃的儿女，他内心无比满足，一个念头强烈地涌上心头：这一辈子没白活，苦没白受！

闫生伟在管理自家的连翘

看着孩子们都长大了，学有所成，闫生伟又开始考虑自己该干点啥。继续出去打工，年龄不允许了，再说孩子们也不叫年过半百的父亲再出远门受苦！闫生伟不停地问自己、问妻子。

一个强烈的念头出现在他的脑海：在家门口干！

干！闫生伟下定了决心。

只要有梦想，就有明天！

2012—2013年，闫生伟和妻子到隔黄河相望的陕西韩城市考察了花椒和宜川苹果的种植情况，那里漫山遍野的花椒和苹果使他大开眼界。

韩城人能干成，我们乡宁人一定也能干成！

韩城那边的水土和乡宁的水土属于一个类型，花椒和苹果在那边能长好，在我们这边同样也能长好！

正当闫生伟打定主意撸起袖子，准备发展种植花椒、苹果大干一场的时候，脱贫攻坚战役开始了。在再三推辞不掉的情况下，他家被识别为建档立卡贫困户。

闫生伟决心不辜负党和政府的关怀，一定要把看好的种植产业发展起来。他积极响应政府号召，根据当地优势，结合市场前景，认定了发展连翘这一产业，种植了连翘 20 余亩、玉米 10 亩、花椒 2 亩、金银花 2 亩。在栽植连翘的时候，他和父母、妻子齐上阵。妻子累病了还坚持在地里干活，闫生伟劝都劝不回去。全家人看着自家地里种植的连翘、花椒、金银花生长茂盛，满心喜欢，对未来充满了信心。

2017 年，移栽的 10 亩连翘已经初次挂果，生产青翘 400—500 斤，收入 4000 元左右。他还忙里偷闲到光华镇打工，一年挣了 1.8 万元。2017 年底，一下子就脱贫摘帽了。

脱了贫的闫生伟一身轻，再无旁骛，全心全意侍弄自己地里的连翘、花椒、金银花，同时还研究连翘的管理技术。他还组织了 5 位村民种植连翘，主动帮助他们栽树、修剪、施肥。现在闫生伟无论走到哪里，嘴边上都挂着如何发展连翘产业的话题。

2019 年春节伊始，闫生伟被镇政府评选为产业发展示范户。有了这一份荣誉，他更感到自己责任重大，暗下决心，一定做好发展连翘这一产业的带头人，不仅要自己致富，还要带动大家脱贫致富。

闫生伟还写了一首诗，贴到自己家的墙壁上自勉：

> 晴明满树金华艳，
> 引来蜂鸣蝶蹁跹。
> 夏时叶茂淋甘露，
> 秋来硕果压枝弯。

山乡宁静

曹改明一家的幸福生活

想起以前好心酸,
日子过得实在惨。
全年收入没两千,
吃饭没有油和盐。
脱贫攻坚菜籽眼,
思想帮扶得温暖。
当了村里保洁员,
戎子酒庄有股权。
务工挣钱在道源,
全年超过两万元。
大节小节如过年,
天天还有零花钱。
家中卫生全改善,
出门衣服还要换。
勤劳致富紧相连,
幸福生活万万年。

曹改明（左）在向扶贫干部述说自己一家的幸福生活

这段充满欣喜和自豪之情的顺口溜是台头镇李子坪行政村菜子眼自然村的贫困户曹改明，根据在脱贫攻坚战役中所发生的巨大变化编出来的。

要知道在脱贫攻坚之前曹改明可是个逢人不搭话的人，连左邻右舍都被他的变化感到惊讶。

曹改明常年在家务农，妻子张春兰患有脑梗，且智力不太健全，无劳动能力，两人有一个儿子。以前虽说日子过得不是太富裕，但基本能够满足正常生活所需，一家三口其乐融融，算得上美满幸福。两口子盘算着给儿子娶上媳妇后抱孙子。

可是，2014年一场车祸夺去了曹改明独子的生命，这个家一下子塌了天，张春兰受到沉重打击，病情日渐严重，夫妻二人对生活完全失去了信心。作为一家之主的曹改明，整天把自己关在家里守着病重的妻子，两口子泪眼对泪眼，不知道以后的路该咋走，莫说下地干活了，连死的心都有了。

正当曹改明两口子走投无路万般无奈的时候，脱贫攻坚战役开始了，镇人大主席张秀山、村主任魏天仓带着扶贫办、林业局、民政局的领导到他家了解情况，随后根据实际情况将他家识别为建档立卡贫困户，将张秀山、魏天仓确定为他家的帮扶责任人。

接下来，张秀山、魏天仓多次找他们两口子座谈，开导他们面对现实、正视现实，树立生活的勇气，尤其是张秀山的一席话，彻底打开了曹改明的心结。

张秀山说："儿子早逝是不幸的，但是你们做父母的要替他多活几年，要活得更好，只有这样，如果儿子泉下有知才能过得安心愉快。"

曹改明听了茅塞顿开："对对对，我们要为儿子活着，还要活得好！"

经台头镇政府、县民政局全力支持帮助，为曹改明、张春兰两口子申请办理了低保救助，每人每月330元，两口子每月660元，全年7920元最低生活保障费，彻底解决了日常生活所需。从此，曹改明两口子一日三餐有保证，寒暑换季不用愁，大病小病有医保，解决了他们后顾之忧。

镇政府又把曹改明一家纳入金融扶贫的范围，使其享受戎子酒庄有限公司"股加贷"政策，每年分红798元，并且安排曹改明担任了村保洁员，每月也有一份固定的收入。还介绍他到道源农林开发有限公司务工，每天能增加70元的稳定收入。

曹改明脱贫致富的念头一发而不可收，除了完成村里的保洁和道源农林开发有限公司的务工外，还种植4.1亩连翘，当年就有几千元的收入。

2017年底，曹改明一家收入2万多元，妻子病情好转后，还能帮他干些力所能及的活儿。

"是党和政府的脱贫攻坚政策救了我一家人，我要活得更好，过得更幸福。"曹改明如是说。

六四老母撑起一个家

杨建泽是枣岭乡吉庄村一个5口之家的户主。

但是知情人都知道，杨建泽并不是这一家人的真正户主。

真正的户主是杨建泽的老母亲。

杨建泽是智障，只能干点别人安排好的轻松活儿，他的媳妇也是智障，比杨建泽还严重一些，什么活儿也干不了。10岁的女儿也是智障，还是个聋哑人。从别人家抱了一个儿子，2018年4岁，倒是健康，住幼儿园，多不回家。再就是64岁的老母亲了。

这位年过六旬的老母亲，是这个5口之家唯一心智健全且有劳动能力的成员。家里的一应生产生活、内外事务全靠她操持。

可是老母亲年迈体弱，仅有70斤重。

多年来，这位坚强的老妇人仅凭一股心气儿和责任支撑着这个风雨飘摇的家。老太太心里明镜一般，万一她有个好歹，这个家就彻底完了。她坚定信念继续活下去，为儿孙们遮风挡雨，能遮挡到什么时候，就活到什么时候……

全家住两孔岌岌可危的破窑洞，种几亩薄地，收获一些玉米维持最低的生活。锅里没有好饭食，炕上没有好被褥，身上没有好衣裳，脚上没有好鞋袜，打下的一点玉米支撑不到来年新粮下来，每年都要靠村里救济，

山乡宁静

杨建泽的母亲和儿孙们坐在新家的大炕上

否则就没法过年。

  村里人提起这一家人无不摇头叹息。
  然而政府并没有忘记这一家人,这里并不是被遗忘的角落。
  2017年脱贫攻坚战役开始了。
  乡宁县和枣岭乡、吉庄村委会的干部来了。
  乡宁县文化体育旅游局的扶贫工作队来了。
  扶贫工作队队长兼第一书记高晋阳来了。
  他们看到这一家人生活的贫困状态,无不心疼得落泪,尤其看到那位年过花甲、身体瘦弱的老奶奶,无不怜悯同情……
  作为一个女性,高晋阳内心更是五味杂陈,她下定决心,一定要帮助这一家人摆脱贫困,走出困境。
  高晋阳无数次地来到这个家里进行帮扶,时间长了,和这家人渐渐熟悉起来,杨建泽的女儿见了她就把她紧紧抱住,嘿嘿笑着朝她怀里钻。
  高晋阳呢,也会把这个不会说话的孩子抱在自己怀里,全不在乎孩子身上、手上、脸上的污垢……

高晋阳是一位母亲,她知道母爱对一个孩子有多么重要……

高晋阳明白,自己肩上的扶贫责任不轻啊!

根据杨建泽家的实际情况,乡村领导和工作队制定了帮扶脱贫措施和工作目标,一定要在2017年底之前不打折扣地让这一家人脱贫。

他们为这家人做了七件事:

第一件,依托国家政策,协助新建北房4间。

第二件,联系县教育局,享受教育扶贫优惠政策,送杨建泽的儿子学前入托。2017年、2018年补助1000元让孩子住校学习,为孩子创造一个健康的生活环境。

第三件,全家人享受低保,人均每月330元。

第四件,享受残疾人生活补贴,人均每月600元。

第五件,种植8亩花椒,提质增效,每年1600元。

第六件,享受"股加贷"分红,人均年分红391元。

第七件,解决吃水、道路硬化、通电问题,过年过节各级领导干部还要上门慰问。

上述七件事的落实,使杨建泽一家的生活发生了恍如隔世的变化,杨建泽的老母亲微笑着看着快乐的儿孙,眼里沁出一串幸福的热泪……

单凭养猪脱了贫

那一年，18岁相貌端庄、身材苗条的运城市新绛县姑娘张卫平经人介绍，嫁给了乡宁县坂儿上村的小伙子李彦彦。

由于两地相隔较远，张卫平只看了看李彦彦的照片，很满意，没怎么来往，就马马虎虎结了婚。

结婚以后才发现新郎官是个聋哑人，张卫平顿时有了受骗的感觉，心里很不舒服，可是看见小伙子长得还算周正，而且不停地对着自己比画，嘴里还嘟嘟哝哝说着啥话，家里人在一边翻译，他说"以后你叫他干啥，他就干啥；你叫怎么干，他就怎么干……"

忠厚老实的张卫平心想，这年头能找一个听话的男人实在也是不容易，就他吧。

当然，热闹的婚礼是没有的，彩礼也摆不到桌面上，两孔跑风漏气的石窑洞就是洞房，张卫平一身新单衣里面套着旧衣裳，跟着李彦彦进了洞房。

结婚后张卫平发现，这一家人穷得叮当响，除了几亩坡地种点玉米之外，再没有别的收入，衣服换季都成问题，粮食接不上来年。尽管小两口不停地在地里干活，家里的生活还是很紧张。尤其是有了一个孩子以后，更是苦不堪言。张卫平甚至开始怀疑自己稀里糊涂嫁给这个连话都不会说的李彦彦是不是目前生活艰难的根本原因。

张卫平终究是张卫平，短暂的懊悔之后，她冷静下来，安心跟李彦彦过起了日子。

只要两口子齐心协力干，总会有盼头！

这不，好事还真的来了。

张卫平家所在的坂儿上村属于云丘山旅游景区。

为了扩大景区建设，坂儿上村党支部书记兼云丘山旅游开发有限责任公司董事长张连水收购了景区范围以内的所有山庄窝铺，流转了土地，在山下修建了移民新村，叫村民全都搬出了大山，同时吸收大家在景区务工。

张卫平一家3口自然也在内，李彦彦在景区开车，张卫平当保洁员，还给景区种地，一年下来全家有近万元的收入，供孩子上学绰绰有余，日子过得很轻松了。

张卫平在喂猪

脱贫攻坚战役中，为了给村民更多的优惠，由云丘山旅游开发有限责任公司出面，给每一户村民提供3头黑猪崽，并给每户养猪的村民新建了猪圈，由村民饲养，达到每头体重100公斤以上，再由公司以每斤20—30元的价格回购。每年都免费提供猪崽，鼓励村民用辛勤劳动把日子过得更加富足。

真没想到，张卫平竟然是一个养猪的高手。她先算了一笔账，每头200斤重的黑猪最低可以卖4000块钱，3头猪就是1.2万元，把猪崽喂成肉猪也就七八个月的时间，也就是说半年多一点的时间就能收入1万多块钱！

张卫平下定决心喂黑猪!

2017年6月,张卫平先参加了公司举办的黑猪饲养技术培训班,掌握了黑猪的喂食、卫生、给水、防疫、保暖、降温等技能,从公司领回3头小黑猪,大张旗鼓地干了起来。

张卫平严格按照公司规定,精心调配猪饲料,坚决不喂泔水和市场上卖的有添加剂的所谓饲料,完全用农家绿色饲料喂猪。她按照比例把玉米、黄豆、青草、麸皮等搭配起来,同时注意防疫、防病,定时清理猪圈,保持清洁卫生,把3头黑猪喂得滚瓜溜圆。

自打开始喂黑猪,张卫平就把全部心思放在黑猪身上。除了按时给黑猪喂食以外,就是注意黑猪的生活环境,暑天及时降温,冬天适时保暖,汛期重视防洪。2017年8月的一天深夜,忽然电闪雷鸣,大雨倾盆。张卫平担心山水下来淹了猪圈,就穿衣起床,发现一股山水真的灌进了猪圈,3头黑猪被淹得嗷嗷直叫唤。

张卫平赶紧跑回家,拿来铁锹,先把猪圈里的积水放了出去,又冒着大雨跑到猪圈后面的山坡上开渠引水,解除了对猪圈的威胁。害怕山水大了冲破新开挖的引水渠,张卫平没敢回家,在雨地里坚守到天明才回家休息。白天在景区忙活了一整天的李彦彦睡得很沉,直到天快亮的时候才发现妻子不在身边,赶紧起来寻找,刚赶上张卫平回家。看见妻子浑身湿透了,不会说话的李彦彦一边支支吾吾地自责,一边给妻子找干衣服换上,又给她熬了一碗姜汤驱寒……

还有一回,张卫平发现一头黑猪不好好吃食,担心猪生病了,就冒着烈日跑到关王庙乡政府所在地请来兽医,给黑猪治病。经兽医检查,确诊为黑猪胃火大了,导致不愿意进食,需要开胃调理。兽医给猪灌了药,还嘱咐张卫平注意猪饲料的配合比例,增加一些容易消化的食物。经过一番调理,黑猪的病情明显改善,很快就痊愈了,张卫平这才松了一口气。

在张卫平的精心喂养下,2018年6月,3头黑猪按时出栏,挣回了1万多块钱。

挣多少钱还不是最重要的。

最重要的是这些钱是自己靠科学养殖换来的。

这是多么值得骄傲和自豪的事情呀!

张卫平尝到了甜头,就又从旅游公司领回3头小黑猪,精心喂养起来。有了前面的经验,张卫平喂起猪来就更加顺手。2019年4月,第二批黑猪已经达到出栏标准,每头130公斤,公司很快就进行了回购。

张卫平掐着手指头算了一下,这3头猪又能卖1万多块钱!

如今,张卫平一家加上在景区打工、种地的收入,每年能有近4万块钱。儿子也考上了大学,日子是越过越舒心。

张卫平又生出个小心思:下一次能不能多领几头小黑猪……

养蜂创造新生活

光华镇柴汾村的曹根生有一个响亮的外号——"蜜蜂司令"。

这个外号还是在脱贫攻坚战役中叫响的。

2016年,曹根生53岁,妻子52岁,儿子27岁,未婚。曹根生患有比较严重的心脏病,不能干重活,家中劳务主要由妻子和儿子负担,地里收获的那一点东西根本不足于养活全家。虽然曹根生有养蜂的好手艺,但是由于养蜂技术不科学,规模较小,加之销路不畅,收入有限。曾经有一年因为大雨滂沱,洪水冲毁蜂箱,造成蜜蜂大量死亡。后来虽然恢复了一些,但是小本生意,艰难跋涉,苦苦经营,难见起色。想扩大养蜂规模吧,苦于没钱,只能想想而已。养蜂投入少,成本低,管理粗放便利,原本应该是赚钱的生产门路,可是由于规模上不去,缺乏管理,每年收入的几个钱还不够现有10箱蜜蜂的开销。养蜂成了鸡肋,扔了可惜,食之无味。

曹根生本人看病吃药花费开销很大,妻子的身体也不是很好,很多时候小病就扛着。

儿子没念下书,也没别的技能,就是从地里讨点生活。村里同龄的小伙子都成家立业娶妻生子了,而曹根生的儿子还是孑然一身。没有自己的小家庭,干活打不起精神,对生活缺乏热情,免不了唉声叹气。

这些事情压得曹根生喘不过气来。

他恨自己没本事，不仅挣不来钱，还要花钱治病，拖累妻子儿子，害得儿子大龄了还娶不上媳妇。

脱贫攻坚战役开始后，县税务局扶贫工作队驻柴汾村帮扶。工作队进村以后，经过配合村两委深入调查了解，反复核实，最后把曹根生家识别为因病和缺资金致贫的贫困户，为他家建档立卡。

工作队领导经过认真把脉，认为曹根生一家脱贫的关键是解决生产资金，只要扩大了蜂蜜生产、解决了治病吃药钱这两个问题，他家的脱贫问题就迎刃而解了。

曹根生在整理蜂箱

实践证明，这一结论是科学而准确的。

工作队首先于2017年5月帮助曹根生向中国邮储银行申请贷款5万元。邮储银行工作人员经过考察曹根生一家的基本情况和养蜂规模，最后决定给予他3万元两年期免息小额贷款。

曹根生获得贷款以后，立即扩大了养蜂规模，一下子就发展了58箱蜜蜂。曹根生的内生动力一下子被激活了，劳动干劲大了，情绪也好了，他请来养蜂老师现场指导，还外出参观学习，掌握科学养蜂的技术，改善了养蜂设备，优化了蜜蜂环境，蜂蜜的产量显著增加，收入成倍提高，成为光华镇蜜蜂养殖第一人，被大家称为"蜜蜂司令"。2017年，曹根生养蜂收入2万多元，全家人的生活状况明显改善。

接下来，工作队又协助曹根生参加了健康扶贫"双签约"，搭上了健康扶贫的快车。2017年，曹根生在临汾铁路医院通过两次手术，给心脏搭了两个支架，减轻了病痛的折磨。两次手术花费共9万余元，曹根生本人只负担了6000元，其余全部由医保报销，极大地减轻了家庭的医疗负担。

他的妻子也通过医疗扶贫，到医院进行了全面检查，根治了多年的老病，身体状况明显好转，生活劲头十足，每天跟在曹根生屁股后边帮助侍弄蜜蜂。

曹根生除了侍弄好自家的蜜蜂，还认真总结经验，热心向上门求教的乡亲传授养蜂经验，有了空闲还上门现场指导，手把手地教。乡亲们赞扬他境界高、技术精。曹根生谦虚地说："政府帮咱脱了贫，咱不能忘了穷乡亲。"一次，邻村的一个养蜂户，由于没经验，十几箱蜜蜂全跑了。曹根生知道后，主动上门帮他查找原因，重新加固了蜂箱，传授了管理经验，调整了开闭时间，彻底解决了问题。人家要拿钱感谢他，他婉言谢绝了。

他的儿子学会了住房装潢技术，整天在外面揽活挣钱，不仅要养活自己，还要赡养父母，尽到一个做儿子的责任。

如今曹根生一家已经彻底脱贫，走上幸福的小康之路。

陈贵明的 2017

2017年对于关王庙乡富家凹行政村单赤碑自然村的贫困户陈贵明来说真是刻骨铭心的一年。

陈贵明家有5口人，3个孩子都在上学，尽管陈贵明和妻子没白没黑地苦干，想尽一切办法挣钱，仍旧不够孩子们上学的开销，常常是捉襟见肘。

此外，他家的一孔窑洞年久失修，冬天不御寒，夏天不避暑，安全也没有保证，遇到下大雨天气，随时有坍塌的危险。

脱贫攻坚的时候，他家被识别为因学致贫的建档立卡贫困户。

在关王庙乡党委、乡政府和村两委的大力支持下，脱贫攻坚战役在单赤碑村轰轰烈烈地展开了。

首先是修路，解决交通运输困难。一条崭新的水泥路把单赤碑村与外面的世界连接起来，孩子们上学再也不用担惊受怕了。

接着是解决饮水难题。原来全村人吃水要到好几里地的深山沟去挑，不仅水少，而且是苦水，很不好喝。从远处引来清泉水，安上自来水管，人们再不用下沟挑水了，而且喝上了清洁的水。

一个大的工程也开工了。单赤碑整村有10户、37人住危房，需要易地移民搬迁。经过勘测、选址、施工，一个全新的单赤碑村出现在大地上。新建的住宅设计新颖，地理位置优越，水电暖齐全，交通方便。

陈贵明一家按时搬进新房,从根本上解决了住房安全问题。这是陈贵明两口子做梦都没有想到的事情,搬进新房的第一个夜晚,两个人无论如何也睡不着,不相信这是真的……

还有好事在后头。

第一件,村两委为陈贵明的3个孩子成功申请了教育扶贫"雨露计划"和寄宿生活补贴,解决了孩子上学寄宿等困难。每个孩子每年可获得各种补贴1000多元。

第二件,享受金融扶贫政策,参与在云丘山旅游开发有限责任公司的"股加贷"分红,享受3年,每人每年391元。

第三件,县乡两级政府鼓励发展特色产业连翘种植,给陈贵明确定了7亩,由乡宁农商行免费提供苗木,并组织参加培训,学习技能,提高苗木成活率。陈贵明原本就是一个勤劳肯干的,把全部心思放到了连翘种植上。

他先是认真参加乡里组织的连翘种植管理技术培训班,不懂的地方虚心请教授课老师,直到完全弄懂为止。随后在技术人员的指导下栽植连翘,严格按照规范操作,一招一式毫不含糊,保证了100%的成活率。他把连翘地整治得平平整整,连地垄上的野草都铲掉了,别人叫连翘地,他叫连翘园,他觉着这样叫亲切。平日里,人们总能看见陈贵明戴着一顶草帽在连翘园里忙碌,中午都不回家,叫老婆把饭送到地头胡乱吃一口继续干活。陈贵明守在连翘园里,除草、治虫、浇水、剪枝、施肥,精心管理,盼望有个好收成。

陈贵明还积极参加村里的保洁工作,有了一份固定的收入。2017年底一算账,他家已顺利达到脱贫摘帽标准。

陈贵明说:"咱没有别的本事,只会按照技术老师说的认真去做。要是连这也做不到,那就只剩下受穷了。谁也别怨,怨你自己吧。"

第五章 追梦人的故事

爹有娘有不如自己有

以前,要问双鹤乡张元行政村柳卜和自然村谁家的日月过不下个样子。人们必然会说,老实疙瘩李新才嘛,两个娃娃上学,有人花钱,没人挣钱。

现在,再问双鹤乡张元行政村柳卜和自然村谁家的日月过得最好。人们会说,当然是李新才了,两口子干活挣钱,一年收入两三万,日子过得跟火焰一般。

说起李新才这一家人,还真有故事呢。

年近花甲的李新才一辈子在家务农,从没出过远门,全家 4 口人。儿子李钊文,就读于运城水利学校;女儿李晓娜,就读于山西药科职业学院。120 平方米砖泥结构的平房,虽说不是很宽敞,但是也住得开,孩子们上学以后,平时就李新才和妻子闫代代住着。家庭承包集体耕地 7.8 亩,种植小麦、玉米为主,是典型的农业户。

按理说像李新才家这种情况,拖累不是太大,岁数也不是太大,只要把地里的活儿干好,把庄稼种好,农闲时出去打打工挣一点钱,日子还是能够过下去的。可是,李新才除了会在地里死受,就是在家里死等,每年秋天玉米下来,垛在院子里,就等着来人买玉米,但是卖下钱孩子们从学校回来拿还是两手空空。家里连一件像样的家具也没有,两口子多少年了没有买过一件新衣裳,吃饭也是面食加咸菜,很少吃肉。两口子在家里四目相对，唉声叹气，干着急没办法。

亲戚邻居都劝他出去找个活儿干，多少也能挣一点钱。他说咱没有技术，出去能干啥活呢？

就这样，年复一年，年年江山依旧。

眼下，两个孩子上学开销大，更重要的是接下来孩子们成家都得花大钱，而李新才和妻子因年龄的增长，干重活都有点力不从心了，再不想办法挣钱，孩子们上学和结婚都是问题。

脱贫攻坚开始后，双鹤乡党委、乡政府包联帮扶干部了解到李新才家的情况，把他家识别为建档立卡贫困户，而且敏锐地认识到，只要拉他们一把，就能把他们从贫困线上拉出来，叫全家过上好日子。

于是，工作队多次到他家跟两口子交谈沟通，介绍目前农村产业发展趋势，分析他家的经济状况，剖析家里的长项和短板，帮助李新才树立靠劳动致富的信心，帮助他寻找外出打工的途径和门路，最后制定了内外两项脱贫致富措施。

内措施：扩大玉米种植面积，引进优良品种，增加粮食产量。

外措施：出外打工，增加经济收入。

思想认识提高了，奋斗目标明确了，李新才下决心大干一场，奋斗一年，实现脱贫。

工作队和村两委协调，李新才承包撂荒耕地10亩，增加玉米种植面积，加上原有的7亩多地，一共17亩多。除种了4亩小麦、4亩核桃示范园以外，剩下的地全都种上了优质玉米新品种。

工作队还与张元民建养殖有限公司协调，吸收李新才和闫代代到公司务工。

这两步棋一下子走活了！

李新才原本就是种地能手，他精心平整土地，全部使用农家肥，认真管理，适时除草、浇水、除虫，庄稼生长茂盛。2017年，仅玉米一项就收入9000余元，连玉米秸秆还卖了1000多元。4亩地的小麦收成也不错，为全家生活垫了底。4亩核桃也长势良好，两年内可挂果产生效益。

两口子在民建养殖有限公司打工，更是认真负责，踏实肯干，每天把饲养圈打扫得干干净净，各种工具归置地整整齐齐，整个饲养区域面貌焕然一新，为公司各项业务的开展创造了良好的内部环境，深得企业领导的好评，年底被评为先进工作者，还为他们升职加薪。

好事至此还没有完。

李新才在民建养殖有限公司喂牛

先是享受金融扶贫优惠政策，李新才家与云丘山旅游开发有限责任公司签订了"股加贷"协议，每年分红391元；与养殖公司签订委托代养协议，年收入700元。

后是两个孩子享受扶贫"雨露计划"，每年2000元。核桃示范园还享受政府补贴900元。

总账算下来，李新才一家2017年全年总收入达到2.3余元，一举脱贫！

如今，李新才的女儿李晓娜也考上了大学，儿子学习成绩也不错，还利用假期打零工勤工俭学。

李新才一家成为双鹤乡张元村委会激发内生动力、靠勤劳致富、巩固脱贫成果的典型，成为脱贫户的标杆。

李新才这样总结自己的经验："纵有千般想法、万般计划，不如扑下身子苦干实干加巧干；纵有多种补助、各种优惠，不如自己劳动挣得多；爹有娘有，不如自己有。"

三大步过上好日子

生活中经常发生一些意想不到的事情，尤其是脱贫攻坚战役中发生的一些事情更是叫人连想都不敢想，连梦都梦不到，然而它就是执着地摆在人们的面前，叫你不想都不行，不信也不行。

管头镇甘泉行政村曹三和一家的巨大变化就是这样一个奇迹。

在脱贫攻坚战役中，他家朝前迈了三大步就成功实现脱贫，步入小康生活。

曹三和家有3个儿子，大儿子和二儿子先后结婚成家另过了，小儿子和他们过。说起来，曹三和两口子60岁出头，岁数也不是太大，小儿子也能干活了，日子应该能过下去。可是没有多少文化的曹三和只会种地，而且只会种玉米，从来没种过别的庄稼，再干点别的营生。小儿子没念下书，只能出去打打零工，挣几个小钱，对家里生活帮助不大。

严重的问题是曹三和的妻子患腿疼病20多年，近年来病情加重，双膝盖滑膜坏死，整日里疼痛难忍，行动困难，不仅不能干活，还要天天花钱吃药。

问题是结婚另过的两个儿子生活也不富裕，还挤在老院子的5孔破烂窑洞里，小儿子眼看着到了结婚成家的年龄，可是哪里有力量给他娶媳妇呢！

曹三和两口子在管护自家的牛群

想起这些事情，曹三和两口子是人前唉声叹气，人后以泪洗面，眼前一片漆黑，真不敢想以后的日月该咋过、以后的路该咋走……

但是生活的变化，有时候就是这样让人毫无准备。

2014年，管头镇包联干部和县国税局驻村扶贫工作队进村了，在入户调查中了解到曹三和家的情况，把他家识别为建档立卡贫困户，结合他家和村里的实际情况，帮他制定了脱贫规划和实施步骤。

先是在县财政扶持政策下，帮他买了一头正值生育期的母牛，帮他引进了玉米优良品种，扩大种植面积，提高粮食产量。这一下，曹三和来了劲，把几亩土地拾掇得板板正正，按照新技术规范管理庄稼，把农家肥上得足足的，几亩玉米长得秆粗叶茂，穗长粒肥。曹三和每天上地干活都把母牛牵在身边，精心照护；在家的时候，也是粗细料精心搭配，半夜里还要起来喂水喂食。每天都要把牛圈收拾卫生，给母牛创造一个良好的生活环境。

村两委和工作队还把他家确定为易地扶贫搬迁贫困户，依据有关政策帮助他家盖起了新房，连同已经结婚成家的两个儿子的住房都解决了。2017年底，一大家子搬离了那个穷窝，全都搬进水电暖设施齐全的新房。

更重要的是曹三和的老伴也搭上了健康扶贫的快车，2018年7月，到太原大医院做了换膝盖手术，前后花销近10万元，按照新的扶贫医保政策，自家仅负担了3000元，就把手术做了，而且很成功，把折磨了她20多年的老病根彻底除掉了。

曹三和呢，劳动的劲头更足了，奔幸福生活的心思更盛了，夜里睡觉都笑出了声。

2017年底，那头母牛生了一头健壮的小牛犊，一出手就卖了7000多元！当他把这7000多元拿在手里的时候，顿时发蒙了，他不敢相信这是真的！哪里见到过这么多的钱呀！

2017年秋后，他种的玉米新品种，收获了7000斤玉米，卖了4000元，比以前多收入了一倍多。

他还抽空上山挖药材苍术，卖了3000多元。

小儿子外出打工也挣回几千元。

2017年，曹三和一家三口除去老伴做手术开销和别的一些支出外，净收入1.5万多元，一举脱贫摘帽！

2018年初，曹三和家的母牛已经发展到3头，其中2头已经怀上了小牛犊，下半年又要添牛进棚了。在曹三和看来，那2头怀着小牛犊的母牛滚圆圆的大肚子里面装着的就是黄灿灿白亮亮的真金白银。

缺吃少穿，有病没法看，住房不安全的苦日子终于熬到了头。

地还是那几块地，人还是那几个人。

受的还是那些苦，干的还是那些活。

太阳还是那个太阳，月亮还是那个月亮。

为啥差别就是这么大呢？

一句话，全靠党和国家的脱贫攻坚好政策呀！

活生生的现实不由得曹三和不多想，不由得曹三和不服气！

曹三和两口子现在只操心一件事情，那就是尽快给小儿子娶媳妇……

曹三和像一辆加足了油的拖拉机，奔驰在希望的田野上……

搬掉头上的三座大山

祸不单行昨日行，福无双至今日至。

用这句话来描述西坡镇韩咀行政村村民许江元一家在脱贫攻坚战役中的显著变化再恰当不过了。

许江元二级肢体残疾。

多年来许江元头上压着三座大山：

一是前几年为了发展，贷了些款，长期还不上，成为不良贷款，银行每年都要下来催款。

二是原住房是危房，严重威胁着全家人的生命安全。

三是双侧股骨头坏死，多年来拄着双拐，完全丧失劳动能力。

这三座大山把许江元压得喘不过气来，连温饱都成问题，两个儿女都没成家，家里的生活全靠妻子一个人操持。许江元愁得睡不着觉，整天面对大山唉声叹气。

许江元是一个有文化的人，懂得中国文人"究则独善其身，达则兼济天下"的情操，可是看看自己手里的双拐和弯曲的两腿，寒心地说："咱现在活得不像个人了，连独善其身都做不到……"

有的时候，思想上的坎实在过不去了，曾经有过轻生的念头，打算一死了之，彻底脱离苦海。可是看到多少年来为全家辛勤操劳的妻子，看到还没成家的儿子，立即感到逃避就是战场上的逃兵，就是懦弱可耻的行为，遂打消了轻生的念头。

脱贫攻坚战役开始后，党和政府的温暖终于照到这个不幸的农家身上。

这不，县政府办公室驻村扶贫工作队来到韩咀村，每个领导都确定了包联对象，一人一户，副主任李吉琳包联许江元一家。

通过深入了解座谈，工作队掌握了许江元一家因病致贫的情况，把他家评为三类低保户，协助他家制定了脱贫措施，一一组织认真落实。

首先是把县里制定的脱贫优惠政策用活用足，叫一家人搬掉头上的三座大山，放开手脚，走上靠劳动脱贫致富的道路。

分管脱贫攻坚战役的副镇长韩彦龙亲自联系有关银行，协调解决了许江元1万元不良贷款的问题，使他能够重新使用金融资金，享受"四位一体"扶贫贷款4000元和"股加贷"1560元，搬掉了他头上的第一座大山。

按照有关政策享受三类低保户，生活补助每人每月300元，全家4口人全年1.44万元，仅这一项就解决了全家人的温饱问题。

村两委和工作队征求许江元本人意愿以后，报经镇党委、镇政府批准，对许江元家实行了分散安置，选择适当地点，协助他家盖起了砖混结构钢筋水泥现浇顶的新房，还为他家补助了10万元建房款，2017年底正式入住，彻底搬掉了第二座大山。

2018年2月，许江元在临汾市人民医院花费13万余元，做了换双侧股骨头大手术，享受健康扶贫"双签约"政策，个人只负担了3000元。住院期间，乡镇领导、村委干部、帮扶责任人都给予资金支持，让他安心养病，痊愈出院。许江元扔掉了伴随他多年的双拐，搬掉了第三座大山。

正当上上下下为许江元搬掉三座大山而高兴的时候，正当许江元跃跃欲试，准备养好身体，大干一场奔小康的时候。2017年11月，许江元22岁的儿子许乔玉突患急性脑出血。李吉琳闻讯，立即用车拉上病人直奔临汾，联系医院急救，还垫资300元诊疗费。由于治疗及时，许乔玉脱离了生命危险。在临汾市人民医院住院花费5万余元，享受健康扶贫"双签约"政策，个人只负担了3000元。

这一系列的事情,令许江元感动万分,无以言表,发誓一定要养好身体,辛勤劳动,把自家的日子过好,为党和国家争气。

如今,许江元和儿子的身体正逐步恢复,慢慢地能够干一些力所能及的活了。

许江元夫妇在自家的花椒园里忙碌

他家还响应号召,种了4亩大红袍花椒,长势良好。天气好的时候,许江元就与妻子到花椒地里看看,闻闻花椒树的香气。

许江元全家过上了冬能保暖、夏能消暑、吃穿不愁、稍有结余的幸福日子,欢乐的笑声时不时地回响在这个历经苦难的农家小院。

母子俩发了猪财

枣岭乡吉庄村的低保贫困户刘晋伟，与他年近花甲的母亲相依为命。

刘晋伟人很勤快，老实忠厚，在村里口碑很好，但因小时候患脑膜炎后遗症，行动不便，语言不清，30多岁了，至今仍没娶上媳妇。

刘晋伟的母亲患有心脏病，不能干重活，但是心胸开阔，很有超前意识。

母子俩就这样春种秋收，靠几亩薄田种菜种粮，维持着乡村人家最低的生活水平。

脱贫攻坚战役中，刘晋伟和母亲被识别为建档立卡贫困户。

县文物旅游服务中心驻吉庄扶贫工作队经过多次交心畅谈，了解到刘晋伟的母亲有养猪的意愿，原因是母子俩都干不了重活，出不了远门，只能在家门口干一点营生。工作队随即与单位领导沟通，得到大力支持，由单位出资为刘晋伟家购买了2头猪崽，并帮助他们申请扶贫自主贷款3万元，又购买了10头猪崽，为他家搭建起了脱贫产业的基础。同时，村支部书记杨怀乐个人出资为刘晋伟家修建了50余平方米的猪舍。

工作队还请来了养猪专家，向母子俩传授养猪、防疫、卫生、饲料、喂养等方面的常识，使他们很快就掌握了养猪的技术要领。

这一下，原本冷冷清清的农家小院每天大猪哼哼哼，小猪吱吱吱，人欢猪叫，空前热闹起来。

刘晋伟（右）和母亲正与高晋阳（左）商谈脱贫致富项目

母子俩把全部心思都用在了养猪致富上，每天不是打猪草，就是喂猪，精心喂养，一旦发现非常现象就找工作队反映，得到及时处置。

正在母子俩为十几头猪忙碌的时候，又传来了好消息。

工作队又协调村委会，为刘晋伟家申报了易地搬迁扶贫项目，享受 4 万元易地搬迁补助。经村两委和工作队的大力协助，2017 年 10 月就帮他家建起了 50 平方米的新房。

年底以前，母子俩就搬进了宽敞明亮的新房。

母子俩脱贫致富的内生动力得到了激发，脱贫致富的干劲更足了。

2017 年底，刘晋伟家养的猪就要出栏了。如何把猪卖出去呢？母子俩都出不了远门，这可咋办？

这个问题，工作队已经提前想到了，他们积极帮助联系企业、单位、朋友，以每斤 20 元的高价销售了 11 头猪。

2018 年初，刘晋伟家的母猪又顺利产下 10 头猪崽，全部成活。有了以往的养猪经验，母子俩把猪喂养得又肥又大，年底出栏 6 头，又是 1 万多元的进项。

刘晋伟家还种植了花椒，每亩享受 200 元提质增效补助，用于管护和施肥，通过多次参加村委会和工作队组织的经济林技师培训，花椒树及时得到管护，长势喜人。花椒挂果后，将又会是一笔可观的收入。

通过享受健康扶贫"双签约"，刘晋伟母亲多年的心脏病经过各级医疗部门的治疗，病情有所好转。

刘晋伟还有一份残疾人生活补贴。

房子有了，种植养殖产业有了，病也得到治疗了，母子俩的心情也好了。现在，让刘晋伟母亲操心最多的，是给儿子说上一个媳妇，自己早一点抱上孙子。

精神分裂症患者的感谢

枣岭乡岭上村的贫困户胡卫龙与大儿子都患有间歇性精神分裂症,时而清醒,时而糊涂,生活的重担全在妻子一个人身上。

后来大儿子说是要到上海去打工,态度很坚决,拦也拦不住,只好叫他走了。结果两年也没回家,连一封信也没有。胡卫龙的精神压力更大了,病情也日趋严重,导致日常生活也不能自理,把妻子也累病了。

胡卫龙家租住别人的一孔破烂窑洞,自己家的老窑洞早已坍塌。

县财政局驻岭上村扶贫工作队队长王晓丽和队员闫伟得知这一情况后,十分同情和着急,积极同村干部协商,核实情况,整理资料,及时申报,把胡卫龙一家识别为建档立卡贫困户,并确定为2017年易地扶贫搬迁户。

由于胡卫龙卧病在床,无法自主实施修建房屋,工作队和村两委干部,积极为其办理了有关手续,落实了建房补助以及选址、联系施工队、购买施工材料等工作并组织施工。

同时,又联系乡卫生院和他签订了健康扶贫"双签约"合同,落实了健康扶贫政策,为其联系医院,让其妻子带他去看病。

一个多月过去了,胡卫龙的病情明显好转,工作队派人将其接回家。这时候,水电暖设备齐全、宽敞明亮的新房已经建成。胡卫龙看到新房及新购置的锅碗瓢盆、桌椅板凳、沙发电视后,脑子似乎清楚了许多,一把推开搀扶他的妻子,面对着工作队员和村两委干部晃晃悠悠地站住,久久说不出话来,最后挤出4个字:"感谢领导!"

在大家的帮助下,胡卫龙一家当天就搬进新房,胡卫龙有说有笑,还能帮妻子干一些零碎活儿,两人未成年的孩子则高兴得跑进跑出。

人们也许并不晓得长期患病的胡卫龙心里想些什么,对生活还有什么期盼,但是从他简单的笑容和并不太利索的动作上可以看出,他对工作队和村两委充满了感激和谢意,对未来的生活充满了殷切的希望和信心。把家搬完,工作队和村两委干部还派人买来食材,帮他们做了一顿好饭,大家坐在一起热热闹闹欢庆乔迁之喜。曾经长期陷入贫困生活的一家人,脸上第一次露出了灿烂的笑容,崭新的小院充满了温馨与快乐、幸福与期盼……

胡卫龙和妻子幸福地在一起

工作队员和村两委干部的心里也感到欣慰和有成就感。

是啊,什么事情能比通过自己的双手为一个深度贫困家庭办成这么大的好事情更叫人感觉快乐呢?什么样的奖赏能比这个奖品更能激励和鞭策人继续前行呢?……

第二天县财政局领导带领扶贫工作队员拿着礼物到胡卫龙家中祝贺,并询问他们生活中还有什么困难,病情恢复得如何。

此时此刻的胡卫龙俨然换了一个人一般,看上去和正常人没有什么区别,连声说着感谢一类的话,又是倒水,又是拿出核桃叫客人们品尝。

考虑到胡卫龙一家缺少劳动力,无力发展扶贫产业,工作队又积极同上级有关部门联系，为胡卫龙一家成功申请了最低生活保障和大病医疗保险，两个上学的孩子也享受了"雨露计划"。各种扶贫措施算下来，胡卫龙一家每年能有2万多元的收入。

胡卫龙甚至产生了到上海寻找迟迟未归的大儿子的想法……

从此，这样这一个曾经濒临困境、对什么都没有指望的深度贫困家庭终于初步摆脱了贫困，赶上了向小康生活迈进的队伍。

他们没有掉队。

一篇美文的背后

2017年底,西交口乡见子沟行政村虎坡自然村的贫困户左建兵给乡宁县脱贫攻坚行动总指挥部写来一篇文章。虽然文章本身逻辑不是太顺,文字也有些粗糙,但是热情洋溢,感情真挚,堪称美文,权且一字不落地记录下来。

脱贫号角震天响,吾辈人民当感激

我是来自西交口乡见子沟村委虎坡村的左建兵,家有5口人,上有老下有小,不料自己一身疾病,孩子都在上学,老人也常年腿痛,本以为这一辈子都要面朝黄土背朝天,一辈子都要紧巴巴地过日子。但当脱贫的号角在见子沟吹响时,命运的轮盘就开始扭转,开始一步一步将我们带入幸福的生活。

还记得那个时候家里人有什么不舒服都是一等再等,等到不能等的时候才会去医院看病,而我的父亲就是一拖再拖,拖到了脑梗、心脏病的地步。家里的土窑洞也是破旧不堪,暴风雨天气来临,时不时就会掉下来土。上学时的学费、生活费也总是攒一个假期才勉强够。那条土路也是泥泞不堪地走过了一个又一个春秋冬夏。

不过还好,见子沟易地扶贫搬迁工程的开展解决了这些棘手的问题。医疗队定期体检将身体隐患提前消除,国家还代缴了我们的医疗保险费用,此外我们还享受着健康扶贫"双签约"项目,解决了基本的医疗健康问题。从移民新村到硬件设施再到后勤保证,我们享受的是国家顶级的福利。宽敞的平房、硬化的路面、WiFi的全面覆盖、光伏发电等工程的健全是不能磨灭的光辉存在。不仅如此,为了保障生活的质量,我父亲担任护林员,保护家乡的同时也贴补家用,而且承包的花椒地也将慢慢地提高全家人的生活质量。学校也因我们的家庭情况每年给予我们相应的补助,帮助我们圆满完成学业。

但是这些光辉的背后也有人默默付出着,乡政府定期地了解情况,经常性与我们交流农村发展前景,并且派遣技术员给予我们专业性的指导。村委会与工作队的付出给予我们最基础、最有效的保障。深入基层了解每一户的情况,以公平公正的态度处理每一件事情,没日没夜整理数据,每时每刻听取民众建议并加以评定和实施。见子沟脱贫是西交口大地上前所未有的壮举,所有的政府工作人员都以坚定的意志接受了这个挑战并顺利地完成了,实乃民之幸事啊!

习近平总书记的脱贫政策就是我们农村的改革开放,改革原本的劳作模式,让我们以一种新姿态向世界招手。吾辈人民,在国家政策的支持下更应该努力生活,活出自己的风采,建设好自己的家乡。

从文章里面看不出多少细节和事实,但是见子沟的群众真真切切地知道,在这篇文章的背后,是左建兵脱贫致富的具体事实。

左建兵上有老下有小,自己一身疾病,老父亲常年腰腿疼,还得了脑梗、心脏病,也没钱医治。孩子上学的费用常年拖欠。住的土窑洞破旧不堪,裂着一条长长的缝隙，时不时朝下掉土，每逢下雨全家人提心吊胆。左建兵也没有啥挣钱的本事，家里的日子过得紧巴巴，是全村公认的贫困户。

脱贫攻坚开始以后，村两委为左建兵一家落实了国家的扶贫政策，帮助他因地制宜发展产业，生活一下子变得红火起来。全家人从破窑洞搬进了基础设施齐全的移民新村，终于能睡一个安稳觉了。医疗队定期体检，为他老父亲治病，还让他担任了护林员，每年能有1.2万元的稳定收入。县里还代缴了全家人的医疗保险，享受健康扶贫"双签约"政策，解决了看病医疗的大问题。孩子上学享受"雨露计划"，不再为上学的费用发愁，能安心读书了。左建兵还承包了5亩花椒，

左建兵夫妇顶着烈日在地里干活

已经挂果，也有了稳定收入，还担任了村里的清洁车司机，每年收入2.4万元，全家人的生活走出贫困，迈向小康生活之路。

就是在这种情况下，左建兵怀着万分激动的心情，写了这篇文章，表达了自己内心对脱贫致富的喜悦和对党和政府的感谢。人们能从文章中看出左建兵已经彻底从贫困中解放出来，精神面貌焕然一新。不仅日子好过了，而且全家人对未来充满信心，奔向更加幸福美满的明天。

第六章

脱贫攻坚战役中的敢死队员（上）

在如火如荼开展的脱贫攻坚战役中，那些深入农村，与贫困户同吃同住同劳动，呕心沥血，依据党和政府脱贫政策，帮助贫困户脱贫致富，年轻的第一书记们虽然没有冒着生命危险去冲锋陷阵，但他们在奔赴脱贫攻坚战役第一线的时候，向县委、县政府保证坚决完成任务，不达目的誓不罢休！这种决心和气概倒和战争年代的敢死队员如出一辙。

脱贫攻坚战役中，乡宁县委、县政府调集50名年轻有为的青年干部当驻村第一书记。这些第一书记年纪轻、有文化、有担当，二话不说，义无反顾地奔赴脱贫攻坚战役第一线。

在大山里播种幸福

一个"脑子转了筋"的人

"我是生在农家、长在农村、毕业农大、专注农业、推广农技、服务农民的'六农人'。"

1998年出生于枣岭乡临河村、2012年毕业于山西农业大学的硕士研究生、中共党员杨宗鹏总是这样介绍自己。

这位"六农人"头上罩着山西省五四青年奖章、山西省向上向善好青年、临汾市创新创业大赛二、三等奖,临汾市记功表彰先进个人,临汾市五一劳动模范、乡宁团县委优秀团干、乡宁县首届最美共产党员、乡宁县首届助人为乐楷模等耀眼的光环。

曾经一个月两次荣登《山西新闻联播》、三次做客山西农村广播演播大厅,被省、市、县媒体多次宣传报道。

算得上公众人物的杨宗鹏,曾经被人们称作是"脑子转了筋"的人。

2012年,以优异成绩考取山西农业大学博士的他,竟然谢绝了导师和同学们的极力挽留,说服了力主叫自己读博士的亲朋好友,放弃了更好的发展机会和灿烂前程,怀揣改变家乡面貌的梦想,回到乡宁县当了农业技术推广站的一名普通技术员。

一个亲戚无奈地说:"这小子脑子转了筋!"

也有人说:"这娃真是烂泥扶不上墙……"

杨宗鹏微微一笑,依然我行我素,安心在农技推广站干了起来。几年的时间里,他扎根大山,与干部群众一道钻研技术,初步改善了农村科学技术的基础条件,看到自己的付出收到回报,杨宗鹏欣慰地笑了。

2015年8月,在农委工作3年多的杨宗鹏,被县委组织部派到枣岭乡神底村担任第一书记。那年年迈的父母亲身染多种疾病,儿子才1岁,尽管家里有很多的困难,心里有很多的不舍,面对组织的重托,他义无反顾地把照护老人、抚育幼儿的重任全甩给了妻子。

杨宗鹏是一个性情中人,也有儿女情长。那一年父亲节,他想起了老父亲,顿时情如泉涌,信笔写下一段诗一样的文字:

父亲节,
圈里人都在谈父亲,
我也想起了自己的父亲。
父亲,一个遗腹子,
这个遭遇注定他的一生必然要受很多苦。
父亲降生在一个寒冷的窑洞里,
爷爷没能见到自己的亲儿子,
早早地去世了,
父亲未过周岁跟着奶奶改嫁了,
受尽了冷眼和磨难,
熬过了童年后,
没念什么书16岁便到煤矿打工,
途中遭遇意外,差一点丢了性命,
此种经历彻底改变了父亲的想法,
自此废寝忘食地发奋读书,
19岁那年成为一个农村教师,

一干就是15年。
农村教师35岁的时候我出生了,
恰巧民办教师也转正了,
善良的杨老师认为是儿子给他带来的福音。
随后的26年他始终坚守在农村小学讲台上,
他把生命里最美好的时光献给了勤奋的农民娃,
他把人生中最远大的理想变成了飞扬的粉笔末。
这就是我的父亲——
一个朴实忠厚的乡宁汉子,
一个敬业勤奋的乡村教师。
这就是我的父亲——
一个与世无争的平常人,
一个慈颜善目的老父亲。
这就是我的父亲——
一个想起来就叫我热泪流淌的老人,
一个提起来就叫我自豪骄傲的榜样。
我的血管里流淌着他的血液,
我的行为上张扬着他的风骨,
我们是亲父子呀……

只为贫困户过好年

2015年8月,杨宗鹏以神底村第一书记的身份出现在村民们面前的时候,人们对这个胖乎乎、笑眯眯、中等个头的年轻人并不看好,认为他也是在村里踩上几个脚印就走的主儿,谁见了他都带搭不理的。

然而杨宗鹏把铺盖卷朝村委会一扔,就挨家挨户地走访开了。第一天没走,第二天没走,第三天也没走,一连10多天都没走,人们这才对他刮目相看了。见了他远远地打招呼,还热情地叫他到家里去吃饭喝水。

随着走访的深入,杨宗鹏的心情越来越沉重。乡亲们虽然初步解决了温饱,不愁吃不愁穿,但是生活质量太低,手里没有几个活钱,医疗、住房条件差,小伙子娶不起媳妇,没事干和老头们混在一起蹲在墙根晒太阳……

一定得想办法叫老百姓过上好日子!

一定要想办法改变农村的落后面貌!

咱来村里就是为父老乡亲谋福利的!

咱这党支部第一书记绝对不能白当!

杨宗鹏下定了决心,拿定了主意。

于是他开始琢磨带领群众尽快脱贫致富的有效途径。

人们看见他经常徘徊在田间地头。

人们发现他总是流连于山梁沟壑。

白天,他和人们讨论问题一坐就是好几点钟。

夜里,他在村委会宿舍里的电灯彻夜通明。

他发现神底村所在的枣岭垣和全国著名的苹果大县吉县在地理上是一个维度,光照、土质、水源相同,可是这里生产的苹果却不如吉县的好吃,加之交通闭塞运不出去,信息不灵销售不畅,其他土特产如核桃、杂粮、花椒、酸枣、红薯、土豆,品质虽然高、产量大,在市场上却卖不上好价钱,不是烂在地里,就是拿苹果、红薯、土豆喂猪喂羊……

他认准了落脚的第一步就是改善苹果品质,让农民能够增收。他自掏腰包四处考察学习,成功引进矮化密植苹果栽培技术和果园辩证管理技术,向上级部门争取项目资金30.35万元,用于培训果农、发放优质苹果苗、有机肥、农业机械等。

经过几年的努力,整个枣岭垣的苹果品质明显升级提档,不仅味道香甜,而且品相好。无论是外观,还是口感,都和吉县苹果不相上下,难分伯仲。

2017年,枣岭垣苹果大丰收,田间地头到处堆满了红彤彤的苹果,果农却愁得卖不出去。

苹果质量上去了,产量提高了,如何叫果农获得最大收益呢?杨宗鹏又搞了一次市场调查，发现外地，尤其南方各省的优质苹果价格比乡宁县本地的高出很多。他就以比本地高得多的价格把果农手里的苹果收购回来，再以外地的价格卖出去，叫果农实实在在赚了一笔。

杨宗鹏懂得货好还得牌子硬，牵头成立了香凝专业合作社，注册了香凝商标，玩开了电商，开辟了空中商道，使乡宁县的农产品在神州大地叫响。

杨宗鹏同样还明白，要让牌子硬，货得更好。他要求凡是进入电商渠道的商品如每个苹果都必须经过严格检验，达到标准才能装箱包装。

10月是苹果采摘、销售的旺季，枣岭乡贫困户手里10多万斤优质苹果要在几天内采摘、入库，而后包装发售。

那些天是最紧张的。

2017年10月5日，为了把住入库苹果的质量关，杨宗鹏和他的伙伴们逐箱验收，绝不放过一个有毛病或者品相欠佳的苹果，一直干到夜里一两点钟，直到把10多万斤苹果全部入库。

2017年12月12日，来了订单，3天之内需要集中打包3万斤苹果。当时天气正下着大雪，气温降到零下20摄氏度。为了完成包装任务，杨宗鹏动员了100多人，一连奋战3天，完成了任务。

有了上面的经验，杨宗鹏的胃口更大了，目光看得更远了。他不仅要把神底村、枣岭乡滞销的农副产品进行包装品牌化销售，及时将滞销的优质农副产品通过空中商道销售出去，带动贫困户直接受益，还要把全县核桃、花椒、小杂粮等全都纳入销售范围，建立销售网站和产品展示中心，将农副产品全部放到各大平台上销售。

2017年，杨宗鹏的电商平台开发了10余种产品，销售额突破55万元，带动100余户贫困户和农户直接受益。

每一次销售都是对杨宗鹏脱贫决心的增强和提升。

每一次销售都是神底村摆脱贫困脚步的动力。

他的目标是不仅要将神底村、枣岭垣上的农副产品销售出去，还要带动全县土特产的销售。

2018年腊月初八，山西省广播电视台在太原农展馆举办第一书记年货节，杨宗鹏带去的 10 余种农副产品 3 天就销售一空。

回到神底村，他把卖得的钱如数交给贫困户。有人问他图了啥？他说，图贫困户过一个好年呗。

2018 年的情况就更好了，不仅大家的商品意识增强了，杨宗鹏的电商标准也提高了。

他不仅瞅准了商品质量，而且抓住了市场需求，摸准了市场脉搏。

他说得最多的一句话就是："今天你有什么，我就卖什么；明天我卖什么，你就种什么。"

这话人们一听就懂，自觉地付诸行动，按照市场要求热火朝天地干开了。

如今香凝品牌的产品已销往全国 32 个省区直辖市。

杨宗鹏成功引进新品种和新栽植技术，推动 2000 亩老园的改造按时完成。

有了主导产业，有了广阔的市场，有了科学的销售方式，神底村经济鱼跃龙门。

神底村的群众富起来了，新房盖起来了，有病不愁看了，娃娃上学不发愁了，小伙子娶得起媳妇了。

贫困户脸上的皱纹舒展了，走路挺起腰杆了，说话的底气硬了。

只为改变村子的落后面貌

2015 年，杨宗鹏第一次走进神底村的时候，一条泥土村道坑坑洼洼，尘土飞扬。

村子里面垃圾遍地，蚊蝇肆虐。

村民开着拖拉机、拉着小平车到远处的山沟里拉水。

从小在农村长大的杨宗鹏感到自己肩上的担子沉甸甸的。

年轻的第一书记没有丝毫迟疑，进村的当天就开始工作。一边着手整顿村里的党组织，一边宣传党和国家的扶贫政策。经过深入调查研究，做出了改变神底村落后面貌的一系列工作规划——

修路，解决出行运输难题。

引水，叫群众吃上自来水。

建立村级卫生室，小病不出村，大病及时治。

整治村容村貌，改变居住环境。

落实教育扶贫措施，不让一个孩子失学。

贯彻健康扶贫"双签约"政策，对身患疾病的人进行诊治。

正好交通部门实施"户户通"工程，他带着村两委干部挨家挨户测量修路里程，确定建设标准，规划村里的主干道和巷道连通支线，制定村里配合施工计划，还和外村对接，妥善解决接线位置，最后拿上一整套方案到县交通局联系施工有关事项，使项目按时开工。他深知施工质量的至关重要性，施工期间他坚守在工地上，监督施工质量，督促施工进度，连续苦干半个多月，最终全村6.8公里的村连村道路4万平方米入户道路全面完成，实现了"户户通"，让全村1400口人告别了祖祖辈辈行走的泥土路，走上了坚实宽阔的水泥路。

完工那天，震天的锣鼓敲起来，悦耳的歌儿唱起来，欢快的舞蹈跳起来……

为解决吃水难的问题，他带着村干部下沟爬坡勘查水源地，亲自跑到县水利局申报、争取项目，确定设备，签订施工协议。施工开始以后，还是像修路时那样，杨宗鹏带领村干部蹲守现场，保质保量，从泵房、安装、铺管，到接电入户，一个环节套一个环节，毫不含糊。50立方米饮水工程完工的时候，两个自然村800口人全都喝上了清洁卫生的自来水。

通水那天，村民们高兴得像过年一样，兴奋之情不能自已。

他们能不高兴吗？

从此再也不用到深沟里去拉水了，刮风下雨飘雪的时候再也不会为吃水着急了！

从此再也不用吃那种又苦又涩又脏的地表水了，和城里人吃的水一样干净卫生！

60平方米的村级卫生室也建起来正式启用了。

整洁的小院、洁白的房舍、挂着红十字的门帘、穿着白大褂的乡村医生、

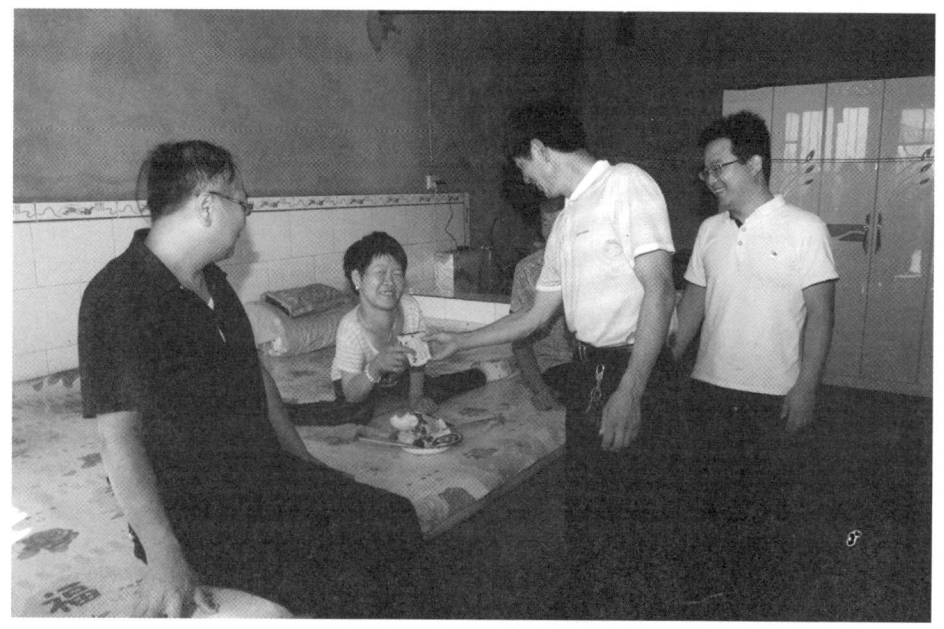

杨宗鹏（右一）与工作队员慰问残疾人

好闻的来苏水味道，成了村里一景。

这不是做梦吧？

咱们村有了自己的卫生室，以后有个头疼脑热啥的，再也不用跑上几里地去找医生了！

就是有了个紧急病症，也有人前后照应。

卫生室就在家门口，医生就是咱家里人！

卫生室还有一个重要的职责，就是筛查全村居民的健康状况，登记造册，落实健康扶贫政策，使每个患者都能得到及时的诊治。

国家重点工程——黄河提水工程开工了。

杨宗鹏主动与建设方联系，确定了神底村配套渠网的建设方案，保证全村所有的粮食主产地和苹果园都能浇上水。从此，神底村的基本农田旱涝保收，再不靠天吃饭了。更重要的是那些优质苹果，能够保证按时浇水、施肥了，不仅提高了产量，而且品质大大提升。

以前那种每逢大旱之年，庄稼颗粒无收，苹果长成"小老果"的惨相再也看不见了。

事情至此,杨宗鹏不敢有丝毫松懈,他抓住有利时机,带着村两委干部召开村民大会,制定村规民约,整治村容村貌,建了垃圾池,确定了倒垃圾场,清理了多年堆放在旮旮旯旯里的垃圾,拆除了角角落落里的违章建筑,规定环境卫生大家搞,彻底整治了村里的环境卫生。动员大家种树绿化,栽花种草,美化村道和院落,使神底村的面貌焕然一新。

如今的神底村道路通畅,院落整洁,绿树成荫,鲜花飘香,生态优美,整个儿一副社会主义新农村的喜人景象。

杨宗鹏还和村两委班子成员宣传落实县里的"雨露计划",不让村里因学致贫的孩子失学,做到一个都不能少。

只为乡亲们过上好日子

杨宗鹏对神底村父老乡亲家里的事情牵肠挂肚。

杨宗鹏牢记着贫困户王军泽居住的土窑洞年久失修的情况。一天半夜,窑洞后半部分突然塌了下来,王军泽一家只能睡在前半部分,提心吊胆。

杨宗鹏四处奔走,广泛寻求帮助,利用网络众筹平台筹集善款帮其修房,又出面担保寻找施工队,使之尽早开工。当新房建成的那一刻,30多岁的王军泽紧紧抱住杨宗鹏,号啕大哭。

杨宗鹏没有忘记贫困户马继龙因子女上学的费用急得像热锅上的蚂蚁。杨宗鹏通过多方打听,最终经由商会途径争取到4200元,及时解决了马继龙子女上学的问题。

杨宗鹏还惦记着残疾人杜米焕乘坐的轮椅陈旧破损差点摔倒在地的事情,通过相关部门为她争取到崭新的轮椅,并亲自送上门。

杨宗鹏还协调政府、学校给予杜米焕有听力残疾的女儿救助,同时帮助其女儿办理了残疾证,获得相应的残疾人生活补助。

逢年过节,他坚持自己掏钱购买米面油等到贫困户家里嘘寒问暖,把党的关怀送到贫困户的心坎上……

遇上谁家有困难了,杨宗鹏总是自掏腰包相助……

杨宗鹏扶危济困的事情多得说也说不完。

杨宗鹏同样牵挂着自己的家人。

漫长的冬夜，他一个人躺在村委会的宿舍里，寒风敲打着窗棂，雪花从门缝里钻进来，耗子在墙角窃窃私语，宿舍里冷如冰窖……

老母亲的眼病减轻了吗？

在讲台上站了一辈子的老父亲身体还好吗？

两岁的儿子不发烧吧？

忙碌了一天的妻子该熟睡了吧？……

他想起每次离家，老母亲欲言又止意万千……

他想起儿子紧紧抱着自己的双腿，嘴里含混不清地喊着："爸爸不走，爸爸不走……"

他想起了年轻的妻子期盼、哀怨的目光……

他唯在心里默念——

自古忠孝不能两全，舍小家为大家。我是一名共产党员，是神底村的第一书记，带领贫困户脱贫是我的职责。

不知不觉中，一个个不眠之夜就这样过去了。

杨宗鹏深知逆水行船不进则退的道理，他采取得力措施，狠抓巩固提高，防止返贫。

于是，完善了以淘宝（阿里巴巴）、京东临汾特产馆、区域网站（今合网、拼多多），微信（网红主播），社区体验（生态农业）为平台的产业营销布局。

同时，产业振兴战略规划出台了——

立足乡宁苹果、花椒、核桃产业，产值5个亿，做出品牌，做出标准。

打造生态休闲观光农业度假区，并吸收终身制会员，提供吃、住、玩、养生等一站式服务。

根据会员的需要，为亲朋好友定制专属产品，做到各个环节全程可监控。在专属产品上将枣岭垣和神底村的人文历史植入专属二维码，将会员一辈子值得铭记的故事也植入二维码，附着在苹果表面。这是全新顶尖的销售方式，人们在享用产品的同时，也对当地文化有所了解。

大力倡导组建乡村振兴、农业农村发展联盟，目前联盟成员超过50人。一群不知天高地厚的年轻人聚集在杨宗鹏的旗下，积极探讨新路子，为乡村振兴做出应有的贡献。他们规划了乡村振兴三步走——

第一步卖产品，根据市场趋势生产、组织高质量的对路产品。

第二步卖健康的理念，引导村民进行生态农业种植，制定生产标准，实现不用农药、化肥、除草剂、激素等，让人们吃得放心、健康。

第三步卖服务，吸引人们到农村去，发展农家乐、采摘、养老、亲子游，打造新时代的田园综合体式。

2017年底，神底村全村117户、338人脱贫摘帽。

2018年，狠抓品牌管理，注重长线布局，巩固提高，继续前行。

2018年6月，杨宗鹏第一书记任期满了，被组织调任别的工作岗位。他离开的时候虽然有一些恋恋不舍，但是心里还是轻松愉快的，因为他引进的苹果新品种遍地开花，他的电商平台还在正常运转，他的香凝牌还是响当当，他的理想、规划、追求在神底村得到一一落实，他的心与神底村人的心还在一起有力地跳动……

在第一书记任上，年轻的共产党员杨宗鹏，用自己的实际行动诠释了共产党员的担当与责任，用精彩的业绩改变着神底村人的生活和神底村的沟沟壑壑。

脱贫路上的带头人

乍一听王清霞这个秀气的名字,还以为是一位女性。再看简历,竟然是赫赫男儿,而且还是一位叱咤风云的检察官,荣获过临汾市人民检察院个人三等功。

2017年1月,由组织选派到关王庙乡北村担任第一书记。精准扶贫工作开展以来,在乡村两级干部和驻村扶贫工作队的有序配合下,北村大力发展致富产业,全力补齐基础短板,深入开展驻村帮扶,到2017年底,累计实现230户、856人脱贫,贫困发生率降至1.38%,全村人均收入达到3400元,村集体经济收入超过5万元,顺利摘掉了贫困村的帽子。2017年,县委、县政府授予北村"一村一品"发展先进村。2018年底,累计脱贫7户、23人,全面脱贫。

王清霞干脱贫攻坚工作竟然像在检察战线上一样该出手时就出手,身手不凡,名不虚传,干出了骄人的业绩。

王清霞在北村走了四步棋,便全盘激活。

第一步棋:打造铁军

王清霞刚到北村的时候,跟村两委班子成员讨论如何带领贫困户脱贫致富的问题,班子成员多持畏难情绪。

因为北村位于关王庙乡云头山脚下，辖 10 个自然村，总面积 25 平方公里，耕地面积 3180 亩，总人口 558 户、1763 人。2014 年，识别建档立卡贫困人口 237 户、878 人，全村人均收入 2352 元。村域之内山大沟深，土地贫瘠，水资源稀缺，自然资源贫乏，人们大多无赚钱技能，除了粮食收入之外，再无其他收入，集体经济长期为零。这样的现实状况，如何脱贫致富？

王清霞还了解到，北村党支部长期不开展组织活动，不发展新党员，处于一盘散沙的状态。

党支部的战斗堡垒作用和共产党员的先锋模范作用不能有效发挥，如何带领群众投入脱贫攻坚战役？

北村脱贫攻坚战役的第一步棋就是整顿党组织，打造一支攻城略地的铁军！王清霞下定了这个决心。

王清霞先找班子成员深入谈心，了解干部党员对全村现状和对未来发展的真实想法和看法，目的就是集思广益谋发展。

谈话也是一件很有学问的事情。没有诚心，缺乏耐心，还真谈不下个样子。王清霞的谈话则直入人心，有时集体谈，有时个别谈；有时正式谈，有时边干活边谈……

大家看到新来的第一书记不是蜻蜓点水，而是扑下身子，一副真抓实干的样子，慢慢就由敷衍到交心，由冷淡到热心，跟他一起为了北村的未来认真探讨。

就这样，王清霞很快就掌握了北村的实际情况和干部群众的真实想法。他先从加强党组织建设入手，整顿了村支部和党小组，恢复了组织活动，加强了政治学习，让党的旗帜高高飘扬在北村上空。

在此基础上，王清霞带领村两委班子成员及扶贫工作队员走访贫困户，很多时候一天要走 10 多公里山路，先后走访村民 800 多人次，用心的密集走访，最终找准了北村的三条穷根：

第一，基础设施落后。

第二，缺乏主导产业。

第三，党员干部发挥作用不明显。

为拔掉这么多年的穷根，他带领村两委班子坚持白天走访贫困户，晚上定点集中学习，讨论工作中遇到的问题。在持续的集中学习和交流过程中，很多同志转变了思想认识，坚定了带领全村群众发展产业，夯实基础，脱贫致富的决心。党员干部纷纷表示，一定要在村两委的领导下，真抓实干，彻底改变北村的落后面貌，党支部指到哪里，就打到哪里。党支部下达了任务，不强调理由，不讲条件，坚决完成。

很短的时间内，北村两委干部、全体党员的工作作风和精神面貌便焕然一新。最明显的变化是，原来一张口就是强调困难，一转身就溜号的党员，变成了有了工作抢着干，没有工作找着干；原来一说到工作就一问三不知，现在把各种打算阐述得清清楚楚。

一盘散沙的村两委班子和党员队伍，终于被打磨成了一支步调一致、奋勇向前，懂政策、会帮扶、能干事的铁军。

干部党员队伍的变化，王清霞看在眼里、喜在心上，他趁热打铁，带领班子成员，整顿村两委工作作风，加强服务意识，组织工作人员学深学透扶贫政策以及各项涉及农村工作的制度规范，首先叫干部和党员自身硬起来。同时，抓住中心工作不撒手，深入宣传脱贫攻坚战役的有关方针政策，抓紧贫困户档案建设，同大家一起落实帮扶措施，严格把关，亲力亲为，把每一项工作做扎实。他还带领党员干部走进百姓家和田间地头，了解贫困群众的近况，询问困难群众的想法，在柴旮旯边倾听贫困户的打算……一段时间下来，就能与群众坐在一起，以心交心，以诚相见了。

队伍建立起来了，思想认识提高了，脱贫攻坚战役的战场建设好了，接下来就是如何排兵布阵，组织进攻了。

第二步棋：选好产业

多年来，北村的集体经济发展停滞不前，村委会账上除了国家下拨的各项扶贫款、救灾款、补助款以外，没有一分能由村委会支配的资金，村委会在自然灾害面前、在突发事件面前、在贫困户特殊困难面前，没有任何作为,很难发挥作用。

王清霞打定主意首先发展壮大集体经济,增强村委会在公益事业、救助特殊贫困户等方面的主力军作用。

根据多年的工作经验,王清霞深知无农不稳、无工不富的道理。要想把北村真正建设好,使全村建档立卡贫困户彻底能摆脱贫困,过上小康生活,除了抓好农业生产以外,更重要的是要带领大家发展主导产业。

适合北村发展的产业有哪些呢?

能够持续发展的产业是什么呢?

这是王清霞考虑得最多的问题。

多年的检察工作告诉他,目标、过程、细节同样重要,缺一不可。发展产业决不能搞那些花里胡哨的东西,不能作秀,更不能人走茶凉,锣一停戏就散,一定要有可持续发展的后劲,一定要有旺盛的生命力,真正叫群众产生获得感和安全感。

在和村两委多次考察、多方协调后,在乡党委、乡政府的大力支持下,决定发展食用菌花菇种植产业。

目标一经确定,战斗号角即刻吹响,主攻队伍立即开拔!

考察项目、引进品种、确定地块、购买设备、聘请技术人员、进行业务培训、优化经营模式、健全管理机构,这些事情一路走下来,如行云流水一般扎实可靠。

以北村为建设基地,与其他3个行政村共同发展的集体经济模式应运而生。新建了8个花菇大棚,每村各2个大棚,每棚可种植1.1万袋的花菇种植生产基地出现在关王庙乡云头山脚下。

经由乡政府协调,北村村委会与管理技术成熟、销售市场稳定的龙头企业剑泉花菇专业合作社合作,实行承包托管的新颖模式。双方签订合作合同,各自履行法律义务,在法律许可的框架下合作经营。合作社在管理和运行中使用贫困户劳动力,负责免费培训种植技术和人才,产生的效益按比例上交村委会。资源的有效配置、利益的翻倍,极大地壮大了村集体经济。接下来,他们通过公开、公推、公选、公示方式,将所得收入投入后续发展及兜底可能出现的返贫上面，以滚动发展模式实现长期带动效应。2017年底决算，合同兑现，村集体经济由2016年财政转移支付转变为增收5万元。

一个个现代化的高大坚实的花菇种植大棚稳稳坐落在北村大地上，骄傲地向世人宣告——

北村人终于有了拿得出手、有奔头的龙头产业！

北村村委会终于能够在发展公益事业、抵御自然灾害、脱贫攻坚中有所作为！

在建设花菇生产基地的那些日子里，王清霞坚守在北村，带领大家一一落实各项建设项目。他的要求很细、很严格，从购进设备的品牌、质量到施工的工艺

王清霞在查看蘑菇长势

规范、工程质量和进度，从施工程序到每个环节的连接，从施工材料的存放到施工工人的生活安排，事无巨细，坚持现场过问、现场监督、现场解决，有的时候，还要拿着施工合同一一对照，生怕出现纰漏。

他不是事务主义者，也没有舍我其谁的狂妄，更不是不信任哪个人。

他深知，花菇种植生产基地项目来之不易，意义深远，作用重大，来不得一丝一毫的马虎大意。

一定要建成全优工程，给北村全体村民一个满意的交代！

当花菇种植生产基地终于建成的时候，当8个现代化的花菇大棚终于落户北村的时候，当花菇种植生产基地成功生产出第一茬大花菇的时候，第一书记王清霞才悄悄松了一口气……

花菇种植生产基地的建成，村两委和贫困户脱贫致富的信心更足了。

贫困户纷纷找王清霞和村两委干部表达尽早脱贫的意愿，申请发展适合自家的产业，请求他们支持。

王清霞及时向他们宣传国家的产业政策，鼓励他们打消畏难情绪，大胆发展产业。告诉大家，机会可遇而不可求，千万不能错失发展机遇。

于是，9户人家养黑猪，2017年底，每户收益均在8000元以上。

于是，9户人家养本地牛，每户收益超过1万元。

还有59户种植核桃、花椒、连翘共170.5亩，成活率100%，长势良好，两三年内就可挂果。

为了推动村里主导产业的发展，在村两委的协调下，北村成立了安玉农业种养殖生产合作社，采取"村委会十合作社十农户"的模式，制定和落实了开发闲置土地258.5亩，动员有发展意愿、但缺乏苗木来源、不懂技术的贫困户参与合作：贫困户只需报回土地亩数、地点和栽植种类，初期全部交由合作社统一栽植，最后再移交贫困户管理，最终直接受益。此项举措一经出台，就带动72户贫困户踊跃参与。

此外，针对外出务工，缺少土地、劳动力，发展意愿不强烈，人口多，享受政策红利少的贫困户，他们合理利用300亩复垦土地，由村委会统一实施种植连翘，根据收益将红利分发给贫困户，受益贫困户已达138户。

王清霞还协助村两委严格把关，与乡宁康隆养殖专业合作社签订带动协议，带动贫困户135户、455人。

一连串的产业发展措施的圆满落实，使人口多、贫困发生率高的北村呈现出一派欣欣向荣的新气象，实现了人人有活干、家家有产业，实现了贫困户产业全覆盖长期稳步收益的喜人局面。

第三步棋：打好基础

高明的棋手下棋的时候，往往走一步看三步，甚至看更多步。

王清霞比高明的棋手还要高明，在整顿组织班子、发展产业的同时已经把完善村里基础设施的建设提到了重要议事日程。

还在刚进村的时候，王清霞就发现北村基础设施十分落后，村内村外全是土路，凹凸不平，晴天虚土好几寸厚，雨天脏水横流，人畜吃水要到深沟里去挑，卫生室形同虚设，群众出行、运输、吃水、医疗、住房极为困难。

为了及时解决这些问题他多次往返于交通、水利、测绘、农委等部门，为群众协调解决道路硬化、崔家坡水利、搬迁点测绘、施工等问题，终于争取到资金 840 多万元，实施了一系列基础建设工程。

完成主干道路 9.416 公里、通村道路 8 段 15.6 公里、8 个自然村 2.663 万平方米巷道硬化工程，总投资 620 余万元，解决了群众出门难、运输难的问题。

完成水利工程建设 8 处，为 3 个自然村铺设 2 万余米的自来水入户管道，完成投资 200 余万元，让村民吃到家门口的放心水，解决了长期困扰村民的吃水问题。

修缮房屋，购进设备，完成投资 8.5 万元，完善提升了村级卫生室的行医条件和环境，让村民出门便能就近就医，极大地降低了就医成本。

修缮了村级组织活动中心，完成投资 12 万元，让群众空余时间能有地儿去。

充分利用易地扶贫搬迁政策，完成了 36 户贫困户住房搬迁工程。

实施了美丽乡村建设工程，清理了多年积攒下来的垃圾，修订了村规民约，健全了卫生打扫制度，设立了保洁员，整治了全村环境卫生状况。

上述建设工程的完成，使北村的内外部环境发生了根本变化，群众生活方便了，文明程度提高了，获得感和安全感增强了。群众的精神面貌发生了根本变化，村内村外呈现出一派卫生整洁、文明有序的喜人景象。

第四步棋：爱心援助

农村工作千头万绪，有些事情可以用行政命令的方式解决，有些事情可以用说服教育的方式解决，有些事情可以用投资的方式解决，但是还有一些事情，如小学校教学秩序、统一校服、困难家庭小学生的文具书包、对残疾人生活上的帮助等，远远不是说一句话、开一次会、给几个钱所能立马解决的。

自从到北村第一书记岗位上任的那一天起，王清霞就产生了为孩子们做点事的想法，随着各项工作的进展、村里文明程度的提高，这个想法越来越强烈地频繁出现在他的脑海。

一定要为孩子们做一点事情，点亮乡村希望的篝火！

因为孩子也是精准扶贫战役绕不过去的一个很重要的点！

因为孩子是北村的未来，也是国家的未来！

北村小学集合了10个自然村的适龄学生共42名，虽然经过希望工程的实施，校舍、操场、师资、设备、教学环境等方面在不断改善，教学质量也在逐步提高，但是还有一定发展空间，还有一些需要补齐的短板。

怎么办？

发动社会献爱心！王清霞打定主意。

这是目前唯一可行得通的途径！

2017年11月，在王清霞积极争取和检察院党组的大力支持下，检察院为北村小学全体学生免费定制校服42套，量身定制式的援助和大爱善举获得了全校师生及村民的赞赏肯定。

王清霞又联系到了正在云丘山旅游景区举办希望农场的台湾有机农业专家陈礼龙教授，再次为北村小学的学生争取到了一批爱心支助，为北村小学捐助鞋袜42双和书包等其他文具。

2018年5月，临汾麦德莱得家具有限公司为北村小学捐助校服42套、学习用具42套、夏凉被3床。

同时，积极争取到总部在北京的临汾"水孩子"爱心团体的捐助，为北村小学捐助桌椅、书包、文具、玩具等42套（个），并为1名贫困家庭学生争取到每月200元的生活补贴。

在关爱孩子的同时，王清霞也没有忘记残疾人和行动困难老人这两个弱势群体。2018年5月，他与县残联协商联系，多次往返于县残联递交申请书，完善申请事项，为北村残疾人、行动困难老人申请到50个单拐、4

个双拐、1个坐便器、3辆轮椅、若干个肘拐等辅助器材60余件，从根本上解决了他们的行动障碍，方便了他们的生活，大大地提升了残疾人、行动困难老人群体的生活质量。

王清霞还和临汾市科协联系，在村委会设立科学驿站，获赠价值6万元的远程教育器材，极大地方便了小学生获得新知识和村民与大城市科研机构的联系和沟通。

与此同时，他还与临汾市联通公司联手开展了扶贫爱心活动，获赠每个内存120元话费的手机卡251个。别看这120元的电话卡不起眼，却把北村与山外的距离一下子拉近了。王清霞把电话卡发给那些正忙着脱贫的贫困户和那些出不了门的残疾人，方便联系业务，残疾人有了需求及时给自己打电话。

两年的第一书记任期很快就结束了，2018年底，乡宁县检察院驻北村扶贫工作队队长的位置出现了空缺，领导征求王清霞的意见，王清霞表现出几分豪迈，说："战争年代，战场上连长牺牲了，副连长上；副连长牺牲了，排长上；排长牺牲了，班长上！现在是脱贫攻坚战役，如果领导上没有合适的人选，我上！"

于是王清霞的身份变成了扶贫工作队队长兼第一书记，坚守在北村脱贫攻坚战役的岗位上，带着乡亲们继续打下一个战役！

年逾半百的王清霞有一个幸福的家，家里有年迈的父母，有亟须照护的孩子和需要关爱呵护的妻子。自打担任北村第一书记以后，紧张繁忙的脱贫攻坚战役把他死死地缠在工作岗位上，一头扎进北村，很少回家。

他的父亲是一名退休老干部，患有高血压和心脏病。有一次犯了病，正赶上王清霞回县里开会，父亲知道他在打脱贫攻坚战役，工作忙脱不开身，就安慰他："你忙你的，我在家有你妈、你弟弟妹妹他们照护就行了。"其实，王清霞从父亲盼望的眼神中看出来，父亲是希望自己带他到医院检查，自己也想带父亲去医院检查，可是开会时间马上就到了，他只好安慰了父亲几句，就匆匆开会去了。家里人也很体谅王清霞，一些小的变故，都不告诉他，怕影响他的工作。

母亲是一名退休职工,患有血小板减少症。祸不单行,2017年母亲晨练时,不小心摔倒造成了胸椎骨折。做手术的时候王清霞没有时间在身边陪护,手术后恢复不好,到现在都不能干活。

平日里,多半是两个老人互相照护。每次回家,王清霞想多尽一点孝心,可往往是活儿还没干完,就又要下乡了……

王清霞不在家的时候,老人和孩子就由妻子来照顾。2017年春天,脱贫攻坚战役进入紧张阶段,儿子面临找工作和结婚,王清霞坚守在北村难以分身,家里的这些事情就靠妻子一个人忙活。善解人意的妻子有时也会埋怨几句,但想到丈夫进行的脱贫攻坚战役,也就释然了,全力支持丈夫的工作。

王清霞深知,自己不是一个人在单打独斗,他的身后有县委、县政府的指引,有乡村包联帮扶同事和全体贫困户的支持,更有家中亲人的理解……

青春在大咀村闪光

一

2015年8月10日上午，天气出奇的热，太阳像钉在了空中，火辣辣的阳光没遮没拦地射向大地，地面上没有一丝风，只有38摄氏度以上的高温，热得庄稼叶子打了卷儿，黄土路面泛起一层热辣辣的浮土，连空气都是又闷又热……

快晌午饭点的时候，西交口乡大咀村头出现了几个衣着时髦的年轻人，一共是两女三男。两个女干部，一个是县委组织部新任命的大咀村第一书记王黎，一个是西交口乡政府包联扶贫的副乡长张红兰。那三个男的是县工会派驻大咀村的扶贫工作队员。

他们是来大咀村两委来报到的。

王黎出生于1982年，毕业于太原理工大学机械设计制造及自动化专业，中共党员，2009年供职于乡宁县委党校，2012年调乡宁县委统战部，是乡宁县委统战部的一名干部，这次是主动报名下乡扶贫的。她要在扶贫第一线熟悉农村工作，充实和提高自己。

她觉得自己确实太年轻了，大学毕业以后就在县委机关工作，太需要补上这一课了。

和许多年轻干部一样，农村工作和生活的新鲜劲儿一过，各种苦恼接踵而来。首先是吃住不习惯，他们住在村委会，那里白天人来人往，夜间冷冷清清。吃饭需要自己做，虽说锅碗瓢盆、油盐柴米都不缺，可是农村的做饭条件总不如城里方便，缺这少那的，做了没几顿饭，他们就不做了，干脆泡面就榨菜。

更难堪的是，有时碰上饭点了，老乡热情留饭。农民家里乱飞的苍蝇，农村妇女不太讲究的个人卫生……这样的饭实在难以下咽。

只好说不饿，这一天就只好饿着了……

其次是住的问题。在县城过的是现代化的生活，早晨洗脸刷牙，晚上要洗澡，在农村却没有这个条件。这里没有自来水，用的是下雨积存下来的二茬水，有一股怪味不说，还不能敞开使用。

还有衣服，在县城的时候，天天换洗，可是在大咀村，哪能带那么多衣服，也没有那么多的水叫你天天洗衣服。

王黎慢慢地有了不少抵触情绪，甚至生出辞职不干了的念头。后来在县委组织部、统战部机关党支部、乡镇党委和村党支部各级领导的多次开导下，尤其是在具体工作中，使她对农村、农民和农业越来越有感情。特别是2015年冬天在贫困户张徐科家中，简陋的土窑洞没有任何现代化取暖设施，冷得人待不住，大人孩子蜷曲着身子挤在炕头；家里没有电视等传媒设备，全家人只能大眼瞪小眼熬时间；饭锅里吃剩的一点面条粘在锅底，半个窝窝头烤在奄奄一息的火炉子上……

王黎的内心被强烈地震撼了！

她第一次为贫困群众流下了心酸的泪水……

自己下来担任第一书记难道不正是为了扶持帮助他们吗？

一个共产党员的工作目标不就是满足广大群众对幸福美满生活的追求吗？

一番思想斗争后，王黎的思想认识提高了。

王黎想起了孟子说过的一段话："天将降大任于斯人也，必先苦其心志，劳其筋骨，饿其体肤，空乏其身，行拂乱其所为，所以动心忍性，曾益其所不能。"

王黎自知自己不是担当大任的人，但是作为第一书记，总得有所担当、有所尽责吧！

尽快适应农村生活，就是完成担当和责任的第一步！

我一定要坚持下去！

再大的困难也要克服！

二

就这样，王黎横下一条心，彻底改变城市生活的习惯，把自己当作一个农民来要求。

一段时间下来，她和农民的感情处深了，也掌握了他们的所思所想。

到了群众家里，她拿起杯子就喝，端起饭碗就吃，拿起工具就干。

王黎和工作队、包联乡干部认真研究协商，制定了大咀村的脱贫工作分三步走的工作规划。

第一步是入户走访，了解情况。她发挥自身优势，坚持驻村驻心真扶贫，从走访一家一户做起，从遵守工作纪律严起，找准大咀村党组织工作的根本症结所在。而后，配合村党支部书记完成了支部规范化、标准化建设的一系列工作任务，坚持"三会一课"制度，在她和支部一班人的努力下，两年来"三会一课""四议两公开"和民主评议党员制度规范落实，先后召开党员大会 10 余次、支委委员会 20 余次、支部大会 10 余次、党小组会 30 余次，举办主题党日活动形式多样并融入各项工作中，多次召开各类议事会，发展 2 名新党员，投资 2 万余元改善了党建阵地，组织支部 26 名党员开展了"两学一做"，十八大、十九大学习教育活动。定期召开党员和入党积极分子政治学习，坚持学习不松懈，牢固树立"四个意识"。作为第一书记，王黎带头学习党的一系列思想理论，培训不遗漏，自学不放松，时时刻刻用党员的标准要求自己，带头学习思考，树立牢固的政治意识、大局意识、核心意识、看齐意识，使村党支部的政治功能得到增强、服务水平有效提升、引领能力进一步提高。

为了表示对老党员和老干部在全村工作所做出的巨大贡献的肯定和对他们尊重，每逢中秋、春节，王黎都自掏腰包买上礼品，会同村两委干部去本村 6 名 70 岁以上的老党员家中慰问。通过以上举措，党支部的基础工作更加扎实了，党员基本能力稳步提升，党支部的凝聚力进一步增强，党组织的战斗堡垒作用和党员的先锋模范作用发挥得更加明显了。

第二步抓策划，选项目，勤引导，牢牢抓住大咀村脱贫致富的得力措施。她亲自做好做细动态信息录入工作，做实帮扶措施落地，先后对 131 个贫困户进行了深入走访，终于制定出既符合国家政策，又紧密结合本村实际的脱贫措施，盘活土地经营为村集体经济破零。大咀村位于西交口乡西北部，距乡政府 5 公里，全村共有 9 个自然村，8 个村民小组，190 户、733 人，耕地面积 2489 亩、退耕还林面积 2260.8 亩、公益林面积 2842 亩，主要种植小麦和玉米。2014 年，贫困户为 65 户、315 人；2015 年，新增贫困户 3 户、9 人，出列 4 户、15 人，年底脱贫 8 户、38 人；2016 年底，新增贫困户 65 户、223 人，2017 年脱贫 118 户、488 人；2018 年脱贫 5 户、9 人。

毫无疑问，这些贫困户就是本村脱贫攻坚战役的主攻目标，一定要做艰苦细致的工作，使他们在短期内真正脱贫。

经过仔细调研，发现全村共性致贫因素是产业单一，且不成规模，村集体经济薄弱，公共基础设施落后，生产和生活条件差。在此基础上，王黎牵头撰写了 3 个村情调研报告，制定了 3 年的村脱贫规划，并深入贫困户，与帮扶责任人因户施策，制定了 131 户贫困户脱贫计划，明确了全村脱贫的路径图和时间表。

王黎和村两委、包联干部最后确定的脱贫措施分为四大块：

其一是特色产业增收，将全村 56 户建档立卡贫困户健康劳动力全部纳入大咀村翅果种植合作社，通过合作社统一组织，参与琪尔康翅果基地的翅果树管护、除草、采摘等劳动，户均年增收 5000 余元；组织 83 户贫困户种植花椒 458.2 亩，亩均年可增收 4000 元。

其二是改善基础设施，协调完成大咀村 4 个自然村的道路硬化 4.93 公里，新建 5 个蓄水池，解决 7 个自然村的饮水安全问题，接入移动宽带网，全村生产生活条件得到全面改善。

其三是政策捆绑运用扶持，动员12户贫困户易地搬迁，协调落实20余名贫困户上学子女补助，开展产业技术培训300余人次，财政代缴医疗保险28710元。帮助6户贫困户参与工行"富农贷"，以30万元入股琪尔康翅果生物制品有限公司，每年分红3万元。11户贫困户聘用为护林员和保洁员，年收入分别达到4200元和7000元。

其四是扶贫档案基础工作，建立完善3年村级档案，确保数据精确、信息精确、措施精确，为精准扶贫奠定良好的基础，提供基础性保障。

这份事关精准的工作，对于干过多年机关工作的王黎来说，不是难事。她先后逐村逐户整理档案131份，确保每一个数字、每一个家庭、每一个贫困人口的信息准确无误。由于大咀村的扶贫档案基础工作做得好，成为全乡的标杆，王黎本人曾多次被抽调到乡政府参与档案信息整理等工作，每一次都任劳任怨，完成领导安排的工作。

其五是抓落实、抓质量、抓进度。多年的机关工作经验告诉王黎，打通思想认识，制定工作规划，都不是太难的事情。

难的是如何落实、如何保证质量、如何推进这三个方面。

她把每一项工作都详细地记在笔记本上，注明完成时间和工作标准、责任人，而后倒排工期，一一督促落实。

2016年初，在参与琪尔康翅果基地的翅果树管护、除草、采摘等工作中，她把纳入大咀村翅果种植合作社的56户建档立卡贫困户每户的人口、劳力、种植数量、预计产量等都记得清清楚楚，定期核实每户出工人数、天数和工作质量，由此计算出每个贫困户全年应得到的报酬。这样既督促了务工户的劳动积极性，也能保证贫困户的经济利益。

2016年，王黎和村两委干部带领群众栽植花椒。在动员群众种植花椒的时候，一开始有的贫困户认为种植花椒周期长，不能当年受益，因此对种植花椒树不是很积极，再三拖延敷衍。眼看种植季节快过去了，王黎心里很着急。于是她爬坡下沟一户一户地说服动员，耐心向大家解释花椒的生长习性和管理技术，还拿枣岭乡和西坡镇种花椒发财的成功事例鼓励大家。有些人还是拿不定主意,她就带着大家到枣岭、西坡实地参观,用活生生的事实教育激励大家,打消了大家的顾虑。她还亲自跑县城有关部门,争取到每亩花椒政府补贴300元。购回花椒苗以后,很快就在大咀村掀起了种植花椒的高潮。她还要一一验收树苗质量,不合要求的不准进地。栽植花椒的时候,她坚持和贫困户在地里劳动,督促检查栽植质量。短短一个多月的时间,组织83户贫困户种植花椒458.2亩。目前,新栽植的花椒树长势良好,预计两年后亩均年可增收4000元。

2016年7月,大咀村4个自然村道路硬化和新建蓄水池工程施工开始了。王黎心里清楚,这两项工程是大咀村脱贫致富的基础工程,也是造福每一位村民的惠民工程,保证工程质量更是第一位的。她和村两委干部研究,组成质量督查小组,每天冒着炎炎烈日,头戴草帽,身背水壶,坚守在工地上,验收筑路材料规格、施工工艺规范,掌握工程进度,使工程在年底之前顺利完工。不仅解决了村民的出行运输困难和7个自然村的饮水安全问题,而且使全村的村容村貌、生产生活条件得到明显改善和提高。

几项工程干下来,承蒙日月风尘的关照,王黎由一个细皮嫩肉的城市女性,变成了皮肤粗糙的农村妇女。大咀村的那些婆姨们见了她,无不嘻嘻哈哈地说:"王书记,这才像咱大咀村里的人……"

三

在协调完成面上中心工作的同时,王黎心中还牵挂着那些缺乏劳动力、没有致富门路、身体残疾的贫困户的具体困难,热心地帮助他们出主意想办法,甚至亲自出面解决一些疑难问题,使他们无后顾之忧,在脱贫攻坚的道路上轻装上阵。

贫困户张吉昕,在其10岁时外出玩耍,不慎从路边悬崖摔了下去,伤了大脑,造成智力残疾,妻子白凤琴同样智力残疾。2014年生有一女张丽霞,智力正常。由其父母亲帮助维持最低的生活水平。张吉昕父母也是贫困户,父亲前几年由于外出务工腰部受伤,无法干重活。

看着这孤立无助的一家人,王黎的眼睛湿润了……

全面了解到这一家人的困难以后,王黎先是主动帮助他们办理了残疾证,享受困难残疾人生活补助,使他们生活无忧,而后又帮助他家申报易地扶贫搬迁,并在地基、建房、后续工程一系列事情上给予帮助,使这一家人按时乔迁新居。

为了帮助他们发展产业,还动员他们种植花椒。张吉听父亲很积极,帮助儿子平整土地,栽植花椒。这一家人第一次有了自己赖以生存发展的产业。

王黎(左)看望贫困户的孩子

张吉听虽然智力残疾,但能考虑一些事情,他扳着指头算算,女儿到了上学的年龄,就跟王黎说了这事。王黎跟包联副乡长张红兰共同到西交口乡为其女儿争取到一间免租房,并替她购置了生活用品和书包等学习用具,解决了孩子上学的困难。以后,王黎每次到乡政府开会办事,都要到学校看望这个孩子,给她送去礼物,勉励她好好学习。

大咀村民王西罕,丈夫英年早逝,留下一儿一女。儿子吕海江天生智力残疾,媳妇靳兰弟也是智力残疾,二人生有一子吕旗鹏。吕旗鹏智力正常,成为全家的希望。

王西罕的女儿吕红朵在家照顾哥嫂,王西罕在外边务工挣钱维持全家人的生计,全家住两孔破旧的窑洞,这也是一家建档立卡贫困户。王黎帮助他们家申报易地扶贫搬迁项目,并在地基确定、建房工程、房屋装修等方面给予帮助。2017年冬天到来之前,王西罕一家搬进新房,彻底解除了危房的困扰。

王黎还帮助他们家办理了残疾证,享受国家规定的各项生活待遇,有效地解决了基本生活需求。

王黎经常到王西罕家看望,知道她的小孙子吕旗鹏爱好画画,就给他送去白纸、彩笔、铅笔、画板、画册,鼓励他练习画画。还给家里送去生活用品,帮助他们解决生活上的困难。

为这两家解决了基本生活困难,这两家人多次说要请王黎吃饭,有一次实在托推不过,王黎在张吉听父母家吃饭后,默默地留下了200块钱……

后来这两户人家在王黎不知道的情况下,来到了大咀村党员活动室送来了一面锦旗,锦旗上写着"心忧百姓两袖清,扶贫帮困显豪情",王黎感动得不能自已。

为了叫大山里的孩子接触到外面精彩的生活,感受新时代的脉搏,王黎热情联系乡宁县城小脚丫舞蹈中心和云朵创意美术,组织孩子们于2017年12月30日上午,赴西交口乡大咀村参加扶贫结对帮扶慰问活动。

这是小山村从没有过的新鲜事。

全村男女老少早早地聚集到打麦场。大咀村的孩子们跟城里的孩子们一起跳舞、做游戏,特别开心,吕旗鹏和他的同学们还教城里的孩子们跳《大梦想家》。

活动结束以后,县城江南烘焙食品店还把带来的蛋糕和点心分给了大家。

城里的小朋友带着自己准备的礼物,跟大咀村的小朋友结对。

小脚丫舞蹈中心和云朵创意美术承诺,只要是大咀村的小朋友,可以在小脚丫和云朵免费学习舞蹈和画画。

虽然天寒地冻,但是孩子们热情高涨,一片欢声笑语。

王黎在大咀村一待就是3年,这3年是她抛家离舍的3年,也是她带领大咀村父老乡亲奋勇拼搏脱贫致富的3年,更是她身心成长的3年。

王黎的工作得到乡宁县委、县政府的高度肯定。2016年,她被评为全县优秀共产党员;2018年,被评为全县优秀党务工作者。

面对荣誉，王黎首先想到的是自己的亲人，如果没有他们在幕后默默的理解和支持，就没有今天的自己。

1000多个日日夜夜，王黎虽然时时牵挂着自己的亲人，他们也需要自己，但是为了大咀村的贫困户早日脱贫，为了大咀村早日走上产业之路，她不得不把对亲人的牵挂暂时放到一边，扑下身子投入脱贫攻坚战役中去。

最让人心疼的是6岁的女儿，正是需要母爱的年龄，王黎却不能陪在身边。

作为一个母亲，王黎心中满是遗憾与愧疚。

一年冬天的一个下午，王黎在县里开完会天下起了大雪，临时决定不走了，好好陪女儿一夜。孩子高兴得又是唱歌又是跳舞，满屋子奔跑，比过生日、过年还高兴。结果半夜乡里来了电话，说有急事叫她立即赶回。没办法，她只好悄悄穿衣起床，看看熟睡的女儿准备走。她爱人看看外面的大雪，不放心她一个人开车半夜走雪路，就叫来爷爷奶奶和孩子做伴，自己开车送妻子返回西交口乡。

王黎父亲是一位老党员，总是对她说："既然干了这个工作，就一定要安下心来替老百姓干实事。"

平常到大咀村，王黎都是自己开车走，到了村里再给家里打一个电话报平安。有一次，王黎开车到一个自然村办事，那个村子地处深沟，手机信号很弱，电话怎么也打不通。全家人很着急，生怕她出了什么事情。她爱人把电话打到西交口乡政府，获知她下乡的消息后才安下心来。

王黎从心底里喜欢上了大咀村，喜欢上了这里的一草一木，喜欢上了这里的父老乡亲，所以当她任期届满，组织上征求她的意见时，她毫不犹豫地选择了续任……

老罗是咱的贴心人

让党旗在麦田村飘扬

"来了,来了——"

"可把水泵给盼来了呀——"

"老罗书记可真是好人呀!"

2017年9月10日下午,昌宁镇麦田村村口围着一堆人,忽然有人指着出村的路大声喊起来。

说话间,一辆中型货车驶进了村,稳稳地停了下来。一个中年妇女跳下车,对最前面的人说:"平安,这回没问题了,赶紧叫大家安装。"

说话的是麦田村第一书记罗平安的爱人,最前边那个人就是罗平安。

原来,麦田村人畜吃水的水泵烧坏了,100多口人的吃水成了问题。村两委指望县水利局能配套一台水泵,但是政策有变,人家不管了。这可怎么办?三伏天马上就到,天气越来越热,村里人没水吃怎么能行?村民们激动起来,要到镇上反映情况。为了不至于因为这一件事情影响脱贫攻坚战役的大局,罗平安立即自己担保从临汾赊了一台水泵救急,让他爱人用自家的小车将水泵送到山上,可是由于村里人把250米扬程错报成了150米,无法使用,只得拉回去。250米扬程的水泵实在无法用小车运,只能雇车送上来。今天罗平安的爱人就是亲自押车到山上送水泵来了。

水泵很快就安装调试好,清凌凌的自来水又流进百姓家,村干部这才松了一口气。

事后,村民朝罗平安竖起大拇指赞扬说:"罗书记,不简单!"

罗平安笑而不语。

罗平安1969年出生于临汾市尧都区,先后在乡宁县农业局、临汾市城镇集体工业联合社工作,曾任主任、科长等,2015年8月担任昌宁镇麦田村第一书记。

罗平安完全可以不用下乡扶贫的,但他听说本单位要抽调一名科级干部下乡扶贫后,便自告奋勇要求下乡。单位领导见他态度坚决,便批准了他的请求。

麦田村距乡宁县城15公里,有上麦田、下麦田、蒿地岭、曹家河4个自然村。全村共有农户228户、728口人,耕地总面积2561亩、荒山荒坡4200亩、林地1000亩。这是一个单纯的农业村,以种植小麦、玉米、小杂粮为主。有一个规模不大的养殖合作社,村民其他经济收入主要靠外出打短工,集体经济收入为零。2015年,全村人均收入不足2700元。村民基本靠天吃饭,是典型的贫困村。

下到村里后,罗平安发现麦田村党支部竟然没有支部书记,16名党员长期不开展组织活动,且年龄偏大。村里各项工作没有党组织的声音,以致党员干部工作积极性不高,很难发挥作用。针对这一情况,昌宁镇党委便让罗平安兼任村支部书记,主持全面工作。

同时罗平安发现村两委办公地多年来都没有通电、接水,有时候开会村民连一口水都喝不上,晚上办公点蜡烛照明,工作很不方便,在群众中影响很不好。在镇里主要领导的关心下,很快就通上了电和水,办公地面貌焕然一新。

紧接着,罗平安着手整顿党组织,接纳两名新党员,培养两名入党积极分子,恢复了"三会一课"制度。

罗平安还主持村两委会议制定并落实了每周开一次村例会制度,定期共同商讨村里的工作，重要的事情经村民代表大会议定，村委会还成立了麦田村理财监督委员会。麦田村两委更换了办公桌椅，购置了电脑，安装了电子屏、扩音喇叭，配备了打印机、复印机，建起了国旗台，让国旗和党旗高高飘扬在麦田村上空。

如此这般做下来，麦田村党支部的凝聚力增强了，党的领导核心地位牢固树立起来了，党员的先锋模范作用开始发挥，村里的风气正了，民心顺了，全村呈现出一派朝气蓬勃的喜人景象。

让父老乡亲行动起来

麦田村的群众长期以来就是跟一亩二分地较劲，几十年如一日，过着饿不着、撑不死的寡淡日子。遇上看病、孩子上学、娶媳妇这些事，村里不少人家就要靠借贷过日子，有的人家甚至因病、因学致贫。

搞好麦田村脱贫攻坚战役的思路怎样确定？

麦田村经济翻身的出路在哪里？

贫困户彻底脱贫的举措是什么？

这几个问题严峻地摆在罗平安的面前。

罗平安8月来到麦田村，便带着这几个问题深入村民中间开展了为期一个月的调研活动，摸底排查。他让会计骑摩托车带着自己走访了50多户农户，深入座谈了20户，吃住在村里，大家逐渐感觉到新来的老罗不是在走过场，而是真抓实干，慢慢地开始配合他、支持他，使他在不长的时间内摸清了村里存在的难点和问题的症结所在，吃透了贫困户所需。在此基础上，他与班子成员制定了麦田村发展壮大集体经济与精准扶贫的思路和措施。

罗平安认为，麦田村脱贫攻坚战役的思路应该是以改革为先导，紧密联系本村实际，优先解决群众需求最强烈的公益难题，大力发展种植养殖产业，用活用足国家扶贫优惠政策，打赢脱贫攻坚战役。

而麦田村经济建设与发展存在的主要问题是：

集体经济为零，很难在脱贫攻坚和经济建设中有所作为。

公益事业基础设施欠账太多，村民生产和生活很难提高。

土特产销路不畅，商业气氛不浓，群众手里不多的土特产很难变现，缺乏脱贫启动资金。

村民守旧思想严重，缺乏闯劲，不敢发展种植养殖业。

思路既定，措施即出，剩下的就是撸起袖子加油干了！

罗平安发现，群众脱贫致富的愿望很强烈，就是苦于缺乏启动资金，第一步迈不出去。他还发现虽然村民手里有很多农副产品，但因为缺少销售渠道，这些东西几乎都是"养在深闺人未识"，很难及时卖出去，以致发霉烂掉。于是，他想起了在扶贫培训班学习的电商知识和风靡全国的网上购物。

何不引进电商，把村民手里的土特产变成钱。

他立马到侯马的马上购电商有限公司考察，联系麦田村实际，在有关方面的配合下，组建了乡宁县第一家马上购中国农村电商麦田村服务站，把麦田村出产的土鸡蛋、小米、土豆、胡萝卜、花椒、核桃以及鸡、猪、羊等产品信息登录在马上购网络平台，很快就有了生意，第一单就卖出去3000多颗土鸡蛋，其他商品订单也源源不断地送上门来。罗平安还与马上购电商公司签订意向书，由马上购包销麦田村生产的辣椒、花椒和核桃。

商品时代看重的是市场需求和商品质量。马上购电商认准了麦田村的土特产，主动指导村民种植适销的农副产品。

乡宁县的水土和光照很适合种植花椒，有很多靠种植花椒脱贫致富的成功例子。2017年初，罗平安和村两委、县委办公室驻村扶贫工作队研究决定引导群众发展花椒产业。村委会投入8万多元，购买花椒苗，鼓励村民种植花椒464.77亩，每亩60棵，共计27886棵。还和政府沟通每亩补贴500元，群众种植花椒的积极性更高了。村委会还鼓励村民种植了301亩核桃树，长势良好。

2017年7月，罗平安和村两委、县委办公室驻村扶贫工作队积极落实乡宁县委、县政府实施的扶贫优惠政策，动员养殖大户杨张平牵头成立了盛晖种养专业合作社，对贫困户51户、164人进行委托代养，其中30户贫困户委托代养山羊151只，21户贫困户委托代养育肥猪256头。委托代养资金22.78万元，贫困户每年分红22780元，自主实施产业的贫困户33户、90人，政府补贴资金11.695万元。合作社实行技术、防疫、售后和饲料统一采购服务。此外，麦田村45户、160人享受"股加贷"政策，每人每年分红391元；有47户贫困户享受中行"益农贷"政策，每户每年分红4000元，为全村脱贫攻坚奠定了基础。

罗平安还协调发展了太阳能光伏发电产业。光伏发电是扶贫政策里的大项目，在充分了解和掌握了这方面的政策和知识后，他同市县扶贫办联系，在市县立项，争取到国家扶持。于2017年投资80万元建成100千瓦的光伏电站，当年发电3万度，收入1万余元，不仅分红到农户，带动20户、60人实现脱贫，还实现村集体收入零的突破。还扶持建档立卡贫困户冯桂林、杨郭强建成2个5000瓦的分布式光伏发电站。

针对村集体经济长期为零的窘迫局面，他们依据政策于2016年整合土地资源对外承包，集体收入1.4万元，加上光伏发电站的收入，使村集体经济账上有了5万多元，这在多年来是第一次，极大地振奋了村两委干部和广大群众脱贫攻坚的积极性。

罗平安和村两委用足用活各项扶贫优惠政策，积极带领全村人实施了民生保障工程，修建了文化活动广场，安装了体育器材，丰富了群众的文化生活。投资10万元修建曹家河自然村饮水工程，解决了群众的生活用水问题。修村道1.5公里，安装了6盏太阳能路灯，方便了群众的日常生活。根据村委会统一规划，实施了易地分散扶贫搬迁工程，解决了麦田村26户农户长期受危房困扰的问题。

上述几件事情的成功实施，麦田村脱贫攻坚战役出现了崭新的局面，各项扶贫措施得到了很好的落实，全村经济全盘活了，出现了家家有产业、人人有活干的喜人景象。以前那种挣钱没门路，发展没资金，有钱也不会花，甚至坐在家里等着国家救济的被动现象再也看不见了。

村两委的威望明显提高，群众有了困难就找村两委帮助解决，村两委做出的决定很快就能落实。

大家更加信服罗平安了,一致的说法是——跟着老罗书记干没问题!

2018年1月,经过山西省里组织的第三方评估验收结果表明:麦田村建档立卡贫困户96户、265人实现了脱贫,摘掉了贫困村的帽子。

麦田村彻底改变了面貌。

麦田村成为乡宁县脱贫攻坚示范点。

前来采访的媒体记者、参观学习的干部群众和视察调研的各级领导络绎不绝。

山西省委组织部原部长盛茂林,山西省委领导罗清宇,山西省纪委副书记郝权,山西省人大常委会副主任、临汾市委书记岳普煜对麦田村的工作给予了充分肯定。

2015年,罗平安被临汾市委下乡办评为优秀工作队员;2016年,被山西省委授予优秀共产党员称号;2017年,被乡宁县委评为最美共产党员。

当初决定来麦田村担任第一书记的时候,罗平安只想为群众干点实事,从没想过"名利"二字,而现在党和政府给了他这么高的荣誉,他觉得更应该勤勉工作,为脱贫攻坚贡献自己的一分力。

韶华归来兮

50岁生日的时候,罗平安在日记本上写下如下文字——

> 青春的晨曦已经悄然退去,
> 年少的青涩已经悉数消失,
> 生命的晚霞漫上曾经光洁的脸庞,
> 双脚的蹒跚追踪依然崎岖的征途,
> 踏遍青山人未老,
> 浩气唤来第二春。

写下这几行字的时候,罗平安已经平静地到麦田村履职了。

农村工作说起来简单,其实远远不是这么回事。上面千条线,村里一根针，千头万绪。

罗平安是一个明白人。

他认识到第一书记的责任是最重的，他的工作直接关系到党和国家各项政策的落实和群众的切身利益。

他不是坐在办公室发文件、开会，而是走进田间地头，与群众面对面地交流，一件一件落实。罗平安认为如果工作做不到位，对群众没法交代。

因此，在工作中他带领村两委一班人真心实意帮助群众解决实际问题，遇事不推诿，积极面对和处理农村的棘手问题，及时调解、化解了各种矛盾和纠纷。

在麦田村任职3年多的时间里，罗平安处理纠纷、矛盾10多起，没有发生一起治安或刑事案件，无一人到镇里或县里、省里上访告状。

2015年8月，罗平安到麦田村上任不久，麦田村所属自然村蒿地岭村民高进学的孩子腿摔伤，在临汾住院。罗平安了解情况后，积极帮他们联系医生，去医院看望，帮助他们渡过了难关，一家人感动得不知如何是好。

麦田村的一个孩子，要做个包皮切除的小手术，但是由于不好意思，羞于明说，就住进了小医院。由于没有在医保定点医院治疗，不能报销。他们家的经济情况不好，经济压力很大。得知这个情况后，罗平安以麦田村第一书记的名义帮他们处理，和医院沟通协调以后，给予补贴2000元。

这两件小事传到村里，立即引起了极大的反响，大家一致认为老罗书记真行，大事办得好，小事不含糊，真是咱们的好书记！

村里最难办的是邻里纠纷。麦田村的路灯已安装七八年了，使用中经常出毛病，村民曾发财家门口的路灯不亮了，他就把邻居巧英家门口的路灯卸了，想试一下看能否亮了。结果，巧英不干了，两家吵闹，甚至发展到要动手打架的地步。村干部多次协调无果，两家人不停地给罗平安打电话。了解情况后，罗平安亲自到曾发财家里，给他讲邻里和谐相处的重要性，明确指出他的错误，并承诺自己想办法给他维修路灯。曾发财也认识到自己的不对，主动把巧英家的灯安装好，并向对方赔礼道歉，避免了矛盾升级，两家和好如初。

罗平安接手麦田村第一书记的那一年，老母亲已近80岁，岳父也已80岁了。妻子是下岗职工，自己开了一个门市部，卖一点小商品，贴补家用，两家的事情全靠罗平安和妻子照护。罗平安到村里任职后，家里的事情一点也靠不上了，为了支持罗平安的工作，妻子咬牙把门市部撤了，一心一意操持家务。

罗平安对明理贤惠的妻子，除了感激还是感激。

他认为自己今生做得最对的事情，就是娶了这么一位好老婆。

2017年2月，罗平安母亲八十大寿，妻子曾提前提醒他，要他到时候一定回来为母亲祝寿。罗平安也做好了回家的准备，没想到当时正搞低保户申报和建档立卡贫困户"再回头看"工作，难度大、数量多、要求高，实在抽不开身。忠孝不能两全，罗平安左右衡量，给家里打了个电话，说明不能赶回去的理由。好在母亲理解儿子、支持儿子，还再三嘱咐他要安心工作，别操心家里的事情。

2017年底，罗平安妻子因病住院动手术，正巧那几天有一点间隙，罗平安就回到临汾陪妻子做手术。刚做完手术，罗平安就接到山西省里要组织第三方评估验收的消息。罗平安安顿好妻子，当天就赶回村里，准备迎接省里的评估。贤惠的妻子充分理解他，嘱咐他路上小心些。

罗平安心里明白，刚做完手术的妻子是多么需要自己在身边陪伴呀，可是3年多艰辛在此一举，只能对不住妻子了。

罗平安在麦田村工作了3年多，只有天知道这位第一书记吃了多少苦、受了多少委屈。

而罗平安语惊四座："人这一辈子，只要记住六个字：'不害怕、不后悔！'"

实干练就真功夫

2018年7月1日中午,少见的好天气,阳光灿烂,碧空如洗,蓝天白云之下山显得更青,树显得更绿,小河在山脚下悄悄流淌,小鸟在空中欢快翻飞。

新建的尉庄乡新仁义村大会议室里披红挂绿,欢声笑语。第一书记曹晋龙和村两委班子成员以及县里来的客人正在与全村党员和村民举行纪念建党97周年庆祝大会,会议后期还开展了党的知识有奖问答活动。曹晋龙今天兴致很高,情绪激动,还给获奖者发奖品,热烈祝贺他们获奖。

庆祝活动结束了,曹晋龙像往常一样回到自己在村两委的办公室兼宿舍。

曹晋龙久久地看着墙上贴的仁义村地图、第一书记工作职责、脱贫攻坚战役进度图表,轻轻抚摸坐了3年多的办公桌和靠背椅,又在睡了1000多个夜晚的床铺上坐了一小会儿……

院子里传来工作人员收拾活动场地的声音和孩子们的嬉闹声,他似乎没有听见,只是静静地坐着。

他用双手整理好被子,抚平床单,摆正枕头,把房门钥匙放在办公桌上,再一次回过身子环视熟悉的房间,而后走出办公室,轻轻带上房门。

午后的太阳光已经没有正午时分那样刺眼了,一丝微风轻轻吹过来,使人觉得凉爽舒适。

曹晋龙把车开到村口又停下,下了车,转身张望了一下村里整齐地排列着的 6 排 84 套青砖红瓦新房,望着高大的演出舞台和宽敞的文化广场,还有那泛着蓝光的一排排太阳能光伏板的光伏发电站,新铺设的村道和巷道,新建的村级卫生室、便民超市、老年人日间照料中心,还有那村边新平整的 200 亩土地……

这里原来是一大片荒无人烟、野草过膝的沟壑地带,野兔、狐狸在里面觅食,现在变成了一个规划合理、设计新颖、质量上乘、功能齐全的移民新村。

根据县委通知,曹晋龙 3 年第一书记的任期已经期满,重新回到原工作单位县委办公室。今天是他最后一次在仁义村以第一书记的身份参加集体活动,今天下午就要返回县城。

就要离开战斗了 1000 多天的仁义村了。

就要离开自己亲手和乡亲们共同建设起来的仁义新村和仁和新村了。

就要离开那些再也熟悉不过的面孔了。

年轻的曹晋龙心中似翻江倒海一般激动,往日战斗和工作的情景一起涌上心头……

一

曹晋龙 1983 年出生于乡宁县枣岭乡,中共党员,2007 年毕业于贵州财经学院国际经济贸易专业,2009 年供职于乡宁县民政局,2010 年调县委办公室,2015 年任尉庄乡仁义村第一书记。

要说曹晋龙的家也在农村,父母一生务农,应该说对农村还是不陌生的。可是自从大学毕业以后,一直在县城工作和生活,对当前农村工作还是知之甚少。到底如何当好这个第一书记,心中没底。

曹晋龙牢记着在上任之前,县委组织部召开第一书记培训班时,领导说如果说农村需要青年干部,不如说青年干部需要农村更为贴切,大家下去以后要虚心向群众学习、请教,切忌不要下车伊始就发号施令,要在掌握情况以后再依据党和国家的扶贫政策结合本村实际制定脱贫措施，随后一一落实的话。

刚到仁义村的时候，村民对这个身材消瘦、脸上略带稚气的第一书记还真有点瞧不起，有的见过一些世面的村民见了他爱答不理，满不在乎。对于这种待遇，曹晋龙显得很能沉住气，对人总是一副笑嘻嘻的样子。时间长了，村民们发现这位曹书记不仅对人热情，而且说话办事很有耐心，慢慢地就改变了对他的那种冷淡态度，见了他话也多了，脸上还带上了笑样儿。

这可能就是所谓的日久见人心吧，曹晋龙这样安慰自己，给自己提气。

经过一个多月的深入走访调研，曹晋龙掌握了仁义村的基本情况。仁义村位于乡宁县城东南方向10公里处，辖仁义、牛皮岭、山西岭、冯下凹、白家山、南塔、大坡7个自然村。全村人口224户、687人，有劳动能力的346人、上学的170人，60周岁以上享受养老保险待遇的93人。2016年底，识别建档立卡贫困户183户、601人。仁义行政村所属的7个自然村地处黄土残垣区，土质疏松，道路开裂，房屋移位，甚至塌陷，是省、市、县挂上号的地质灾害严重村。

仁义村还是一个资源缺乏的纯农业村，占地面积3094.9亩，其中林地面积925.8亩、耕地面积2169.1亩，耕地均为旱地，而且大部分耕地是挂在山梁上的坡地，年景好了，风调雨顺还能打几颗粮食，遇上灾年只能吃救济粮了。改革开放以后政策活了，村民的日子好过一些了，温饱问题基本解决，但是距离小康社会还有很大的距离，尤其是抵御自然灾害和大病大祸的能力微乎其微，干部和村民心里不免有些焦急。

曹晋龙在进村以后召开的第一次村民大会上向大家通报了自己掌握的情况，向村民讨教脱贫致富的妙招。

会场上一下子沉默下来，人们大眼瞪小眼地看着新来的第一书记，似乎在说，我们要是有好办法，还要你来干什么……

曹晋龙微微一笑，把他与村两委研究的脱贫措施全盘倒了出来。

第一步，实行易地移民搬迁，叫7个自然村全部搬出地质灾害塌陷地带，

8个字:"搬离穷窝,迁进新村。"

第二步,发展种植养殖产业,壮大集体经济,改善群众生活,也是8个字:"精准施策,因地制宜。"

轮到大家发言了,一下子又冷了场,有人在下面窃窃私语——

"听着倒是挺好听的!"

"说得跟唱歌似的!"

"站着说话不腰疼!"

这话也不知曹晋龙听见没听见,只是加了一句:"有话大声说!"

会场上更静了……

曹晋龙等了片刻,见还是没人说话,把手一挥,大声说:"大家要是没有不同意见,就是默许了,就这样定了!"这话说得底气十足,颇有大将风度。

众人还是沉默。

没人反对,就是同意。

曹晋龙跟着就说:"散会!"

众人说着闲话走出村委会。

曹晋龙的思路是:安居乐业,先安居,才能乐业,所以叫村民摆脱地质灾害的威胁是第一位的。

这几年,由于地质灾害,仁义村房屋塌陷3座,开裂20余座。一下雨,许多人家都是提心吊胆。

不能尽快解决群众住危房的问题,这个第一书记还有什么当头!

由此,曹晋龙打定主意,坚决走到底,一定要易地扶贫搬迁把仁义新村建成。

村两委成员大力支持曹晋龙。

尤其是村支书加建荣对曹晋龙更是佩服,他只比这位第一书记大两岁,比他早两年担任村支书。这几年在村里做了很多工作,使村里的面貌发生了很大变化。唯一对村民长期住危房的问题感到束手无策。自打曹晋龙提出整体易地移民搬迁的方案以后,自己虽然感到难度不小,但也觉得这是解决当前困难的唯一办法。

有了村两委的支持和村民的默许，曹晋龙大胆地带着大家干起来。

曹晋龙和村两委班子讨论后决定，整村搬迁分两步走，先建设仁义新村，7个自然村中仁义村的人口最多，所以先解决仁义村民的住房问题。下一步，再建设仁和新村，把其余的6个自然村小村并大村，最终实现7个自然村整体搬迁的目标。

方案既出，待上级认可批准，方可组织实施。

为了取得县里领导和有关部门的支持，曹晋龙和加建荣等一班人，与赶到的县领导一起，来到仍住在土窑洞中的加贵堂等农户家中查看，窑洞墙壁蛇一般弯曲的裂缝能插进手指头，歪斜的外墙随时能倒下来，领导们看得触目惊心！

曹晋龙又带着领导到前几年家里稍有一点办法，自己盖了新房，随后又遭受地质灾害的闫润芳、任兰娣等几户村民家里查看，只见崭新的房子就有裂缝……

曹晋龙和加建荣多次到扶贫、国土资源、住建等部门申请项目，请他们实地查看，请技术人员考察评估。在做了大量的前期工作以后，终于得到方方面面的认可。2016年5月，山西省扶贫开发办出台的易地扶贫搬迁政策更是让他们吃了定心丸，贫困户每人补贴2.5万元、随迁非贫困户每人补助1.2万元。按照这种标准计算，贫困户建房基本上不用自己掏钱，就能住上新房。

集中易地移民扶贫搬迁的第一步是选择建设新村的地址。要知道，在山大沟深、沟壑纵横的仁义村境内，要想找一块能有效避开地质灾害的区域谈何容易。

刚开始，仁义村人自己选定了3个地方。从表面看，这3个地方距老仁义村不远，优点是村民上地干活方便，而且平整开阔，建设地基成本最小。

曹晋龙叫人请来地质专家用科学仪器一测，说这里仍旧属于地质灾害区！地质专家还说老仁义村处在整个地质灾害中心区，方圆几公里范围内，均不能建住宅！

最后，地质专家在一片距离较远的宽阔地带选定了新村地址。

村民一看，只见这里虽然地势也算开阔，可是地面凹凸不平，沟壑纵横，全都炸了窝！

"地基怎么打？"

"得花多少钱？"

"这钱谁来掏？"

曹晋龙请专家算了一笔账，单是把这一块地基填平夯实，再加上防洪、排水、通道等设施，至少需要300万元，而政策补助的钱只够盖新房。

多出来的投资如何解决？

村民又一次把目光投向了曹晋龙。

曹晋龙胸有成竹地说："多出来的钱我想办法解决，绝不让大家掏腰包！"

曹晋龙多次到县里找领导和有关部门申请汇报，终于取得了支持，资金问题妥善解决。

二

太阳已经开始偏西，光线比散会的那会儿暗了一些，天气也更加凉爽了。

文化广场上出现了散步的人影，孩子们也出来玩耍，不时传来鸡鸣狗吠的声音……

仁义新村午睡醒了。

曹晋龙站在村口终于长长吐了一口气，嘴角露出似有似无的微笑。

他又想起还在建设新村工程开工之前经历的一幕，那才是惊心动魄，牵一发动全身呢。

曹晋龙曾为此好几个晚上睡不着，出了几身冷汗。

建设新村的工程定了下来，又出现了新的问题。由于是建设一个新村，关系到一个村子几百口人的切身利益，不单单是盖几间房子那么简单。

是先盖房还是先分房？

这似乎是一句废话，不把房子盖好，拿啥分配！也有人说，不把各家房子的地基定下来，怎么盖？

曹晋龙同意后者的意见，农村里每个家庭人口不一样，新房的标准也不一样，各人心思也不一样，一定要先把房子的位置定下来，才能动工。不然的话，房子盖不成。

好事办不好，就不成其为好事。

世间把好事办成坏事的教训实在太多、太深刻了。

每个人心里敲开了鼓点，拨起了算盘。

人们三三两两聚在一起窃窃私语、指指点点开了……

人口多的人家跃跃欲试，摩拳擦掌；势单力薄的人家默然不语，心里着急。

人们不止一次地跑到新村址看地基，琢磨哪里才是最好的选择。

其实这个问题还在筹备建房之初，曹晋龙就思谋好了。

建房容易分房难，曹晋龙在机关工作中曾经遇到过，他要把问题解决在前面。

众人的事情，最怕不公，最忌不明。只要公正、透明，事情就好办了。

于是曹晋龙拟出几个可以想到的问题，先在村两委会议上统一了认识，而后深入村民家里宣讲政策，又召开了全体村民大会，公开征求意见。

曹晋龙放出话去，任何人有意见和建议随时可以找他。

先确定分房原则，再具体分房，使用抽签的办法，每家抽两次签，先确定排次，再决定位置。

两次活动，均采取召开群众大会的方式进行。

抽签那天，曹晋龙请来了乡政府、县纪检委等部门的领导和工作人员全程参与监督，并全程录像，做到公开、透明。

结果皆大欢喜，各得其所。大部分村民对自己家新房地基很满意，有几家不是太满意，也没有话说。

曹晋龙用最简单的办法，解决了最难办的问题。

俗话说，把简单的事情办成就是不简单，把容易的事情办好就是不容易。

这个问题的妥善解决，还带来一个明显的好处。那就是开工以后，每家都很关注自家房子的施工质量问题,差不多每天都要到工地上去看看,监督施工质量,督促施工进度,比工程监理还认真负责。

村里对房屋建设统一规划并统一建房标准,每人住房面积不超过25平方米。规划出来后,曹晋龙对全社会公开招标,在保证房屋质量的前提下,他们选择了一家施工队,每平方米560元。他们尊重村民意愿,可以使用村里招标定下来的工程队,也可以自己建房或者自己选择外面的工程队,但是施工资质必须齐全、合法,否则不准进入工地。

正式施工开始了,实质性的工作这才全面展开。

曹晋龙知道,往后的工作最重要的是材料质量和施工质量,这一段时间才是考验自己的心智。

在平整地基阶段,曹晋龙仔细研究了施工单位制定的施工方案,发现他们填补沟壑是先用推土机推平再整个儿碾压夯实。他和村两委研究,并请县住建局审查以后,认为整填整夯的施工方案不可行,存在安全隐患,容易造成新的地质灾害。责成施工队采用每填3米黄土就碾压夯实一遍,压实度经过

曹晋龙(左)在走访贫困户

检测合格以后,再填3米,再夯实,再检测,一直达到设计标准。

建房的红砖红瓦尺寸和硬度、色泽都有设计标准。

每当一批砖瓦进场,曹晋龙都要拿预先准备好了的砖瓦做对比,检查外观,再交监理检测,合格的进场,不合格的免进。

水泥、钢筋、沙子、碎石、白灰均是如此,保证了建房材料的标准和质量。

材料供应商晓得"曹书记那一关不好过",有的人知道自己的材料不

过硬，悄悄地拉了回去……

房基工程出了地平，进入地面项目建设。

曹晋龙的螺丝拧得更紧了。

首先是安全，施工人员戴没戴安全帽、脚手架按没按规范架设、工地安全员到位没到位、按没按规范上料、遵没遵守施工工艺等问题，都是曹晋龙现场检查的内容。曾经有一个领工员不听招呼，曹晋龙立即找来工头，责令把此人清出工地。

自打 2016 年 5 月 19 日动工，到 2017 年底竣工，570 多天的时间里，除了外出开会和处理村里的其他事情，曹晋龙在工地坚守了不下 400 天，有时候就在工地上办公，接受群众询问和上级检查验收。

等工地上有了建成的房间，他就把自己的办公室搬在工地上，还挂上"第一书记办公室"的牌子，叫大家知道。

他知道，安居工程是改善民生的工程，马虎不得。

经过科学设计、严格管理、紧张施工，仁义新村终于在工期内建成了。

仁义新村紧挨着干线公路，交通方便，信息灵通。

那些山庄窝铺、破烂窑洞、崎岖山路都成了过去。

残疾人杜杨军搬到新居，心里有说不出的感激，他说："这一辈子没想到还能住上这么好的房子，干啥都方便，不用出门啥事情都做了，再也不怕刮风下雨了。真得感谢党和政府的好政策，感谢曹书记呀！"

紧接着仁和新村的工程顺利完成，7 个自然村的整体易地扶贫搬迁基础性工作顺利完成。

7 个自然村的村民全部搬离了住了几辈子的山庄窝铺，住进生活设施齐全、居住安全、交通方便的移民新村。

曹晋龙一炮打响。

三

太阳已经隐到山峰后面去了，天色暗了下来，凉风悄然刮来，有人从地里干完活回家。曹晋龙还徘徊在仁义新村村口不忍离去。

不断有人过来跟他打招呼："曹书记,你还不走呀?再不走,回来时就要摸黑了……"

此时此刻,即将卸任的第一书记脑海里浮现的还是仁义村脱贫攻坚的事情——

安居问题解决了,紧接着就是乐业的问题。

国家制定的脱贫目标是:"两不愁"——吃不愁、穿不愁,"三保障"——保障基本医疗、义务教育和住房。

如何叫贫困户搬得出,还要稳得住,能脱贫再致富。

曹晋龙对仁义村的未来信心满满。

还在移民新村紧张建设的时候,他就开始着手发展产业,带动贫困户干脱贫致富的事情了。

经过反复调研和征求村民的意愿,确定了发展光伏扶贫、绵羊养殖和油用牡丹的产业重点。

最叫曹晋龙感到欣慰的是仁义新村和仁和新村的建设,选址宽敞、向阳,除了建设住宅以外,还新开垦了几百亩耕地。这些新地既可以发展种植养殖产业,也为修建光伏发电站准备了充足的空间,还可以干别的产业。

这真是一步好棋盘活全场,一招好拳打遍天下。

很快,就修建了1个100千瓦光伏发电站,可保证20户贫困户稳定脱贫,村集体还有一定的收入。

留住太阳,向太阳索要效益。这是何等气派!

严格按照贫困村建设的"五有"目标和"一村一品一主体"产业发展要求,突出抓好贫困户与新型经营主体的利益联结,精准施策,因地制宜,确保脱贫产业与贫困户精准挂钩,确保有条件、有需要的贫困户都有产业,人人都有钱赚。

采用"企业+合作社+贫困户"的模式,依托潞安集团,成立了山西岭绿佳源种植专业合作社,与贫困户签订合作协议,大力发展油用牡丹产业。2017年,发展了300亩;2018年,再种200亩,每亩收入2000元以上。

采用"农民合作社+贫困户"的模式,成立睿成种养专业合作社,与贫困户签订入社协议，集体发展中药材柴胡和花椒等产业。

根据"公司+集体+农户"的模式，成立养羊合作社，实现集体经济和农户双增收。

新建成的仁义村级卫生室，人员、设备全部配备到位，村民在家门口就可享受基本医疗服务。构筑居民基本医疗保险、大病保险和医疗救助"三重保障"，通过健康扶贫"双签约"，实现了医疗服务贫困人口全覆盖，解决了因病致贫、因病返贫等支出型贫困问题。

对那些没有劳动能力的低保户和兜底户，在用足用活相关优惠政策的基础上，新成立盛林和沁园造林合作社，吸纳贫困户47户、155人；贫困户护林员5名，人均年收入2000余元；贫困户森林防火员8名，人均年收入2000余元，实现了一人护林，全家脱贫。2017年，仁义村贫困户中财政兜底53户、96人，对五保户2户、2人实行集中供养，3名残疾人享受残疾补贴，2名独生子女家庭享受独生子女补助，实现了农村低保"应保尽保"，残疾人士"应补尽补"，特困人员"应养尽养"。还与农商行签订"牵手贷"协议，带动34户、133人，人均年分红1000元；与云丘山旅游开发有限责任公司签订"股加贷"协议，带动3户、4人，人均年分红391元，增加贫困户收入，稳定脱贫。

这么一路走下来，仁义村顺利通过了2017年底山西省里组织的第三方评估验收工作，一举脱贫摘帽。

仁义村里一片阳光。

3年来，为了一心一意干好村里的事情，家里的大小事情曹晋龙从没有操过心，只是利用回城开会的机会回家看看1岁多的儿子和瘫痪在床的老父亲，家里的重担全落在当小学教师的妻子身上，这些年最辛苦的就是她了。

村里的事情结束了，可以回家多陪陪他们了……

想到这些，曹晋龙心里一阵轻松。

"真该走了……"一个声音在耳边悄然响起。

曹晋龙转身上了汽车，驾车驶离工作、战斗了3年的仁义村……

第一书记的故事

张伟1978年生于临汾市尧都区,中共党员,任临汾市规划局规划监察支队副支队长,2015年8月被任命为尉庄乡东沟门村第一书记。他身材魁梧,性格开朗,说话直来直去,干工作认真负责,为人坦诚忠厚。

张伟在东沟门村工作了整整3年,在为村民服务和脱贫攻坚战役的过程中留下一连串令人难忘的故事。

一

2015年被任命为东沟门村第一书记的时候,他想都没想,就应承了下来。一到东沟门村,他就傻了眼。

汽车从尉庄乡政府所在地钻进深山老林一路下坡,沿着一条刚刚能通过一辆中型汽车的曲里拐弯的山路没完没了地朝下行驶。

半个钟头以后,总算停车了,可这是个什么地方呀!

山坡上散落着几间破破烂烂的房子和石头建成的窑洞,几个衣着普通的村民站在自家房前冷冷地瞅着汽车和从车上下来的人。

一条小河从小村旁边沟里哗哗流过,杂草漂在水面上打着转转跟着下行,河边是一堆堆的生活垃圾,各种颜色的塑料袋子挂在草木上,像一面面小旗。几只鸡在河边觅食,时不时仰头一鸣……

村子两旁陡峭的山坡上长满了挺拔的松柏树，树下的空隙充斥着密密麻麻的灌木。人仰起头，得把后脑勺顶住后脖颈才能望见山头。

陪同的女副乡长黑燕灵对他说，到了，到了，这就是东沟门村。

张伟站在村边朝远处望望，来时的那条山沟还是继续朝下延伸，还没走到沟底呢。沟倒是有，还很深，就是没看到门。没有门，为啥叫东沟门呢？村名取得不太贴切嘛。

村委会干部把张伟带进住处，乌黑的房间，很潮湿，窗户很小，房门也不够尺寸，张伟侧着身子才能进去……

在这里待上两年，还不待成了山大王？张伟在心里暗暗问道。

原来想的山清水秀、鸟语花香、空气清新的农村在哪里呢？

眼前的情景虽然和自己原来的设想有一定差距，但是不穷的话，还需要派自己下来当第一书记吗？

张伟很快就摸清了东沟门村的基本情况。

东沟门行政村辖6个自然村、7个村民小组，有112户、308口人，共有18名党员，耕地面积1070余亩，以种植玉米、核桃、中药材为主要经济来源。2015年，全村有贫困户45户、98人。由于地处石山森林区，山大沟深，受地理条件制约，交通闭塞，村内没有成型的工矿企业。

最远的自然村南泉村距村委会10多里地，为了弄清南泉村的情况，张伟跑了两次，第一次不小心把鞋底跑掉了，只得中途赤脚返回，回来后专程到乡政府所在地买了一双军用胶鞋，穿上再去，在山沟里跋涉了一整天终于到了南泉村。村民小组长领着他把全村12户人家都跑了，重点慰问了7户贫困户。

这在南泉村算是头号新闻了。这么多年来，小村子里很少有生人进来。这位第一书记一来，不光见门就进，见人就打招呼，还带着慰问品。

不仅如此，天黑了他就在村里最穷的一户人家吃了饭并住在他家！

张伟此行摸清了南泉村的全部情况。

二

东沟门村境内的高山密林草木繁盛，除了高大的松柏树就是密密麻麻的连翘，每年春天连翘花开了，漫山遍野金黄一片；秋天的时候，连翘果长满枝条，像大蒜辫子。村民纷纷上山采摘连翘，每斤连翘能卖十几块钱，一个秋天就有几千块钱的收入。可是由于野生连翘缺乏管理，再加上有人掠夺性采摘，连翘产量连年下降。

依据这一情况，张伟与村两委提出升级传统产业，规模化种植连翘的产业发展思路，决定人工科学种植连翘，叫村民稳定增产增收。

2015年10月，他选择不同土质的地块取样，而后背着这些样本，自费到太原送往山西省农科院进行抽样检测。

确定了适合种植连翘的地块以后，动员贫困户优先种植。张伟联合村两委、工作队率先推出村级补助政策：无论是否为贫困户，每亩连翘补贴150元。2016年1月，临汾市规划局领导动员本单位员工捐款9610元，作为发展连翘产业的启动资金，一下子就带动26户贫困户发展连翘65.4亩。

至此，东沟门村的连翘产业实现了野生种植和人工栽植双轮驱动。

而村民每年秋天除了采摘野生连翘以外，还在自家地里收获一季连翘，增加了收入。

刚到东沟门村的时候，张伟看到不少村民家的院子里都放着一些大小不一、形状各异的桶状东西，就问村民这是干什么用的。

村民说，养蜂的，土蜂。

随着了解的深入，张伟才知道，村民素有养殖土蜂的传统，但是技术不成熟，经济效益低。

这应该是贫困户脱贫致富一个不错的门路，张伟心有所动。

因为这一带春有连翘、茹茹花，夏有洋槐花、荆条花，秋有山菊花，还有众多野花，花源十分丰富，再就是目前市场上蜂蜜价格很好。

于是，张伟和村两委、工作队研究决定大力发展养殖蜜蜂产业，引进新型中蜂养殖技术。土蜂产蜜少，要进行品种的改良换代。

张伟牵头与乡宁县圣酝坊中蜂养殖专业合作社建立了合作关系，为贫困户提供技术、收购等一条龙服务，签订协议，确定合格蜂蜜采购价格不低于每斤50元，确保蜂农有利可图。

圣酝坊中蜂养殖专业合作社提出，蜂箱由蜂农自己解决。

可是一个新型蜂箱250多元，贫困户拿不出来。

张伟向自己所在单位领导提出这个困难，请求支援。单位领导大力支持，说脱贫攻坚责无旁贷，动员全局职工捐款11230元，为45户贫困户免费提供新型蜂箱、配套装备各一套。他还积极与县直有关部门沟通，为每个中蜂养殖户申请到每个中蜂养殖箱县财政补助500元。他还请来管头镇养蜂土专家王智民来村里给中蜂养殖户传授养蜂经验和管理技术。

政策对了头，产业发展有劲头。东沟门中蜂养殖很快就发展到100箱，初步形成了产业化、规模化、集约化经营。

新型蜂箱养蜂很快就显示出了与众不同的效果。原来用土法养蜂，每箱一年仅仅可以产10斤蜂蜜，按每斤50块钱计算，可以卖500块钱。现在用科学养法，每箱可以产30斤蜂蜜，按每斤50块钱计算，就是1500块钱。养蜂积极分子刘保山养了20箱，2017年，扣除各项开支，净赚1万多元。

蜜蜂在东沟门村安家落户几十年了，第一次叫全村人赚到钱，村民的脸上露出了灿烂的笑容。

东沟门村山大沟深林密，移动通信信号不好，手机打电话时通时断，常常耽误事情。

大家找张伟反映情况，希望他能解决这个大问题。

张伟本人也被这个问题困扰。

张伟决定帮助村里人都能玩上手机。他先到县城移动公司反映情况，提出要求，人家热情答复，很快解决。可是一段时间过去了，还是没有动静。过去一问，说是市里计划还没下来。于是，他又回到临汾找移动公司询问，得到的答复是立即办。

张伟没有挪窝儿，站着等。

对方见张伟不是个善茬儿，就说："我再请示一下……"

说话的人拿着手机到外面去打。

过了一会儿,那人回来,说:"今天中午快吃饭了,下午再办,行不行?"

张伟不为所动,说:"现在就办,下午我还要回乡宁县城办手续呢。"

那人又出去一趟,很快就回来,说:"办好了,你赶紧回乡宁县办手续,明天就能施工,安装信号塔。"

如今,不仅东沟门所属6个自然村的移动信号加强了,而且连邻近运城市稷山县陈家山行政村的几个小村子的村民都玩开了手机。

村民们见第一书记的能耐很大,就大胆地跟他说:"张书记,想办法把咱东沟门村的路修一下嘛……"

张伟哈哈一笑:"这事还用你操心?"

自打来东沟门村的那一天起,张伟就为修路动开了心思:公路不通,如何脱贫?

发射卫星,连个发射架都没有,如何发射?

来之前,东沟门村仅有一条又窄又陡又烂的小路连接着乡政府。6个自然村全是土路,村民出行很不方便。曾经发生过村民得了急病,由于路况不好,不能及时送医,结果耽误了医治的事情。

2016年4月,张伟做出建设规划,找临汾市交通运输局领导汇报情况,请求支持。

在上级领导的支持下,终于争取到修路资金96万元,打通了东沟门通往外界的3.8公里水泥路,紧接着又完成了3000平方米的街巷硬化道路任务,带着全村村民苦干两年,终于使全村实现了户户通水泥路。

崭新的水泥路像一条巨龙飞跃在山林、小河、村落之间,别提多威风了。

在修路过程中,张伟还另辟蹊径,组织村民承揽了部分工程,不仅完成了村村通和户户通,还增加了收入。

竣工那天,村民们纷纷向张伟伸大拇指。

第一书记不仅担负着发展经济、脱贫攻坚的重任,而且还担负着整顿村级政权的党组织和行政领导的责任。

他采取了三项措施,优化、加强了东沟门村的党政建设:

一是强化组织领导。恢复党组织的"三会一课"制度,把党员干部置于党组织的严格管理之下,形成组织引领、党员带头的工作氛围。

二是民主决策。定期召开村党员大会和村民代表大会,建立健全班子运行、决策议事、公示公告等规章制度,村级所有事务坚持"四议两公开",由集体决定、集体落实。

三是加强监督。成立村民监督委员会,成员由长期在村、办事公正、能发挥作用、有影响力的村民代表组成,村两委干部定期汇报工作,让监督委员会及时掌握全村各项工作的进程,有效地推进村级工作公开、公平、公正运行。

3年来,张伟与村两委班子、工作队和包联扶贫干部一道共同研究,互相支持,把东沟门村的产业发展、易地搬迁、网络覆盖、公共服务等工作干得井井有条,使村里的生产生活条件显著改善,贫困群众生活水平大大提高,精神面貌焕然一新,满意度大幅度提升。

2018年7月,村里的移民新村建好了,村民们都高高兴兴地搬进了新居。可是又有了新问题,用水还没来得及配套,村民们还得拉水喝。

当务之急是建设抽水机房、安装抽水机、修建水塔、铺设输水管道以及进村入户的管道。

张伟现在不仅是第一书记,还是工作队队长,他拿上文件风风火火地找县水利部门。水利部门答复按照政策可以解决,但是你们的工程太大,县里补助的经费不够用,得你们自己想办法解决一部分。

没办法,张伟还是找临汾市规划局领导。

张伟跟局领导说明了情况,局领导大力支持,想办法解决了困难,使引水工程按时开工。

工程开工以后,张伟每天都要到工地上督查,确保工程按质按时完成。

他还和设计、施工人员实地踏勘机房和水塔位置、输水管道路线,确定了一条既安全又便捷的路线。管道进村以后,他又对每家的水龙头安装位置、防冻、安全等事项进行了详细过问,确保安全、方便、实用。

告别了世世代代挑水、拉水吃的时代,东沟门村民终于吃上了清洁卫生的自来水。

村民高兴地把这水称为"张伟牌自来水"。

张伟立马纠正:"脱贫攻坚自来水!"

三

本来作为临汾市规划局规划监察支队副支队长,张伟是不太看重数字的,他关注的是谁家没有按照城市发展规划建设、谁家未经批准就开工建设、谁家下了整改通知迟迟未拆除违章建筑等情况。

可是担任东沟门村第一书记以后,他越来越感到数字的重要性了。因为精准扶贫,必须拿数字说话!

他随身携带的小本本上清清楚楚地记载着东沟门全村有几户深度贫困户、一般贫困户,各家的致贫原因是什么,农户自己的脱贫愿望是什么,都是如何脱贫的。

随着脱贫攻坚战役各项脱贫措施的逐步落实,他小本本上的内容也跟着发生变化:谁家养殖中蜂多少箱,谁家易地搬迁有困难,谁家需要享受什么扶贫政策,谁家年底收入增加了多少,全村有多少贫困户摘掉了穷帽子……

到后来,针对个别贫困户因缺劳力,发展种植养殖业有困难,为了使这一类贫困户跟上脱贫攻坚战役的步伐,实现稳定脱贫增收,利用县产业补助政策,将这部分贫困户全部纳入天池村向荣养羊专业合作社委托代养范畴,每人每年按县财政补助限额内享受10%的委托代养分红,实现稳定脱贫增收。目前,东沟门45户贫困户中,具备发展产业的达到了41户,基本实现了产业发展全覆盖。

张伟的小本本上对这类人的情况记载得最为详细,包括各户委托代养羊的数量、年底分红的金额等记录得清清楚楚。

这个小本本跟着他下乡督查,上乡县开会,包括到太原、临汾办事都不离身。一说事,就翻本本,拿数字说话。依据这个小本本,张伟说出来的话有根有据。

张伟说:"我这个小本本上记的数字,不是一成不变的,而是动态的,贫困户的收入越来越多,贫困人口的数量越来越少。等全村贫困人口完全消失了的时候,这个小本本就没有用了。"

2017年底,东沟门村所属44户、92名建档立卡贫困户人均收入达到3200元以上,经过山西省里组织的第三方评估验收,东沟门村贫困户全部摘掉了穷帽子。

至此,张伟的小本本亦失去作用。

随之而来的是张伟获得的各种荣誉:

2016年,被评为乡宁县优秀共产党员。

2017年,被评为乡宁县优秀共产党员、优秀驻村第一书记。

2018年,被评为市级优秀党务工作者。

少年壮志不言愁

大学生的感恩心曲

2017年5月4日晚上8点多钟，温暖的春风吹拂着苏醒的大地，花园里鲜花盛开，街道旁树木繁茂，乡宁县城文体中心灯火辉煌，欢声笑语，热闹非凡。

1000多人聚集在这里参加2017年度全县五四表彰大会，参加会议的都是一年来在全县各条战线上工作成绩突出的年轻人，10名杰出青年还上台介绍自己的工作经历，展示自己的心路历程。

轮到来自世界顶级音乐学院意大利诺瓦拉音乐学院的史振华发言了。他没有过多地谈自己在海外的学习生活，而是讲了圪咀头村第一书记闫宁波以及社会爱心人士对自己上大学的赞助，诚恳地表示将来学成回国后要用实际行动报答家乡。

史振华的发言在会场上引起了强烈的反响，人们报以热烈的掌声。

还是在老木洼自然村走访的时候，闫宁波在一家村民家里的相框里面发现一张一个中国青年与几个金发碧眼的西方人的合影。

他好奇地问，这是谁？

身材瘦小、满脸沧桑的主人回答说，是我儿子和他同学。

第一书记禁不住惊讶，你的儿子？

主人平静地回答，我儿子史振华，他在意大利诺瓦拉音乐学院念书。

意大利诺瓦拉音乐学院？闫宁波知道那是一所世界著名的音乐高等学府。

同行的村干部介绍说，史振华是一个单亲家庭的苦孩子，父母很早就离异了，他跟着父亲长大。贫困的生活和残缺的家庭并没有使史振华消沉，而是造就了他阳光的性格和自强不息、积极向上的学习态度，曾三次参加高考最终圆梦四川音乐学院。通过自己不懈的努力，考上了世界著名学府继续深造。在外国读书开销很大，他父亲一年四季在外边打短工，有时候还帮别人家种地，尽量多赚一点钱供儿子在国外学习。史振华在意大利也是一边学习，一边打工，决心坚持完成学业。

闫宁波环视了一下这个一贫如洗的家和未老先衰的主人，内心受到极大的震撼，决心尽自己的力量支持他们一把。以后，每逢年节，闫宁波都要亲自登门慰问，帮助史振华父亲解决生产和生活上的困难。有一次，闫宁波拿出5000元支助这个家庭。

2017年5月，共青团乡宁县委决定表彰全县的十大杰出青年，闫宁波就把史振华推荐上去

事情也真巧了，史振华回国休假，正好赶上全县的表彰大会。

参加完表彰大会以后，史振华还应邀到县城中学进行了巡回演讲，每到一处都激情迸发，鼓励学弟学妹们刻苦学习，报效家乡，服务社会。

除了史振华以外，闫宁波先后拿出1万多元赞助了秦旭辉、卫大龙、乔娟等3名在校学生。如今，卫大龙、秦旭辉、乔娟都已经是大三的学生，还与闫宁波保持着经常性的联络。在山西农业大学就读的秦旭辉在给他的感谢信中这样写道："我是来自山西乡宁县管头镇一个偏远农村的学生。在大一的一个学期中，我有幸获得了您的资助，有了这笔助学金的相伴，我前行的道路更加宽广，我的心灵不再寂寞和无助。我相信，平凡的我因为有了感恩的心而不再平凡，弱小的我因为有了报恩的情而变得强大，我要把这个爱心传递下去。"

年轻的闫宁波没有想到，自己在带领村民参加脱贫攻坚战役的同时，还办了这么一件吸引众人眼球的好事，内心不免涌上一阵欣慰……

只为火箭腾空而起

还是闫宁波到圪咀头村任职的那一天，为了欢迎第一书记的到来，村两委在村级组织活动中心召开了一个小型欢迎会，大家认识认识，方便以后开展工作。

本来那一天也是一个好天气，碧空如洗，万里无云，没想到会开了不到一半，几声惊雷响过，就下起雨来。下了没几分钟就停了，太阳重新露出了笑脸，可是活动中心还在滴答滴答下个不停，房子漏水，欢迎会没开下个样子。

原来这几年圪咀头村组织不健全，村支书、村主任一人挑两头，各项活动开展也不正常，直接影响到村里各项工作的落实。而且村两委还缺少必要的基础设施和设备，连电脑和打印机都没有，平常办公很不方便，经常耽误工作。

闫宁波深知肩上的担子沉重，加之自身农村工作经验不足，不敢掉以轻心，也不敢鲁莽出手。他和村两委干部、工作队、包联干部一起深入所属8个自然村调查研究，虚心向老支书、老党员请教，广泛征求群众意见，找寻全村存在问题的根源和未来发展的措施。

开始的时候，村民对这个年轻人不以为然，因此对他们下到村里调研，多持敷衍态度，敬而远之。

此种待遇，叫闫宁波很不适应，心里一阵阵难受。长此以往，第一书记如何当呢？

闫宁波去找圪咀头村的老支书武保才讨教。

老支书语重心长地说："年轻人我给你说，中国老百姓只要你看得起他，他就看得起你；你要是看不起他，他更看不起你，你就没办法开展工作。人敬我一尺，我敬人一丈；滴水之恩，涌泉相报……"

闫宁波如梦初醒，再下乡的时候，不等让座就坐到人家炕上了，端起水碗就喝，笑嘻嘻地跟主人拉起了家常。

慢慢地，话越说越多，越说越深，越说越近……

到后来，碰上干活，闫宁波拿起家具就干起来，边干边聊；赶上了饭点儿，端起碗就吃，边吃边谈。当然，走的时候也没忘记偷偷放下几十块钱，常常是被村民发现了追出来硬要把钱还给他……

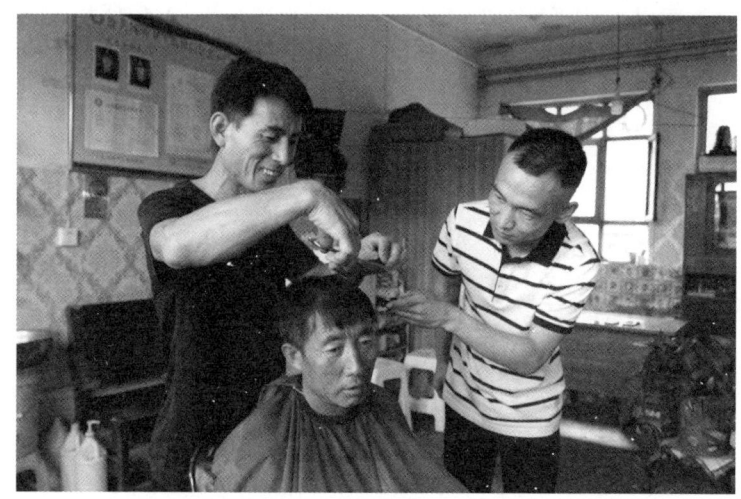

闫宁波（右）帮助贫困户自谋出路

就这么一来二去，村民见第一书记真是下来做事的，事情没完还真走不了，就在心里给他定了位——"这是个实在人。"

一天后晌，牛王坪的一个老头来找闫宁波说事，正巧他在村委会召开一个会议。这个老头便没打搅他，只是坐在村委会大门外边的台阶上等他。偏偏那天的会议研究的事情多，一直开到天黑才完。开会的人散去，老头才走过来跟闫宁波说了一句什么话，说是昨天忘了说，今天专门过来找闫书记补上。说完，转身就走。闫宁波知道圪咀头到牛王坪还有好几里山路，感动得拉住这个老头不让走，叫他在村委会吃了饭，用自己的汽车把他送回去。

就这样，闫宁波和同伴们先后召开了80余次脱贫研讨会、问题座谈会，终于摸清了圪咀头村的各种情况，制定出全村脱贫致富的措施。

活动中心的房子修缮好了，很像个样子了，村两委开会、开展活动有了坚实的阵地。

闫宁波积极争取上级党建专项资金，对村党员活动室进行了维修，配齐了办公用品和学习资料，使党员群众组织活动和日常学习有了阵地。

电脑、打印机、复印机、扩音机等现代化办公设备配齐了，村委会办公、村民办事方便多了。

闫宁波还规定了一条，只要是村民来办事，工作人员一律开绿灯，全力协助，决不允许搪塞敷衍推诿，一定要让村民满意而去。

闫宁波给大家解释说，这么做的目的只有两个：一是叫父老乡亲觉得自己被人看得起，有做人的尊严；二是叫群众心里有个依靠，有个说理的地方，有个解决困难的地方。

紧接着，闫宁波在管头镇党委、镇政府的支持下整顿了村党支部组织，配齐了村委主任、副主任、副书记，改变了支书、主任一肩挑的局面，形成了一个完整而坚强的领导班子，还发展了1名新党员，壮大了党员队伍。邀请县纪委监委工作人员为村两委干部围绕农村党员干部常见违纪违法问题进行剖析，上了一堂严肃而生动的法纪警示教育课，恢复了"三会一课"制度，定期开展组织活动，彻底扭转了过去一潭死水的被动局面。

村委会院子里插着迎风招展的国旗，人们老远就能看见……

圪咀头村的各项工作通盘活跃了起来，干部群众的情绪和干劲也随之高涨起来。

一天傍晚，开完村两委班子工作会议，大家打开电视机看《新闻联播》，正巧播放国家又成功发射了一颗通信卫星的消息。闫宁波指着电视画面对班子成员说："你们看，再好的火箭、卫星，也要靠发射平台才能飞上天。咱们村的发射平台已经建设好了，下一步就是发射的问题了……"

一切为了全村的经济腾飞

闫宁波2005年毕业于山西省警察学院，2009年通过公开考试被乡宁县公安局录用，一直干的是公安工作。2014年调乡宁县委工作，2015年担任管头镇圪咀头村第一书记，对农村工作和经济建设知之甚少。

但是第一书记的职责逼着他必须尽快弄懂农村工作和经济建设，学会组织脱贫攻坚战役！

因村制宜，如何因村制宜？

精准施策，怎样精准施策？

这两个问题时时萦绕在闫宁波的头脑里。

闫宁波站在圪咀头村的地图前面，一站就是一个多钟头，结合走访掌握的情况，在河流山川的线条中间搜寻脱贫良策。

圪咀头村位于管头镇东南部，耕地面积4064亩，下辖圪咀头、崔家坡、北坡、老木洼、胡池返、牛王坪、牛王汕、三王沟8个自然村，全村共有228户、706人，农业以小麦、玉米为主，畜牧业以养殖牛、羊为主，农民主要收入来源以种植玉米等农作物和外出打零工为主。2016年，全村人均纯收入2500元。

闫宁波在包村的县委常委、政法委书记周晓文和管头镇党委书记刘玉杰的指导下，与驻圪咀头村扶贫工作队一起，按照最新贫困户评定标准和严格筛查，最终识别建档立卡贫困户82户、251人，其中因无产业致贫35户、131人，因学致贫10户、23人，因病致贫15户、35人，因缺乏劳动力致贫22户、62人。

这些贫困户的按时脱贫，无疑是脱贫攻坚战役的目标。

闫宁波经过与包村领导和工作队研究协商，决定分两步走：

第一步，解决贫困户当前最迫切的经济困难，让他们见到真金白银。

第二步，解决圪咀头村产业长远发展的问题，让贫困户从此走上脱贫致富的康庄大道。

这两步，每一步都要求扎实稳健，拒绝任何表面文章。

闫宁波把目光聚焦于全村的低保户和五保户身上。他一户挨着一户地走访，一个一个座谈，了解他们的实际情况。

崔家坡自然村的孤寡妇女武认青，丈夫早年因病去世，本人患有二级精神病，无生活来源，好在还能干一些简单的农活，平时主要靠种地和养牛为生，计划性特差，随意性很大，睡觉、吃饭无时间观念，住一孔破烂窑洞，家里一贫如洗，到她家走访的时候连个站立的地方都没有。看着这个时而清楚、时而糊涂的老妇人，闫宁波和包村领导、工作队研究，把她确定为低保兜底户，让她享受低保，每年3600元，还协调把她家的地委托给其他村民代耕代种。像武认青这样的情况，全村还有5户，闫宁波一一为他们落实了有关兜底政策，使他们衣食无忧、医疗不愁、住房安全，让他们充分享受到党和政府的温暖，无牵无挂地度过余生。

北坡自然村的贾本女，无儿无女，年迈体弱，无劳动能力，无任何经济收入，常年住在邻村由其侄女照顾。得知这一情况后，闫宁波积极与县民政部门沟通协调，将她申报为五保户，帮助其解决了迫切的生活问题，享受了社会兜底政策，每年收入7020元。

像贾本女这类贫困户，全村共有3户。闫宁波认真了解了他们的困难情况，帮他们申报了五保户，享受社会兜底政策，落实了健康扶贫"双签约"，做到吃穿不愁，寒暑无忧，有病能医。

闫宁波十分同情这些深度贫困的村民，把他们当作自己的长辈，在政策允许的范围内采取一切可能的措施，为他们创造养老条件，使他们从精神和经济层面融入社会，和大家一起奔跑在小康路上。

每逢过年过节，闫宁波还自掏腰包买上米面油等生活必需品，带着村两委干部登门慰问。谁生了病，闫宁波就开上自己的车把病人送到医院治疗，还为病人垫付住院押金。

这时候的闫宁波，已经不是刚下乡时的那个啥也不懂的年轻人了。他老成了，更沉稳了，不仅会思考问题，而且会解决问题。就像前些年人们常说的那样：越干越会干，越干越想干，越干越敢干。

解决了深度贫困户当前最迫切的生活问题以后，闫宁波着手全村产业，解决贫困群众长期发展的根本问题。

脱贫致富的必由之路在何方？

突破瓶颈的有效手段是什么？

通过一系列的工作，闫宁波的思想认识也在不断提高。他既看到了贫困户拿到钱以后的兴奋，也看到了贫困户缺乏发展后劲的问题，内心隐隐不安。他想到，扶贫不是给钱那么简单，扶贫更要扶智和扶志，增强贫困户的造血功能，只有这样贫困户的经济收入才能稳中提高。

经过与镇村干部、工作队多次实地考察，协商探讨，确定了利用石山森林区的土壤特性，发展柴胡产业。闫宁波积极与台头前湾煤业有限公司驻村扶贫工作队协商，由台头前湾煤业有限公司投资17万元，平整土地600余亩，之后又聘请技术人员指导种植柴胡、连翘等药材616亩。

随后，成立了金穗种植合作社，以"合作社+农户"的模式，吸纳贫困户70户入社，将国家优惠政策补助以农户名义投给合作社，代种植柴胡和连翘，种植获利按比例分成。根据市场行情计算，预计亩产300斤，每亩可收入3000元，合作社只留6%-10%，贫困户分红90%-94%。

为了解决贫困户发展产业的启动资金，闫宁波采取了若干特色并进、贫困户叠加享受各类扶贫政策的措施。其中，"股加贷"77户、244人；光伏发电20户、70人；柴胡70户、235人、616亩；养殖（能繁母牛）25户、26头，受益89人；委托代养肉牛14头，受益14户、51人；代养鸡2户、800只，受益2人；护林员1户、1人，受益2人；护路员4户、4人，受益18人；保洁员6户、6人，受益22人；"四位一体"53户、169人；"牵手贷"29户、107人；小额自主贷款财政贴息3户、13人。

与此同时，闫宁波及时开展了劳动技能培训。针对农村劳动力素质较低的现状，积极组织相关专家开展种植养殖技术培训，如家政服务、护工培训、厨师培训。组织农村青壮年、致富能手、养殖大户20余人次赴临汾开展为期3天的技能培训。通过开展技能培训，转变了贫困户的思维方式和生产方式，进一步拓宽了就业渠道，提升了农村劳动力的整体素质，鼓励大家学习一技之长，把只会种地的农户，变成了技术能手。

在培训会上，闫宁波对大家说："常话说艺不压身，腰缠万贯，不如一技在身。都说大城市里遍地是黄金，要是没有技术，你就是脚踩着黄金也不认识，也不会拾起来。"

农闲的时候，村里的青壮年都待在家里没事干，闫宁波托亲戚朋友帮助他们联系外出务工单位，在农闲时期增加收入。这几年，圪咀头村先后有300多人次外出打工，有效地弥补了新发展起来的种植养殖产业生长、增值过程的空间，起到密实的衔接作用。

闫宁波还想到壮大集体经济的问题，村两委囊中羞涩，在全村公益事业和基础建设上很难有所作为，村支书和村主任说话底气也不足。2017年5月，闫宁波立足圪咀头村实际情况，积极组织村两委班子外出赴河南郑州考察，在征求群众意见之后，从郑州引进速生杨3万余株，成材后将增加村集体收入10万余元。

闫宁波以村委会财务账上现有的资金垫底，一分钱掰成两半花，积极到县有关业务部门跑项目"化缘"，实施了四项工程，解决了群众迫在眉睫的困难：

实施了"村村通""户户通"，硬化村道10.2公里，街巷硬化面积7890平方米，彻底解决了圪咀头、胡池返、崔家坡、牛王坪、三王沟群众行路难的问题。

新建水利工程5处，其中水源地水库3处（30立方米）、提水水库2处（100立方米），铺设饮水入户管道10公里，解决三王沟、牛王坪、崔家坡、胡池返、圪咀头群众的饮水问题。

新建村级卫生室1个，配备医疗设备和有相关资质的乡村医生2名，解决了群众看病难的问题。

实施易地扶贫搬迁工程。崔家坡地质灾害区易地搬迁12户、46人，其中贫困户7户、26人，非贫困户5户、20人，解决了群众的住房安全问题。

上述工程项目的顺利实施和落实，极大地改变了圪咀头村的面貌，为村民转变经济增长方式、实现腾飞打下了坚实的平台。

2017年冬天，大雪封山，滴水成冰，闫宁波担心秋天栽植的柴胡受到冻伤，连夜带领村两委班子和驻村扶贫工作队员一起上山察看柴胡的情况，彻夜研究解决办法。由于操劳过度，嘴边起了一个脓包，后来虽然到医院做了消毒和引流治疗，因为上火过甚，脓包太大，引流切口至今没有恢复好，留下了明显的疤痕。

事后，闫宁波照着镜子，指着伤疤对妻子王娟说："这是我参加脱贫攻坚战役的永久纪念。"

"别认为就你一个人参加脱贫攻坚战役！我们的孩子也是一个战士！"

王娟骄傲地说。

就在闫宁波到圪咀头村担任第一书记的同时,在县委宣传部工作的妻子也被抽到县脱贫攻坚行动总指挥部从事新闻报道工作。夫妻二人同时战斗在脱贫攻坚战役的第一线。在最紧张的 2017 年后半年的那 100 多个日日夜夜,夫妻二人很少回家见女儿一面,3 岁的女儿只能在姥姥姥爷、爷爷奶奶家里轮流寄宿。

2016 年底,闫宁波第一书记两年的任期到了,但是他感到自己在圪咀头村的工作设想还没有完全实现,自己还需要在第一线继续锻炼,主动提出续期。

2018 年初,因工作需要,闫宁波卸任第一书记回原单位上班。

闫宁波站在远处默默地遥望着圪咀头村……

闫宁波突然感到自己比来的时候成长了许多、老练了许多,身子也壮实了许多……

山乡守静

乡宁县脱贫攻坚实录(下)

苏胜勇 ◎著

山西出版传媒集团

山西人民出版社

目录

第七章　脱贫攻坚战役中的敢死队员（下） …… 291
　　打造法院版的脱贫攻坚 …… 292
　　第一书记这个光荣的称号 …… 301
　　在大地上绣花 …… 310
　　用真心扶真贫 …… 317
　　铭刻在大山上的评语 …… 325
　　使命与担当 …… 332
　　没有最好，只有更好 …… 338
　　王建峰建房 …… 345

第八章　守土尽责的人们（上） …… 349
　　开着私家车扶贫的女副乡长 …… 350
　　我的战场在双鹤乡 …… 355
　　要把最缺少的东西还给群众 …… 364
　　一个副镇长的脱贫攻坚战役 …… 373
　　女儿如花 …… 381
　　一个副乡长的出师表 …… 389

第九章 守土尽责的人们（下） … 395
奇人故事 … 396
吴福虎伏"四虎" … 403
脱贫攻坚战役的大管家 … 410
忠诚·担当·坚守 … 416
在脱贫攻坚战役的风口浪尖上 … 423
脱贫攻坚战场上的骁将 … 430
守土尽责的斗士 … 436

第十章 我们的队伍向太阳 … 439
坚守脱贫攻坚前线的夫妻 … 440
真扶贫，扶真贫 … 447
劲旅 … 451
勇士面前无对手 … 455
打铁还需自身硬 … 461
无缝隙扶贫接力 … 466
扶贫工作队员和特困户的故事 … 473
不走的扶贫工作队 … 479
东庄之恋 … 486
桃花山人 … 492
脱贫攻坚日志 … 498
王小平在柴汾 … 513

第十一章 动感地带 … 517
共青团在行动 … 518
关王庙七日 … 523
助推山区振兴 … 529
我是一名团干 … 533

  明星闪烁在深山 ………………………………………………… 539

第十二章　繁忙的脱贫攻坚行动总指挥部 ……………………… 543
  快速而高效运转的办事机构 …………………………………… 544
  脱贫攻坚的"可口可乐" ……………………………………… 554
  只是为了"精准"这两个字 …………………………………… 559
  特殊人物的特殊贡献 …………………………………………… 565
  年轻的老将 ……………………………………………………… 570
  扬帆正遇东风来 ………………………………………………… 575
  脱贫攻坚的多面手 ……………………………………………… 578

尾声　2018 年风景 ……………………………………………… 581

后记 ………………………………………………………………… 588

第七章

脱贫攻坚战役中的敢死队员（下）

第一书记虽然来自县直机关的各个部门，个人专长也不尽相同，但是这些80后、90后有一个共同使命，那就是帮助贫困户尽快脱贫致富，打赢脱贫攻坚战役！

在实际工作中，第一书记们利用各自的专长，为贫困户出谋划策，发展产业。最终，产业发展了，贫困户脱贫了，他们也得到了历练成熟了！

打造法院版的脱贫攻坚

一

上午,蓝天白云,碧空如洗,微风吹拂,气候宜人,灿烂的阳光透过秦王山头的丛林树梢照到坂头村级组织活动中心的小广场上。

小广场上鲜红的国旗高高飘扬,国旗下面28名共产党员佩戴党徽,整齐列队,神情肃穆,高唱国歌。

坂头村支部正在举行升国旗仪式,带头的是乡宁县法院派驻坂头村扶贫工作队队长、第一书记陈进军。

陈进军1989年到乡宁县人民法院工作,2011年任执行局副局长,2017年任法院纪检组负责人,同年4月任光华镇坂头村扶贫工作队队长兼第一书记。一位老资格的法官,从事法律工作近30年,对基层法制工作的特点和重点了解得清清楚楚。

陈进军驻村后,经过认真的调查研究,发现村里党组织软弱涣散,长期不组织活动,不发展新党员,现有党员年龄偏大,农业生产第一线没有党员,缺乏党的声音,各项工作一直开展不利,党和政府的方针政策没有得到正确的宣传和贯彻,落实不到位。

陈进军决定先筑牢阵地,先后召开基层党组织整顿会议,采取得力措施健全党支部组织，积极发展新党员，认真开展组织活动。

于是，每周更新一次内容的黑板报按期出版了，叫村民随时知道全村各项工作开展的进度以及好人好事。

张贴安放内容活泼、印刷精美的党的基础知识和国法民规宣传品，让大家遵纪守法。

开展了内容充实、严肃认真的主题党日活动，聘请老党员、老干部给大家上党课，讲党规党法，还根据情况组织党员为群众做好事。

坚持"三会一课"制度，定期召开党组织生活会和支部党员大会，研究分析近期党组织内部和村两委工作中存在的问题，制定解决的措施。

落实每周一次的政治学习制度，学习党章和十九大文献以及省、市、县委文件。

坚持每遇重大节日升国旗。届时，全体党员衣着整洁，佩戴党徽，整齐列队，面向庄严的国旗，重温入党誓词，高唱国歌，注目国旗冉冉升起。

上述活动追求实效，拒绝庸俗，把党的声音播撒到村民心里，在群众中树立了党员的良好形象，让党旗飘扬在村里。全面提升了村党支部、党员干部的集体素质和村两委班子的工作能力，充分发挥了党组织的战斗堡垒作用和党员的先锋模范作用。村里的风气正了，村民说话办事有主心骨了，出现了人人思脱贫的新气象。

陈进军还利用在法院工作的便利条件，对村民进行法制教育，把依法治国的文件和学习资料送到村民手里，召开扫黑除恶推进会、清产核资工作推进会、乡村振兴工作会，始终将村支部阵地建设纳入帮扶计划，始终把村基层组织建设作为扶贫的首要任务和第一责任，不断加强基层组织建设，还投入资金完善村党支部、村委会的各类软硬件建设，购置了空调、桌椅、打印机、复印机、文件柜、文件盒、宣传展板等急需的办公设施，并将各类制度进行了上墙、上展板，做到了公示有展板、宣传有橱窗。

村民来村委会开会或者办事情，看到活动中心的明显变化，纷纷高兴地说，这才像个基层组织的样子，我们说话办事有地方可去，也有人可找了……

二

深入基层，沉到一线走访了解情况。

善于和群众打交道、交朋友。

这两条是陈进军在长期的法律工作中养成的优良工作作风，也是他敢于主动请缨来农村担任第一书记参加脱贫攻坚战役的底气。

陈进军担任坂头村第一书记这件事，还真有些戏剧性。

还是在确定到坂头村任第一书记人选的时候，不少人对农村工作心怀顾忌，避而远之，生怕轮到自己头上。

而刚被任命为法院纪检组负责人的陈进军主动提出到坂头村工作一段时间，贫困户不脱贫绝不回来！当时法院领导问他，你真有把握能把农村工作干好？陈进军说："没有金刚钻，哪敢揽瓷器活！"

知人善任的法院领导批准了陈进军的申请。

陈进军果然不负众望，一到坂头村就施展拳脚，排兵布阵，把各项工作干得有声有色。

在推进面上工作的同时，陈进军利用空闲时间走访，掌握了坂头村的实际情况。

坂头村位于光华镇东北方向海拔1000多米的秦王山上，与尧都区地界毗邻，下辖11个自然村，总面积约50平方公里，538户、1650口人，耕地面积约4880亩，主要种植玉米、小麦、小杂粮等农作物。

这里据说是秦王李世民父子打江山时屯兵练兵的所在，村民生活和生产集中在秦王山顶部。山高气寒，自然条件恶劣，基础设施落后，严重制约了该村的发展。村里除了一条309国道穿村而过以外，再无别的公益设施，自然村之间全都是土路连接，房屋大多为石窑洞，村民普遍挣钱缺手艺，想发展产业资源少。虽然解决了温饱问题，但是抵御天灾人祸的能力极差，不少人家因为疾病、孩子上学、意外事故致深度贫困。2017年11月，全村还有贫困户122户、409人，包括低保户19户、五保供养对象6人。

通过与村民座谈，征求意见，陈进军召开村两委联席会议，汇总情况，

陈进军(左)在郭俊生家的地里察看蔬菜生长情况

摸准实情,认清扶贫目标。

会议的结论是:

坂头村贫困的原因是缺乏支柱产业。

近期发展产业项目是连翘生产和加工。

远期发展目标是开发秦王山旅游。

当前进行两项工作:

一是发动群众发展连翘。

二是编制秦王山旅游开发规划。

双管齐下,齐头并进。

一提起发展连翘,村民们连连摇头。秦王山漫山遍野都是连翘,还用发展?到时候上山去采摘就是了。

果不其然,陈进军意料中的事情发生了。

秦王山上野生连翘资源确实很丰富。春天漫山黄花,秋天满枝翘果。每年连翘下来的季节,男女老少提着篮子,背着麻袋,纷纷上山采摘连翘,忙活上几十天,总能有几百元的收入,一年的柴米油盐钱就有了,再加上玉米和小杂粮的收入,全年的生活还是有保障,虽然办不成大事,眼前的生活还是过得去。

问题是那些因年迈体弱、身染疾病，或者天灾人祸、丧失劳动力的低保户和兜底户，他们出不了门，上不了山，只能唉声叹气……

陈进军还发现一个严峻的问题：过度采摘连翘。

连翘还没完全成熟，人们就上山采摘，直接影响连翘的药性；有的是掠夺性采摘，甚至把连翘枝杈砍下来采摘，丝毫没有保护野生资源的理念。采摘季节一过，连翘丛林一片狼藉，惨不忍睹，极大地破坏了连翘野生资源。

针对上述问题，陈进军和村两委研究决定，采取两条腿走路的方针：

第一，组织人力上山管护连翘资源。张贴布告，严禁提前采摘、掠夺性采摘、偷采，进行广泛宣传，严格落实。他们组成连翘资源保护小分队，昼夜上山巡逻，有效地保护连翘资源。小分队成员的劳务费从村集体所有野生连翘收入中解决。不仅解决了野生连翘资源保护的问题，还使贫困户有了一份稳定的经济收入。

第二，引进优质连翘苗木，发动村民人工种植连翘。

陈进军事先已经料到人工种植连翘工作必然会遇到阻力，果不其然，阻力来了。

住在秦王山巅的村民，身受交通阻塞之苦，很少有机会下山，守着几亩薄田和山坡上的连翘，对生活也没有更高的要求。因此，当陈进军和村两委动员大家种植连翘的时候，大部分人把脑袋摇得像拨浪鼓一般——

"连翘本身就是山上长的东西，地里哪能种得活呀！"

"山上的连翘多得是，哪里还用自己种呀！"

"还不是吃饱了撑的！"

陈进军耐心地说："是为了叫大家多挣一些钱呀，生活得更好呀！"

人们说："我家现在的日子就过得去……"

就连个别低保户也说："陈书记，别忙活了。有这时间，还不如多给我几个钱！"

有的人家见了陈进军进村，干脆装作没看见，转身躲着走。有的人被堵在家门口，低着头不说话，连家都不叫进……

有的村干部沉不住气了,不愿意再跟着陈进军碰软钉子了,还劝陈进军别没事找事……

有的干部说,咱为了谁呀?这不成了皇上不急太监急嘛!

陈进军回过头来又做村干部的思想工作:"咱们遇到的问题,是小农意识在作怪。"

陈进军又说:"现在贫困户、村民就是皇上,咱们就是太监,咱就是要叫皇上急起来……"

干部们被他说笑了。

这一回,陈进军换了一种方式,先是拿村里几个兜底户家的贫困生活情况,说明发展产业的必要性,又把山上被糟蹋得不像样子的连翘照片叫大家看,说明保护自然资源的紧迫性。

三番五次,终于感动了村民,一致同意跟着村两委发展连翘。

陈进军趁热打铁,请来山西省林业厅的专家现场讲解人工种植连翘的技术要领。先后召开大小会议60余次,现场培训9次,参与群众600余人次。通过大力开展"不等不靠,艰苦奋斗""精准扶贫不是养懒人"等思想的培训会,增强了贫困群众脱贫致富的信心。

思想问题解决了,行动自觉性增强了,村民纷纷要求种植连翘。

陈进军又想到一个现实问题,如果种植人工培育的连翘苗的话,生长周期比较长,两年以后才能受益,而且人工培育的连翘苗不一定适应秦王山上的水土,效益没有保证。在请教老农和技术人员以后,决定发动大家上山挖野生的连翘苗移栽,这样当年就能挂果。经过试验,效果很好,群众的积极性空前高涨。

陈进军和工作队员带着大家上山挖连翘苗,连夜栽到地里。

经过艰苦的努力,2017年秋天,63户贫困户栽植连翘473.2亩。2018年秋天这几百亩新栽的连翘全都挂了果,产生了很好的效益。这一下不用再动员说服,村民们自动上山挖连翘苗,栽到自家地里。仅2018年秋天,全村就新增连翘2000亩,2019年达到3000亩。除留下口粮田以外,村里的旮旮旯旯都栽上了连翘,为贫困户自主脱贫打下了良好的基础。

村民闫生伟，3个孩子上学，家庭拖累大，是建档立卡贫困户。他最先认识到发展连翘的优势，一下子就栽了40亩，2018年收益6万元，一举脱贫。看着自己的劳动成果，闫生伟自豪地说："当贫困户不是什么光彩的事情，我坚决要求退出贫困户！"

村民王张记栽了70余亩，郭俊生栽了80余亩，都收到很好的效益，他们见人就说，连翘好，连翘好，连翘是个脱贫宝！

为了解决那些出不了门的兜底户的产业发展，在征求他们的同意后，陈进军发动工作队员和村干部替他们挖来连翘苗，帮他们栽植到地里，第二年挂了果，再替他们采摘了。

坂头村发生的变化，引起了县委、县政府和镇上领导的重视，对他们的工作给予了高度评价，并在村里召开了现场会，推广他们的经验，先后有好几个乡镇前来参观学习。

一下子来了这么多人，又是开会，又是拍电视，又是照相，又是到地里参观，这在深山老林里的坂头村可是从来没有过的事情。

村民们感到，听陈书记的话，对了！

在完成人工栽植连翘的同时，陈进军还组织贫困户家的青壮年，上山巡查，有效地减少了乱采乱摘，保护了连翘野生资源，他们还增加了一份收入。

坂头村的村民富裕起来了，2017年底就脱了贫。

陈进军不敢有丝毫松懈，开始实施第二步中长期发展规划。秦王山顶上还遗存着很多文物古迹，如大型庙宇遗迹、广阔的演兵场等。陈进军想到秦王山的种种传说，带着工作队员和村两委成员对这些遗迹进行了深入考察，感到很有开发旅游的价值。如今开发规划已经编制完成，并受到光华镇党委、镇政府的大力支持，鼓励他们进一步研究部署，拿出详细发展规划，以便进入实质性运作阶段。

陈进军心里充满了热切的期待，在发展连翘产业的基础上，再把秦王山的旅游产业发展起来，坂头村民的生活肯定会生机勃勃地向前迈进。

三

陈进军深知作为一个第一书记,必须得有弹钢琴的功夫,10个指头都得动起来,村里的大小事都要考虑到。因为,民生无小事。

作为一个资深法律工作者,陈进军善于运用法律武器,妥善调解处理村里产生的一些纠纷和矛盾。

2017年秋天,村民王小斗因下雨水路走向问题,与邻居产生纠纷。陈进军知道后,冒雨到他家协调矛盾,最后成功解决问题。

还有一次,村民王金斗、王银斗兄弟因修房打起架来,闹得很凶。陈进军赶到现场,严厉制止,防止了矛盾的进一步升级,严肃批评了王氏兄弟,向他们宣传有关政策,终于平息了矛盾,避免了更严重事件的发生。

2018年春天,坂头行政村所属两个自然村因一件事,产生了矛盾,群情激奋,百十号人集聚在一起,又是争吵,又是推搡,又是扬言要到县里、市里上访。陈进军无所畏惧,亲临现场,据理力争,调解矛盾,说服双方互相理解,终于平息了矛盾,解决了问题。

3年中,陈进军发挥人民法院为民服务的职能和优势,遇事不推诿、不躲避,迎难而上,果断处置,共处理调解纠纷30余起,避免了矛盾的进一步激化,成功维护了安定团结稳定的大局。

他知道自己代表党和政府,自己的形象直接关系到党和政府的形象。因此,每逢年节,他都要登门慰问贫困户和老党员、老干部,向他们送去党和政府的温暖。

在村里基础建设中,他坚持质量第一的方针,严格把关,对3个自然村共计面积9.73万平方米的巷道实施了硬化,对10个自然村共计36272平方米的道路实施了户户通硬化,为村民出行、农副产品运输等解决了实际困难。

2017年,实施并完成了23户贫困户的易地搬迁工作,并于2018年10月完成了6户易地搬迁贫困户旧房拆迁复垦工作。

他还想方设法帮助贫困群众实现稳定就业,收入稳步增长,积极搭建各类企业用工和贫困劳动力求职供需对接平台,促进转移就业和稳定就业。挖掘本乡企业用人需求,及时向贫困户提供招工信息,为符合条件的贫困劳动力发放务工补助。

积极配合教育部门提高贫困人口文化素质,从源头上阻断贫困代际传递。加强对义务教育阶段、贫困家庭儿童群体的监控。宣传学生资助政策,确保所有困难家庭的学生有书读。

他还在县法院领导的支持下,组建了以42名党员干部为主的帮扶队伍,定期到122户贫困群众家中开展帮扶、慰问等活动。

3年的时间很快就过去了,陈进军还坚持战斗在脱贫攻坚第一线,若要问他做了多少工作,有多大政绩,他可能说不出来,但是要是说到以后的工作设想,他会口若悬河,滔滔不绝。

他可能会说,坚持扶贫与扶志、扶智并举,大力弘扬劳动光荣、艰苦奋斗、孝亲敬老等中华传统美德,教育和引导贫困群众靠自己的双手光荣脱贫,勤劳致富。

他可能会说,重点关注已脱贫群众的新诉求、新动向,建立"扶上马、送一程"的脱贫后续扶持机制,帮助打消思想顾虑,跟进解决具体困难。

他可能会说,建立健全利益联结机制,创新贫困户参与方式,引导贫困户以房屋、土地、林地经营权入股参与合作社,采用生产奖补、劳务补助、以工代赈等方式,持续激发贫困群众勤劳致富的内生动力。

他还可能会说,也不能忘记那些已经享受到国家兜底优惠政策的低保户,要时时刻刻关注他们生活中的发展变化,要动态管理他们的生活,有什么新的困难,有什么新的要求,能解决的一定要及时解决……

第一书记这个光荣的称号

桃花山来了李书记

桃花山，台头镇所属一个美丽的小山村。

一个簸箕形的山坳，两边山坡上长满了山桃树，春天到来的时候，浓烈的山桃花开遍山野，拱卫着中间的小村子，充满了诗情画意。

村口矗立着一高大的白皮松，雪白而粗大的主干、繁茂而葱茏的树冠，在风中微微摇动，似在迎接远道而来的客人。

这是新任桃花山村第一书记李万标第一次到村里报到时看到的情形。

桃花山村位于台头镇东部山区，距台头镇政府所在地 16 公里，属典型石山森林区，4 个自然村一溜摆开分布在附近的山顶上，耕地面积 1250 亩，核桃树 1012 亩，除了桃花山村通公路外，其余 3 个自然村仍是坑洼不平、宽窄不一的乡村渣石路。

年近五旬的李万标在村支部书记马明芳的陪同下来到村主任王建华家里见面。这时候他才知道，村两委连个办公活动的场所也没有，有事就到村主任家开会。村里党支部不健全，书记还是由台头镇武装部部长兼任。村里条件十分简陋，村集体收入为零，贫困发生率 42%，青壮年基本都在外打工，村里土地贫瘠，传统农作物不足以养家糊口，经济林主要是核桃树，虽然种植面积不少，但由于缺乏管护经验，大部分核桃树挂果情况不理想，尚未取得经济效益。

李万标上任后的见面会就在村主任家的客厅里举行。简短的见面会上，大家你一言我一语地诚恳发言，提出了不少合理化建议。随后，李万标又深入4个自然村找群众座谈，初步了解了全村的情况。

让李万标最感动的是群众似乎早就盼着能有一位干部带着大家真抓实干，彻底改变桃花山村的落后面貌。

有人说，村里野生连翘资源堪称丰富，把山上的野生连翘集中管理起来能增加点集体收入。

有人说，村里的核桃品种很好，可以举办个核桃管理技术培训班，提高大家的核桃树管理技能和核桃产量。

有人说，能否办个养鸡场或者养猪场，带领大家一起赚钱。

在最远的自然村卧石坡，一进村几个老乡就拉住李万标的手，像见到救星一样，说："李书记，你这次来可要把咱卧石坡的路给咱修好，太不方便了。我们都盼了多少年了，还是这条坑洼的渣石路，农用三轮走都困难，一遇到下雨下雪天，出不去回不来，娃娃们上下学接送都是大问题，这都成了卧石坡人的心病了！"

村民期盼的眼神，李万标顿时感到一副沉甸甸的担子压在自己的肩上，心里暗下决心，一定不能辜负党和政府的嘱托，更不能辜负老乡们的殷切期望，要想办法尽自己最大的努力解决问题，让老乡们尽快脱贫，做到问心无愧。

每一次座谈，李万标都是满怀信心地鼓励大家，只要咱们齐心协力，想方设法，密切联系桃花山村的实际，就一定能发展经济，彻底改变村里的面貌。

他特别强调"彻底"两个字。所谓彻底，不仅要让群众一两年内脱贫，还要巩固提高，永远脱贫。不能搞数字脱贫，一定要搞真正脱贫。

李万标还说了一句话："请大家放心，桃花山村不脱贫，我李万标绝不离开！"

这掷地有声的话语，无疑给村民吃了一颗定心丸。

把宝押在核桃上

调查的结果告诉李万标，核桃是桃花山村的主要经济作物，4个自然村几乎家家户户都有几亩核桃树，核桃树面积约占全部耕地面积的50%。这里的核桃是绵核桃，个头适中，皮儿薄，油性大，品相好，口感佳，远近有名。

存在的问题有两个：

一是管理技术不过关，产量上不去。

二是销路不畅。

李万标尝了几个核桃，果然手掌一捏就碎，展开手掌瞧瞧，人脑一般完整的核桃仁稳坐在手心里，掰下一块放进嘴里嚼嚼，还真是好吃。

他就问大家，咱们就发展核桃，靠核桃脱贫，怎么样？

众人回答，只要产量能上去，销路能打开，没问题。

于是，大力发展核桃，就成为桃花山村脱贫攻坚战役的首选产业。

李万标在临汾市电信公司领导的支持下，迅速联系山西农业大学的专业管理团队前来调研，制定相关方案。

2016年3月，经过几轮谈判和实地考察，临汾市电信公司、桃花山村委和山西农业大学三方签订了为期1年的低产核桃园技术培训协议。经过1年的现场示范教学、实际操作，培养了12名骨干和若干名技术能手，不仅解决了本村的核桃管护技术问题，还可向外派出技术务工人员进行推广。同时，成立了花山核桃专业合作社，将所有核桃种植户和所有贫困户全部纳入合作社，从核桃的管护、修剪、施肥、嫁接、采摘、脱皮、收购整个流程都进行了分工。尤其是收购阶段，对社员的核桃进行筛选，严把品相和质量关，打造桃花山村核桃的品牌。

花山核桃专业合作社在村党支部的坚强领导下，开始了正常运转。同时结合政策导向，对核桃园进行了提质增效改造和补栽措施。2016年、

2017年，连续两年取得了大丰收，生产核桃2万斤，创造效益20万元，人均400元。2018年春寒，造成核桃绝收，政府采取积极的补贴措施，把自然灾害造成的损失降到最低。

事实证明，大部分村民已经通过核桃增收脱贫，花山核桃产业从无到有，从小到大，正走向规模化的发展道路。仅2018年，就扩大核桃栽植面积300亩，人均2亩核桃树。李万标还带着村两委在核桃深加工方面采取积极措施，开发核桃油、核桃汁、核桃露、琥珀桃仁等产品，进一步提升核桃产业的经济效益和抗风险能力，做大做强核桃产业，使之在不久的将来成为桃花山村经济发展的支柱产业。

接下来就是销售问题了。

2016年初，进村调查走访的时候，李万标就发现村民赵生家、老高家、陈大姐家、小宋家、会计家等10多户，都普遍存在核桃滞销问题，装满核桃的蛇皮袋子还码放在家里。全村人手里还有好几千斤去年产的核桃没卖出去。听村民们说，每年核桃快要收获时不得不将大部分当青皮核桃便宜卖掉。眼看今年的新核桃就要收获了，再要是销售不出去，这一年的工夫就白搭了。

李万标又问，以前是怎样销售的呢？大家说就是在家等收核桃的来上门，大家各顾各，互相压价，打价格战，结果叫收核桃的中间商占了便宜。

李万标打定主意，一定要改变目前的销售现状，想办法先帮老乡们把积压的核桃销售出去！

得知原来村里人卖核桃，就是把核桃装到蛇皮袋子里面，成袋子地卖。这个卖法也太粗放了，注定卖不下好价钱！

李万标决定设计制作礼品盒，把核桃包装一下，再走市场。要以花山核桃专业合作社的名义制作核桃包装箱，一问村里和合作社都没有经费，怎么办？

李万标深知机会难得，时间紧迫，就自掏腰包4000元，前往尧都区纸箱厂联系设计、印制礼品箱。经过几天紧张的工作，精美的花山核桃礼品箱面世了。拿到村里，大家一看，一致叫好！一个有一点文化的老者说："这才是好马配好鞍,好女穿好衣呀,花山核桃总算有了自己的品牌了。"

在解决了外包装问题的同时,一整套营销方案也在李万标的脑海里基本定型了。

还是两条腿走路,线上和线下销售。

首先,是利用"互联网+"的模式,进行线上销售。为了及时开通网上销售,李万标把亲戚也拉进来做义工,桃花山淘宝店经过10多天的准备顺利开通,在外甥女的帮忙下夜以继日地完成了产品的上架工作。同时,用易企秀制作了自媒体宣传片,在微信和易信群进行宣

李万标(左)在对村干部讲解核桃包装箱的特点

传。开通"一亩田"认证销售,注册了花山尚品商标,村口那株白皮松成为桃花山品牌的标志性形象。

其次,线下在临汾市电信公司工会的支持下号召全体员工伸出援手,购买花山核桃和蜂蜜,动员同学亲朋在太原进行销售。紧张的准备工作基本就绪,一切都在有条不紊地进行当中。2017年9月24日,1000个包装箱刚出来,李万标就马不停蹄地运到桃花山村进行装箱,他要赶在9月27日中秋节之前销售。第一批销售了100多箱,旗开得胜!

两节过后,通过宣传片的宣传,淘宝店陆续有了订单,太原重机厂销量突然增加,回馈的消息是花山核桃品质比他们在市场上买的核桃都要好得多。回头客很多,客户一致好评。一时间,来自福建、广州、北京、天津的订单雪花一般飞来,几个月销售了700多箱,超出了预期。

2017年底,村里的核桃卖了个一干二净。

村民最多受益1万元，少的也有800元。

这一下，村民们尝到了甜头，种植核桃的积极性越发高涨了。

至此，李万标得到了领导和老乡们的认可，理所当然地成了核桃书记。

在销售核桃的过程中，还发生了3个给李万标留下深刻印象的事情。

其一，一位福建客户专门打电话说想要一个带叶的核桃树枝，因为他老家就是乡宁的，但从父辈就没有再回来过，他的孩子也没见过核桃树，想看看到底长啥样，帮助他满足孩子的心愿。当时已经是冬季，桃花山上的核桃树都成了光杆司令，让这个简单的要求变得困难起来。李万标抱着一线希望到尧都区平川地区核桃园去寻找，结果在一个大棚附近找到一株核桃树，大部分树叶已经干巴得快掉了，还有一枝半干半绿的树枝在冷风中摇曳。说明来意，看大棚的老乡爽快地掰断树枝递给他。赶回桃花山村，李万标把核桃树枝连同两箱核桃给客户发了过去。这位客户回音说，他们这些在外地的游子又看见了家乡的颜色，尝到了家乡的味道，万分感谢家乡的朋友！

其二，就是给一户贫困户销售核桃的过程中引起了误解。核桃销售开始，按照村委会决定，以贫困户核桃的产量多少为序销售，其次再是非贫困户。但是当时市场价格极不稳定，提前给贫困户老赵说是按照每斤15元收购，每箱4斤60元。但开始销售时市场价已经降到每斤10—12元，尽管李万标是托关系，销售价格维持在每箱60元，也得倒贴物流运费和包装费。他还想自己已经答应人家按照15元收购，不管赔多少就按照承诺给老赵结算，不亏老赵就可以。老赵也是打来几个电话说等着用钱，一直催先给他结算。事情传到村里人耳朵里，就变了味道。大家说李书记不是老赵一家人的第一书记，而是全桃花山村民的第一书记。这么多的人你能倒贴得起吗？李万标恍然大悟，于是到老赵家做解释工作。老赵是个直性子，等把事情来龙去脉弄清楚后，也开心地笑了，同意按照新的收购价予以结算。

其三，2017年10月，正是收购核桃的高峰期。22日晚上，李万标刚回家，突然接到贫困户小宋的电话，电话内容很简单，合作社不收他家的核桃，合作社有问题。后来，李万标了解到小宋不是不相信组织，也不是对合作社有意见，而是对个别人的某些做法看不惯，为此引起纠纷。随后李万标召集会议，认真检查了收购核桃中存在的问题，提出解决的办法。过了国庆节和八月十五，核桃卖了好价钱，村民们的幸福都写在脸上，李万标的内心也感到些许的欣慰。

李万标是一个善于思考的人，通过这3件事情，他深刻地认识到：作为第一书记，肩上责任重大，在脱贫攻坚、脱贫致富的道路上，精神文明应该比物质文明更为迫切，思想引领决不能滞后，思想脱贫比物质脱贫更重要。

为了第一书记的职责

第一书记并不像电视连续剧《马向阳下乡记》里面演的那样，冒出一个想法，立马就办成了，赢得一片称赞。

李万标在桃花山村当第一书记，遇到的难题、接触到的难事，真是说不清、道不完……

这些难题、难事，有些和脱贫攻坚沾着边，有些根本不沾边，他都得管、都得处理，而且还要管好、处理好！

谁叫你是第一书记呢！这就是理由。

按理说，核桃产业在全村发展起来了，李万标可以歇一口气了，但是他发现大洼村发展核桃产业较晚，新栽植的核桃树还未到盛果期。不少村民自主发展了养牛、养羊和养蜂以填补核桃盛果期到来之前的经济收入空白。李万标认为这是一件好事情，一方面可以弥补核桃盛果期到来之前的家庭收入，另一方面国家本来就提倡因地制宜，多种经营。如果能把养殖业也发展起来，不是更好吗？不仅多了一条脱贫致富的门路，也能提高应对自然灾害的能力。何乐而不为呢？

因此，李万标主持召开村两委会议，做出一个决定，鼓励村民在搞好核桃产业的同时，积极发展养殖业。如果有困难，村两委大力支持。村委高副主任是个能人，年近70岁了，有一手养蜂的好技术，宽阔的院子里摆放着百十来个蜂箱，蜜蜂在院里上下飞舞。他还有制作蜂王浆、蜂糕、花粉的本事。在城里生活多年的李万标头一回听说，蜂蜜还能制成这么多的产品！

他还听说，村里还有几家养蜂户蜂蜜产量很大，就是销路不畅。如今，仅高副主任家里就积压着近10吨的蜂蜜，全用大塑料桶封存着，有枣花蜜、百花蜜、洋槐蜜、结晶蜜等，每年还在不停地产蜜，积压的蜂蜜越来越多。

李万标决定帮助村民把蜂蜜销出去。

他先后想了很多办法帮助村民销售蜂蜜，比如联系阳城县皇城相府蜂蜜酒厂、珠海做食品加工的周老板、给原单位职工发福利等，很快就把积压的蜂蜜销售一空。

那些天，李万标回到临汾没有时间歇一歇，就是四处奔波，联系卖蜂蜜。

伙伴们问他，你是当第一书记呢，还是做蜂蜜生意呢？

李万标笑哈哈地说："第一书记的职责，就包括卖蜂蜜。"

脱贫攻坚战役中最牵动神经的是建档立卡贫困户的识别。

李万标在这个问题上下的功夫最大。

比如大洼村高大娘一直对自己没有被识别上贫困户有疑惑，总想着和同龄人的条件比一比，为什么她们能评上，自己就评不上呢？李万标一问，原来她家女儿在太原上班，收入不菲。李万标上门给高大娘一解释，高大娘欣然接受。

比如村民小刘总觉得自己应该享受危房改造补助，可就是没评上。为什么呢？李万标一问，才知他家的房子只是外墙表皮有了一点裂缝，里面的四梁八柱完好无损。李万标给他一解释，小刘不吭声了。

比如低保户王老三，年底买了汽车，村民把事情反映给村两委，把他的低保户资格给取消了，王老三自然没话说。

比如张大娘也想当低保户，可是他儿子在临汾市里上班，按规定不能当低保户。李万标上门做解释，张大娘表示理解，不再提这事。

2016年，村委会活动场所竣工；2017年，4个自然村的"村村通"工程完工了。上级出台的各项扶贫优惠政策一一落实到位，村容村貌发生了翻天覆地的变化。每逢年节，临汾市电信公司的领导总会让李万标安排时间，带上慰问品一起看望贫困户；每年 8 月 30 日左右，电信公司把村里当年考上大学的学生组织起来进行集体慰问，送去公司党组的温暖和关爱。这已经成为一个不成文的约定，目前，临汾市电信公司已经慰问大学生 40 多人。

3 年的时间很快就过去了，桃花山村也脱贫摘帽了，李万标第一书记的任期也到了，公司党组再一次决定由李万标续任第一书记。在征求李万标的意见时，李万标回答说："服从命令听指挥！"

1968 年出生，1993 年毕业于山西大学计算机科学系软件专业，先后在临汾市邮电局、电信局、电信公司任职的李万标，已经把桃花山当作自己的第二故乡，和乡亲们的那份难以割舍的情感已经深深根植在他的内心深处，而且村里还有好多需要他去做的事情。如何巩固来之不易的成果，如何建强基层党组织让其发挥应有的作用，如何使村党委干部年轻化，如何引领老乡们脱贫致富奔小康，如何落实振兴乡村计划实现建设美丽和谐的桃花山村，都是李万标在新的任期内考虑的问题。

月明星稀的夜晚，李万标深深呼吸着桃花山村的清新空气，没有一丝倦意，习近平总书记"不忘初心，牢记使命，砥砺前行，继续前进"的讲话，回荡在他的耳畔，在他的内心翻滚……

在大地上绣花

先要自身强起来

2015年8月,新任第一书记王奋强到关王庙乡赵庄村委会报到的时候,简直被眼前的景象吓了一跳。他怎么也不敢相信,这就是管辖着7个自然村、745户、2475人、33名共产党员,拥有耕地面积5928亩的堂堂赵庄村委会!

这就是自己未来脱贫攻坚战役的战场?

你看那一排东倒西歪缺少门窗的窑洞,连一条像样的板凳都没有。你看那宽敞的院子凹凸不平,低的地方积着雨水,蚊蝇乱飞,一股臭味;高的地方尘土飞扬,人畜粪便随地都是,叫人难以下脚。大院的围墙似有若无,门户洞开。根本不像个村党支部和村委会办公、议事的场所。

王奋强第一次召集支部党员会议,就没开下个样子。党员们来了全在院子里找稍微干净的地方站着,有的双手交叉在胸前,有的两手掐腰,抽烟扯闲篇。王奋强在前边大声讲,党员们在下边小声说。开会期间,村民随便进出,大声插话,把个支部党员大会开成了农贸市场。

王奋强实在看不过眼了,说了一句:"你们别乱跑,我们现在是召开党的会议!"

有人说:"连个像样的会场都没有,还开什么会!"

还有人说："还有站着开会的？真稀罕。"

在场的党员都嘻嘻地笑起来……

有着多年政法和社会治安综合治理工作经验的王奋强并不在意。他知道，一个组织、一个单位，甚至一个工作人员，先要自身强起来，立起杆来，说话才有人听，才能办成事情。村民对支部党员大会满不在乎，对自己这个第一书记不敬，关键是村两委办公场所不像个样子，院子不像院子，房子不像房子，会场不像会场，没有生气和威信，在群众心目中没有立起杆来。再说，没有一个像样的办公场所，群众过来办事也不方便。

王奋强决定采取措施，先叫村两委自身强起来，增强村两委的服务功能和凝聚力。

他积极向上级汇报情况，申报项目，很快就获得到上级的支持。

于是，整修了村委会的房屋，粉刷了墙面，硬化了地面，更换了宣传版面，安装了电子显示屏、网络电视，配备了电脑、扩音器，院里院外进行了绿化、美化、亮化，安装了多种健身器材，还在附近修建了一个干净卫生的公厕和垃圾池，使村委会大院成为一个绿树掩映、鲜花盛开、干净卫生，集办公、议事、学习和休闲健身为一体的场所。上班时间，人们来这里工作、办事、学习、开展活动；茶余饭后，村民们就三三两两到这里休闲健身，集体活动更是积极到场，使村委会逐渐成为全村的中心。

阵地建设好了，还得有队伍，得有人干活。

针对长期以来党员队伍素质不高、缺乏活力的现状，王奋强和村两委果断采取组织措施，健全了村支部和村委会班子，完善了制度，明确了责任，响亮地提出广大党员要勇挑重担、主动作为，展现党支部的强大凝聚力和战斗力。村党支部践行"基层党建＋精准扶贫"的模式，建立党员联系贫困户制度，提出党员为结对贫困户实行"五个一"工程，即送一份温暖、办一件实事、教一项实用技术、指一条致富门路、提供一条劳务信息。为使村委会能有源源不断的新鲜血液，在发展年轻党员时提出了"三高三强"的标准，即政治素质高、群众威信高、文化水平高、工作能力强、致富能力强、带动能力强。3年间，共发展年轻有为的党员4名，培养入党积极分子若干名。通过支部和党员实实在在的表率引领作用，村委会逐渐成为教育群众、吸收党员、凝聚人心的前沿阵地和窗口。

瞄准帮扶目标下功夫

王奋强把精准作为脱贫攻坚成败的关键，在工作中真正帮到点上、根上。不仅帮扶对象精准，而且帮扶措施精准，不搞大水漫灌，下足绣花针工夫，因人因户施策。

在识别贫困户的时候，他要求大家认真把好对象条件、民主评议、对象公示、监督检查四道关口，严格按照"八不进"要求，确保应进尽进、应退尽退。对贫困对象进行动态调整，重点对漏评、错退、户内漏人、返贫情况反复核查，确保不错一户、不漏一人。对建档立卡贫困户识别实现了从粗到精的转变，通过建档立卡再次甄别活动，识别出45户、137人不符合"八不进"要求，让其出列，新增28户、93人，实现了人员的精准。经张榜公示，群众满意度达到100%。

在确定扶贫措施的时候，在精准识别贫困户的基础上，王奋强带领赵庄村两委根据每个贫困户的条件，实行精准帮扶。要求因人因户施策，逐户制定差异化帮扶措施，不搞一刀切，拒绝行政命令，远离长官意志，把有限的精力和资源用在真正需要帮扶的人身上。

他们对建档立卡贫困户进行逐户会诊，实行三级分类管理：

对有一定种植养殖技术、有劳力，通过努力能稳定脱贫的定为一类户；对没技术、只有半劳力，脱贫有一定难度的定为二类户；对家庭、劳力、资金等各方面都不具备脱贫条件、问题较大的定为三类户。

接下来，按照"引领一类、扶持二类、兜底三类"的原则，分类建立清单，定实攻坚措施。

对一类户，为他们创造条件，全面兑现帮扶措施和脱贫政策，帮助他们自主创业，自力更生。

对二类户，及时调整帮扶力量，抽调精兵强将，进行点对点、人对人、面对面的精准帮扶。

对脱贫问题较大的三类户,由于在伤病、住房、技术等方面都存在问题,争取政策帮其兜底。

到底怎样才能让贫困户脱贫致富,让贫困村脱贫摘帽呢?

王奋强认为仅仅靠外援是不够的,主要还是要靠自己。他和赵庄村两委一班人多次深入贫困户家中调查,与干部群众座谈了解,研究赵庄村产业发展的出路。最后大家认为,赵庄村地广人稀,缺人才、缺技术、缺资金,但更缺信心。因此要因地制宜,坚持小、快、灵、准的原则,不一定要上多大的规模,但要充分发挥每个人、每块地的优势,精准发展产业,做到家家有项目,人人有活干,齐头并进。

王奋强协助赵庄村委会成立了专业合作社,建成香菇大棚,共带动贫困户42户,当年收入5万元;利用村里的荒山荒坡,种植连翘350亩、花椒50亩,带动贫困户115户,有效地解决了第一类贫困户产业发展的问题。

王奋强(左)在查看食用菌生长情况

发挥种植技术优势,专业种植无公害西红柿;发挥养殖技术优势,专业养牛39头;另外,还根据每户情况,在全村发展了核桃13亩、柴胡156亩、黄芩177亩、羊24只、猪73头、鸡6730只、蜂13箱,惠及群众410人,有效地解决了第二类贫困户的产业发展问题。

下赵庄自然村的贫困户杨志华身体不太好,干不了重活,王奋强结合他的实际情况,对他进行了相关业务培训,把他培养成光伏发电站的管护员,每月工资500元,全年收入6000元,解决了全家人的生计问题。

上赵庄自然村的贫困户乔福成,有养猪的技术和积极性,就鼓励他养猪。乔福成用传统方法养猪,给猪喂青草和精饲料,提高了猪肉的质量,也就是人们常说的笨猪肉,市场上供不应求。2017年销售肉猪5头,收入1万多元;2018年销售肉猪10头,收入2万余元;2019年还存栏23头,到了年底,又是一笔可观的收入。

利用山顶光照充足的优势,建成100千瓦光伏发电站,共计带动贫困户20户、67人。不仅增加了村集体经济收入,而且解决了第三类贫困户的生存和发展问题。

蒲凹沟自然村的贫困户残疾人赵金奎,其妻子也是残疾人,全家没有一个像样的劳动力,几亩地也种不下个样子,生活极度贫困,赵金奎本人对生活失去了信心,产生了"活一天算两晌,哪里死了哪里算"的悲观情绪。了解到他家的实际情况以后,王奋强多方奔走为他争取救助资金,对其院落和房屋进行了整修,还平整出一块菜地,接通了自来水,还为他落实了社会兜底优惠政策,极大地改善了其一家人的生活质量,赵金奎的精神面貌也发生了根本变化。

经过一年的奋斗,赵庄村形成了带动面广、效益明显、增收稳定、持续增收的特色产业,确保实现全村贫困户全部脱贫。

为了让村民能够在种植养殖方面持续掌握先进技术,王奋强和赵庄村两委一方面与乡宁县科技局、林业局、农委沟通,现场对村里种植养殖户进行技术培训,发放相关技术资料;另一方面与临汾市科协联系,创建了全市首批乡村@站,实现了远程互动培训平台、实用技术学习平台、农村电商创业平台、即时信息查询平台、专家在线服务,实现了即时持续技术培训服务,实现了贫困户由"输血"到"造血"的转变。

群众的事就是自己的事

自打进村工作的那一天起,王奋强就注意把抓好面上的工作和为村里解决具体问题结合起来,把群众的事情当作自己的事情来办。

赵庄村有7个自然村,分布相对分散,山高坡陡,道路崎岖,交通不便。

王奋强就带领大家想方设法对未通水泥路的5个自然村26717平方米的街巷进行硬化,促进"村村通"向"村连村"延伸,极大地方便了群众的出行。

人畜饮水是当地群众生活的一大难点,多少年来人们每天办的第一件事就是到深沟里去挑水,不但劳累,而且还极其危险。王奋强争取到了葛庄、东沟、杜家庄3个自然村的人畜饮水工程改造项目,解决了347户、1179口人饮水难的问题。

对于居住偏远、身居危房、生活极度不便的55户贫困户进行易地搬迁,其中9户分散搬迁、46户集中搬迁。集中安置点有两个,即关王庙新村和湾里新村,房屋装修一新。

修路、通水、搬迁三件大事一一办下来,村里基础设施进一步完善,村民的生活水平明显提高了。

大家走在平坦坚实的水泥路上,喝着清洁卫生方便的自来水,住上坚固安全的新房,一致感谢王奋强,大家说:"还不是咱们的王书记带着咱们干下的呀……"

王奋强诚恳地对大家说:"要说感谢,还是要感谢党和政府的惠民政策好呀……"

在基础设施逐步完善的情况下,王奋强和赵庄村两委十分注重扶志和扶智的结合,加大精神扶贫力度,逐步解决制约贫困户脱贫的志和智的问题,激发贫困群众内生发展动力。

为了丰富赵庄村群众的文化生活,赵庄村两委在征求了群众的意见后,首次邀请临汾市蒲剧团来演出3天。戏台上生旦净末丑粉墨登场,台底下观众品头论足,看得津津有味。

王奋强还组织起一个50余人的花鼓队,每年正月还要到乡里、县里闹红火。每到农闲时节,花鼓队在村委会院落一排练,锣鼓家伙敲击声就会吸引村民前来观看,成为赵庄一景。

为了增强群众的保健意识,赵庄村两委协调组织医护人员在村委会开展了"送医、送药、送健康"义诊活动,为群众详细讲解日常生活中的注意事项,先后为群众发放轮椅、拐杖、药品、凉茶等共计3.8万余元的物品。

2017年为全村考上大中专、研究生的贫困学生筹集到4.8万元的捐款,并在秋季开学之前将全部助学金分发至学生,助力全村教育扶贫工作,激励青年学生奋发图强。每到春节,赵庄村两委都会为贫困户送去米、面、油、棉被等慰问品,确保每一个贫困户都能过一个祥和幸福的新春佳节。

1984年出生的王奋强是中共党员,大学毕业后于2007年参加工作,先后供职于临汾市经济研究中心、政法委、社会治安综合治理中心,2015年任赵庄村第一书记前,是社会综合治理中心主任,深知一个平安稳定的环境对发展生产的重要性。因此他时刻关注村里的不稳定因素,一旦发现就采取有力措施处理。

东沟村民崔玉荣因20年前女儿死亡一事,多年来一直到各级有关部门进行信访。王奋强了解了实际情况后,除了对其进行心理疏导外,还帮他争取到司法救助款3万余元。崔玉荣十分感动,主动息诉罢访。

由于出色的工作能力及脱贫实效,王奋强2015—2018年连续3年被评为乡宁县优秀驻村第一书记,2018年被评为山西省干部驻村帮扶工作模范第一书记。

用真心扶真贫

打造一支好队伍

2017年1月17日王世红到昌宁镇寺上村担任第一书记的时候,发现村里组织生活极不正常,党员长期不参加组织活动,党支部不开会研究问题,有时候迫于某种压力好不容易召开一次会议,费了九牛二虎之力决定上几件事情,还落实不下去,等于没有这么一回事。组织不开会,党员不活动,长期不发展新党员,久而久之,村民也就不知道还有党支部这一说,还有党员这一支队伍。至于党支部的战斗堡垒作用、党员的先锋模范作用通通为零。

王世红深知自己肩上的担子,首先是组织全村脱贫攻坚,带领全村贫困户脱贫,而要完成这个艰巨任务,必须得有一支能打硬仗的队伍。

一年多来,王世红将抓好党建、宣传党的政策、规范管理制度、带领群众脱贫致富、帮扶关爱贫困群众、提高村民精神文化生活作为工作的主要抓手,认真履职,真情帮扶,真抓实干,为寺上村的脱贫攻坚和小康建设奉献着自己的力量。

王世红针对寺上村存在党组织纪律涣散、群众对党和国家政策认识不够等问题,决心从整顿党支部、恢复"三会一课"制度、加强组织活动入手。

他心里明白，一个村子要发展得好，必须要有一个坚强的党支部，摆在他面前的首要任务就是要抓好基层组织建设工作。要让基层党支部形成凝聚力、战斗力，首先要统一思想认识，达成共识。为此，他要求村两委干部加强党的理论学习，特别是2017年习近平总书记6月23日视察山西和党的十九大后，及时组织两委干部和全体党员，认真学习讲话精神。从2018年起，他为了彻底改变村委会软弱涣散的面貌，积极组织村两委干部参加"强化责任、严守纪律、树好形象"专题作风纪律整顿活动，坚持每个月上党课，主要内容有党的十九大精神、《中国共产党章程》、《中国共产党廉洁自律准则》等。除此以外，他还坚持积极参加县委、组织部组织的"三基建设"（基层组织建设、基础工作建设、基本能力建设）、精准扶贫、产业结构调整等各种培训班，加大政策学习力度，不断提升自身的能力素质。坚持抓好支部的规范化建设，各项组织制度上墙，坚持"三会一课"制度不变，时常给新的村两委干部讲解"四议两公开"、定查评工作法等，先后召开民主生活会2次，组织生活会1次。完成了阵地规范化建设，制定了村规民约。建立了农民讲习所，为下一步组织生活正常开展奠定了基础。

在提高认识的基础上，他下决心整顿了村级组织，经过认真准备，召开党员大会，重新选举产生了新的党的支部委员会，调整了支部委员的分工，理顺了组织程序，严格了组织生活制度，明确了支部成员的岗位职责和违反组织纪律的惩罚措施，强调落实了三点：

其一，凡村里的大事、要事一律经过村党支部研究决定；其二，凡村党支部研究做出的决定，一定要坚决贯彻落实。其三，党团员一定要带头不折不扣地落实村党支部的决定。

上述规定的贯彻落实，使村党支部以一种从没有过的崭新面貌出现在全体村民面前。

培养一种好作风

面对寺上村长期以来很多悬而未决的问题，群众意见纷纷，直接影响到脱贫攻坚战役的有效开展的现状，王世红明确提出只有落后的领导，没有落后的群众，出了问题首先在领导身上找原因，领导的问题解决了，村里的问题就解决了。

县委年初发起脱贫攻坚誓师大会后，为了全面掌握寺上村的基本情况，王世红率先提出改进工作作风，深入进行调查研究。他带领工作人员对 26 户贫困户进行了入户走访调查，为贫困户落实产业项目、发展经济方面出点子 50 余次，配合解决问题 50 个，帮助村集体经济发展谋划思路 6 个。

王世红（右二）和村两委干部查看苹果生长情况

事情至此，王世红才感到自己真正掌握了寺上村的情况。

寺上村委会多年来，因为没有把退耕还林问题有效解决，引起个别群众不满，每年上访告状。2018 年为了强化寺上村委会基层党组织的领导工作，王世红多次召开会议，明确要求对群众反映的问题要实行登记销号制度，进一步规范一事一议、村务公开制度。针对上访情况，王世红安排村干部深入家中看望、做思想工作。通过上下一致努力，终于解决了遗留问题，再没有发生群众外出上访的情况，寺上村出现了人人思稳定、个个讲脱贫的喜人景象。

脱贫攻坚战役是全国全党的大事，需要工作人员带着深入实际、实事求是的思想作风开展工作。在入户调查阶段一开始的时候，王世红就要求对贫困户的情况进行逐户了解，确实掌握情况。

在精准识别阶段，2017 年县脱贫攻坚行动总指挥部要求对所有贫困户进行一次"回头看"工作，其中有一些贫困户，因为省级平台的筛选，成为出列户，需要村委会及时调整出列。当时，让出列的贫困群众情绪都十分激动，他们大都认为是村干部从中作梗，对完善各种扶贫资料不配合。其中有一个叫贺东平的村民，情绪更为激烈，逆反心理更为严重，村干部到他家走访，连门都不让进。王世红就亲自上门做贺东平的思想工作，对他反复讲解国家的政策，最终使贺东平端正了思想认识，放下了包袱，积极配合工作队的工作。

在评定低保的时候，也遇到了麻烦。王世红凭借务实的工作作风，解决了问题。低保评定历来是寺上村的一大难题，多年来，形成了以吃低保为荣的不良风气。为此，村干部没少得罪人。薛家山自然村的贫困户刘卫平，因2014年前的一场大病，丧失了劳动能力，整天在家中乱骂人，妻子带上孩子离开了家，刘卫平一个人，无人照看。为了解决刘卫平和年幼孩子的生活问题，村委会为刘卫平和3个孩子办理了低保，但是低保费由刘卫平的妻子领取，负责解决3个孩子的上学、生活问题。刘卫平由他年迈的父亲照料，但是刘卫平的母亲也是个失去劳动能力的人，所以他的父亲刘志明既要照料老伴，还要照顾儿子，晚年生活负担沉重。经过王世红和村两委一班人研究，密切联系刘卫平家的实际情况，为刘卫平的父母办了低保，使这一家人的生活有了着落。

由于王世红用自身的模范带头作用给大家做出了好样子，在寺上村两委和共产党员中慢慢培养出一种实事求是、密切联系实际的好作风，大家都跟着王世红的样子去做，使寺上村的各项工作不断跃上新的台阶。

发展一批好产业

脱贫攻坚战役最重要的是帮助贫困户因地制宜找到主导产业的方向和路子，使贫困户能够永久脱贫，心情愉快地行进在小康道路上。

王世红深知这才是他这个第一书记任期内的一项根本任务。

在这之前所做的一切工作，都是为了达到这个目的而所做的基础性工作。

王世红考虑最多的是如何增加村集体经济收入。集体经济收入是制约寺上村各项发展的一个根本问题，因为村集体没有收入，就意味着对全村的基础设施建设、公益事业以及扶持困难户、抵御自然灾害等方面没有发言权，很难有所作为。因此，采取得力措施增加村集体经济收入是一件迫在眉睫的事情。

王世红把目光投向属于村集体的 70 余亩耕地上。

由于多年来这 70 余亩土地没有形成集体产权管理制度，仅靠每年 1.4 万元租赁费，僧多粥少，什么事情也干不成，各项公益事业根本无力开展。针对这个难题，王世红曾经和村党支部书记协商，争取一些资金，再开垦 300—400 亩地，发展花椒产业，增加村集体收入，也向县扶贫办申请过光伏发电项目，但是由于各种原因，没有得到落实，县上倒是考虑寺上村的实际困难给了 30 万元的扶贫款，作为发展产业的启动资金。可是这一点资金，很难发展什么产业。经过村两委开会研究，决定把这部分资金投入带动企业昌宁镇泽翔庄园，每年分红 3 万元，入股 3 年。这样村集体经济每年在原来 1.4 万元的基础上增加到 4.4 万元。除此之外，他们还积极推进农村产权制度改革，探索"合作社＋村委会＋农户"的发展模式。

王世红利用现有村集体的 70 余亩土地，再开垦三四百亩，大力发展花椒产业的梦想在脑海里激荡。

军人出身的王世红身上颇有一股敢于连续打几仗的韧性。

他相信自己一定能带领群众打赢这场脱贫攻坚战役。

王世红发现寺上村适宜发展种植业，就多方联系引进优质樱桃树苗，种植了 20 亩、700 株。他还到隰县考察，引进玉露香梨树 2 亩、34 株。为了把种植业搞扎实，王世红请来专家，组织了种植业培训会，提高了种植户的业务素质和发展积极性。每年秋天，王世红还请来专家，现场指导，让种植户全面掌握了果树的剪枝、浇水、治虫、施肥、防病等技术。那些原来没有种植计划的农户，在听了培训讲座后，跃跃欲试，也准备发展种植业。

王世红还根据寺上村草坡多、草质好的特点，积极宣传发展特色养殖 3 户、养殖代养羊 22 户。

村民贺根怀养了7只母绵羊，买回2只种羊。2018年底发展到19只，获利1万余元。王世红鼓励大家向他学习，大胆发展养殖业。

2017年初，针对贫困户吕将荣外出务工有困难的问题，建议他发展特色养殖这一当年就能见效的产业。吕将荣迫于自己残疾的实际情况，勉强答应了下来。王世红7月的时候完成了贷款、租赁场地等准备工作，第一批70多头土猪进了养殖地点前庄自然村。正当吕将荣干劲十足把这些土猪崽喂养成成年肉猪的时候，2018年因为非洲猪瘟的影响，肉价一跌再跌，导致吕将荣的几十头肉猪难以出手。原本养猪就不是十分积极的吕将荣找到王世红，要他帮助自己解决困难。王世红没有推托，义不容辞地接过这一难题。他先是找相关部门，给吕将荣争取到一些资金补贴：县畜牧局特色养殖补贴8000元、县残联残疾人发展产业补贴3000元。同时王世红还积极协调县脱贫攻坚行动总指挥部，联系县电视台为吕将荣制作了宣传专题片，反复播放。除此之外，在新春来临之际，王世红还利用微信朋友圈为吕将荣积极推销猪肉，帮助他度过了困难期。

对于那些因为各种原因无力发展产业的贫困户，王世红通过严格评议，享受金融"益农贷"19户、"股加贷"2户，用入股主体企业的方式，享受分红，获得稳定收入，解决生活困难。

还把两户住房极不安全的贫困户纳入易地扶贫搬迁范围，帮助他们搬离了穷窝，住进了宽敞明亮的新房。

寺上村还有两户贫困户，情况特殊，王世红就安排他们当了护林员，每月有2000多元的工资，使他们有了稳定的工作和固定的收入。

建设一个好村子

王世红是那种敢作敢为的干部，一旦主攻目标确定下来就毕其功于一役，坚决拿下来。

自打经过努力，寺上村集体账上有了五位数字的资金以后，王世红就在思谋如何为村里办一些实事，彻底改变全村的落后面貌。他想修路、修自来水、互联网进村，还要修建一个标准化的村级卫生室、村民健身活动广场……

王世红想把寺上村建设得像花园一般美丽。

王世红是一个聪明人，他不会把好不容易弄来的几万块钱花光用尽。

他以这几万块钱作为启动资金，多次跑县交通局、水利局、体委、卫计局等部门，请求支持。

一年多来，在他的多方努力下，建设资金一一落实，村里基础设施项目按计划开工，先后完成了3.4公里的村道硬化工程、1.16万余平方米的户巷道硬化工程、80立方米水窖的维修工程、30立方米水窖的新建工程、移动互联网进村入户工程等；公共服务项目完成了村级卫生室、村民健身活动广场等工程。在村民看来，一年多的时间内，能完成这么多工程，莫说资金不是太充足，就是有了充足的资金，要把这些工程做下来，也不是一件容易的事情。

"咱们的王书记还真有两把刷子哩！"村民们纷纷说

其实在施工过程中，王世红也是很担心呢。

资金链断了怎么办？

材料供应不上怎么办？

……

他现在所能做的，就是一条道走到黑，把该做的事做好，做完！

他严把质量关，从施工材料的选择，到具体的施工过程，他把自己定位为工程监理人员，质量不合格不通过。

一天傍晚，村道开始铺水泥，王世红发现混凝土水泥少、石子多，而且石子过于细碎。

王世红当即下令停止施工，让施工单位重新按标准拌和。

那天傍晚，王世红一直坚守在现场，直到把计划内的那一段路面铺完。等他回到村委会办公室的时候，已是晚上11点多了。

还有一次是抽水机和上水管道安装，他发现抽水机出水口与上水管道口径不一致。

王世红非常恼火，冲着施工人员吼道："两种管子口径不一样，即便勉强接上，也会造成漏水，影响供水。你们明知不能用，还要安装，这不是糊弄人是啥！"

施工人员自知理亏，赶紧去买匹配的管子。

毫无疑问，那天王世红坚守在工地上，直到安装完毕验收合格以后才离开。

那天的午饭他是在工地上吃的——两个蒸馍、一碗烩菜、一碗凉开水……

王世红 1972 年生，1994 年从部队转业到光华镇上窑煤管站工作，1996 年山西省人民武装学校毕业后到光华镇武装部工作，2016 年调双鹤乡武装部、县民政局工作，历任武装部干事、副部长、部长等职，2017 年任寺上村第一书记。刚到寺上村的时候，村里没有网络，通信信号差，村委会的许多档案资料需要电子版的，还得到镇政府去做，很耽误事情。为此，王世红积极协调县经信局和移动公司的负责人，为寺上村解决移动网络进村入户的问题。经过一年多的努力，移动网通到了寺上村，沟通了与外部世界的联系，既丰富了群众的生活，又提高了村委会的办公效率。

在迎接山西省第三方评估验收时，王世红积极协调民政局工作队全体人员，高标准完成了所有贫困户的档案资料，和大家一起奋战一天一夜，饿了一口馍，渴了一口水。经过对照贫困村 13 项、贫困户 5 项脱贫标准验收，寺上村成功退出了贫困村。

如今的寺上村，面貌已经明显改观，水泥路通到了每家每户，村道两旁栽植了绿树红花，高大的太阳能路灯向威武的卫士一样守护着古老的村庄，清洁卫生的自来水哗啦啦地流进农家院落，宽带把外面的大千世界和寺上村的柴米油盐紧密联系起来，真正成了秀才不出门全知天下事，安全整洁的移民扶贫新房成了村子里最夺人眼球的建筑，还有标准化的村级卫生室，极大地方便了村民的保健看病。再加上全民爱国卫生运动的开展，全村变得像城市小区一般……

一个美丽的村庄已经出现在乡宁大地上。

铭刻在大山上的评语

雁过留声，人过留名。

人在尘世中走一遭，必然要在大地上留下痕迹。

乡宁县水利局干部闫孝泽1999年毕业于山西省水利学校，2000年参加工作，一直在水利局工作至今，任信息监察室主任。2015—2018年，在枣岭乡岭上村担任了4年第一书记，走遍了岭上村的山野。

同事评价：口无虚言

闫孝泽从被任命为枣岭乡岭上村第一书记的那天起，就按照县委组织部领导的安排，进村安营扎寨，入户调查研究，掌握第一手材料，为带领全村脱贫致富打好基础。该村两委班子健全，运转正常，他很少过问村两委的事情。

可是，事情偏偏就是这么巧。

2016年7月，由于原来的党支部书记年龄大了，主动提出辞职，经乡党委研究决定，任命闫孝泽兼任岭上村党支部书记。

闫孝泽发现，规范村级组织活动中心的门前以及通道坑坑洼洼，在办公室门前还有一个存着积水的卧牛坑，进进出出要绕着走，很不方便，甚至还发生过小孩子掉进卧牛坑里的险事。

闫孝泽(中)在向贫困户了解院里的庄稼长势

原来,活动中心的院子最初是20米左右的深沟,当年填方的时候没有夯实,经雨水长期浸泡冲刷,填方的地方慢慢沉陷,由于村两委没有钱来修,就形成如今的局面。

家有三件事,先拣急的办。闫孝泽立即着手解决这个问题。

闫孝泽组织村两委班子召开会议,研究如何修的问题。

大家达成共识,一是立即维修,再也不能拖了;二是先做预算,确定资金总额;三是多方争取资金。

报请乡党委、乡政府领导同意后,闫孝泽找了家施工队做预算。预算一出来,闫孝泽傻眼了,9万余元,岭上村集体收入有限,哪里能拿得出这么一大笔钱呀!

闫孝泽带着村主任闫三管与施工队现场砍价,经过一番讨价还价,最后初步达成协议,价格落到7万余元。

7万多元从哪里来呢?这个数目也不小呀!

乡党委书记王海鸣带来好消息,说他从县里争取到2万元经费,可以作为活动中心的维修资金。

最初的高兴劲一过,闫孝泽和闫三管你看看我我看看你,还有那5万多元怎么办呢？

拿闫孝泽自己的话说，他"厚着脸皮"抱着碰碰运气的态度给县财政局打了一个报告，没想到，善解人意的财政局给批了3万元！

剩下2万多元，村两委自筹了一点，乡政府又资助了点，成了。

2016年11月前，活动中心维修工程按时完工。

村委会的大门修好了，院子经填土和沙石分层夯实，再铺上水泥，周边进行了绿化，安装了健身器材。

活动中心的面貌彻底改观。

岭上村两委多年没办成的事情，竟在闫孝泽的手里给办成了，还办得如此漂亮。

村民评价：靠得住，能干事

岭上村位于原209国道旁边，下辖10个自然村，共有452户、1585人，区划面积17.9平方公里，共有耕地4300亩，人均耕地2.71亩，经济林地4000亩。其中核桃3400亩，目前已经全部挂果，进入初盛果期。苹果300亩、花椒300亩，人均经济林2.52亩。农民收入主要靠种植农作物、经济作物和外出打工。

2014年，全村建档立卡贫困人口91户、356人。2015年，脱贫67户、269人。2016年，脱贫16户、66人，出列2户、8人，剩余贫困户6户、13人。2017年，由于住房不安全返贫9户、33人，贫困户15户、46人；2017年脱贫14户、42人，其中五保户2户、4人，剩余1户、4人属于低保户；2017年底，由于结婚开支过大返贫1户、2人，得病、意外事故新增贫困户3户、8人，目前贫困户有5户、14人。

本来当年下乡担任第一书记的时候，组织部门说好两年一期，到期轮换。可是，当两年到期的时候，脱贫攻坚战役正进入白热化的时刻。很多扶贫项目刚刚进入发展阶段，闫孝泽选择留下来，闷头继续带领全体贫困户和村民干下去。

脱贫攻坚包括两个大的方面：一是落实各项扶贫优惠政策，二是建设和完善村里的基础设施和公共服务建设。这是全体村民的事情，不是一个人两个人所能完成的。闫孝泽带领村两委班子深入宣传脱贫攻坚的各项方针政策，用足用活国家的各项惠民政策，实施了一系列工程。

闫孝泽是干水利出身，深知工程进度同等重要。他严格规范流程，进度服从质量。

他常挂在嘴边上的一句话是："我说话算数，你说话也要算数，把事情办成、办好才是好把式！"

2017年底，年初铺开的几项工程全部完工。

硬化村道9公里，户户通巷面积3.45万平方米，村民从此告别了夏天一身土、雨天一身泥的土路交通。

新建提水工程2处，村民用上了清洁的自来水。

100千瓦光伏发电站建成，村集体经济第一次有了自己的收入。村两委有底气在村里指点江山激扬文字了。

14户易地搬迁分散安置工程完工，贫困户彻底告别了穷窝，搬进了安全、明亮、方便的福窝。

这样，多年来制约村民脱贫致富的水路电短板全都补齐了！

特色产业发展起来了。岭上村曾经号称拥有千亩核桃示范园，实际上是规模尚可，特色不足。享受到省提质增效和县提质增效政策，采取强农科技公司专业化指导管理和农户合作管理，目前已经成型、成规模。每年定期搞一次核桃管护技能培训，采取理论和实践相结合，积极发展壮大特色核桃产业。

除了继续扩大种植规模以外，还在特色产业上下足功夫。动员273户发展核桃3400亩，建成核桃产业示范园，从2010年开始栽植，现在已大面积挂果，群众已开始受益。从2015年开始每年享受省县经济林提质增效项目，2015年、2016年省每亩补贴190元，2017年县每亩补贴200元，闫孝泽积极响应国家村委会依托强农科技公司专业化管理的政策，积极主动对接该公司，组织村民参加核桃树修剪、拉枝、涂白、施肥、锄草、深翻等科学管护培训，并根据管护实际情况，让强农科技公司专业人员带动农户实地学习管护技能,现在每个农户基本都掌握了经济林科学管护技能。2017年核桃收入170万元,人均收入约1000元。农民还可以利用林下空地种植小杂粮,也能增加一部分经济收入。

在2017年工作总结大会上,闫孝泽把全年所做的工作以及下一年的设想,给全体村民说了一遍。

村民竖起大拇指说:"闫书记,会干事,能成事……"

作为第一书记,闫孝泽不仅做到严格要求自己,认真履行职责,扎根基层,团结同志,与全体村民打成一片,全心全意为村民服务,而且还关注着贫困户家的大小事情,只要能帮上忙,总是义无反顾热情相助,想贫困户所想,急贫困户所急。在他看来,贫困户家的事,再小也是大事。

2017年10月的一天晚上7点多,闫孝泽正在村委会办公室整理脱贫攻坚资料。

突然手机响了起来,他一看是一个陌生的电话号码,还没来得及问对方是谁,电话那头急急地说:"孝泽哥,我是鞋底坡村的杨先荣,下午我去枣岭信用社看了下,别人的建房补助款都打上了,我的怎么没有打上呀?"

闫孝泽记得这个名字。杨先荣是鞋底坡的贫困户,30多岁,是个勤快人,妻子前几年因病去世,留下一个儿子还在上学。父母也跟他生活在一起,一家人勉强能解决温饱。

听说杨先荣的扶贫款还没打上,闫孝泽也着急了,他在电话里安慰杨先荣,让杨先荣别着急,现在他了解一下情况。

闫孝泽马上给村委会会计曹回打电话,问是怎么一回事。

曹会计说,杨先荣家是两张卡,是不是打到另一张卡上了。

闫孝泽又打电话给杨先荣,说明情况,叫他明天上午听信儿。

第二天一大早,闫孝泽找曹会计查了一下杨先荣父亲的易地搬迁卡号,又给杨先荣打电话核实卡号,杨先荣把他父亲的银行卡拿到村委会,闫孝泽一看,卡号明显不对。

闫孝泽和曹会计把登记卡号的本子拿来核实弄错的原因,原来,由于曹会计年龄大了,把紧靠杨先荣父亲名字下边的那个人的银行卡号抄成了杨先荣父亲的，钱自然打错了。

曹会计忙给杨先荣赔礼道歉。

核实清楚后，闫孝泽马上给县扶贫办管理易地搬迁工程款的工作人员崔晓娜打电话，问她："这种情况怎么办？杨先荣是个贫困户，这笔钱对他很重要。"

崔晓娜对闫孝泽说，要先填写一个错误情况说明单子，并把单子电子版发到闫孝泽的微信上。

说明单子填好了，还要村委会和乡政府签字盖章。闫孝泽把一切手续办好后，第三天上午就把手续送到崔晓娜手里。

闫孝泽就是这样一个人，他是农村出来的孩子，最能体会到乡亲们过日子的难处和不易，自己如今能为乡亲们办一些事情了，替他们排忧解难，只有这样才能对得起自己共产党员的称号。

百姓是天，百姓的事就是天大的事，马虎不得。

在岭上村工作了4年，到底为村民办了多少好事、实事，他记不得了，原本他也没有记。

但是群众记在了心里，他们说："闫书记，信得过，靠得住……"

老婆评价：舍小家，为大家

闫孝泽的父亲闫家龙、母亲任换英都是农民，受苦受累把6个孩子拉扯大，年老体衰，近年来母亲生病，虽经治疗，却未能除根，只能靠常年喝止疼药缓解身体的疼痛。

妻子王秀茹，是河津市下化乡杜家湾小学的一名教师。女儿闫慕云，就读于临猗县新东康教育学校初一。儿子闫楚云，尚年幼，在乡宁县新城区幼儿园上中班。

作为儿子，闫孝泽想在父母膝下尽孝；作为丈夫，他想为妻子分担家务；作为父亲，他想陪孩子们成长，可是扶贫任务艰巨，不允许自己儿女情长。平时，一家人分散在几个地方生活和工作，只有到了年节才能回到乡宁县城团聚。

说起团聚，闫孝泽满怀歉疚。

2017年中秋节，是全家团聚的好日子。

王秀茹决心利用这个难得的日子，好好做几个菜，全家人高高兴兴过个八月十五。

王秀茹拉了一个单子，叫闫孝泽上街采购过节的食材。她自己则在家里准备大显身手，叫一家老小尝尝自己的手艺……

可是，快到午饭时间了，还不见闫孝泽回来。

王秀茹就给闫孝泽打电话。

电话接通了，总算说上了话，闫孝泽在电话那头说："老婆，对不起了。村里有急事，我先回岭上去了……"

王秀茹的火气一下子冲上脑门，嚷起来："你这算啥人呢？菜没买回来，你人倒跑了！……"

使命与担当

一

1981年出生，山西医科大临床医学专业本科毕业的王廷无论如何也没想到自己能当上管头镇榆泉村第一书记。

2005年大学毕业后，他先后在县公安局、卫生局和县政协工作过，就是没有在农村工作的机会。这一次，正好补上这一课。王廷心里想得挺美。

可是，当他踏上榆泉村大地的时候，这位第一书记怎么也不敢相信自己看到的情形是真的。

坐落在半山坡上的小村子，村道满是浮土，人的脚踩上去就荡起团团灰尘；老百姓挑着水桶摇摇晃晃到深沟里去挑水；村委会的房子墙皮脱落，杂乱无序；村里电压不稳，经常断电；街巷里垃圾遍地，污水横流；村委会账面上没有一分钱，连电费都交不起；村民没有产业做支撑，贫困户较多。

这就是自己未来工作的地方吗？

都说农村落后贫穷，还能落后贫穷到这个地步？

自己在这里能不能干下个名堂？

自己能不能在这里坚持下去？

一连串的问题出现在王廷的脑海里。

巨大的反差，使从学校到机关的王廷感到太多的不适应……

毕竟王廷受过高等教育，又有着十几年在基层的工作经历。

他很快就冷静下来，开始谋划眼前的工作。

临下乡之前，县委组织部领导在动员大会上说，到了工作岗位上先摸情况，了解民情村况，再制定措施，一一落实。要严格按照国家政策办事，为贫困户办实事、办好事。

如果什么条件都很好，还要我这个第一书记干什么！

沧海横流方显英雄本色，破釜沉舟才能够置之死地而后生！

王廷安下心来，当起了他的第一书记。

二

通过入户走访，王廷掌握了榆泉村存在的主要问题：班子不团结，党组织软弱涣散，支部制度不健全，村级活动场所不达标。

他邀请县委组织部以及镇党委领导到村指导党建工作，2015年底争取党建经费3.5万元，2016年底争取到党建经费4.5万元，对党建阵地、版面重新进行了布置，力争达到规范化、标准化。同时，对村委会办公用房进行了粉刷和装修，并添置了桌椅、电脑、复印机等办公用品。整顿了村委会内外工作秩序和改善了环境卫生，为办公议事、党员活动、技能培训、便民服务等工作提供了阵地和方便。王廷协助村两委制定落实了工作人员24小时值班制度，随时随地做到下情上报、上情下达，遇事不推不拖，立即处理，无论大小事，事事有回音，件件有着落，决不允许电话没人接、上门不见人、说事没回音、办事没结果的现象发生。

村两委活动阵地的明显改观，不仅使党员干部，甚至连村民都觉得村委会像个村级组织和村级政权应有的样子了。

针对村党支部活动不正常的问题，王廷协助村党支部建立健全了支委会学习、廉洁、民主生活会等制度。对村两委干部的分工进一步明确了职责，扎实开展"两学一做"学习教育及"讲、知、守"专项治理活动，坚持每周学习党章及习近平总书记系列重要讲话精神，坚持班子成员讲党课，不断锤炼加强党性。坚持"三会一课"制度,并将每月15日定为党员活动日。坚持每周一开例会,对村民反映的问题进行研究解决。坚持做到民主公开,凡涉及群众权益、资产管理、党建经费开支等都要进行表决,并予以公示,打造一个廉洁自律、风清气正、让群众信得过的班子。同时针对党员年龄老化的问题,积极发展入党积极分子,补充新鲜血液。

阵地建起来了,队伍充实了,各项活动正常了,党支部的战斗堡垒作用和党员的先锋模范作用发挥出来了,各项工作顺利开展起来。

三

党的基层组织建设加强以后,王廷因势利导,从发展壮大村集体经济、帮助贫困户脱贫入手,积极投身到决战决胜榆泉村脱贫攻坚战工作上来,他为此主抓了两项工作:

其一,进村入户,核查数据、制订脱贫计划、帮助发展产业等,120户建档立卡贫困户无人不知。刚到村上时,他把走访群众作为突破口,坚持每天吃住在村,逐户询民情、访民意、问民需,很快就找出了问题存在的症结。

他利用一个月的时间,进村入户,对120户贫困户的基本情况进行了全面掌握,单枪匹马完成了线上线下数据的修改、补录及各种数据的汇总;对120户建档立卡贫困户的脱贫计划、帮扶手册、政策卡、信息牌、问卷调查等户档信息亲自核实;完成了村委会脱贫计划、产业规划、版面建设、三本账、易地搬迁、危房改造、产业发展、劳务输出等30多项村级档案建设。

动态调整中,面对重重压力,多次与村两委干部和群众沟通,补录了19人,做到了精准扶贫,不漏一户,不落一人。

其二,结合村情调研,深入开展"五必访、五必问"(党员必访、困难群众和困难家庭必访、危重病人家庭必访、空巢老人及留守儿童家庭必访、信访户必访,特困家庭生活情况必问、孤寡老人身体状况必问、留守儿童学习情况必问、贫困户发展情况必问、困难老党员老干部生活情况必问),

找准突破口,召开了村两委班子会议,研究问题的解决办法,并列出问题清单,从村民反映最强烈的问题抓起,解决一两个具体问题,提高村民脱贫攻坚的信心。

前几年,一个老板在关家河村办了一个化肥厂,占了地,毁了庄稼。还有一个老板,在关家河村办了一个石料场,占地毁禾,破坏了生态。村民意见很大,纷纷要求找他们理论,对村里进行赔偿。随着时间的推移,矛盾日益激化。王廷决定为村民讨要说法,维护群众利益。经据理力争,两家企业同意给村里赔偿,化肥厂同意赔付10万元,石料场同意自2016年起,每年上缴村委会1.2万元管理费,再给村民分配利润3.5万元。这两件事情的圆满解决,不仅依法为群众争得了应有的利益,而且提升了村两委的威望,人们对新来乍到的第一书记王廷高看一眼——小伙子,有两下子!

从此以后,王廷在村民心目中的分量加重了。

王廷也是信心十足:这才拉开序幕,好戏还在后面呢。

针对脱贫攻坚时间紧、任务重,资料不规范、贫困户收入少等问题,王廷认真研读省、市、县扶贫政策及有关文件,熟悉扶贫精神,用足用好优惠政策,全力为榆泉村扶真贫、真扶贫,办实事、办好事。

接下来,王廷协助村两委紧密联系实际,严格落实扶贫优惠政策,分轻重缓急,把规划中的脱贫项目一一落实。

他们一共办了八件实事:

第一件,集体经济破零。除了关家河化肥厂、石料场每年上缴管理费以外,2017年将岭头村100亩土地全部对外承包,增加收入1.2万元。这样一来,村集体每年可以突破5万元的经济收入。

第二件,扶危济困。积极协助村委会成立了榆源合作社,带动贫困户16户、58人,资金6.18万元,有效地解决了贫困户脱贫路子窄的问题。

第三件,奉献爱心。每逢年节,积极开展走访慰问活动,为11户特困户购买米面油等慰问品,进一步拉近了与贫困户之间的距离;充分利用政协这个平台优势,开展了"送温暖、献爱心"扶贫济困活动,组织县政协委员为全村120户建档立卡贫困户送上了价值1.2万元的药品,彰显了第一书记不忘初心、心系群众的拳拳之心,弘扬了人民政协为人民的优良传统。

第四件,帮产业发展。主动帮助4户贫困户发展柴胡产业,并深入田间地头,帮助贫困户种植柴胡,做到了与群众同吃、同住、同劳动,增进感情,发展生产。

第五件,为贫困户建新房。依据榆泉村实际和国家有关政策,积极帮助4户贫困户进行分散搬迁,多次督促村两委干部务必在规定时间内申报完成,目前均已完成验收并入住。

第六件,修路。利用上级部门的扶贫资金,多次督促村委会积极申报,按时完成了关家河村面积5800平方米和岭头村6800平方米的街巷硬化,使群众告别了晴天一身土、雨天一身泥的日子。

第七件,兴水利。建成关家河村100立方米水库1个,铺设管路2000米,解决了群众饮水困难的问题,家家用上了干净卫生的自来水。

第八件,美化环境。多次与县住建局沟通,向全村发放了280个垃圾桶,并争取了1辆垃圾运输车。加强对保洁员的管理,并将2户贫困户定为保洁员,增加了贫困户收入。对卫生较差的地方进行重点监督检查,确保全村卫生环境不留死角。又争取上级政府资金3万余元,对村委会道路两侧的环境卫生进行了重点整治,实现了美化。

经过这一系列的工作,榆泉村的面貌彻底改变了,呈现出社会主义新农村的崭新面貌。

一位前来采访的记者写了一首诗予以概括——

榆泉变化真不赖,
今非昔比齐称赞。
集体经济花烂漫,
公益扶贫不空喊。
主体产业花鲜艳,
百姓腰包日日攀。

过年过节有人看,
瞧病医疗不再难。
住进新房夜夜安,
全家老小眉头展。
街巷硬化家门槛,
从此出门如家转。
清水流进锅里边,
卫生清洁味甘甜。
路边设置垃圾站,
平常还有保洁员。
鲜花绿树多鲜艳,
美丽榆泉展新颜。
第一书记不简单,
带领村民奔向前。

没有最好,只有更好

在乡宁县脱贫攻坚战役的队伍里面,关王庙乡寺下村的第一书记郑捷称得上是一位新闻人物。

他曾经连续3年4次获得省、市、县的表彰奖励——

2016年6月,获乡宁县优秀共产党员称号。

2017年2月,获乡宁县2016年度优秀驻村第一书记。

2017年2月,获山西省农村模范第一书记。

2018年6月,获乡宁县优秀党务工作者称号。

1980年出生的郑捷毕业于郑州铁路卫生学校医士专业和重庆大学土木工程专业,曾任临汾市园林局城市绿化一队副队长,2015年8月任寺下村第一书记。

从城市到农村,从机关到基层,郑捷经历了工作性质、工作环境、工作任务、工作对象的巨大变化,但是万变不离其宗,他始终保持一名共产党员全心全意为人民服务的宗旨,保持勤勤恳恳、任劳任怨、脚踏实地的工作作风不变,树立了一名基层党支部书记的光辉形象。

先试水深浅

多年的工作实践告诉郑捷,无论干什么工作,首先要掌握情况,才能有的放矢地制定工作措施——落实。

拿一句时髦的话来说，就是要试一试水的深浅，再下水干活。

寺下村位于关王庙乡西北部，距乡政府 10 公里，属于石山森林区，是市级贫困村。共有 4 个自然村，分别是寺下、马庄、水泉凹、马庄河村。全村 172 户、587 口人，党员 16 人，总面积 10.2 平方公里，耕地面积 2297.89 亩、林地面积 5225.7 亩、核桃 285 亩、连翘 137 亩。2014 年，建档立卡贫困户 65 户、261 人，2014 年底动态调整减少 2 人，脱贫 29 户、109 人，未脱贫 36 户、150 人。2015 年底，动态调整减少 5 人，未脱贫 36 户、145 人。

针对寺下村致贫原因复杂的实际问题，郑捷坚持深入田间地头，深入村民家户，摸清村情民意，科学制定发展蓝图。他坚持用脚步丈量民情，用真心换真情，用实干赢民心，农忙时节充分利用夜间和农闲时间，通过召开座谈会、入户走访等形式，深入与贫困群众座谈 100 余人次，全面了解贫困户的生产生活状况，终于做到底数清、问题清。

在走访的过程中，郑捷也曾遇到一些尴尬的事情。有的贫困户碍于情面或者别的什么心思，不愿意说自己致贫的原因；有的贫困户故意隐瞒自家的收入，夸大贫困状况；还有的村民对这一次脱贫攻坚战役信心不足，认为脱贫就是走走过场、下下毛毛雨，因此不愿意说实际情况……

郑捷耐心地向贫困户解释这次脱贫攻坚的现实意义和历史意义，从各方面给大家鼓劲。同时积极宣传国家脱贫攻坚的有关方针政策，终于使大家放下了思想包袱，积极配合他的工作。

一天后晌，太阳已经偏西，山风也刮起来了，气温下降很快。郑捷从水泉凹一家农户家里出来后，记得还有一户贫困户因家里没有人，没能见上面，他就耐心地等这家人。一直等到晚上 9 点半钟，那家人才回来，其实那家人就是不愿意跟他座谈才借故躲了出去的。见郑捷一直在等自己，这家人非常感动，把郑捷让进屋。郑捷也不介意，结果谈得很投机，郑捷了解到很多村里的真实情况。虽然天气很冷，但大家心里都感到热乎乎的。

郑捷用他的真诚和耐心，终于打开了贫困户的心扉，掌握了寺下村各方面的情况,试出了水的深浅,为下一步工作的开展提供了有利条件。

寺下村自然环境较差,资源缺乏,交通不便,农户居住分散,因缺技术致贫27户、105人;因病致贫19户、74人;因残疾致贫6户、21人;因缺劳力致贫1户、2人;因家中小孩较多,日常开销较大缺资金致贫1户、6人;因学致贫7户、34人。

在村两委班子工作层面,郑捷也了解到寺下村党支部组织不健全、活动不正常、党支部威信不高、决议落实不下去、说话没人听等情况,不能形成一个主心骨,直接影响全村的政治和经济建设。

再来破题之作

郑捷把加强基层党组织建设摆在工作的首要位置,把加强基层组织建设作为寺下村脱贫攻坚战役的破题之作。

首先,完善阵地建设,将党建制度、发展规划等制作成版面上墙,接受村民公开监督。

其次,强化党支部班子学习。组织村两委班子和党员认真学习党的规章制度,习近平总书记视察山西重要讲话精神,党的十九大报告,省、市、县关于脱贫攻坚战役的安排部署和有关脱贫攻坚战役的方针政策等,适时组织大家展开大讨论,通过多方面的学习,增强了党支部班子贯彻执行党的路线方针政策和法律法规的自觉性,为搞好党务、村务工作奠定了良好的政治理论基础。

再次,严格落实"三会一课"制度。将党支部班子民主生活会、党员组织生活会、党员大会等活动正常化,促进村两委的凝聚力、战斗力不断增强,发展思路更加清晰。在组织大家学习的同时,郑捷也深刻地认识到要实现精准脱贫,找准脱贫方向是关键。

郑捷了解到要想打赢扶贫脱困攻坚战,不转变观念不行,不深入研究不行,不脚踏实地扑下身子更不行。为此,郑捷在真心上下功夫,多次深入农户,与村民面对面地交流,拉近了与村民间的距离,让村民真正感受到党和政府是真扶贫。

村民们都说:"这一回,可是真扶贫了,要动真格的了!"

第一轮摸情况掌实情工作结束以后,郑捷按照县乡党委、政府领导的安排,组织了"回头看"工作。再次深入摸清底子,做到精准识别,真正贫困的一户也不能少,不贫困的一家也不能进。郑捷先后多次深入村户,对贫困户进行了"回头看"。他与村两委班子深入研究,召开支部党员大会公开讨论,会后通过群众评议、公示的方式,精准识别贫困户。

马庄村一个村民对把自己被调整出贫困户范围想不通,郑捷亲自上门找他座谈,可是这个村民就是不理他,能躲则躲,多次见了面都不说话,只是在背后讲怪

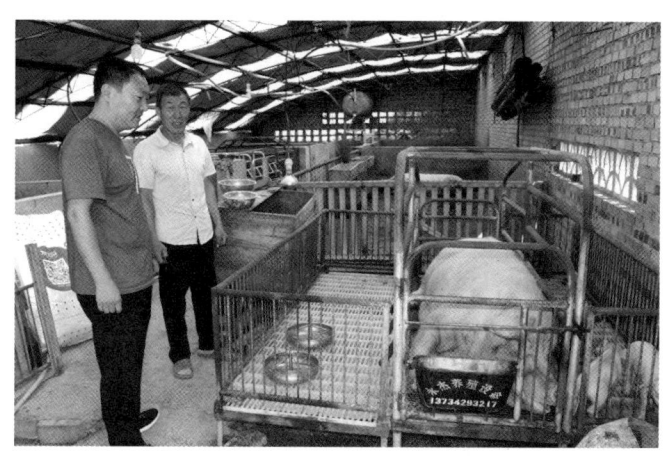

郑捷(左)在了解贫困户生猪管理情况

话。郑捷并不着急,而是趁他在地里干活的时候,主动帮他干活,跟他聊天。一开始这个人一言不发,后来郑捷就拿村里几家不如他家生活水平的人家跟他家比,他承认自家的日子过得比那几家人好得多。

郑捷趁机说,他们都进不了贫困户范围,建不了档,立不了卡,你怎么可能成为建档立卡贫困户呢?

一席话说得那人没话说了,最后认识到自己错了,以后不再闹了。

从那以后寺下村的精准识别工作再没遇到阻力和挫折,顺利完成。

为了使每一户村民心理平衡,无论建档立卡贫困户,还是非建档立卡贫困户都能心平气和地接受现实,郑捷协助村两委开展了爱心助力、济困暖心活动。针对夏收农忙时有些贫困户家中缺少劳力的情况,他们积极组织单位帮扶责任人帮助贫困户夏收,同时送上慰问金;每个重要节日前都会建议临汾市园林局领导干部带上米面油等慰问品,深入贫困户家中与他

们面对面地沟通，将这种小爱汇成大爱。

2016年的冬天特别冷，连着下了几场雪，山野、树木、河流、土地、村落全被大雪覆盖，西北风毫无遮拦地刮过来，村民们都窝在家里不敢出来。郑捷联系临汾市园林局的干部职工带着各种慰问品冒着严寒，挨家挨户进行慰问，对特别贫困的人家还送上了慰问金。虽然东西不是很多，但是礼轻人意重，叫村民们感到党和政府的温暖。

经过一番工作，广大村民和贫困户对这次脱贫攻坚战役普遍提高了思想认识，增强了对脱贫攻坚的信心。那些日子人人嘴里讲的是脱贫攻坚，心里想的也是脱贫攻坚，手里干的还是与脱贫攻坚有关的事情。好比一篇大文章，真正破了题，跟着就是具体精彩内容的一一展示了。

实干精心而为

郑捷从寺下村实际出发，经过深入调研，协助村两委依据国家扶贫政策与识别结果，制定了扶贫措施和扶贫目标，动员全体村民，精心组织，精心落实，做到扶贫对象精准、脱贫措施、落实过程精准，使贫困户真正得到实惠，同时全村经济建设同步朝向前发展。

他协助村两委采取了三条帮扶措施：

一是智力帮扶。筹措资金近3万元，购买农业科技、种植养殖技术、技工技能等方面的书籍近千册，帮助村委会建立了农家书屋，完善借阅、管理制度，让村民在自己家门口，就可以享受到免费、新鲜的"图书大餐"，不仅引导村民拓展眼界，转变观念，学习脱贫技术，同时树立了脱贫信心，提高了农民的文化素质和农业科技水平。还请来老师举办各种农业科技培训班，号召村民都来听课，掌握最新的种植和养殖技术。

二是产业帮扶。组织贫困户参加戎子酒庄有限公司"股加贷""牵手贷"、武云专业养鸡合作社，落实教育扶贫政策19户、28人，为61户、242人贫困户办理健康扶贫"双签约"减轻家庭医疗负担。新建100千瓦光伏发电站1个，确保村集体和20户贫困户增加收入。同时坚持长短结合，发展产业增收，通过请示临汾市园林局领导给予资金、技术等方面的支持，先后为村民购买了1万余株优良嫁接核桃苗和1000余株花椒苗。2017年贫困户共栽植核桃85亩、连翘137亩、中药材4亩，保证了家家有产业、户户有收入。村里一家贫困户，户主本人身体瘦弱，劳动能力低下，老婆有病，两个小孩都上学。除了种几亩庄稼以外，再没有别的收入。郑捷对这一家给予特别关照，帮他办理了健康扶贫"双签约"手续，给其老婆看病治疗提供了方便；落实了"雨露计划"，解决了两个孩子上学的困难，还帮他家种植了核桃、中药材，有了稳定收入，使这一家人脱贫。对于别的贫困户，郑捷根据他们的实际情况，采取切实可行的措施，帮助办理危房改造、健康扶贫"双签约"手续，帮助他们脱贫。

2017年秋天，马庄河村一个60多岁的孤寡老人得了急病，昏迷不醒，高烧不退。郑捷立即带人把他送到县医院，跟医院说明情况，叫老人先住院治病。随后办理住院手续，使老人得到及时救治，转危为安。最后又多方联系，为老人落实了"136"医疗政策，没花多少钱，就治好了病。

三是民生设施帮扶。以前寺下村人畜居住环境差，生活质量低。郑捷看在眼里，记在心上，并下决心改善人畜生活环境。以建设美丽乡村为目标，他多次与村两委组织村民开展村庄环境综合整治，优化村容村貌，使群众居住环境和卫生条件有了明显改观。他及时将寺下村的实际困难向临汾市园林局领导进行汇报，并多次靠亲戚朋友的关系跑相关单位，争取相关单位的支持，切实解决了村民生活中的具体困难。

为了解决人畜吃水安全问题，郑捷拿上请示报告，多次跑市县水利部门反映情况，争取县水利局的大力支持。县水利局筹措资金在马庄河村和水泉凹村新建了100立方米的蓄水池。他联系临汾市园林局捐赠设施，铺设数百米自来水管道，实现了4个自然村自来水入户全覆盖，彻底解决了全村人畜吃水困难的问题。在施工中，郑捷带着村两委工作人员，在工地督查施工质量，发现问题现场解决。作为一个学习土木专业的大学生，郑捷对蓄水池位置的确定、输水管道的走向，甚至每家每户自来水龙头的安装，都提出自己专业化的建议。

出行难是寺下村的又一难题。郑捷积极联系市县交通局协调工程立项和资金，投资修建了王咀店村至寺下、马庄河村2.8公里的通村道路和村内户户通街巷道路硬化面积1万平方米，使祖祖辈辈都行走在土路上的村民，一出家门就踏上了国家公路网，外出方便自如。在这一项工程施工中，郑捷同样严格管理，精心施工，坚决杜绝不合格工程，要把每一分钱都花出效益。

为建立农民保障体系，方便村民生活，郑捷多次到供电、通信、建设、卫生等部门协调项目，目前4个自然村已全部接通动力电，手机信号、联通互联网全覆盖。

对9户、35人实行易地分散搬迁，5户、14人进行危房改造加固已完成，贫困户住房安全率达到100%。

投资8.5万元新建60平方米卫生室1处，解决了村民看病难的问题。

60岁以上贫困人口养老保险参保率、贫困人口新农合参合率均达到了100%。

全村适龄儿童全部接受12年义务教育。

通过努力，建档立卡贫困户已由原来的61户、242人，减少为1户、1人。

3年的第一书记任期刚到，2018年临汾市园林局党组又任命郑捷担任了驻寺下村扶贫工作队队长一职。

郑捷二话没说，又在新的岗位上干了起来。

有人问他，你这个工作队队长怎么干呀？

他说，还跟以前一样，带着大伙儿朝前奔呗。

还有人问，你已经干得很出彩了，还能干出啥名堂呀？

他说，世界上的事情，从来就没有最好，只有更好。只要贫困户说好，那就是名堂……

王建峰建房

一

2015年8月，王建峰被组织选派到昌宁镇田家垣村任第一书记的同时兼任村党支部书记，主要负责建强村党组织以及精准扶贫工作。

1984年出生的王建峰毕业于太原理工大学土木工程专业，2005年参加工作后一直在乡宁县水利局，是一个技术型干部。

初到田家垣村，王建峰下基层搞调研，夯实工作基础，了解到了田家垣村的基本情况：没有主导经济产业和支柱产业，农业生产总体上还是粗放生产，尚未形成规模效应，农产品大多停留在初级生产上，科技含量低，村集体自身没有经济实体，还主要依赖政府过日子，根本拿不出资金引领经济发展，产业发展受资金制约等。在村两委的协助下，王建峰展开调研工作，多次召开村民会议，立足实际，针对村两委干部和村民反映强烈的问题，制定工作规划，理清了村级整体工作思路，明确工作目标，为下一步工作奠定了坚实的基础。

田家垣村不仅是贫困村，而且党组织软弱涣散，长期没有党支部书记。王建峰担任村党支部书记后，带领村两委班子，狠抓"三项基础"建设，切实加强软弱涣散党组织的整改，充分发挥党组织的战斗堡垒作用，把党组织活动内容和形式直接延伸到农业生产的过程中，通过领、带、促、推等方式，走出了一条党建工作和精准扶贫、经济发展互动共融的新路子。落实"三会一课"、民主生活会、"三务公开"、民主评议党员等党内生活制度，确定党员活动日，按计划召开支部委员会、支部党员大会和党小组会议，严格按照上级要求进行党关系排查，并认真组织开展"两学一做"制度化、常态化学习教育，使大多数党员思想意识得到了很大的提高，自觉补齐党费。田家垣村支部活动场所位于原田家垣村小学，因年久失修，破败不堪。2016

王建峰（左）在走访贫困户

年，王建峰充分利用党建经费，对支部活动场所进行了改造升级。同时配备了会议桌椅、LED显示屏、电脑、健身器材等，使支部活动场所成为联系党员、服务群众的办公议事及组织活动中心，提高了党组织的凝聚力、号召力和战斗力。充分利用集体土地资源，盘活土地经营，加强合同管理，积极协收物资公司炸药库历年欠款1.2万元，圆满完成了村集体经济破零的任务。

二

　　冬日的一天，王建峰深入石咀村低保贫困户闫发旺家走访。闫发旺家4口人，本人肢体残疾，妻子、儿子患有精神疾病，还有一个上小学的女儿需要人照顾。家中仅靠闫发旺给别人放羊为生，生活十分清贫，住的是别人家不要了的破窑洞，窗户没有玻璃，就用旧报纸糊，寒风透过门缝钻进来，冷得人站不住脚。家徒四壁，连一件像样的家具都没有，几个碗摞在炉台上，一口只有一个耳的铁锅坐在火炉上。窑洞里煤烟缭绕，满地垃圾，空气污浊。看到这一情形，王建峰流下了热泪，决心帮助这一家人渡过难关。

　　王建峰与村两委班子研究后，依据政策把闫发旺家纳入易地扶贫搬迁范围。而后，王建峰拿着村两委出具的报告，跑镇政府和县里有关部门，为闫发旺家跑下了易地扶贫搬迁的有关手续。

手续办好了，建房材料也买了一些，眼看就要动工的时候，闫发旺找到王建峰说，没有施工队愿给他家干活，原因是怕他付不起工钱。王建峰找到同村的一个建筑工队的工头，提出自己来为闫发旺担保，让他放心帮闫发旺建房，以后还不上钱，找自己要。有第一书记做担保，工头很爽快地答应了。

施工队的问题解决了，建筑材料又成了问题。原来由于环保检查，很多建材厂停产整顿，石子成了紧俏货，跑了好几个地方都买不到。眼看就要进入秋季，再不开工的话，闫发旺一家冬天就住不进新房了。不仅闫发旺一家人着急，王建峰和村两委班子也很着急。

万般无奈之下，王建峰利用自己的社会关系，自掏腰包帮闫发旺买来了石子，保证了闫发旺新房的顺利开工，在入冬前顺利竣工。闫发旺一家搬家的时候，王建峰和村两委还给他送来了面和油等。

第二年开春，王建峰又找到县水利局和交通局，为闫发旺家接通了自来水，硬化了门前道路。看着闫发旺一家搬进了新房，过上了新生活，王建峰开心极了。

紧接着，王建峰帮助闫发旺一家办理了低保手续，给闫发旺和他老婆办理了残疾人生活补贴，全年1.3万元。还为他正在上学的女儿办理了住宿补贴，一年700元。办理了健康扶贫"双签约"，大部分医药费都能报销。全家人还享受了"股加贷"金融扶贫政策，每人每年390元；"益农贷"，全家人每年可以享受4000元的分红。这样，闫发旺一家一年能有近2万元的稳定收入，使这一家人彻底摆脱了贫困。

看着闫发旺一家生活状况的变化，王建峰心里满是喜悦。平时，他也到闫发旺家里看望，问他们还有什么困难，一定帮助他们解决……

三

作为第一书记，王建峰围绕田家垣村建设规划和村民最关心、最紧迫的问题，争取多方支援，千方百设筹措资金80万元修建100千瓦光伏发电站，但是在开工前期，发电站的场地需要进行平整，别人都嫌活难干，而且价钱又少，不愿意干，一时找不下施工队。王建峰主动联系熟人的装载机，从别的工地调到田家垣，保证了光伏发电站如期完工。

田家垣村地处县城东北，共有贫困户80户、258人，王建峰和村两委根据当地实际，科学合理地制定了脱贫规划，在确定以养殖牛羊为主的短平快项目带动贫困户增收的同时，不忘引导群众利用当地的有利资源发展林果业。协调县农委技术人员对当地的一些果农进行技术管理培训，成立了海瑞种养专业合作社，通过"合作社＋农户"的发展模式，引导村民发展苹果、玉露香梨、樱桃作为主导产业来发家致富。为了解决贫困户资金、技术和场地不足的问题，与泽翔庄园生态农业有限公司签订了代养和栽植技术指导协议，通过企业帮扶带动实现脱贫，有贫困户51户、166人与公司签订317只能繁母绵羊代养协议，有20户贫困户与公司签订了栽植13亩樱桃、7亩玉露香梨的技术指导和服务协议，盛果期每户可增收1万元。

他们还以稳定就业为目标，有计划地组织村里有转移就业需求的贫困户参加县人力资源局组织的转移就业培训，重点向当地和驻地的企业推介就业，引导贫困户参加艺宏和裕民造林专业合作社。同时加大贫困劳动力转移安置力度，动员他们走出家门外出务工。截至2017年底，有31户贫困户参加了造林合作社，每户年可收入8000元；有26户、39人外出务工，人均可收入1.4万元，还为外出务工的贫困户争取到县财政的务工补贴。

为没有劳动能力或刚性支出较大的贫困户9户办理了低保补助，协调民政局把五保户高安平安置到岭上敬老院集中供养，为家中有上学孩子的贫困户办理了"雨露计划"或寄宿生活补贴。

2017年底，田家垣村实现了脱贫摘帽。

2018年8月，王建峰圆满完成了在田家垣村第一书记的使命，离开了战斗了3年多的田家垣村。

但是，在田家垣村工作的经历，在脱贫攻坚战役中的战斗历程，已经成为王建峰人生中魂牵梦绕难以割舍的经历，成为他生活中最宝贵的财富，将陪伴他在以后的人生道路上走得更稳、更快。

第八章

守土尽责的人们
（上）

在乡宁县乡镇一级党委、政府，有许多在基层一干就是二三十年的干部。当初下乡镇的时候，他们大部分是刚刚走出大中专院校的青年人，如今已是不惑，甚至是知天命之年的中年人。

多年的乡镇基层工作，不仅锻炼了他们，而且也让他们与这里的乡亲紧密联系在一起，在脱贫攻坚战役中，同样是这一支守土尽责的队伍，又担负起各乡镇主管脱贫攻坚战役的重任。他们熟悉情况，作风务实，成为第一书记、扶贫工作队、包联干部的最佳联络人。

他们把自己最宝贵的青春岁月毫无保留地奉献给了广阔的农村大地，他们同样是新时代最可爱的人！

开着私家车扶贫的女副乡长

一

以前的乡镇干部，大都练就了一副铁脚板。

因为当时的工作条件所限，干部只能骑自行车或者步行下乡，通常会"跑烂几双鞋"，"骑坏了几辆自行车"。

改革开放40年，社会经济发展了，当然基层干部不会再步行或者骑自行车下乡了，可是开着自家汽车下乡，也还不多。

这不，乡宁县尉庄乡副乡长黑燕灵就是其中的一位。

1982年出生的黑燕灵毕业于太原科技大学计算机科学与技术专业，2005年被分配到乡宁县公安局通信科任职，2007年调入农业综合开发办公室，2010年任农业综合开发办公室副主任，2016年被县委组织部调任尉庄乡副乡长至今。

黑燕灵到尉庄乡任职的时候，正赶上脱贫攻坚战役进入白热化阶段。她分管的工作很多，除了要经常回县里汇报、研究工作以外，还要深入各个行政村和自然村布置、检查工作。有时候上午回县里，下午到村里，有时候甚至是一天要跑好几个村，早上天刚亮就出发，晚上天黑以后才回来，弄得黑燕灵手忙脚乱。

乡镇工作刚刚开始，就遇到了这个问题。黑燕灵决定学习汽车驾驶，并很顺利地考取了驾照。揣上驾照的第二天，她就买了一辆小轿车。

当天下午就开着新车上了尉庄乡。

从那个时候起，黑燕灵就开着私家车奔波在脱贫攻坚战役的第一线。

尉庄乡贫困人口多，脱贫任务特别重，贫困人口总数占到全县的33%，易地扶贫搬迁全县2428户、8557人，尉庄就有1173户、3887人，数量几乎占全县的1/2。在同样的时间和质量要求下，他们要完成比别人多十几倍的工作，要跑比别的乡镇工作人员多跑几十倍的路。其间黑燕灵的私家车还真是发挥了极大的作用，人们经常看见她的那辆枣红色小轿车出没在尉庄乡的山山水水。

事实上，黑燕灵的私家车早就变成了公车，上县里开会，村里检查情况，陪省市下来的领导到村里督查、摸底，慰问贫困户，甚至贫困户家里有了急事需要上临汾、太原，从来都是说走就走。

黑燕灵说，咱这车就是为脱贫攻坚战役买的，该用就用，咱们谁也别客气。

为了脱贫攻坚战役，黑燕灵搭上了自家的汽车。

二

作为尉庄乡副乡长，黑燕灵主要分管扶贫、文化、教育、卫生、科技、旅游、开发等工作，具体到脱贫攻坚，主抓扶贫领域涉及的统计、档案、产业、电商、光伏、村级卫生室、易地扶贫搬迁、教育扶贫、健康扶贫等工作。

扶贫要做到精准，首先要求贫困人口的数据精准。

2017年乡宁县加大了对贫困人口数据的核查力度，5月份开展了第一次核查，此次核查的对象是2014—2017年所有的建档立卡人口。黑燕灵根据工作实际，理清各年度数据之间的逻辑关系，组织各村信息员进行交流，总结高效的核查方法并在各村推广，最后对各村的结果进行逐一审核验收，最终圆满完成了数据核查任务，并在6月底和扶贫专干一起去临汾扶贫办现场办公，在闷热的环境里，一直工作到凌晨5点。这项工作为之后的动态调整奠定了良好的基础。

尉庄乡贫困发生率高,贫困户基数和体量在全县都是最大的,从年初制定脱贫规划和当年脱贫任务时,她就提前摸清了底数,制定针对性的脱贫措施,以脱贫标准"两不愁、三保障"为抓手,从解决贫困户的安全住房为重点,全乡2171户、6991人,通过易地扶贫搬迁解决919户、3105人。2016年、2017年共搬迁1173户、3887人,其中集中搬迁784户、2647人,同步搬迁254户、782人,分散搬迁135户、458人。对贫困户退出工作和动态调整工作,都是她负责干的。在具体工作中,她更是抓细抓小,在精准上下足绣花功夫,为了确保动态调整数据的准确性,通宵达旦已经常态化。那些天她和乡镇信息员加班加点,咬牙坚持到底。

无论怎样艰苦,也要完成任务!这是黑燕灵的决心。

有人看见黑燕灵没白没黑地加班,心疼地劝她:"明天再干,不行吗?"

她说:"今天再晚也是早,明天再早也是晚,今天的事情,一定要在今天完成。要不我连饭都吃不下,连觉都睡不着。"

2017年,易地扶贫搬迁、产业调整、基础设施建设工程全部展开,尉庄乡就像一个大工地,到处都在搞建设,到处都在上项目。

易地扶贫搬迁21个集中安置点,道路59条、103公里,水利工程66处,光伏发电站新建12个,电商服务站3个,村级卫生室新改建14个,产业扶贫申请694.1158万元,教育扶贫、小额信贷、培训等事宜,除了水利、交通,其他都由黑燕灵负责。

黑燕灵精神抖擞地奔波在各个工地上,督促工程进度和检查质量,统计数字,协调关系,解决问题。人们在乡政府机关很难找到她,时间长了,人们就找她的小轿车,车在哪,她人就在哪。

面上的工作非常繁忙,基础性的工作也离不了她,黑燕灵整个儿一副里里外外看家婆的模样。

别人说她这样干太辛苦,她说这一切都是她这个副乡长应该做的。

档案整理也是脱贫摘帽过程中的重要工作之一,她抓规范、保精准、要齐全,对照时间节点和标准化目录,对全乡的程序性、工程类、项目类档案进行了分类整理完善,确保全乡档案的标准、规范、完整,查找便捷,方便管理。

黑燕灵除了分管工作之外,还包联3个村的帮扶工作。一有空,她就到所包的村入户走访,与村干部一起召开

黑燕灵(右)带着村干部调研连翘生长情况

村民代表大会,帮助南嶂村解决水利工程占地、光伏发电站占地、电力、街巷硬化等存在的各种矛盾和问题,顺利推进各项工程的实施。

黑燕灵对自己帮扶的贫困户特别用心,鼓励抑郁症患者冯韩军树立信心,积极生活。帮助住房困难的冯三娃、冯军亮实施分散搬迁,协调医保报销等。默默为肾病综合征患者郑国民捐款。为残疾人张玉芳申请贫困救助,并多次到其家里走访慰问,解决家庭矛盾和生活困难等实际问题。

这几家贫困户都把黑燕灵当作自己的亲人,让她到自家吃饭喝水。她也不客气,端起饭碗就吃,拿起水杯就喝……她已经把自己与农村、与父老乡亲融为一体了。

为了增加贫困户脱贫致富的能力,黑燕灵抓住一切机会积极为贫困户争取更多外出培训的机会。

她主动联系县农委组织中药材栽培管理技术培训,动员全乡的种植药材积极分子都去参加。

在了解到柏坡村党支部书记常春海妻子是剪纸能手后,就积极动员常春海妻子成立了剪纸培训基地,并着手谋划培训事宜。

在乡镇工作,总有群众来信访。黑燕灵接待群众有爱心、有耐心,为了不让群众多跑腿,马路上、扶贫办、家门口等都成了她的现场办公室。凡是应该解决的事情,她一定都解决,做到件件有回音,这也是贫困户信任她、依靠她的一个重要原因。

作为一名女干部，黑燕灵虽然没有做出什么惊天动地的大事，但是她用自己对人民群众的热爱，用自己的一言一行，为乡宁县的脱贫攻坚奉献着自己的一分力量。

看着一个个移民新村竣工，看着一户户贫困户兴高采烈地搬进新居，看着乡亲们发展了新的产业，看着贫困户的孩子顺利上了学，看着那些孤独残寡群众享受到党和国家的温暖，看着农业一天比一天强，农村一天比一天美，农民一天比一天富，黑燕灵的内心涌起强烈的激情，浑身感到无比的温暖，顿时觉得自己所有的付出都值了。

三

最忙碌的时候，黑燕灵一个多月没有回去看看父母和12岁的儿子。平时偶尔回一次家，跟儿子说不上几句话，就要分手了。儿子埋怨黑燕灵不管他，学习成绩也下滑了。黑燕灵的爱人续鸿飞在枣岭乡揶沙村担任第一书记，夫妻二人有段时间都在乡镇忙，更是顾不上孩子。2018年，孩子得了过敏性紫癜。这下，黑燕灵更忙了，常常是周末带孩子去太原，周一看完病，下午就返回，工作晚上加班干。

给自家孩子的衣服都是从网上买的廉价的，最多100多元，而给贫困户孩子买衣服，黑燕灵必亲自到实体店里买。她还惦记着给贫困户冯韩军的母亲添置新衣服。过年过节，自己家的亲戚可以不去看望，可是自己包联的贫困户，她一定会带着礼品亲自登门看望。平日里自己省吃俭用，但是给贫困户礼物总是最好的、最实惠的……

经常有人问黑燕灵，一年四季在乡下跑，累吗？

黑燕灵实话实说，累，都是娘生肉长的，怎么能不累？

但是累过了，也就过去了。

明天又是一个灿烂的太阳。

还有人问，心里有亏欠吗？

黑燕灵答，有，怎么能没有亏欠呢？对父母、对儿子亏欠太多了。好在他们都理解我、支持我。

我的战场在双鹤乡

一块干硬辛辣的老姜

1998年7月,正是天气炎热的日子,太阳高悬在空中,把火辣辣的光线洒向双鹤乡的山山水水,已经好些日子没下雨了,地里的庄稼被太阳烤得打了卷。就在这个时候,25岁的大学毕业生沈兴旺被分配到双鹤乡政府担任乡长助理,沈兴旺一到乡政府上班,乡长就安排他带领村民抗旱!所谓的抗旱,无非是把尚存的一点点小水挖出来,凭肩挑畜驮弄到山梁上,浇那些快要渴死的玉米苗。据说近几天要下雨,要尽量延长禾苗的存活期,等待老天爷下雨。

沈兴旺二话没说,下到村里带着村民们干了起来。他们在深山沟里装上水,爬上高高的山坡,把水倒到玉米苗根部,一个上午尽多能跑三趟,沈兴旺知道浇这一点点水起不了多少作用,但也只能死马当活马医了。

第三天上午,真的下雨了。雨后,沈兴旺专门跑到那几块浇了水的地里去看,果然活了过来,而没来得及浇水的禾苗全死了。

雨停了以后,乡长又叫沈兴旺带着村民补栽补种,要把旱灾造成的损失补回来。沈兴旺又精神抖擞地带着大家补栽补种小杂粮。

到了秋后,活下来的玉米苗和补栽补种的小杂粮全都获得了不错的收成，前半年的旱灾造成的损失微乎其微。

通过这两件事，刚从学校出来的沈兴旺深刻地认识到当前农业工作科学技术含量低，存在着很多不确定性，作为一级政府，不可能一眼就能把整整一年的农业生产形势看深看透，只能依据现实情况和经验采取相应的措施，很多时候不得不走一步看一步地对付了。

2017年脱贫攻坚百日大决战开始的时候，沈兴旺已经是在农村不挪地儿地工作了20个年头的中年汉子了。2016年4月，他担任了双鹤乡政府副乡长。

他这样描绘自己当时的形象——

　　二十年头莫蹉跎，
　　悉数内心不龌龊。
　　当年风流好小伙，
　　如今沧桑一不惑。
　　不见白发在婆娑，
　　第二春天路自阔。

现在的沈兴旺，已经成长为一个农村工作经验丰富、性格成熟老练、政策水平较高、为人忠厚诚恳，并且具有一定文字写作能力的乡镇领导干部了。说他性格成熟老练，是指他在工作中看待问题、分析问题时理性的东西更多了一些。

按照工作分工，沈兴旺负责脱贫攻坚战役。

双鹤乡总计有贫困户805户、2936人，主要致贫原因为缺技术、因学、因病，其中缺技术313户、1202人；因学致贫196户、850人；因病致贫131户、357人。脱贫退出情况是：2016年，脱贫195户、728人；2017年脱贫533户、2005人。2017年底，全乡加上新增贫困户，还有未脱贫户80户、205人。全乡没有贫困村，贫困人口涉及全乡22个行政村，贫困户数占全乡总户数的10.8%，2017年底贫困发生率为0.7%。

这些情况是沈兴旺带着工作人员连续半个多月进村入户调查得来的。

精准扶贫,首先指的是贫困人口的精准,这是脱贫攻坚战役的第一道阵地。

沈兴旺把工作人员分成3个梯队,第一梯队按照规定把全村最贫困的人口滤出来,列出草表;第二梯队把前边滤出来的贫困人口再认真核对一遍,填进正表;第三梯队则要把前两遍的数字再一一核实,确保无误,才能张榜公布。在那些日子里,20多年积累下的农村工作经验,为沈兴旺的工作提供了很大帮助,他对全乡各村的贫困人口已经掌握得八九不离十了。

沈兴旺观察肉牛长势

那时候沈兴旺的女儿正参加中考,她是多么希望父亲能够陪在自己身边呀。可是沈兴旺那几天正忙得不可开交,只得硬着心肠没有回去,继续带着大家奋战在第一线。

直到手头的工作告一段落了,他才回家看望女儿。

女儿考得还不错,只是说:"爸爸,您要是在家的话,我会考得更好!"沈兴旺紧紧抱住女儿哽咽不已。

有一次,沈兴旺对一个村的贫困人口数有点怀疑,他就带着工作人员深入村里,对该村的贫困人口一一调查核实,一直工作到深更半夜才核实清楚,等他们回到乡政府已经是次日凌晨了。

由于长期加班熬夜,沈兴旺得了很严重的高血压,但他仍坚持带病工作。2017年,在迎接山西省第三方评估验收时,沈兴旺加班到深夜两点,晕倒在了办公室里,经过急救,苏醒过来以后,吃了几片药,继续干活。

有的年轻工作人员对沈兴旺如此拼命不以为然,认为"差不多就行了"。

沈兴旺说:"可不是那个说法,今天咱们过得细一些,后面的工作就好做了。"

果然,后来县里又下来再一次核实,好多乡镇的贫困户数字被推倒重来,而双鹤乡的数字照单全收。

"老姜,你老人家真是一块又干又辣的老姜。"年轻干部对沈兴旺竖起了大拇指。

对建档立卡贫困户档案资料核查最后完成的时候,沈兴旺已经对全乡22个行政村的贫困人口分布情况了如指掌了。每次上级来督查工作的时候,他基本不用看稿子,就能说得一清二楚。

在脱贫攻坚战役中,沈兴旺与各位同事一道,在乡党委、乡政府的领导下,贯彻落实党和国家的一系列方针政策,取得了可喜可贺的成绩。

2017年底,双鹤乡顺利实现了脱贫摘帽目标,贫困发生率由最初的6.4%,降至0.7%。在年内两次第三方预评估和年终脱贫摘帽评估中,双鹤乡的错退率、漏评率、群众满意度都控制在上级要求的指标范围内。特别是群众满意度,一直位居全县的先进行列,受到了上级领导和第三方评估机构的高度评价。

贫困户获得了切实利益,全乡贫困户或享受"股加贷",或享受产业补助,或享受贫困生资助,或由财政代缴医疗、养老保险,享受"136"医疗政策,每一户贫困户都享受到了两项以上的扶贫优惠政策。逢年过节,各帮扶单位、帮扶责任人,都给贫困户送去了慰问和关心。贫困户得到的不仅是物质上的帮助,也深切地感受到了来自社会的关怀和温暖,激发了内生动力,提升了脱贫斗志,增强了致富奔小康的必胜信心,首先在思想上实现了脱贫，明白了幸福都是奋斗出来的。

沈兴旺这样总结一年多来的工作——

> 笨鸟先飞不差步，
> 乌龟快跑猛如虎。
> 谁家烟囱先冒烟，
> 谁家高粱先红尖。
> 心里装着贫困户，
> 再忙再累不觉苦。

一杆瞄哪打哪的老枪

沈兴旺是一个性情中人，也是一个文学爱好者。

国家提出了脱贫攻坚战役中要为贫困群众办实事、办好事，首先要帮助群众建立主导产业，带动贫困人口稳定脱贫，同时还要健全农村的道路、饮水、文化广场、村级卫生室等和群众生产和生活密切相关的基础设施。

沈兴旺在乡党委、乡政府的领导下，把全乡上述发展规划一一编制出来，并精心设计施工，开始逐项落实。在初见成效的时候，他诗兴大发，口占一首——

> 东岭玫瑰中岭菜，
> 西岭核桃扬海外。
> 房前屋后花椒栽，
> 村村组组种米槐。
> 村村巷巷好路开，
> 家家锅台水自来。
> 门口看病大夫在，
> 空中商道做买卖。

> 千难万险脚下踩，
> 千头万绪有节拍。
> 山村富强红旗摆，
> 贫困群众奔富脉。

2017年，双鹤乡总计实施了68处饮水安全工程、499260.2平方米街巷硬化工程、57.9公里村组道路建设工程、新修或改造了11个村级卫生室、2个村级光伏发电站、1个电商服务站。交通、水利、卫生室等基础设施的总投资达到了6971万多元。

2018年，全乡又建设完成了1条村组道路、4个村级卫生室、11处水利建设工程，为5个村委会文化活动场所配备了体育器材。

在这些项目实施过程中，沈兴旺把自己当成乡党委、乡政府手里的一杆老枪，领导指向哪里，就打向哪里。

2017年6月，孝义村委会决定发展花菇产业。报告打到双鹤乡党委、乡政府，领导责成沈兴旺代表乡党委、乡政府到村里协助完成生产大棚的设置、花菇菌种的引进、生产组织的组成等工作，要求在很短的时间内建成并投入生产。

对于沈兴旺来说，发展花菇产业也是一个新生事物，他二话没说，一头扎进孝义村，和村两委干部一道，一边学习一边干，很快就掌握了花菇种植的技术要领和生产要素的构成，投入资金400余万元，建成食用菌大棚16个、种植冬栽菇15万袋、夏栽菇10万袋，包括猴头菇、香菇、茶树菇、灵芝等，年实现净利润125万元的现代化花菇生产基地顺利建成。同时还健全了孝义富民种植专业合作社，统一领导花菇种植、加工和销售工作。

孝义富民种植专业合作社的成立，闯出了一条"支部＋合作社＋农户＋贫困户"的致富之路。提供务工岗位100多个，带动帮扶贫困户29户、105人，务工农户和贫困户年增收均在2万元以上。

2017年初，红凹村建成了4000亩有机农业基地，双鹤乡党委政府又责成沈兴旺前往一线指挥。

红凹村地处深山，与外界处于半隔绝状态，空气新鲜，水质较好，土质肥沃，且土地广阔，特别适合现代大农业生产。

万福特、云邱红两家有机农业公司特别看好红凹村这一优势。经过试种，农产品通过了农业部的检测认证，注册了有机小麦和面粉的商标。

沈兴旺也十分看好这一产业项目，他蹲在红凹村10多天，和村两委、两家农业开发公司，实地调查研究，编制出开发方案和实施细则，组织领导机构，使项目很快开工。

万福特有机农业公司投资200余万元修建了1个晾晒场，建成了1个石磨面粉加工厂，带动贫困户86户、320人发展有机农业。两家有机农业公司，兑现了红凹村群众的土地流转补偿资金，年户均收益1000元以上。周边群众和贫困户积极到两家农业公司务工，实现了增收目标。红凹有机农业基地的建立，促进了全乡传统农业的转型升级。通过发展绿色、有机、无公害农产品实现增收，已经成为双鹤乡扶贫产业发展中的一个新亮点。

在完成孝义花菇和红凹村现代农业生产项目以后，富于文人气质的沈兴旺心头又涌上了诗情——

　　没有比人高的大山，
　　没有比脚长的道路，
　　只有奔不完的前程，
　　只有服不完的公务。

一头只讲付出不求回报的老牛

沈兴旺在双鹤乡工作了20多年，他把自己最宝贵的青春和精力都献给了这一块多情的土地。

别说前20年的事情了，单说发生在脱贫攻坚战役进行过程中的事情，就多得说不过来。

沈兴旺自己所包联的行政村里有一家的孩子由于多种原因，多年来上不上户口，生活贫困，住房破旧危险。由于没有户口，在学校没法按政策领取贫困生生活补贴，而且在申请危房改造人口的时候，无法纳入正常危房改造序列。沈兴旺知道了这个情况，就多次向乡党委、乡政府主要领导汇报，还跑到县脱贫攻坚行动总指挥部汇报情况，提交申请。最后终于解决了这个孩子的户口和贫困生生活补贴，顺利进入危房改造序列。全家人感激得流下眼泪，非要叫孩子给他磕头。沈兴旺拉住孩子的手，对大人说："把房子改造好，叫孩子好好读书，就是对我最好的报答了……"

一个下雨的秋夜，沈兴旺刚刚加完班，还没来得及吃饭，这时他的手机响了，原来是双鹤乡一个贫困户老人病了，想用他的小汽车到县城看病。沈兴旺满口答应，嘱咐他们在门口等着，马上就到。把病人送到县医院，沈兴旺跑前跑后联系医生。老人得的是一种急症，幸亏来得及时，医生做了处理后就没事了。沈兴旺又把老人送回乡里，此时天已经快亮了。沈兴旺又饿又累，草草吃了一桶方便面垫了一下饥，连衣服都没来得及脱，滚到床上迷瞪了一会儿，天就大亮了。他抹一把脸，又精神抖擞地投入了工作。

沈兴旺是独子，父母年近80，身体都不是太好。脱贫攻坚战役开始以后，沈兴旺肩上的担子自然重了，回家的次数就少了许多。偶尔回家一趟，跟老人说不了几句话就又要动身。有一次，父亲身体不舒服，想叫沈兴旺陪着到医院看一下，正巧那天上午县委召开脱贫攻坚例会，他没办法陪父亲去医院，最后由母亲陪父亲去医院检查。

等沈兴旺开完会回家，两个老人已经从医院回来，沈兴旺愧疚地说："我这个儿子真不算话呀……"

父亲反倒很明理，说："自古忠孝不能两全。天下事，不止咱一家。"

沈兴旺觉得对妻子、儿女也有亏欠，但是在县卫生局工作的妻子，从不这么认为。她认为，男子汉大丈夫，本来就应该仗剑去国跃马昆仑，不应该儿女情长英雄气短。

沈兴旺说："我这一辈子做得最漂亮的一件事情，就是娶了一个好老婆。"

妻子背过去，偷偷抹了一把泪。

偏偏叫沈兴旺看见了,张嘴就来了一首——

> 自古男儿有泪不轻弹,
> 岂知巾帼也有英雄气。
> 十五的月亮十六圆,
> 不必再分军功章。

要把最缺少的东西还给群众

先给自己立规矩

2017年6月,连俊鹏被任命为县委组织部驻台头镇桃花山村扶贫工作队队长。

桃花山村在台头镇是一个比较落后的村子,村里选不出个党支部书记,由台头镇武装部部长兼任。村委会连个办公场所都没有,平时就在村主任家里开会办公。

6月的天气已经很热了,大山里虽然草木葱茏,流水淙淙,还是很难抵挡高温。

连俊鹏穿着一件半袖,已经热得气喘吁吁了,额头上是密密麻麻的细小汗珠。

他一边擦汗,一边走进一家农户的院子。

这是一个残破的农家院落,随便在石头窑洞前边垒了几块石头就是院墙,连院门都没有。窑洞年久失修,上面还遮盖着一大块白色塑料布,几只鸡在院子里觅食……

连俊鹏整洁的衣着与破败的农家院落形成了鲜明的对照。

一位个子瘦小、肤色黑黝黝的中年妇女站在窑洞前面,用一双无神的眼睛看着连俊鹏。

连俊鹏微笑着操着乡宁县普通话，跟她打招呼："您好。"

"拧？拧啥？"妇女似乎没有听清楚连俊鹏的招呼。

连俊鹏的脸一下子红了，赶紧改口用乡宁土话说："姨，你好着哩吧？"

这一句妇女听明白了："好着哩。不好着，能咋哩。"

连俊鹏还想深入交谈，见这一家没有男人，人家也没有让自己进屋的意思，就不好意思再待下去，说一声："你忙，我走了……"

整整一个晌午，连俊鹏进了好几家，都碰了软钉子，没收集到什么有用的信息。

连俊鹏回到村主任家吃饭。

连俊鹏一边应付着村主任的话，一边想心事。

自己曾经做过15年的组织工作，啥事都经过了，为啥村民不愿与自己深入交谈呢？

临下来时组织部领导说："咱们一定要记住，咱们下去不是当钦差大臣，而是要向广大农民群众学习，一定要学会尊重他们，向他们学习……"

连俊鹏明白了一个道理：贫困户缺的不仅仅是钱，还有尊严。

当天下午再出门的时候，连俊鹏特意穿了一件旧短袖和一双胶鞋。

第一户进的还是上午那一家。

连俊鹏一进院子，拉了一条旧板凳就坐下了。

女主人显得有一些不好意思，转身进窑洞端了一碗水出来，一只手递给连俊鹏。

连俊鹏双手接过水碗，仰头一口气喝干。

女主人显得很高兴，问道："领导，你吃了饭没有？"

连俊鹏摇摇头说："那会儿吃了，下一回来了再吃。"

女主人说："行，我给你做咱桃花山人最爱吃的臊子面。"

连俊鹏说："行，我最爱吃我妈做的臊子面。"

那天下午，连俊鹏坐在板凳上没动窝，就把这一家的情况了解得透透彻彻。

这一家户主姓杨，就是这位妇人，丈夫去世 10 多年，一个女儿两个儿子都是自己一手拉扯大的。后来虽然又找了一个老伴，但平时就是干活、放羊、赚钱补贴家用，从不管家里的事情。女儿出嫁后光景过得还行，但几年前女婿在一次煤矿作业中小腿受了伤，现在也不能干重活了。小儿子和媳妇在北京务工，小两口子日子过得还可以。最放心不下的就是大儿子，天生智障，虽然有一定的劳动能力，但是没有判断能力，在亲戚的帮助下，在镇里的一个企业从事简单的工作。大儿子娶了个媳妇，但也是个残疾人，在家人的指导下能做一些简单的家务。杨某希望能给儿媳办个残疾证，一方面是指望得到治疗，另一方面也想得到国家对残疾人的生活补贴，对家里多少也是一点帮助。

了解到她家的情况后，连俊鹏说："姨，你家的这事我包了。"

女主人高兴地问："真的？"

连俊鹏说："要是我办不成，第一你别叫我再进你家的门，第二别叫我吃你做的臊子面。"

其实连俊鹏心里还是有点忐忑不安，自己以前从来没有办过这类事情，但是他下定决心，一定要办成！

如果办不成，他就没脸在桃花山村待下去了。

连俊鹏先向在残联工作的同学了解相关政策和办理程序，又到医院相关科室了解残疾级别鉴定程序，最后去县政务大厅领取了表格，和杨某约了时间把她和儿媳接到医院，对其儿媳进行了病情鉴定。通过鉴定，她的儿媳确实属于重度精神残疾，鉴定完又把她们带到政务大厅上交了表格，等待通知领证。

在送婆媳回家的路上，杨某从裤兜里掏出一沓现金，往连俊鹏手里塞："连科长，非常感谢你能够这么关心我的家庭和孩子，这是我人生第一次享受这样的待遇，相信你也疏通了不少关系，这是一点心意，你收下。"

连俊鹏握着杨某的手说："姨，没有你想象的那么复杂，我没有疏通什么关系，咱们按正常程序走的。这钱你留着用，赚钱不容易。"随后把现金硬还给杨某。

时间不长，杨某儿媳妇的残疾证就办下来了，每月能领到残疾人生活补助50元，全年600元。

连俊鹏给杨某儿媳妇办残疾证的事情在村里传开了，村民看到他是一个能办事的实在人，对他的信任感增强了，有什么事情都来咨询，他就耐心地给群众答疑解惑，从而进一步拉近了与群众的关系。

从那以后，连俊鹏进村入户：

坚持穿旧一点的衣服上门，用乡宁土话交谈，尽量为村民办事，碰上饭点在谁家就吃谁家的饭。

还别说，连俊鹏不论到谁家，都能掏出实情。

2017年7月，县政府出台了《乡宁县贫困人口外出务工交通补助办法》，对外出务工的贫困人口根据地域不同，给予每月50元、80元、100元的交通补助。得知这么好的政策后，连俊鹏就在全国扶贫开发信息系统里查询联系方式，逐户逐人打电话进行宣传，短短的几天就统计73户贫困户外出务工人员137人，让他们享受了政策，也增强了他们脱贫致富的信心。通过这次宣传政策，连俊鹏和这73户贫困户都有了一次亲密的接触，进一步走进了贫困户的心里。他的目的只有一个，要让每个贫困人口都享受到政府的惠民政策。

村里申阿姨的老公和儿子在宁夏务工，女儿在广州务工，因为距离较远，连俊鹏就和申阿姨通过微信向其家人发送了证明表，并指导他们开具了证明，迅速邮寄回来并及时上报。这件事后，申阿姨对连俊鹏格外的关心，每次加班，她都来村委会叫连俊鹏去家里吃饭。

看到新来的工作队队长在申阿姨家吃饭，不少接触过的村民也都邀请连俊鹏去自己家吃饭。连俊鹏心里明白，吃饭只是一个表象，其实是村民把自己当自家人了。通过到村民家里吃饭，连俊鹏与村民的感情加深了，村民也愿意敞开心扉和他交流了，这样更利于工作的开展了。

再给村民讲政策

经过深入调查研究，连俊鹏配合村两委、第一书记共同制定了桃花山村脱贫攻坚战役的实施方案,各项工作开始按部就班地进行。

主导产业核桃种植全面铺开,而且长势良好。各项扶贫惠民政策贯彻落实到位,村里的各项工作齐头并进,欣欣向荣。

看到工作打开了局面,连俊鹏的内心自然是高兴的。自己带领的县委组织部扶贫工作队不仅在桃花山村开展了脱贫攻坚工作,而且各项工作都走在了台头镇的前列。他还及时和县脱贫攻坚行动总指挥部、扶贫办工作人员沟通,结合工作实际,编制出贫困户档案目录,并根据目录建立贫困户档案初级模版,整理贫困户档案73份、村级档案24项、工作队档案12项。这些工作带动的已经不仅仅是台头镇了。

2017年9月,连俊鹏被县委组织部任命为关王庙乡党委成员主任科员。

乡党委分工他负责脱贫攻坚全面工作,主要抓档案资料的收集整理,同时包联小碑村、贾庄村、武家河3个村。

此时,脱贫攻坚战役已经在小碑村进行了快一年的时间了,连俊鹏上午在乡党委报到,下午就进小碑村了。

在村委会刚坐下,一位村干部说是有一个坏消息要给连主任汇报。

村干部说村里有一户刘姓贫困户,不愿意在《扶贫手册》上签字,原因是认为自己没有享受政府扶贫优惠政策就脱贫了,要签字也行,先给5000块钱就签,不然的话拒签!

连俊鹏说:"他不愿意签字,很可能是没有吃透建档立卡贫困户的政策。这个人你们别管了,交给我。"

连俊鹏向身边的村干部和群众了解刘某的情况。刘某原是一名村民小组长,右腿轻度残疾,为人刚正不阿,由于看不惯一些社会现象,爱提个意见。连俊鹏没有找刘某谈话,他在等待最佳时机。

最佳时机终于叫连俊鹏等来了。

有一次,连俊鹏来到村委会门口就被10多个群众围住了,你一言我一语地嚷嚷开了,这其中就有刘某。

刘某的嗓门最高:"连主任,你说什么是贫困户的标准?贫困户是怎么来的?贫困户有啥优惠政策?我啥政策也没有享受怎么就脱贫了？！……"

连俊鹏回答说："大家问得好，心里有疑问、有不明白的地方，就该公开说出来。我也想和大家一起交流交流。不过，今天在这里不方便，咱们商量个时间，找个合适的地方，我来给大家讲讲关心的问题。"

一看连俊鹏真是像解决问题的样子，刘某说："好，我们听连主任的。"

几天后的一个傍晚，连俊鹏和第一书记在村民小组长的带领下来到村里一户群众家中，让刘某召集了那天来的群众和别的有疑惑的村民一同坐在院子里，一个一个回答大家关心的问题。

这次座谈，不仅解答了大家提出的问题，还宣传了脱贫攻坚政策，彻底解决了村民心里的疑惑。刘某心服口服，在《扶贫手册》上签了字。

自那以后，刘某和连俊鹏成了朋友，主动和他交流村里的情况，对村里的一些工作难题，还积极出谋划策。

看到刘某在村里有一定的号召力，连俊鹏就主动关心他，把他当成工作骨干培养。

10月下旬，接到上级申报"雨露计划"的通知，连俊鹏就联系刘某在乡里打工的女儿，帮助其上职中的儿子报了名。11月，晋商银行来乡里宣传办理金融扶贫贷款，连俊鹏又第一时间给刘某讲政策，并通过他向群众宣传这个政策，不仅刘某办理了，而且还给全村有意愿的83户村民也办理了。这对当时的小碑村来说是个不可思议的事情，因为以前这个村的群众对政策总是抱有怀疑态度，而这一次小碑村成为全乡办理金融扶贫贷款最多的一个村。

快过年的时候，连俊鹏以个人名义买了一桶食用油，同村干部慰问了刘某，送去了节日的问候和关怀。2018年正月初七，刘某带着自己的老伴来到县城，拿着一箱奶、一桶油找到连俊鹏："连主任，我今天可不是送礼，是来走亲戚的，连主任我认可你，你今天不收下就是不认我这个亲戚……"

连俊鹏自然认下了这门亲戚。

把思想付诸行动

　　自从他来小碑村，
　　就在村委扎下根。
　　决心要打一硬仗，
　　要让小碑大变样。
　　看看最近这几天，
　　工作效率不一般。
　　务工补助办实事，
　　加班加点把表填。
　　为给村民填证明，
　　披星戴月为咱忙。
　　共产党的好干部，
　　小碑脱贫带路人。

　　这是关王庙乡小碑村流传的一首打油诗，是村民写给包村干部连俊鹏的。

　　连俊鹏在做工作的同时，十分注意村民的思想动态，发现有一定代表性的问题，就认真探究产生的根源，及时向乡党委提建议，以求得合理解决。

　　连俊鹏是一个很有思想的人，也是一个很会思考的人，还是一个善于把思想付诸行动的人。

　　他知道，档案不仅是脱贫攻坚的原始记录，更是贯彻落实国家扶贫政策的依据，其作用非同小可，一定要高度重视，认真做好。他对全乡档案工作进行了全方位的跟踪指导和全盘规划，连续15天和村干部、工作队同吃同住，加班加点，完成了全乡2192户贫困户档案、50余项乡级档案的完善工作。在他的努力下，全乡各村全部高质量地完成了村级档案、工作队档案，乡政府档案也形成体系，从而为全乡的脱贫攻坚战役顺利进展奠定了坚实的基础。

他知道，自己长期坐机关，缺乏基层工作经历，于是，他给自己提出了扎实驻村了解民情民意、摸索群众工作有效途径的要求。要想解决贫困户脱贫的问题，首先要解决贫困群众的思想问题。

从桃花山到小碑村，他坚持深入群众、面对群众，和群众促膝长谈，了解贫困群众的家庭情况，听取群众的意见。虽然现在有了智能手机，可以录像、录音，甚至录视频，但是他还是偏爱记笔记。他有一个随身携带的笔记本，只要到群众家中座谈，他都拿出笔记本认真做笔记。他认为这样可以增加亲和力，接地气，能听到群众的真心话。

他并不排斥高科技，甚至把高科技的作用发挥到极致。

他对微信群特别青睐，因为这样可以便于联系，交流思想。他每到一个村，先根据当地实际，和村干部、工作队一起协商，建立扶贫工作微信群，把村里所有贫困群众拉进群里，没有微信的，把其子女作为代表也拉进群里，对其工作过和包联的村，共建微信群4个，拉入贫困户500余户，宣传产业、教育、民政、生态、务工等10余项政策，答疑释惑100余条。同时要求全乡各工作队建立微信群，及时和贫困群众进行沟通，利用现代化社交平台，促进工作，提高效率。

思想交流工作，最后都得落实到为群众办实事、办好事上面去，不然的话，前面的一切热热闹闹，全都付之东流。

这个观点，是连俊鹏最为强调的。

自打到关王庙乡工作以来，连俊鹏通过入村入户，共为4户群众办理了残疾人鉴定手续，为4户群众办理了大病保险报销，为280余户贫困户办理了务工补助，为116户贫困户办理了晋商银行金融扶贫贷款，帮助所包联小碑村、贾庄村发展连翘产业700余亩，发动群众自主实施200余户，覆盖贫困户100余户。

一段时间，连俊鹏得知武家河村的武虎，是一易地搬迁户，由于对政策不理解，没有吃透精神，认为村干部欺负群众，对村干部意见很大。连俊鹏有意识地多次接触他，给他讲解国家的易地移民搬迁政策，终于使他认识到自己的错误，同时也消除了对村干部的成见。

在贾庄村,村干部与扶贫工作队因为工作产生了不和谐的现象。连俊鹏知道以后,主动找他们谈话,沟通思想,坦诚地指出双方存在的问题,最后双方消除隔阂,团结一致搞好工作。

连俊鹏发现贾庄村两委个别党员对组织活动不是太积极主动,影响党组织战斗堡垒作用的发挥,他就决定专程到贾庄,亲自给他们上党课。

此时家里来了电话,说老父亲得了急症,要他立即赶回县城。

怎么办?一边是几十个党员干部等待自己去讲党课,一边是老父亲需要自己回去照护。

连俊鹏最终做出了艰难的选择,把老父亲交给妻子照护,自己按时到贾庄村上党课!

上完党课,已经是夜里10点多钟了。

连俊鹏连夜赶回县城,老父亲还在医院输液,他叫妻子回家看孩子,自己留下来照护……

一个副镇长的脱贫攻坚战役

一

2017年4月淅淅沥沥的春雨下个不停,一伙年轻人行走在崎岖的山路上。

路面上泥很厚,他们走起来都是一步三滑,偶尔还会摔跤,引起一阵欢笑。

4月的天气,又下着雨,气温很低,这些人还穿着薄棉衣,有的女娃娃还把风衣紧紧裹在外面。他们一边小心地走着,一边说说笑笑,情绪一点也没受天气的影响。

"闫镇长,今天的午饭是不是你请呀?"一个年轻人问。

"当然可以,就怕人家村两委不愿意。"说话的是精精瘦瘦的副镇长闫峰。

"我想也是,闫镇长要请咱们吃饭,得回到县城去请,在村里能请下个什么样子。"

"在哪里请都行,乡宁县、临汾城,甚至太原都行,你们定,但是一定是脱贫攻坚战役取得胜利之后呀!"

"闫镇长,你这个空头人情送得太遥远了吧!"

一行人一路说说笑笑……

欢快的笑声透过雨帘传向山野……

这伙年轻人,是光华镇副镇长闫峰带领的脱贫攻坚战役档案资料核实小分队。他们今天是要去光华镇比较偏远的岭上村调查核实,他们要在村里住上四五天,要对每户贫困户、每一个贫困人口进行走访、核查。

闫峰1999年于湖北省荆门工业学校计算机管理专业毕业,参加工作后,先后任光华镇财政所会计、政府办公室干事,2008年任光华镇副镇长,在光华镇工作了近20年了。当初从学校毕业的时候不过是18岁的小青年,如今已经是40岁的中年人了。应该说,他是一位理论知识功底扎实和实践经验丰富的基层干部。

脱贫攻坚战役开始以后,镇党委分工闫峰主管全镇的脱贫攻坚工作。为了有效地指导全镇脱贫攻坚工作,闫峰带领光华镇扶贫办一班人,积极学习省市县精准扶贫、精准脱贫的政策性文件,通过及时与县脱贫攻坚行动总指挥部办公室沟通交流,确保镇扶贫办工作人员理解掌握的政策准确无误。利用工作间隙,组织镇扶贫办工作人员学习中央、省市县各级扶贫政策文件和会议精神,力争不遗漏任何细节,做好知识储备,夯实理论基础。充分发挥镇扶贫办的智囊作用,积极建言献策,将脱贫攻坚的工作目标和具体任务,分解到全镇各村,进一步明确了工作任务和责任,使光华镇脱贫攻坚工作得以顺利开展。

闫峰深知,脱贫攻坚档案不但是精准扶贫的依据,而且牵一发而动全身,非同小可。因此,每次下村走访、核查,他都亲自带队,跑遍了全镇的18个行政村、85个自然村。

这一次,闫峰他们一共在村里待了4天。每天都像打仗一样,走家串户,加班加点整理资料一直到第5天上午干完了,大家才松了一口气,手快的年轻人已经开始做收兵回营的准备了。

闫峰忽然记起一个数据有点模糊,就拿过统计表仔细看,还真发现了问题!

于是他叫大家把已经装订好的档案资料一一拆散,仔细查找……

一个上午过去了还没找出来。

闫峰说，上午不找了，先吃饭，下午再找。今天找不着，明天再找！

结果一直找到第6天上午才找到问题所在，闫峰和队员们终于松了一口气，收兵回营。

就这样，整整一年，闫峰带着工作人员怀着对贫困户负责、对国家负责的态度，走访了绝大部分贫困户和贫困人口。有的自然村跑了不止一次，有的贫困户见了不止一面，做到了村村、人人数字准确无误。夯实了全镇脱贫攻坚战役的基础工作，使国家的各项扶贫政策准确无误地落实到贫困户头上。

落实"雨露计划"，帮扶贫困大中小学生860人。

落实健康扶贫"双签约"，享受卫生免费服务4018人。贫困户医疗费报销比例由原来的60%提高到75%，享受大病救助4人、重病兜底6人。

落实社会兜底，享受五保贫困户52户、52人，享受低保贫困户420户、870人。

落实技能培训，举办培训班11次，参加人员达1870人；组织服装加工、草编、家政服务等实用技术培训班2次，参加人员达213人。

落实贫困户外出务工补助，对在外省、区、县和县内外出务工的1189人分别予以每人每月100元、80元、50元标准的补助。

脱贫攻坚战役一路走来，上述五项政策得到圆满落实，档案资料完整、真实、可靠，社会反映良好，顺利通过了山西省里组织的第三方评估验收。到2017年底，经省、市、县考核评估验收，全镇有1235户、4400人达到脱贫退出，尚有61户、189人未达脱贫标准，贫困发生率降低到0.85%。到2018年11月底，经考核评估验收57户、174人达到脱贫退出标准，仅6户（其中1户返贫2人，1户新增4人）、21人未脱贫，贫困发生率降为0.09%，全镇脱贫摘帽目标如期实现！

这时候，闫峰才对工作人员说："咱们的工作取得了完胜，我该请你们吃饭了。"

大家高兴地热烈地欢呼起来……

二

龙头企业始终是脱贫攻坚战役的主力军。

这是闫峰在县委、县政府召开的脱贫攻坚培训班上讲到的观点，随后到来的脱贫攻坚战役的工作实践使他更加认识到这一观点的正确性。

具有一定理论知识的闫峰知道，在工业化达到相当程度以后，工业反哺农业、城市支持农村，实现工业与农业、城市与农村协调发展，成为一种带有普遍性的趋向。工业反哺农业是发展农业生产、保障粮食安全的要求：农业是安天下、稳民心的产业。因此必须实行工业反哺农业，采取各种有效措施，不断增强农业生产能力。

脱贫攻坚战役全面展开以后，作为主管这一工作的镇政府领导班子成员，闫峰越来越敏锐地感觉到，单纯依靠现有的经济实力，是没有力量在一年内使全镇贫困人口实现脱贫摘帽目标的。

怎么办？

曾几何时，光华河两岸星罗棋布地散布着14家大小企业，国家整合资源以后，仍旧有11家。

现在该是工业反哺农业的时候了。

闫峰带着疑问和自己的见解找书记、镇长汇报。

书记、镇长同意闫峰的意见，支持他的大胆措施。

闫峰先找了光华镇七郎庙村欣隆养牛专业合作社，合作社于2016年筹备，2017年挂牌，当年投产即产生效益。

该企业地处乡宁县光华镇峪口村，占地面积207亩，规划总投资1.3亿元，是一家集肉牛养殖、屠宰、销售、饲料加工、粪便无害化处理、年产5万吨有机肥生产销售以及600万千瓦沼气发电为一体的循环绿色企业。拥有员工58人，高级技术人员15人。2018年合作社存栏肉牛2000余头、母牛500余头，2019年肉牛存栏达到9000头，年底达产达标。这是一个充满生机的朝阳企业。

闫峰找到合作社董事长成胜堂的时候，企业2017年占70%股份的成瑞公司资金链条意外断裂，紧张建设中的肉牛场面临夭折的危险。

在这危急关头，闫峰在乡党委、乡政府的支持下，协助合作社健全"公司＋合作社＋农户＋贫困户"的管理经营模式，发动农户投资50万元，使用"股加贷"扶贫资金带动贫困户408户、1486人，共注入资金370万元，同时投入"四位一体"扶贫小额贷款1180万元，带动农户237户，政府还提供了370万元的周转金，此外金融机构还为企业贷款3000万元，一共注入资金6000万元，彻底解决了工程建设困难。

万头肉牛场建成以后，立即与脱贫攻坚战役进行深度融合。积极贯彻落实脱贫攻坚政策，采取"公司＋合作社＋农户＋贫困户"的模式，坚持精准扶贫、产业脱贫原则，签订"五位一体"扶贫贷款协议62户、234人，落实贷款306万元；与151户贫困户、563人签订主体代养协议，代养能繁母牛151头，落实代养资金75.2万元。

仅此一招，就解决了相当一部分贫困户的燃眉之急，实现了企业、金融机构、脱贫攻坚的共赢。

有了欣隆养牛专业合作社的成功经验，闫峰面前似乎出现了一缕曙光，解决扶贫资金的灿烂曙光。他大胆地沿着熟悉的道路走下去。

光华镇所属湾里村，也是闫峰包联的一个行政村。长期以来，村集体经济薄弱，对村里的公益事业、扶贫助民等没有任何作为，村两委在村民面前说话没底气，村里的各项基础设施建设也没办法启动。

村两委干部和闫峰商量，能否想办法壮大集体经济，用实际行动参加脱贫攻坚，加快贫困户脱贫致富的步伐。当然，村两委干部的话说得很婉转，只是"探讨"而已。

正好乡宁焦煤集团派出的扶贫工作队就驻在湾里村。闫峰和工作队协调，能否让乡宁焦煤集团为湾里村集体经济的发展提供一些启动资金，得到大力支持。乡宁焦煤集团投资50万元，村委会以集体名义从农户手中流转回土地150亩，成立花椒合作社，集体经营管理，带动农户新栽植优种花椒650亩，累计达到1500亩，全力打造花椒村，3年之后集体经济收入可以达到10万元以上。村委会用现有经济，优先雇用贫困户参与集体花椒的栽植、管理和村里环境卫生的保洁等务工活动，使他们有了一份固定的收入。

村集体经济实力增强了，村两委干部的底气也足了，遇到问题敢表态、敢处理，村民也把村两委当作靠山，积极出主意、想办法把村里的工作搞好。

村两委干部说，闫镇长不仅在扶持贫困户，也在扶持我们村两委呀！

闫峰说，扶了村两委，也就是扶了贫困户，因为咱们在为同一个目标而共同奋斗，咱们是同一条战壕里的战友！

闫峰懂得因地制宜，分类指导，他在征得光华镇党委、镇政府领导的支持以后，积极用活用足政府有关扶贫政策，动员那些有产业发展积极性的贫困户大力自主发展种植养殖产业，种植花椒392户、1945.79亩，中药材89户、609.32亩，梨1户、2亩，苹果4户、13.1亩，核桃11户、34.21亩，米槐36户、141.31亩，油用牡丹1户、1亩，玫瑰44户、174.7亩；养殖能繁母牛134户、336头，育肥猪46户、1034头，能繁母绵羊49户、662只，青年鸡3户、315只，兔2户、1002组，兑现财政补助329.899万元。

闫峰还高度关注金融扶贫政策的落实。他打定主意，一定要把国家的每项扶贫政策都落实到贫困户头上，一定要让党的光辉温暖每个贫困人口，一个都不能叫他们掉队！

首先，是使用财政补助带动。协调151户贫困户与龙头企业欣隆养牛专业合作社，签订代养协议，共151头牛；申请财政补助75.2万元，牛场每年以代养资金10%的比例发放给贫困户。富民养殖有限公司已与20户贫困户签订代养协议，共310头猪；申请财政补助9.13万元，猪场每年以代养资金10%的比例发放给贫困户。福兴獭兔养殖专业合作社已与20户贫困户签订代养协议，共840组兔笼，可申请财政补助12.6万元，兔场每年以代养资金10%的比例发放给贫困户。

其次，是使用金融扶贫贷款，共计612户、3056万元。与欣隆养牛专业合作社签订协议的有237户，其中农商行102户、506万元，建行135户（光华78户、关王庙21户、尉庄35户、管头1户）、675万元。贫困户按8%

分红，受益期3年，贷款本息均由企业偿还；与琪尔康翅果生物制品有限公司签订了建行小额贷款协议，涉及8个村、104户，落实贷款520万元，贫困户按8%分红，受益期3年，贷款本息均由企业偿还；与乡宁焦煤集团台头煤焦责任有限公司签订了晋商银行小额贷款协议，涉及12个村、220户，落实贷款1100万元，贫困户按8%分红，受益期3年，贷款本息均由企业偿还；与云丘山旅游开发有限责任公司签订了工行小额贷款协议，涉及51户、255万元，贫困户按8%分红，贷款本息均由企业偿还。

闫峰还协助别的同志完成了扶贫基础设施建设任务：

推进群众安居工程，完成危房改造593户、易地分散搬迁117户。

完成新建维修安全饮水工程48处，农村安全引水实现全覆盖。

完成农村电网升级改造工程6处，安全用电保障提升。

完成了通信、广播、电视、互联网覆盖工程。

完成"村村通""村连村""户户通"硬化工程全覆盖。

完成新建6处、改造2处村级卫生室，解决了群众就医难的问题。

完成生态扶贫工程，成立了贫困户造林合作社，实施退耕还林工程，196户贫困户享受到土地补助和劳务收入，吸纳42人担任护林员和公路养护员，让这些人有了工资收入。

完成"电商＋农户"工程。

三

上述几项工作做下来，光华镇的脱贫攻坚之战通盘活了起来。到2017年底，一个生态良好、环境优美、群众安康、交通便利、经济发展、信息灵通的光华镇已经出现在乡宁大地上。

但是，闫峰不敢有丝毫懈怠，密切注视着全镇脱贫攻坚战役的进展形势，一旦发现问题，立即着手解决。

在脱贫攻坚战役最紧张的那些时间紧迫、任务艰巨的日子里，他连续几十天不回家，坚守在第一线，经常加班至深夜，累了在沙发上一躺，胡乱凑合一宿，饿了就拿一桶泡面对付一下。为打赢脱贫攻坚战役，他常常废寝忘食、夜以继日地扑在工作上。

作为一个乡镇领导干部,不仅要自身做好,还要带领工作人员完成工作任务,闫峰深谙其中奥妙。在具体工作中,他指导镇村两级干部开展工作,积极争当基层一线脱贫攻坚的排头兵,努力做到了脱贫攻坚工作"两个百分之百"。第一,工作节点百分之百准时。脱贫攻坚工作任务重、时间紧,市县每项工作任务下达后,他严把时间节点,制定工作推进时间节点进度表,并根据进展情况适时进行梳理总结,及时谋划好下一步计划,确保各项工作落实在时间节点上精准;第二,工作任务落实百分之百高效。严格工作任务要求,明晰思路,统筹谋划,有序开展,力求各项工作内容的落实做到高标准、高质量、高效率,夯实基础信息。

2017年底,光华镇的脱贫攻坚战役顺利通过了上级的严格验收,实现了脱贫摘帽。在回顾脱贫攻坚战役全过程的时候,闫峰心神笃定……

他牢记县委、县政府和镇党委、镇政府领导的正确指引。

他没忘记同事们的理解和支持。

他更感谢乡亲们的厚爱和关怀。

最叫他刻骨铭心的是家人的默默付出……

年迈父母身体均不佳,父亲患阑尾肿大,母亲患有高血压,2017年正月初三,母亲因高血压昏倒,打120送到县医院才得到缓解,怕影响闫峰的工作,父母没有告诉他真实情况。

妻子程华是临汾市中心医院的护士,带着8岁的儿子住在尧都区娘家。岳父母每天接送孩子上下学,一天岳父突然病倒,经检查确诊为淋巴瘤,现在经常往返于北京化疗。作为丈夫,闫峰没法回临汾为妻子分担家务;作为女婿,他也不能分身去照护岳父。

闫峰的心中对家人是满满的愧疚。

女儿如花

铁　肩

很难把"铁肩"这个词与张红兰联系起来。

因为她长得实在是娇小柔弱。

你看她个头不高，身架有些单薄，似乎找不到铁肩在哪里。

可是，在西交口乡工作10多年的她给干部群众留下的分明是一副铁肩的形象。

2001年9月，22岁，刚刚走出大学校门的张红兰被分配到西交口乡计生办工作，从此开始了她近20年乡镇干部的工作经历。

2007年9月，她担任了西交口乡团委书记。那一年她28岁，邻家小女已长成。

2008年5月，张红兰任西交口乡副乡长。

和许多乡镇女干部一样，张红兰先后分管过文教、卫生、创卫、团委、妇联等方面的工作。虽然每一项工作做得都很到位，取得不错的成绩，但是真正出彩的、真正令干部群众刮目相看的、叫众人心服口服的还是她在脱贫攻坚战役中的杰出表现。

脱贫攻坚中，西交口乡党委分工安排张红兰包联大咀、仁义湾两个村的扶贫工作。

经过10多年基层工作的历练,张红兰已经很成熟了。她深知肩上担子的重量,感觉到沉甸甸的压力和崇高的责任!

她立即下到村里,和村干部迅速行动起来。

脱贫攻坚的具体工作,说白了就是三大项:精准识别建档立卡贫困户、寻找和落实脱贫门路、在规定时限内帮助帮扶对象摘帽脱贫。

要识别建档立卡贫困户是一项繁杂的基础性工作,贯穿脱贫攻坚的始终,里面的人想出去,外面的人想进来。伤脑筋的事情还真不少。

张红兰知道识别工作做得深不深、好不好、细不细,直接关系到脱贫攻坚战役的成败,牵一发而动全身,非同小可。自己肩上担的不仅仅是所分工的这两个村,而且直接关系到整个西交口乡,甚至整个乡宁县的脱贫攻坚!

因此,她安下心来,扑下身子,带着工作人员炎炎夏日奔走在乡村的小路上,寒冬腊月穿梭在贫困户的家中,宣传扶贫政策,开展入户调查、数字核实、认真甄别、落实脱贫措施等工作。她逐村逐户地跑,最忙的那些天甚至连饭都吃不上,她就和工作队、第一书记、村两委班子吃方便面。

百日脱贫攻坚大决战中,人们看到张红兰娇小的身影奔波在大咀村和仁义湾村的山路上。

夏日的一天,张红兰带着工作人员到仁义湾一户贫困户家做数字核实工作,第一天去没见着人,第二天又去还是没在家,又去了第三次,总算见着本人,面对面地做了核实。

大咀村一个村民对把自己退出贫困户想不通,张红兰亲自去找他做解释工作,结果人家关上门不见她。第二次又去,碰了个软钉子。第三天,张红兰起了个大早,把他堵在家里,进行了深入解释,那人表示心服口服,在表上签了字。

由于工作做得细,大咀村和仁义湾村的脱贫攻坚档案做到了完整、齐全、规范,达到上级要求的标准,为脱贫攻坚战役的顺利实施打下了坚实的基础。

柔　情

"柔情"这个词用到张红兰身上倒是很贴切。

你看她说话的时候慢声细语，笑容可掬，走起路来风摆杨柳……

在脱贫攻坚战役中，她对贫困孩子充满了母性的柔情，向他们倾注了无限的关爱，孩子们见了她如同见到了妈妈一般兴奋。

大咀村贫困户张吉听，夫妻均为智障，经济条件差，女儿张丽霞到了上学年龄无法上学。全家人为这件事愁得吃不下饭，睡不着觉。

张红兰知道了，一种强烈的责任感涌上心头，当即决定一定要让这个孩子上学读书，绝不能让贫困在这个家庭继续延续下去！她在乡政府所在地为张吉听租了房子，付了一年的租金，租车拉来了自己家中不用的旧家具和生活用品，主动资助张丽霞上学，当众承诺张丽霞上学期间的所有费用全部由自己支付，直至大学毕业！她微笑着对张吉听说，从今以后，你的女儿就是我的女儿。如今，张丽霞在学校学习努力，取得优异的成绩。张红兰只要得空就去学校看望，有时候还把张丽霞接到乡政府自己的宿舍，像妈妈一样帮她洗漱、整理个人卫生。张丽霞见了她，也是很亲近，表示一定用功学习，不辜负张红兰的厚爱和希望。

2017年底，家家都在张罗年货，山村充满了年的味道。张红兰心中还牵挂着大咀村和仁义湾村的贫困户，她拿出自己的工资为两个村的贫困户送去了米面油，为70岁以上的贫困户家庭的老人送去棉衣12件，用她的话说："贫困户过不好年，我这个乡镇包村干部心里不踏实。"

贫困户吕海江，家有5口人，夫妻均为智障，母亲还偏瘫在床，11岁的孩子还在上小学。住房满是裂缝，随时都有倒塌的可能。家里除了几亩薄田种一季庄稼以外，再没有别的进项，全家人刚刚能解决温饱。生活的包袱压得吕海江抬不起头来，人很自卑，平时在村里见了人都不好意思打招呼。

张红兰看在眼里急在心上，她明白如果解决不好，吕海江的思想很可能走向极端，那将是十分可悲和可怕的结局。为此她同驻村扶贫工作队一起，

张红兰看望贫困户的孩子

经常到吕海江家帮助其照顾卧床的母亲，同他讲解目前的扶贫政策，协调孩子所在学校，让孩子安心学习。同时帮助吕海江落实了危房改造补助并动员亲戚帮忙，建起了3间平房，协助他家办理了有关残疾人补助手续，让两位老人都能享受一定的生活补助，他们全家也享受了低保补助。又给吕海江介绍在村做卫生保洁员的工作，使他既能照顾母亲，又能挣钱保障孩子上学。2017年，吕海江一家实现了脱贫。现在吕海江走路腰板也硬了，见了人热情主动搭话了，每天身着工作服为全村的环境卫生忙碌着。

看到吕海江的变化，张红兰心里别提有多高兴了。

大咀村的王彦龙，子女多，家庭收入少。张红兰积极为他联系中介，介绍他到外地务工，月收入3500元，同时鼓励他妻子到乡政府所在地学校食堂务工，月收入1500元，做到照顾子女和务工都不误。这样下来，全家人每个月收入5000元，稳定脱贫。王彦龙深有感触地说："有政府的大力支持，我心里踏实了，摆脱贫困的信心更足了。"

然而，张红兰心里很清楚，大咀和仁义湾两个村还有像王彦龙这样的贫困户,需要她"一户一摸底、一户一台账、一人一措施"地去解决,这些沉甸甸的精准脱贫措施,需要一件一件抓好落实。因此,她还是像以前那样奔波在这两个村的山路上,出这家,进那户,实实在在地帮助他们解决实际困难。

同样的问题、同样的困难,一旦套上母性柔情的光圈,就有了温度,有了亲情。

张红兰正是用这种能融化坚冰的母性柔情去扶贫的,她像暑天的清风,为贫困户送去清凉;她像严冬的火炉,给贫困户带来温暖。

2018年,刚刚过罢大年,贫困户送来了一封封感谢信和一面面锦旗,对张红兰表示由衷的感谢。面对这些,张红兰在感到欣慰的同时,也强烈地感到自己的工作还有做得不到位的地方,以后还要更加努力,尽到一个乡干部的职责!

任 性

"任性"本是一个贬义词,但是近几年,"任性"的感情色彩逐渐发生变化,在某些场合,它表示敢作敢为、勇于担当等义,是一个褒义词。

大咀村位于西交口乡西北部,距乡政府5公里,全村共有9个自然村、8个村民小组、190户、733人,土地面积9510亩,耕地面积2489亩、退耕还林面积2260.8亩、公益林面积2842亩,主要种植翅果和玉米。大咀村建档立卡贫困户共131户、533人。2014年,贫困户为65户、315人;2015年,新增贫困户3户、9人,出列4户、15人,年底脱贫8户、38人;2016年底,新增贫困户65户、223人;2017年底,脱贫118户、488人;2018年底,脱贫5户、9人,至此全部脱贫。

多年以来,大咀村和仁义湾村由于自然条件恶劣,资源匮乏,农村产业一直没有发展起来,村集体经济为零。

脱贫攻坚战役开始以后,张红兰决心利用国家扶贫惠民政策,加大农村产业的发展力度,让群众的生活水平稳步提高。

可是要发展农村产业谈何容易。

农村产业像一辆破旧的自行车，修了链子，车闸坏了；修了车闸，车把又坏了；修了车把，车胎又坏了……

张红兰只得耐着性子，一件事情一件事情地干。

张红兰夜里睡觉都能梦见大咀村和仁义湾村的产业发展起来了。

有道是，有付出就会有收获。

她和驻村第一书记王黎通盘考虑，将全村56户建档立卡贫困户健康劳动力全部纳入大咀村翅果种植合作社，通过合作社统一组织，参与琪尔康翅果基地的翅果树管护、除草、采摘等劳务，户均年增收5000余元。还协助村集体入股琪尔康翅果生物制品有限公司30万元，实现年分红3万元，实现村集体经济破零；通过财政补贴，引导83户贫困户发展花椒458.2亩，新一轮退耕还林574.2亩，全部种植花椒，全村花椒种植面积达到906.1亩，及时组织相关人员进行验收，确保补贴到户。

她协调村两委将国家的各项扶贫惠民政策捆绑运用扶持，动员13户贫困户易地搬迁；协调落实20余名贫困户上学子女补助；开展产业技术培训300余人次；财政代缴医疗保险2.871万元；帮助6户贫困户参与工行"富农贷"；30万元入股云丘山旅游开发有限责任公司，每年分红3万元；把11户贫困户聘用为村委会护林员和保洁员，月收入分别达到4200—7000元，最大限度地提高贫困群众的获得感和满意度。

她与王黎积极动员群众发展养殖产业，可是本地人素有"有钱不买张口货"的观念，认为养殖业风险大，缺乏积极性。明摆着牛羊肉是市场的紧俏货，而大咀村和仁义湾草坡多、草质好，养殖牛羊投资少、产出多，何乐而不为呢？她们深入家户动员大家发展养牛羊产业。

3户发展养牛4头，28户无劳动力贫困户以委托代养的形式，由兴农相逢专业养殖合作社负责代养猪471头，每年每头猪可分红30元，共计1.413万元，实现了家家有项目、户户有产业。

养羊业也发展起来了，仅大咀村贫困户张元黄就养羊100多只。2017年底，张红兰利用工作之便帮助他销售羊60只，获利8万余元。还没到春节，张元黄家的羊就销售一空，这一下激发了全村贫困户养羊的积极性。张元黄又新建了一个现代化的羊圈，可以容纳 200 多只羊，来年还要扩大规模，增加效益。

针对大咀村基础设施建设短板，张红兰大力争取资金，亲自深入一线抓工程项目落实，第一时间协调解决项目建设中的各种问题，实现了水、路、电、网等基础设施的全面改善。

在她的工作日记上留有这样的记载：

总投资 450 万元对 8 个村民小组进行了道路硬化，铺设村组道路 4.93 公里，完成街巷硬化面积 15169.5 平方米。

完善蓄水饮水工程，对全村老化自来水管道进行维修改造，仁义湾、杜家坡、桑凹、梁家坡、次林、良种场 6 个自然村用上自来水，户户安装了净水器，修建了蓄水池。实施引水入户工程，铺设自来水管线 4800 米，对引水困难的调旦岭、半不塔、陈家塔、背阴山、南村 5 个村民小组由水利部门免费安装了净水器，修建了蓄水池，保障了村民饮水安全。

实施动力电改造工程，所有自然村全部通动力电；实施互联网覆盖工程，大咀、东坡村实现了互联网覆盖。

投资 8.5 万元新建了标准化的卫生室 1 个，方便大咀群众就近看病就医。

帮助落实 13 户、63 人分散搬迁户的搬迁补助，每人 2 万元，共计 126 万元；6 户危房改造户补助每户 1.9 万元，共计 11.4 万元。

重视文化教育，丰富村民生活。建设村图书室，搭建平台方便村民学习文化和科学种植养殖知识；购置音响设备，丰富群众文化生活；在仁义湾广场增添健身器材，让村民享受改革发展成果。

实施健康扶贫，投资 8.5 万元修建 60 平方米仁义湾卫生室，解决村民看病难的问题，惠农政策普惠全体村民，医保、养保全覆盖，建档立卡贫困户全部享受代缴医疗保险，全部实施健康扶贫"双签约"。对 5 户年老、无劳力的贫困户实施社会保障兜底，通过低保、五保政策惠及贫困户 5 户、11 人。

上边这些工程一一做下来，经过有关部门的验收，全部达到合格以上质量标准,大咀村于 2017 年底退出贫困村。大咀村和仁义湾村已经改换门庭,今非昔比。如今,创建卫生乡镇的红旗依然在西交口乡的上空飘扬,篮球比赛、广场健身、教育教学、医疗卫生等健康文明的群体活动在全乡开展起来了。

一个文明乡村的雏形已经出现在西交口乡的大地上。

张红兰深知,自己如花的青春年华已经毫无保留地献给了西交口这一块热土,做了自己应该做的事情,无怨无悔。

她觉得自己人生的第二个春天已经来临,她还要继续为父老乡亲们服务,还要为"三农"贡献自己的才智和力量……

一个副乡长的出师表

受命于危难之际

诸葛亮的千古名篇《出师表》脍炙人口,而副乡长师殿东接手负责西交口乡脱贫攻坚指挥部工作的时候,恰恰在西交口乡脱贫攻坚决战出现问题的关键时刻,也颇有诸葛亮受命于危难之际的悲壮与慷慨。

当然,他没有过多的语言,而是用实际行动完成了自己的出师表。

师殿东,1972年生,1997年毕业于太原理工大学水利水电建筑工程系,1998年参加工作,2001年加入中国共产党,现任西交口乡人民政府副乡长,分管扶贫、水利、机关、煤矿协调等工作,同时包联敖顶村。

2017年8月,正值全乡脱贫攻坚战役进入艰难的攻坚阶段之时,出现了底子不清、数据不实、档案残缺、管理混乱、上下断线、指挥不畅的严峻局面,全乡上下200多名扶贫干部普遍感到有力使不出来。在这种不利的情况下,师殿东受乡党委、乡政府的重托,毅然挑起了西交口乡扶贫工作的这份重担。他在全乡脱贫攻坚誓师大会上表态:"既然党委信任我,让我分管全乡的扶贫工作,我将坚决按照乡党委、乡政府的要求,不管面临多大的困难和风险,毫不犹豫,坚决走下去,一定要在最短的时间内扭转被动局面,负重赶超兄弟乡镇,确保全乡贫困人口如期脱贫。"

这一段话与其说是师殿东对乡党委、乡政府的庄严承诺，毋宁说是向自己立下了"不成功，便成仁"的军令状。

他的面前道路崎岖，荆棘遍地，但军中无戏言，必须知难而上。

师殿东在西交口乡工作多年，对自己肩上担子的分量十分清楚。西交口乡下辖14个行政村、110个自然村、12839口人，总面积246.87平方公里，其中耕地面积4.25万亩、林地面积13.77万亩。这里山大沟深，交通不便，信息闭塞，基础设施落后，群众生活贫困，全乡共有6个贫困村和建档立卡贫困户961户、3921人。脱贫攻坚任务重、时间短，局面相当严峻。

秣马厉兵

接手脱贫攻坚工作之后，师殿东静思导致全乡脱贫攻坚工作出现不利局面的原因，细细琢磨开辟新岸的途径。最终，他认为乡脱贫攻坚指挥部办公室出了问题，导致县上的精神传达不下去，村里的工作无法开展，自然不能及时将工作情况上报上去，出现了梗阻。

找到问题的症结以后，他快刀斩乱麻，提出抽调人员、充实机构、加强培训、摸清底子、完善档案、精准扶贫的工作思路，而后在乡党委、乡政府领导的支持下，有针对性地抽调了4名责任心强、业务通、有权威、能指挥动村干部的人员充实到乡脱贫攻坚指挥部办公室，加强这个中枢机构的领导力量。同时制定并落实了上下衔接的工作程序和岗位职责，明确要求——

对上：及时完整准确领会上级精神，如实上报各类信息数据。

对下：向各村两委安排部署上级安排下来的工作，督促完成并及时上报乡脱贫攻坚指挥部办公室。

而他自己则居中协调督促，哪个环节出了问题，马上落实解决。

他还针对各村的实际情况，调整更换了217名帮扶责任人，把只占名额、人到心不到、出工不出力的帮扶责任人更换掉，把能扶贫、愿扶贫、真扶贫的人补充进来。

就这么两斧子三刀子，干脆利索地解决了存在的问题。

一个岗位责任明确、工作标准可控、考核赏罚严明、运转灵敏、效率高效的西交口乡脱贫攻坚指挥部就这么建立起来了。

机构充实后,马上聘请县上的业务骨干先对乡扶贫办人员进行培训,进而对全乡3支队伍进行全方位、多轮次培训。宣传脱贫攻坚战役的各项政策,公开工作流程和规定动作,阳光操作,接受监督,从而为扎实开展扶贫工作奠定了基础。

一切都在师殿东的部署安排下有条不紊地运转。

他统筹协调,组织安排全乡所有参战脱贫攻坚的200多名扶贫干部按时间节点完成了入户核实情况、测算年度收入、收集登记信息、分析致贫原因、制订帮扶计划、兑现帮扶措施、宣讲扶贫政策、解决实际困难等工作,群众的知晓度和满意度得到了大幅度提升。完成了动态调整、贫困村和贫困人口退出等程序性工作,全乡的"三率"明显提高;完成了线上线下信息数据的纠错工作,健全了完善了乡、村、户3个层面的档案资料,达到了档案归类规范,内容全面真实。

实践证明,师殿东组建的这支队伍,完全能完成乡党委、乡政府下达的脱贫攻坚各项任务。

西交口乡的脱贫攻坚战役迅速摆脱了被动局面。

全乡脱贫攻坚的底子清了,数据实了,档案健全了,上传下达畅通了,全乡脱贫攻坚战役的面貌焕然一新,运转快、效率高。

县脱贫攻坚行动总指挥部领导这样评价师殿东这一阶段的工作:"自从你分管扶贫工作以来,我们明显地感觉到西交口扶贫的基础工作有了起色,上级的精神能精准地传导下去,下面的扶贫工作能高效完成并精准上报。"

他就像一台导航仪,给西交口乡脱贫攻坚这辆战车提供了准确的信息和正确的路径。

他像一匹战马,带头奔驰在脱贫攻坚队伍的最前头,继续前行。

水利扶贫

师殿东的老本行是水利水电专业。

可是真巧了，西交口乡党委、乡政府在责成师殿东主管全乡脱贫攻坚战役工作的同时，还明确他分工负责全乡的水利扶贫工程。

这可是自己的老本行呀，师殿东如鱼得水。

脱贫攻坚战役的一项很重要的工作就是改善基础设施，涉及水、路、光伏、易地搬迁、卫生室五大类工程。师殿东在协调各分管领导实施路、光伏、易地搬迁、卫生室建设工程的同时，还要具体负责水利扶贫工程的实施。

他统筹协调勘测设计、监理、施工、县水利扶贫工程指挥部、乡水利扶贫工程领导组、村委会、群众七方面关系，对招投标、前期勘测、工程施工、问题排除、工程验收、资金拨付等工作全程参与，亲力亲为，严格按照程序办事，严把工程施工质量。

一天上午，烈日暴晒下，师殿东正在一个行政村的提水工程工地检查设备的安装情况。这时，他突然接到电话，说是另一个提水工地发现设备规格与设计文件不符的情况，请他赶紧过来处理。师殿东立即赶了过去，要求供货方更换符合实际标准的设备。可是供货方却说，路途这么远，沟这么深，天气这么热，来回换设备太费时、费力、费钱了，能不能凑合着使用。师殿东毫不退让，说："老百姓的吃水工程是百年大计！"

供货方自知理亏，随后更换了合格设备。

还有一件事情给大家留下了深刻的印象。

支家庄蓄水工程施工过程中，混凝土搅拌站需要占用碾岭村的一处小打麦场，居民小组同意，可是有个村民不同意，要求支付占用费，可是预算里面没有这一笔费用，施工队多次与该村民协商无果，导致混凝土搅拌站不能按时建起来，工程陷入停工状态。

事情反映到师殿东那里，他带着工作人员赶到碾岭村跟那个村民座谈。一开始那个村民根本不愿意跟师殿东交谈，实际上是没把他放到眼里。

师殿东耐着性子跟他讲脱贫攻坚战役的重要性，讲以前没有蓄水设备、没有自来水，老百姓连做饭喝水都保障不了的困难；讲乡村建设都是公益性的，没有多余的钱来支付占用费，最后说得那个村民心服口服，不再提土地占用费的事情，工程得以顺利进行。

在师殿东的不懈努力下，2017年，全乡新建旱井23口、安装净水器40个、实施提水工程3处，圆满完成了水利扶贫工程。

西交口的38处水利扶贫工程在全县10个乡镇里，第一家完成工程招投标，第一家全面竣工并投入使用，至此全乡彻底告别了吃水难的历史，家家户户吃上了安全水、放心水，实现饮水安全全覆盖。

脱贫攻坚战役全把式

担负脱贫攻坚战役主管责任以后，师殿东牢牢把自己拴在这辆高速前行的战车上，凡是与脱贫攻坚战役有关的事情，他都全力以赴，不讲条件，义无反顾。

在乡党委、乡政府就如何有效扎实开展脱贫攻坚工作出谋划策的同时，着重筹备迎接省、市、县各级检查90多次，组织召开了脱贫攻坚动员会、座谈会、安排部署会、推进会、集体约谈会、专题讨论会等60多次，撰写汇报、总结、报告、简介、访谈稿、典型事迹材料等50余篇，合理调配车辆，为全乡脱贫攻坚战役的扎实推进提供了后勤保障。机关后勤工作最费时费力，此项工作牵扯了他很大的精力，他只有牺牲节假日，白加黑地干。他深知，只有这样，才能适应脱贫攻坚战役的需要。

自分管扶贫工作以来，他几乎没有在家过过一个节假日，加班已经成为常态。做了肘关节手术住院期间，他一边输液，一边通过电话协调安排乡里的扶贫工作，因为这时正是水利工程进入招投标程序、各类数据汇总上报的节点，时间不等人、程序不等人，治疗7天后，在伤口未拆线的情况下，他带伤奔赴扶贫一线。

正当脱贫攻坚战役进入白热化的时候，阳塔村民与当地煤矿的矛盾也发展到了白热化的程度，发生了堵挡煤矿的群体性事件，村两委班子中有

6 名干部触犯了法律。在此紧要关头，乡里成立工作组，师殿东作为组长带队进驻该村。针对群众的诉求，工作组与矿方进行了多轮谈判，最终矿方赔付阳塔村 15 户村民危房改造款 90 万元，每年无偿提供冬季取暖用煤 550 吨，每年支持村委会基础设施建设费 14.5 万元，村民的根本利益得到了保障，双方的关系得到了缓和。

在统筹安排全乡脱贫攻坚战役的同时，师殿东包联的敖顶村也实现了脱贫摘帽。

到 2017 年底，硬化村组道路 2 条 3 公里、5 个自然村街巷面积 1.1 万平方米。

标准卫生室建成了，村民看病不再发愁了。

自来水通到了家户，永远告别了到深沟里挑水、拉水吃的历史。

作为全村特色产业的花椒也发展起来了，共栽植花椒 210 亩。2018 年挂果，2019 年就有可观的收成。

同时健全了村两委班子，各项组织活动按时开展起来了，党支部的战斗堡垒作用和党员的先锋模范作用也发挥出来了。

面对脱贫攻坚战役的战果，师殿东没有沾沾自喜，而是继续战斗下去，带领群众奔小康。

第九章

守土尽责的人们（下）

年深日久，乡镇干部把回县城自己的家，说成"进城"，而把到乡镇上班称作"回来了"。

满脸的沧桑，书写着在乡镇一线工作的历程；满头的白发，记载着为百姓服务的平凡业绩；满身的灰土，显示着农村工作无须多说的艰辛；满腹的心思，牵挂着父老乡亲一日三餐。他们在第一线守土有责、守土负责、守土尽责。

在脱贫攻坚战役中，他们既要干好自己分管的工作，还要负责协调各方面的关系，关注脱贫攻坚的进程。许多时候，某项工作进行不下去了，他们就得冲上去！顶上去！

他们认为"这就是咱的事情！"

奇人故事

奇人加建荣，尉庄乡仁义村党支部书记。

说他是奇人，主要是因为在他的身上发生了一连串一般人做不到的稀奇故事。

一个善于经营的人

加建荣是一个富有经济头脑，善于观察市场、分析市场、适应市场的人。

任职村干部之前，就在南阁村委会楼下开了一个水产门市部，专门经营当时还是很稀罕的水产品，十里八乡办红白喜事，都从他那里进货，很是红火了一阵子。

看到加建荣经营水产品挣了钱，村里人纷纷学着加建荣干开了，一下子涌现出好几家水产品门市部。加建荣敏感地意识到，得赶紧转变经营方向。于是他把水产品门市转给别人，自己转而学习电工技术，2010—2012年在燕家河煤业公司，先是当电工，后来又管理井下电工。

经过几年井下电工的管理，加建荣慢慢学会了建筑机械的使用。2013年买了一辆铲车，在刚刚开始开发的吉县人祖山风景区包工干活，照样干得红红火火。

开铲车挣下不少钱，但是看乡亲们的日子过得并不富裕，加建荣萌生了带领大家一起致富的想法,他把那辆铲车低价卖了 6.5 万元,2014 年参加村委会竞选,回村担任了仁义村的党支部书记,决心用自己的才智带领乡亲们大干一场。

有人不理解,问他,你在工地上干得好好的,咋回来了?

他说,钱这个东西,生不带来,死不带去,挣多少是个够呀?乡亲们过不上好日子,我挣得再多,有啥用?

上任后,加建荣首先整顿了村两委领导班子,组建起一个朝气蓬勃的领导团队,村两委班子平均年龄不到 40 岁,在党支部的带领下,团结一心,精心谋划,建立健全多项工作制度,坚持"民主管理,村务公开",做到"民主决策,民主监督","四议两公开",高标准、严要求地落实脱贫攻坚战役各项工作。通过每周召开一次脱贫攻坚工作例会,每月召开一次村民代表大会,凝聚村两委、帮扶单位及党员群众力量。针对贫困群众有坐等靠要思想、参与脱贫不积极的问题,修订村规民约,明确贫困户要做什么、不能做什么,让群众有动力、有目标地去发展经济。

看着这个自己亲手组建起来的工作团队,加建荣信心十足,决心带领大家为村里的建设出力流汗。

一个善于把握市场的人

担任党支部书记以后,摆在加建荣面前的仁义村是一副烂摊子。

仁义村位于乡宁县尉庄乡西北,辖仁义、牛皮岭、山西岭、冯下凹、白家山、南塔、大坡 7 个自然村,共有 224 户、687 人。村里交通不便,吃水困难,大多数村民居住在破旧的土窑洞里,缺乏资源,村民没有致富门路,守着几亩薄田坡地,靠种植玉米、小杂粮为生。2016 年底,全村还有建档立卡贫困户 183 户、607 人,是乡宁县挂上号的贫困村。

脱贫攻坚战役开始了,最重要的是发展扶贫产业,只有找准产业才能带领乡亲们脱贫致富。精明的加建荣没有着急确定项目,而是认真研究市场,看看干什么才能赚钱,才能叫乡亲们长远致富。

他不是盲目地海选,而是根据乡宁县,尤其是仁义村的实际情况,在市场上寻找适合本村发展的产业项目。

要干就干新鲜的,要干就干实用的。

加建荣曾经看到过一幅漫画:两个猎户是射箭好手,正巧天空飞过一行大雁,两人立即搭箭准备射雁。可是两个人同时想到一个问题:打下大雁,怎么吃呢?两人为到底是红烧,还是清炖,争吵起来。等吵完了,大雁已经飞走了。

加建荣明白漫画透露出来的含义,就是做事情一定要当机立断,决不能坐失良机。

加建荣决心在生态立村、产业富村理念的指引下,下定决心,带领全体村民发展脱贫产业。

此一去,不管遇到多大的艰难困苦都绝不回头!

此一去,准备迎风破浪,不达目的誓不罢休!

他的第一个目标是油用牡丹。

油用牡丹是一种新兴的木本油料作物,具备突出的"三高一低"特点:

高产出——5年生亩产可达300公斤,亩综合效益可达万元。

高含油率——籽含油率22%。

高品质——不饱和脂肪酸含量92%。

低成本——油用牡丹耐旱、耐贫瘠,适合荒山绿化造林和林下种植;一年种百年收,成本低。

加建荣认准了油用牡丹,带着村两委干部先学习了油用牡丹的栽植和管理技术,联系了苗木,回来就带着村民干了起来。

成立了山西岭绿佳源种植专业合作社,发展油用牡丹产业,栽植318.9亩,带动贫困户39户、163人。

加建荣看准的第二个项目是种植柴胡。

柴胡年需求量在300万公斤以上,具有药用价值高、开发前景好、行情稳定等特点。柴胡当年种植当年见效,亩产一般150—200公斤,两年高达300公斤,按市场价每公斤30元计算,亩产效益5000元左右。另外,柴胡种子也是一项不小的收入,每亩可收15公斤,两项叠加,亩产效益约在6000元。每亩柴胡成本大约1000元，净利润在5000元左右，是种植其他粮食作物的10倍以上。

加建荣采取"农民合作社+贫困户"的模式成立睿成种养专业合作社，集体发展柴胡434.66亩，带动贫困户115户、397人。

此外，还种植花椒146.4亩，这是乡宁县10多年的传统产业，有成熟的经验和销售渠道。

通过这种方式，将企业、合作社、贫困户结成效益共享，风险共担的命运共同体。合作社统一联系苗木和种子，进行土地平整和杂草清理等基础性工作，并聘请专业人员实地指导，后期统一管理、统一收购。这样做形成了优势互补，实现了资源共享，降低了市场风险，更重要的是减轻了群众的负担，解除了大家的后顾之忧。

加建荣是一个善始善终的人。他知道，种下了还需要后续的管理。所以，当油用牡丹、柴胡、花椒都成活以后，他请来技术人员从浇水、除草、杀虫、施肥等对村民进行指导，使大家很快掌握了这些技术。

仁义新村建起来以后，加建荣又召开村两委会议，决定利用建设新村时新开垦的105亩土地，种植桃树100亩、草莓5亩，作为村集体的产业，聘请贫困户来管理。如今，这些桃树和草莓都产生了可观的经济效益，同时也为部分老弱病残贫困户提供了务工机会。

2017年，加建荣协调各类资金70余万元投资建设的村级光伏发电站并网发电，每年村集体有5万元的收入，用于村里公益事业的建设和对20户老弱病残贫困户进行帮扶，每户年增收3000元。

由于措施得力，管理得当，上述三种产业均落到了实处，收到了效益。

村民们纷纷说，跟着建荣干，对了！

有的人感到奇怪，加建荣怎么啥都懂，啥都能干成呀？

有人回答说，要不咋叫奇人呢？

一个乐于为乡亲办实事的人

仁义村还有住房问题。

脱贫攻坚之前,全村住房遭受地质灾害的59户、住破烂土窑洞的100余户,还有部分村民人口较多,居住拥挤。可是由于经济困难,想改造修复又没钱。

早在加建荣担任党支部书记之时,他就坚定地说过这样的话:"我担任这个党支部书记的目标很明确,就是要帮助百姓转变思想,鼓起腰包,住上新房!"

如今,群众腰包基本鼓起来了,住上新房被提上了议事日程。加建荣还像以前一样,踌躇满志,信心十足。

加建荣认为,新建的住房一定要科学规划,通盘考虑,统一解决交通、水利、生产生活等问题。

他在乡党委、乡政府领导的正确指导下,对移民新村进行了统一规划。

确定了建设原则——整村搬迁,集中安置。

明确了建设位置——公路沿线,交通便利。

2016年,在公路沿线建设仁义新村和仁和新村的报告获得上级批准!

两个移民新村选址均经过专业技术人员的勘测,确认不存在地质灾害隐患,地势比较平坦,达到进行工程建设的客观条件。按照现代化新农村标准实施,配备了文化广场、健身器材、卫生室、电商服务点等公共服务设施,极大地方便了群众的生活。

仁义、仁和新村分别于2016年5月19日和2017年3月10日破土动工。

加建荣深知,施工质量不容小觑。他在尉庄乡党委、乡政府和扶贫工作队、第一书记的紧密配合下,建立了两个由村民代表组成的工程督查小组,每个督查小组10人,组长由村党支部书记和村主任担任,分赴仁义新村和仁和新村建设工地进行现场督查。

人们称赞加建荣这一招厉害,叫村民自己监督自家房子的建设工程质量,比谁都认真,比谁都管用!

在管理严格、督查有力的机制之下,一共新建住房141套、16714平方米,建设期间没有发生偷工减料、违章操作等问题,保质保量地按时完工。经县里住房工程管理部门验收,均达到合格以上标准。

加建荣在查看桃树苗生长情况

仁义新村于2017年底竣工，共集中安置贫困户79户、252人，同步搬迁5户、18人。

仁和新村于2018年5月竣工，解决了113户、380人的集中安置问题。

走进仁义新村，只见房屋错落有致，街巷整齐划一，环境优美，空气清新，生产、生活设施齐全，文化广场、休闲场所、硬化通道应有尽有。每个村民都带着自信开朗的笑脸，让人很难相信这里一年前还是个贫困村。

仁义新村的建设，在乡宁县创造了5个第一：

一是第一个最早动工享受全县地质灾害村易地搬迁政策且修建的新村。仁义村是全县地质灾害监测重点村，旧村房屋多处有裂缝倒塌，2016年经乡村研究，享受易地扶贫搬迁政策整村搬迁，从根本上解决了地质灾害的难题。

二是全县第一个配套设施齐全的新村。新村集水、电、路、网、集中供暖为一体，生活方便舒适。

三是第一个接待参观的新村。新村多次作为示范点接待各方人员参观，受到各级领导的肯定和赞扬。

四是第一个最能体现"搬得出、稳定住、有事做、能致富"发展要求的新村。同步规划了村级光伏发电站壮大集体经济，还建设了电商服务点，利用新村周边闲置土地种植桃树、草莓，打造观光旅游、休闲度假采摘园。老村发展油用牡丹、柴胡等产业，同时因仁义村离城区近，更方便群众外出务工，搬新居也能致富。

五是第一个开展文化活动的新村。仁义村2017年就搞过喜迎元旦活动，2018年6月28日又组织了庆祝七一文艺活动，敲锣打鼓，戏曲表演，唱歌跳舞，这在全县易地搬迁新村是首例，极大地丰富了群众的文化生活。

2017年底，仁义村实现了整体脱贫，先后被评为脱贫攻坚先进村、"一村一品"建设先进村、发展集体经济先进村、文明创建先进村、先进基础党组织等，加建荣个人也被评为优秀村干部。

仁义村民对加建荣赞赏有加，说他真是一个有魄力、有本事、有干劲的奇人。

加建荣却轻描淡写地说，啥奇人不奇人的，能对得起自己的良心，能兑现对大伙儿的承诺就行了……

吴福虎伏"四虎"

2015年12月，吴福虎就任关王庙乡富家凹村党支部书记。

了解他的人都知道，吴福虎是一个能人，曾经在乡宁县地方国营建材厂办公室工作，还当过多年的柏山水泥有限公司的副总经理，工作之余还参加了山西省委党校的函授学习，取得了本科文凭，是一个工作经验丰富、理论功底扎实的基层干部。

2015年，富家凹改选村两委领导班子时，党员一致选举吴福虎担任村党支部书记，盼望他能带领全村人脱贫致富。在就职大会上，他满怀激情地说："我是富家凹村里长大的，出去创业多年了，可心里一直为乡亲们的贫困情况着急，也曾帮过不少亲戚朋友，可不解寒气。大家选我当这个支部书记，不是让咱摆摆架子、走走过场，而是要让咱一定要为全村人真正办实事，让大家甩掉贫困帽子！"

吴福虎早有回村里工作的念头，现在正逢其时，他毫无惧色地干了起来。

富家凹行政村由上富家凹、下富家凹、坡头、市子川、梵王寺、岭西、单石碑等7个自然村组成，人口300户、965人，其中贫困户144户、496人，占全乡总人口的0.66%，耕地面积3600亩。长期以来，村里的工作存在领导班子乏力、发展意识薄弱、基础设施空白、经济产业单一等四只拦路虎，各项工作均排在全乡倒数第一。

吴福虎认为自己的任务就是带领全体村民铲除这四只拦路虎，铺平脱贫致富的道路。

接下来，吴福虎抱着攻城拔寨、冲锋陷阵的坚定决心，采取区别对待、逐个铲除的办法，带领村民共同努力把富家凹村发展道路上的拦路虎一一降伏。

铲除引领乏力的拦路虎

吴福虎回村里工作时，村两委领导班子不健全，村党支部书记由关王庙乡的一位干部兼任，没事就不到村里来。村委会办公场所也是破烂不堪，村两委有事就在会计家里开会研究。

至于村民大会，支部大会，党员组织生活会、学习会等都处于停顿状态。长期不发展新党员，全村仅有18名党员，而且年龄偏大。

吴福虎就从整顿党支部、村委会入手，健全村两委领导班子，充实工作人员，恢复党支部会议、党员大会、村委会议和党员干部学习制度，定期开展活动，建立了奖罚制度和岗位职责，责任到人。

2016年以来，吴福虎多方争取上级支持，筹措资金整修了村两委办公用房，添置了电脑、复印机、打印机等现代化办公设备，建起了村级党建文化室、卫生室、便民服务中心……还建立了值班制度，保证村委会办公室24小时有人值守，有领导干部带班，保证上情下达、下情上报，信息通畅，随时为村民服务。

村党支部积极开展活动，培养入党积极分子，吸收两名符合条件的青年人加入中国共产党，为党组织注入了新鲜血液。

经过这一番整顿，村两委的工作活了起来，办公有地方，活动有制度，干活有人手，工作有效率，村里有变化。

作为脱贫攻坚的第一责任人，吴福虎坚持带头学习，带头深入基层，给大家做出了好样子，带动群众实干、大干。他工作在前、吃苦在前，不管是抓项目、搞产业，还是日常工作，甚至是得罪人的事情都闯在前面。

吴福虎（左）查看村集体的花椒长势

遇到困难的时候，他有一句口头禅——"不用怕，我来解决。"为了践行这句话，他从来都不曾退缩，走在大家前面，干在大家中间。尤其是移民搬迁工作，有的人家光做思想工作就得几十次，踩亮了门槛，磨破了嘴皮。

有人问他，你放下高收入的工作，回村里来受累、受气，你为了什么呀？

他说，我就是想为乡亲们做一些实事、好事。

铲除坐等靠要的拦路虎

在脱贫攻坚战役中，为了动员贫困户和村党支部一条心，脱贫致富，吴福虎走村入户做动员，这么好的事情没想到竟也碰了好几次软钉子。

有的人说："你把钱给了我就行了，发展什么产业呢？我不会挣钱，还不会花钱呀？"

还有的人说："我啥也干不了，就会花钱，别的事情你们别找我。"

更有人说："除了慰问品，以后你别再进我家的门。"

对这种存在坐等靠要思想的贫困户，经历过风雨的吴福虎指着天空说："你那是幻想着天上掉馅饼呢。"

话是这样说，吴福虎心里还是挺着急的。他知道坐等靠要的思想要不得，这个阻力不排除，脱贫攻坚战役就很难顺利进行下去！

如何解决部分贫困户的糊涂认识？

如何把大家的思想认识统一到发展内生动力上来？

吴福虎知道，对长期生活在贫困中的农民不能用说教的办法让其改变思想，而要用灵活机动、寓教于乐的办法，潜移默化地影响他们。

于是，他把思想工作艺术化、政治工作群众化、教育工作实效化，激发群众活力，挖掘一线潜力。几年来，他和村两委组织开展了形式多样、生动活泼的文化娱乐引导活动。2015年9月18日，结合纪念抗日战争胜利70周年，邀请乡宁县乡韵艺术团编演了群众喜闻乐见的专场文艺演出。吴福虎注意发现靠勤劳摆脱贫困的典型，采用各种方法宣传他们的先进事迹，鼓励村民向他们学习。尤其是举办了富家凹第一届五一劳动节表彰大会和文艺演出活动，评选出了富家凹第一届劳动模范7人，进行了公开的表彰和奖励，借此大力倡导劳动光荣、劳动致富、劳动幸福的理念，破除了一些群众坐等靠要的落后思想和陈旧观念。在给模范的颁奖词中，突出体现了这些理念，在给模范文保平的颁奖词中说道："保平兄弟几十年都相信实干才能致富、苦干才能大富，带头种植核桃十几亩，用事实证明幸福是干出来的。"在给模范吴华慧的颁奖词中说："爱劳动更爱钻研，既会搞修建也会搞修理，用自己的经历说明了善干加会干，小康不是梦。"这些朴实的语言说明了靠勤劳致富、用科学发展的必要性，鼓励贫困户振奋精神，克服困难，创造自己的幸福生活。

所有这些活动，都激发了群众劳动致富、创造致富的潜力和活力，全村上下尊重劳动、推崇实干蔚然成风，大家不再坐等靠要。同时对各项扶贫政策贯彻落实，有效地保障了如期脱贫。2017年，全村144户、496人建档立卡贫困户中143户、492人成功脱贫，2018年底全部实现脱贫。与此同时，接力乡村振兴，巩固提升脱贫成效。

铲除硬件不硬的拦路虎

长期以来，由于种种原因，富家凹村的公益事业欠账很多，基础设施很难适应群众生产和生活的实际需要。道路不通、信息不灵、吃水困难、住房危险、环境卫生差,这些问题成为阻碍群众快速脱贫致富的拦路虎。

真像群众说的,无路不来财,无水难聚财,无网误了财等。吴福虎担任村党支部书记以后,把补齐基础设施短板作为一项扶贫工作来抓。

修路、自来水、移民新村等规划都出来了,但吴福虎细算了一下傻眼了,哪一项工程都需要钱,可是村集体账户上长期为零,连启动资金都没有。

这可真是一文钱难倒英雄汉!

面对困境,吴福虎没有灰心丧气,没有畏缩不前,而是拿出自己的20多万元,先垫支启动工程款,而后以村两委的名义向上级机关打报告请求支援。经多方筹措,终于解决了所需资金。

那些日子,吴福虎带着村两委干部,奔波在各个工地上,先后实施了多项基础设施工程款,从根本上改变了全村的面貌。

2015年,修建下富家凹30立方米的蓄水池、上富家凹20立方米蓄水池,接通自来水10户,并修建封闭式垃圾池2个。同时完成坡头、柿子川、梵王寺引水工程3处,解决50户村民的饮水困难,7个自然村的人畜吃水困难得到了彻底解决。

2017年,完成7个自然村道路硬化4.5公里和富家凹村街巷道路硬化面积1.6万平方米。

实施了单石碑村10户、925平方米的移民新村主体工程和后续配套工程。

还新建了村民洗浴中心1处,给村民洗浴、美发提供了方便。

完成了村容村貌美化工程,落实了环境卫生保洁制度,修建了规范的垃圾池,为村民创造一个优美整洁的生活和生产环境。

这些工程的成功实施,让全村人都吃上了放心水,住上了安全房,走上了畅通路,用上了互联网,为脱贫攻坚战役的最后胜利打下了坚实的根基。

铲除产业单一的拦路虎

基础设施建设好了,吃饭和住房问题解决了。

如何才能更上一层楼呢?

吴福虎的脑子从来就没有清净过。

他知道,没有主导产业,群众持续发展的能力不足,就会出现返贫现象。

可是,富家凹缺少可供持续发展的自然资源,如何才能发展富有本村特色的产业呢?

吴福虎决定走出去、请进来,开阔思想认识,学习先进经验,作为促进自身发展的唯一办法。

2015年,组织村两委班子成员去西柏坡和大寨村学习考察。

2016年清明节,带领村两委班子成员去陕西考察花椒栽培技术,回村后对全体村民进行了一次花椒栽植管理技术培训。

派出村两委骨干多次参加省市县委组织的深圳、河南等外出专题考察学习。

2018年10月,吴福虎代表乡宁县参加了山西省委组织部在深圳举办的老区村干部培训班,收获极大。

他还先后邀请临汾市委党校的崔正龙教授以及县职能部门专家来村考察并讲解产业规划,传授专业技术,传播市场理念,确保了产业实施接地气。

还制作了花椒和连翘栽培、养鱼、种菜等技术宣传栏,购买了科技书籍,供大家学习参考,提高科学种植养殖水平。

这样的学习和培训,极大地拓展了村民发展农村产业的思路,掌握了种植养殖管理技术,增强了大家脱贫致富的信心和决心,收到明显成效。

2016年,在3个自然村推广种植花椒50亩。

2017年,协助乡宁农商银行驻村扶贫工作队,规划实施种植花椒450亩、连翘150亩;落实产业资金7万元,在坡头、芦沟村发展100亩农业科技试验示范基地。

2018年,在下富家凹村引进金沟村的水源,修建了900平方米的鱼塘和1个蔬菜大棚……

一向落后贫瘠的富家凹村终于迈出了产业兴旺的坚定步伐,培育了富民兴村的特色产业,出现了五谷丰登、六畜兴旺的喜人局面。

这还不算完，一个个新的发展规划在吴福虎的脑海里形成。

他已经成了一个"贪得无厌"不知满足的村党支部书记。

他要带领村民把富家凹的经济蛋糕做大。

他把目光投向了富家凹古老的民居和古文化遗存。

他要在富家凹建设一系列兴农富民的新项目和实验基地。

他要依托富家凹的传统文化遗存发展旅游产业，他请来专家学者给村里下一轮的开发建设把脉和规划。

在极短的时间内，就建成了集垂钓、蔬菜采摘、休闲、旅游观光等为一体的乡村振兴实验基地。基地建设分两期，第一期垂钓园、蔬菜采摘园、古树观赏处、现代壁画、观景坪、松涛巅、农家避暑居等已建设完工并开始接待游客。第二期主要开发小瀑布、古村落等。

按照吴福虎的规划，未来3—5年内，富家凹村将逐步融入云丘山、华灵庙、峰岭等县域乡村旅游圈，进而外连周边县、市、区，加入晋南、晋陕大旅游框架，让乡村成为安居乐业的美丽家园，让旅游成为有奔头的产业，实现乡村持续发展，全面振兴。

看到富家凹村的巨大变化，想到故乡未来的发展前景，富有文人情结的吴福虎满怀激情地赋诗一首——

> 一条条道路通达四方，
> 一户户院落笑语欢唱。
> 养鱼池里鱼儿荡出细浪，
> 古老院落游客笑声明朗。
> 蔬菜大棚硕果满枝欢畅，
> 村北山上连翘黄花飘香。
> 贫困户奔跑在致富路上，
> 富家凹村已经起步远航。

脱贫攻坚战役的大管家

在关王庙乡一提起脱贫攻坚战役,人们必然提到副乡长常宏荣。

说他是本乡脱贫攻坚战役的大管家,小到小数点后面的数字,大到贫困户脱贫致富产业的发展,简到老百姓的家长里短,繁到脱贫攻坚的评估验收,他都能插上手,也都离不开他。

还有人说他是书记、乡长的参谋长,别人不管的事情他都管,而且管得还很好;有了问题不找别人就找他,只要他一出面,问题迎刃而解……

一

常宏荣1980年生,中共党员,2004年毕业于中北大学经济管理专业。后参加工作,先后任尉庄乡政府办公室科员等职,2016年担任关王庙乡副乡长,分管机关、档案、农经、农科、农机、畜牧、新农村建设、统计、发改、扶贫工作。

自分管扶贫工作以来,他以高度的责任感和强烈的事业心,始终保持思想上与时俱进,作风上求真务实,工作上开拓创新,出色地完成了各项工作任务,为关王庙乡脱贫攻坚做出了积极贡献。

关王庙乡共有建档立卡贫困户2193户、7983人,有6个省定贫困村,是全县贫困面最大的乡镇之一,也是全县脱贫攻坚任务最繁重的乡镇。

脱贫攻坚战役开始以后,县委共向关王庙乡派出15支驻村扶贫工作队和7位驻村第一书记。

他们的工作如何开展?

如何做好上下联络协调一致?

这些工作均由常宏荣负责组织协调。

熟悉各村情况的常宏荣上下协调,帮助他们按时开展工作。

在那一段日子里,常宏荣是最忙的,常常是这个村的问题刚刚解决,那个村的问题又来了;这个人刚走,那个人又来了;上午刚忙完,下午又有事……

2017年8月的一天晚上,忙活了一整天的常宏荣刚刚脱衣躺下,手机就响了。原来是一个村的工作队住的窑洞出了问题。常宏荣赶忙穿衣起身,驱车跑了20多里山路赶过去。

等他把问题处理完了回到驻地,天已经快亮了,常宏荣只和衣眯瞪了一会儿,就又起床忙开别的事情了。

在常宏荣的协调和帮助下,15支工作队和7名第一书记很快就熟悉了情况,介入工作。

扶贫工作是一项系统工程,需要上级部门、乡村干部、帮扶单位协调配合,才能打赢这场战役。常宏荣在工作中注重加强协调联络,积极主动与上级部门联络,及时了解新政策、新做法,并结合工作实际,谋划本乡镇的扶贫工作。在工作中遇到任务不明确或把握不准的方面,请示上级部门,切实做到责任明晰,抓好贯彻落实。

常宏荣的笔记本里记着每一支工作队负责人和第一书记的姓名、电话号码,无论哪个村需要,他都能及时赶过去。当大家感谢他的时候,他总是说,咱就是干这个工作的,快别说感谢不感谢的话了,我就是给大家做后勤保障的。

在最初的那些日子里,常宏荣的精神处于高度紧张状态,生怕哪一个环节考虑不周而发生问题,影响全乡的脱贫攻坚战役的顺利进展。

他的手机24小时开机,生怕来了电话没接上,误了事……

二

全乡扶贫档案资料的收集整理，是一项重要的基础性工作。

如果一个数字错了，将直接影响全乡、全县乃至全市和全省的脱贫攻坚战役。因为这些数字直接与国家扶贫办网站上面的数字发生关系，很多时候需要工作人员直接上网核对。这是乡政府分管领导的规定动作，也是他无法推卸的责任。

常宏荣把很大的精力放在了脱贫档案资料的收集整理工作上，他不仅严格要求工作人员，还要亲自检查每一个数字，一旦发现问题，及时予以纠正。

2016年，上级要求对扶贫工作进行"再回头看"，发现问题要自查自纠。常宏荣带领工作人员深入各村逐户逐人核实，严格按照上级的要求，做到数据精准、档案规范。一项最为重要的工作是精准识别贫困户和非贫困户，通过信息比对，坚决将不符合政策的人员剔出贫困户，将真正的贫困人员纳入进来。

这是一件原则性很强，也是得罪人的事情，因为它不仅仅是一个数字的修改，而是关系到一家一户的切身利益。这就需要工作人员勇于承担责任，坚持一把尺子量到底，不讲情面。

曾经有个村民因为不符合贫困户条件，被剔出建档立卡贫困户，这人放出话来说，要跟常宏荣理论一番。

常宏荣毫不畏惧，当天晚上就到他家里做解释工作。

那人问他："常乡长，你来我家就不怕我跟你过不去吗？"

常宏荣说："不怕，我干的是公事，一切都有政策条文管的，不是谁想咋就能咋的。政策又不是我定的，再说政策是针对全国所有贫困户的，又不是针对你一家。你说，我有啥害怕的理由呢？"

那人明白过来了，说："常乡长，你说得对。"

经过认真"再回头看"，关王庙乡各村贫困户的信息，做到了线上线下一致。再就是组织帮扶责任人入户进行测算，做到测算与实际相符、《扶贫手册》与贫困户享受的政策相符,贫困户识别、退出程序严格规范。

如此这般一路做下来,关王庙乡的脱贫攻坚战役档案资料真实地反映了实际情况,顺利通过了省市组织的第三方验收,一举脱贫摘帽。

谁也记不清,他们到底度过了多少昼夜连轴转的日子,到底吃了多少桶方便面,喝了多少瓶矿泉水,反复核算了多少数字……

当这一切工作完成,听到省政府下发的批准乡宁县退出贫困县的消息以后,战斗在脱贫攻坚战役最前线的常宏荣才长长地出了一口气,他和工作人员流下了滚滚热泪……

三

除了协调面上的工作,完成脱贫档案的收集整理以外,常宏荣还指导、协调完成全乡6个贫困村、2193户的脱贫摘帽任务。贫困村退出13项指标如何落实、贫困户脱贫5项指标如何解决,对初次分管扶贫工作他来说,都是极大的挑战。

这就需要他勤于学习,自觉锤炼,迅速提升工作能力,很快适应实际工作的要求。

作为一名基层扶贫干部,《习近平扶贫论述摘编》成为他汲取知识的源泉,不断提高做好扶贫工作的能力。

在个人学习的同时,他还组织机关干部、村两委干部、驻村扶贫工作队、第一书记开展形式多样的学习教育活动。学习政策是为了更好地宣传政策,在他的引领下,大家将扶贫政策让每一个贫困户都知晓,并且为贫困户把脉,精准施策,切实增强了工作的积极性。

2017年5月,关王庙乡党委提出了"十个一"帮扶提升满意度活动,即通过一次慰问、一次培训、一次谈心、捐一次物、办一件事、送一套书、照一张相、吃一顿饭、住一次宿、干一次活等,帮助贫困户解决一些实际困难,拉近与贫困户的距离,让他们感受到了党和政府的关怀。在此基础上各工作队也根据本单位特点,各显神通,提升贫困户对扶贫工作的满意度。

在这些活动中,常宏荣主动协调各方面的关系,科学组织,合理安排时间，使活动开展得生动活泼，富有实效。

县残联驻燕涧村扶贫工作队以助残日活动为契机，积极开展助残活动。常宏荣迅速将全乡残疾人的数量以及每个人的具体情况提供给工作队，为全乡120余户贫困残疾人发放轮椅、助听器、拐杖等器具210套。

县农商银行驻富家凹村和岭西村扶贫工作队开展"牵手贷"金融扶贫项目，也是常宏荣走村入户做解释动员工作，消除了贫困户的疑惑，最终带动52户、180余人参加"牵手贷"，每年为贫困户每人增收1000元。

常宏荣还协助完成了临汾市人大扶贫工作队的送医下乡、送春联活动，市政法委的义诊、义演的活动，临汾市园林局免费发放树苗以及农商银行与纵横集团联合举办的赠书活动。

每一次活动，他都亲自到场，全面筹划，精心组织，从场地选择、时间确定、活动议程、参加人员，到每一个环节都考虑得细致周全，使活动开展得顺利圆满，收到明显效果。

常宏荣除了完成全乡面上的脱贫攻坚任务以外，还包联富家凹、燕涧、后庄三村的脱贫任务，还具体帮扶富家凹村的5户贫困户。

他进村入户，和贫困户谈心交流，做贫困群众的贴心人，了解他们生产和生活中存在的难题，力所能及地为他们解决一些实际困难。

富家凹村民耿银文，是他所帮扶的一个贫困户。妻子智障，生活不能自理，耿银文只能一边照顾妻子，一边种5亩薄田，生活十分贫困。针对耿银文的实际情况，常宏荣协调为其妻子办理了健康扶贫"双签约"，帮助他种植连翘2亩，并把他家纳入移民搬迁范围，为其建了新房、联系了装修工队、解决了清洁能源供暖等问题，使耿银文有了固定的经济收入，妻子医疗有了保证，一举脱贫，走上富裕幸福之路。

后庄村民郑俊平是一位两参复员军人，身体残疾，生活困难。常宏荣多次入户找他交心谈话，了解到他家的具体困难，最后依据政策帮助他解决了住房问题，介绍他担任护林员工作，有了一份固定的收入。还帮助他种植花椒2亩，教给他种植管理常识，彻底解决了这位复员军人的生活困难，达到了脱贫摘帽条件。

富家凹村的贫困户聂斌杰，本人没文化，身体残疾，没有劳动能力，常宏荣就为其落实了有关扶贫政策，还为其妻申报参加了护理员业务培训，吸收她在村卫生室务工，增加了收入。

　　关王庙乡的贫困村和贫困户实现了脱贫摘帽。

　　常宏荣脱贫攻坚的激情还没有消退，为乡民服务的意识还在加强，不忘初心继续前进的步伐仍在加快……

忠诚·担当·坚守

一

杨水龙，1978年生，乡宁县光华镇人，中共党员，1997年在台头镇参加工作，历任台头镇团委书记、办公室主任、副镇长，分管机关、信访、交通和扶贫工作。

2018年，杨水龙已经在乡镇工作了21年了。学校毕业到台头镇参加工作的时候，他还是青春萌动的20岁的毛头小子，如今已是不惑之人了。

本来有好几次能够调回县城工作的机会，但最后杨水龙还是选择留在乡镇，拿他的话来说就是：在这里工作时间长了，离不开了。

他的家本来在乡宁县城，爱人薛红梅是一名小学教师，为了生活能有个照应，就把爱人也调到台头镇中心校当教师，女儿也跟着来到乡镇生活、读书。

他们的小儿子就出生在台头镇，小家伙很自豪他是土生土长的台头人。

脱贫攻坚战役打响以后，杨水龙主管全镇的脱贫攻坚工作。

台头镇辖10个行政村、1个居委会、58个自然村，2967户、9325人，耕地面积18482亩。2014年以来，共有东庄、桃花山2个贫困村；全镇共有建档立卡贫困户494户、1650人。台头镇是乡宁县最主要的工矿区，居民除了在村里侍弄庄稼以外,更多的时候是在企业务工,大部分村民的经济收入还说得过去,贫困面不是太大。可是东庄和桃花山这两个村地处工矿区边缘,远离镇中心,就业门路少,赚钱机会更少,村民比较贫困。

全镇脱贫攻坚战役打响后,已经不算年轻的杨水龙踌躇满志,跃跃欲试。

他要紧紧抓住这一人生中的重要节点,完成任务,干出成绩。

脱贫攻坚战役的精髓是精准,首先是脱贫对象的精准。

台头镇基础工作比较薄弱,贫困户底子不清,数据混乱——杨水龙理顺思路,从基础工作抓起,对各项数据进行复查审核,理清历年贫困户建档、"回头看"、"再回头看"户数和人口⋯⋯

杨水龙确定了查清收入来源、致贫原因与村两委、贫困户双认定机制,建立了致贫原因清、收入来源清、扶贫对策清、帮扶责任清和脱贫目标清的"五清"标准,研究制定了"五看五问五核对十讲解"(看住房,看饮水安全,看档案,看信息牌、明白卡,看基本生活条件和基础设施建设;问家庭人口,问致贫原因,问家庭收入,问建档立卡时间及脱贫时间,问"两不愁、三保障";核对家庭人口数,核对致贫原因,核对手册、明白卡内容,核对享受政策情况,核对收支测算和基本信息;讲产业扶贫政策,讲"八不进",讲"双签约"、三保险三救助和"136"医疗政策,讲脱贫人均收入,讲享受政策情况,讲小额贷款政策,讲易地搬迁政策,讲驻村扶贫工作队和第一书记工作情况,讲十九大精神,讲回答问题技巧)入户走访工作法,切实提高群众满意度和政策知晓率,做到精准识别。

在反复核实底数的工作中,杨水龙带着工作人员不分昼夜,牺牲节假日,加班加点,常常为了一个数字或一个名字实地走访。有一次,村里报的材料里面把一家两兄弟的名字搞混了,而这兄弟俩恰恰一个是贫困户,一个是非贫困户。杨水龙怕电话核实有误,就带着工作人员冒着大雨下到村里,见到了两兄弟,弄清楚姓名才算完。

工作人员心疼他,让他不必跟着熬夜。

他总是说,不累,我是领导更应该以身作则,坚守岗位,否则就是失职。

二

台头镇适合发展什么样的产业呢？

杨水龙一次次地问自己。

为了找到答案，杨水龙深入全镇走访，终于找到了适合台头镇发展扶贫产业的路子。

具体地说，就是发展三大产业，落实三大措施。

三大产业是——

一是稳步发展传统产业。作为资源大镇，台头镇的优势是煤，重点也是煤。他们积极搭建平台，多方创造条件，营造和谐氛围，支持镇域范围内的煤炭企业和洗煤企业发展，努力实现原煤就地、就近转化，提升品牌影响力和市场竞争力，以此带动服务业、运输业、加工业的发展，构建增收新渠道。

二是加快发展文旅产业。台头镇文化底蕴较为深厚，文峰塔孕育的孝、学文化，断山岭、王蟒寨、高家沟石桥形成的抗战文化，高家河高驰石和祖根石塑造的生育文化，李子坪狐氏方国土柱子流传的晋国文化，都是文化强镇的宝贵资源。他们采取得力措施，文化阵地建设、地域文化发掘、群众文化活动建设都迈出了新的步伐。依托镇域丰富的林业、文化以及文物古迹资源，强力发展旅游，结合台头镇实际，以研学旅行为新的切入点，加快旅游产业开发步伐。以峰岭3A景区开发建设为主轴，延伸神角红石洞、文峰塔、关公广场和高家河关帝庙、李子坪晋国文化等相关景点，深入实施"旅游+"和"互联网+文旅+"工程，构建具有台头民俗特色和各村实际的田园综合体。积极打造峰岭—桥上—神角生态之旅、峰岭—台头—李子坪煤乡之旅、台头—高家河—西圪塔田园之旅等研学旅行线路。同时围绕一村一景、一村一韵，加快完善相关基础设施，着力打造点线结合、覆盖全镇的研学旅行全域旅游新布局，构建农民增收新亮点。

三是大力扶持民营经济。全面优化民营经济发展的政务环境、政策环境、法治环境和社会环境，培育民营经济成长的沃土。结合台头镇工矿企业闲置场地多、309国道及青兰高速的便利条件和煤矸石堆积治理难的现状，各村积极走出去参加各类招商活动，引进一些加工企业和因地制宜的养殖项目。继续落实好引老乡、回故乡、建家乡活动，要向民营经济人士特别是原煤炭企业家推介有市场、有前景的好项目，引导他们在家乡二次创业，造福家乡，多措并举为优秀人才回乡投资兴业创造条件、搞好服务、搭好平台、树好形象，以此增加就业岗位，构建增收新内容。

三大措施是——

一是企业带村。道源农林开发有限公司就结合当地森林覆盖率高、野生药材种类多的优势发展林下经济。在现有乔木林中的空档处补种连翘、猪苓、柴胡、野生菌、羊肚菌等620余亩，并通过"公司＋农户"的模式，带动农户发展中药材，把中药材产业发展成为富民的主导产业，带动孔家、西圪塔、神角、峰岭等周边村组发展药材种植，构建可持续发展的规模生态产业。

二是能人带户。采取"能人＋合作社＋农户"的模式，成立松卜岭养殖专业合作社，为全镇93户农户代养育肥猪1914头；成立融盛种养殖专业合作社，为25户农户代养能繁母牛25头；成立花山核桃专业合作社、新胜核桃专业合作社为全镇170农户提供核桃培训、管理、营销服务，花山核桃已打入省、市主要超市。

三是抱团发展。由镇妇联、李子坪村委会以及道源农林开发有限公司联合开展妇女民间手工艺制作，制作的锦绣香囊、布老虎、枕头虎、太平绣球等产品销量可观；志强工艺制作的山核桃产品也是供不以求，制作者孙志强荣获临汾市第三届工艺美术大师称号，多元化产业发展有力地拓宽了当地群众的增收渠道。

经过几年的努力，台头镇的脱贫攻坚战役取得了一个个骄人的战绩。2015年，完成了333户、1140人的脱贫任务；2016年，完成了东庄村和42户、143人的脱贫任务；2017年，完成了桃花山村脱贫和99户、297人的脱贫任务；2018年，完成了贫困村提升工程和所有贫困户的脱贫任务。

人们说，杨水龙在台头镇脱贫攻坚战役中功不可没，是一个大功臣。

杨水龙把头摇得像拨浪鼓:"主要是镇党委、镇政府领导得好,关把得好,路带得好。"

杨水龙在工作日记里写道:"良知催我奋进,初心唤我坚守。面对贫困户生活的困境、眼中的期盼,面对现实的无奈和对扶贫干部无限的期望,自己做得太少了,没有什么资格言苦言累。只要心中装着群众,想着贫困对象,再苦再累我都很释然。"

三

在做好全镇脱贫攻坚工作的同时,杨水龙还包联桥上村。那里贫困户少、基础好,脱贫任务相对不太重。

可是,杨水龙觉得,作为分管脱贫工作的镇领导干部,首先要挑重担,做大家的表率。于是他主动向镇党委请缨,到贫困人口占全镇1/3的贫困村东庄去包联。

镇领导同意了他的请求。

在走访调研中杨水龙发现,东庄村适合发展种植和养殖业。

东庄村适宜种植核桃、花椒、连翘,可是,前些年种植的核桃树,由于管理没有跟上,产量低,群众对种植核桃失去了信心。杨水龙协调村两委和县农委驻村扶贫工作队采取政策激励、技能培训、主体带动等措施,鼓励村民发展核桃产业,逐步步入正轨。借农委驻村帮扶优势与农委技术专家签订培训协议,对全村种植户不定期进行培训,第一批102户贫困户参加核桃技能培训,先后共培训16批次,有效地解决了管护短板,增强了农户的种植信心。在原有核桃的基础上,新发展核桃200亩。同时新发展花椒350亩、连翘47亩、玫瑰14亩,使种植业在东庄村蓬勃发展起来。

农村产业也离不开养殖业,可是长期以来本地人对养殖业还有程度不同的偏见,认为养牛、羊、猪等容易发生传染病,不好管理,弄不好就血本无归。杨水龙就用外地发展成功养殖业的例子和本村石山森林区牧草旺盛适合发展养殖业的优势说服大家,并指出只要科学养殖,重视防疫,就不会发生大面积的传染病,还请来养殖专家给村民们讲课,传授养殖专业知识，逐步提高了大家对搞好养殖业的认识。

在打通思想的基础上，杨水龙和村两委、驻村扶贫工作队联系能人大户成立了新胜种养殖专业合作社、幸福源养殖合作社，动员325户农户加入合作社，其中包括139户贫困户。通过提供农用物资、技能培训、统购统销等服务，有效地推动了全村养殖业的发展。

除合作社大规模养殖以外，杨水龙还动员村民分散养殖，使全村养牛、养羊、养猪产业迅速发展起来，促进村民增产增收。

就这样，种植和养殖产业在东庄村发展起来了，收到了良好效益。贫困户坐等靠要等思想一扫而光，纷纷行动起来，通过科学和辛勤劳动脱贫致富，全村呈现出兴旺发达的喜人景象。

在工作上，杨水龙是一个不知足的人。他没有满足于已取得的成绩，而是继续寻找可供发展的空间。他牢记扶贫路上不能落下一个的要求，大力发展东庄村的经济。

杨水龙和村两委还把目光对准那些老弱病残缺乏劳动能力的贫困户，一是组织有养殖意愿的贫困户参与代养项目，由松卜岭养殖专业合作社主体带动13户、49人，户均增收640元。二是强化技能培训，组织23名贫困户参加家政技能培训，加大政策性就业促进增收力度，贫困户中1人被聘为护林员，户均增收8842元；6人被聘为保洁员，户均增收3000元。三是鼓励农户外出务工，2017年全村在外务工贫困户98户、127人，户均增收1.6万元。

在抓基础强根稳基保提升统一行动中，杨水龙配合村两委集中实施治理环境提升工程，全力建设绿色家园，投资30余万元建设水利工程，做到了村村自来水入户；投资8.5万元建成村级卫生室；投资2万余元建成文化广场；投资260余万元进行了村级道路和街巷硬化；投资750万元建设了幸桃四好公路；投资22万元对3户住房困难的贫困户进行易地搬迁。

在奋力振兴乡村，深入开展金融、就业、教育、健康扶贫行动中，东庄村的小额贷款、植树护林、"雨露计划"、"双签约"等得到全面落实，创造了全村文明和谐的社会氛围。

一项项工程、一个个产业在台头镇大地上雨后春笋般地建成和发展起来了，群众的生活明显改善了，这一切都凝聚着杨水龙的智慧、心血和汗水，台头镇的贫困群众通过产业扶贫、医疗扶贫、教育扶贫、兜底扶贫等方式，实现了由贫而富的华丽转身。

在脱贫攻坚战役的风口浪尖上

打造过硬的团队

商璟，1978年生，乡宁县昌宁镇人，中共党员，1998年9月参加工作，先后任乡宁县财政局科员、光华镇武装部部长、昌宁镇副镇长。

脱贫攻坚战役开始后，昌宁镇党委、镇政府分工商璟主管全镇的脱贫工作。

这一下，打破了商璟原来四平八稳的工作和生活。作为分管扶贫工作的副镇长是把县委、县政府和镇党委、镇政府决策部署落到实处的第一责任人。上面千条线，都要从商璟这一个针眼里穿过。脱贫攻坚办公室的成立、工作人员的调配、宣传发动、关系协调、档案资料的收集整理、11个扶贫工作队和4个第一书记的食宿安排等方面的工作，都要他一一来做。

商璟以一名共产党员的责任感和使命感，把精准扶贫、精准脱贫作为一项重大政治任务来对待。他任劳任怨，矢志扶贫，采取得力措施解决脱贫攻坚战役中出现的问题。

针对一些乡村干部，对怎样具体帮扶贫困户、对扶贫政策无从下手和认识模糊等问题，商璟首先全面掌握扶贫政策，然后开会培训，提高大家对脱贫攻坚战役重要性的认识，带着大家下乡调研掌握第一手材料，与第一书记、驻村扶贫工作队、村干部以及具体帮扶责任人交流沟通,集思广益,把重点内容梳理清楚,编辑成册,供大家在扶贫过程中参考运用,解决了如何扶贫的问题。

针对厌战和急于求成的情绪,商璟通过做思想工作,提高大家对脱贫攻坚重要性的认识,不断调整大家的精神状态,同时尽最大能力解决大家在工作和生活中遇到的难题,解决了思想认识问题。

针对扶贫档案资料整理工作繁杂无序,且标准高、要求严、时间紧的特点,采取分类指导、理顺关系、逐步解决的办法,提高了工作质量,解决了如何干的问题。

曾经有个别要求调离脱贫攻坚战役工作岗位的干部,在商璟的耐心帮助和教育下,慢慢转变了思想认识,增强了对脱贫攻坚战役深远历史意义和重大现实意义的认识,提高了工作的自觉性和主动性,安心干好自己的工作,圆满完成了各项任务。

经过艰苦努力,昌宁镇脱贫攻坚队伍慢慢锻炼成为一支能够独当一面的过硬团队。

当昌宁镇的脱贫攻坚工作顺利通过省市评估验收,被批准脱贫摘帽的时候,商璟感慨地说,我们的胜利,不是哪个人的功劳,是我们大家集体努力的结果。

创造一流的业绩

面对繁重的脱贫攻坚任务,商璟首先带领工作人员进行普及政策宣传。他们先后对全镇贫困户进行走访500余次,与贫困户座谈3000多人次,在让贫困群众全面了解、掌握政策的同时,深入做好贫困户的思想工作,得到贫困户的认可和支持,有效地提高了政策知晓度。

对于个别因为个人要求没有满足而对脱贫攻坚工作有误解的村民,商璟带着工作人员亲自上门做解释宣传工作。

艰苦细致的工作、诚恳周到的服务,使昌宁镇脱贫攻坚战役的各项基础工作扎实可靠。

在开展数据核查工作阶段,通过认真逐户逐项核查,圆满完成了贫困人口信息核准、修改、补录和动态调整工作,全镇识别贫困户747户、2275人。

2017年,组织各方力量对4个贫困村和19个村级档案以及所有建档立卡贫困户档案细细梳理整理,确保档案资料的准确。2018年,又对所有村级档案严格按照标准、规范进行了整理归档,确保资料齐全。

商璟(中)在指导村干部管理果树

在落实住房安全工作中,有的村民本来不具备易地移民搬迁的条件,还想享受易地搬迁的优惠政策。商璟就深入这些人家,解读相关政策,建议他们通过危房改造解决住房问题,既不违背国家政策,又解决了实际困难。

还有一部分贫困户提出分散建房解决扶贫搬迁问题,商璟上门逐户确定建房地点和根据政策确定建房方案,最后全镇分散易地扶贫搬迁41户、139人。

无论是危房改造还是移民搬迁,商璟严格按照项目申报、实施、验收和资金拨付等各项流程,圆满完成了各项工程。

在落实各项扶贫政策的基础上,商璟认为迅速发展产业,保障贫困户发展的后劲和持久性,是脱贫攻坚战役的一项带有根本性的工作。

商璟为此倾注了更多的心血。

作为县委、县政府机关所在地，昌宁镇和别的乡镇有着太多的不同情况。由于靠近县城，这里的村民在产业发展方面是各敲各的锣、各吹各的号，很难统一步调。根据这种情况，商璟在镇党委、镇政府领导的支持下，决定充分尊重村民个人的意愿，采取一户一项、一户一业的模式发展产业。

上宽井村民余建成愿意养牛，商璟就大力支持，帮助他申请资金购买了2头母牛，还帮助他联系配种，短短几个月工夫就生下了2头小牛，到2018年6月的时候，已经发展到10多头牛了。

田家垣村贫困户杨润祥手臂残疾，外出务工困难，家庭负担重。商璟通过多次走访，依照其实际情况，协调村委会安排其为公路养护员，又鼓励他养了十几头猪，多渠道增收脱贫致富。

张马村贫困户高百平腿受伤致残，家庭负担重，本人想积极发展养猪业，但苦于资金不足，很难扩大规模。商璟就为他联系了银行申请贷款，帮助其扩大养殖规模，最多时达30余头。还联系防疫员指导他学习传染病防治知识，有效地解决了猪生病的问题。同时为他办理了低保，解决了日常生活所需。

商璟积极协调驻村扶贫工作队和第一书记、各村两委，采取灵活多样的模式发展扶贫产业。到2017年底，16个行政村、77户村民，都有了自己的产业。其中种植苹果1户、3人、3亩，种植核桃1户、4人、12亩，种植花椒7户、13人、28.5亩，种植油用牡丹3户、3人、6亩，种植柴胡1户、4人、6亩，种植连翘1户、2人、6亩，养牛9户、29人、12头，养羊6户、20人、38只，养猪26户、89人、498头，养鸡2户、8人、300只，林果业提质增效20户、75人、119.5亩。

商璟还支持、动员贫困户大力发展自有产业。建档立卡贫困户已种植苹果227户，葡萄22户，核桃67户，花椒107户，桃16户，蔬菜139户、175.6亩（其中大葱113.6亩、胡萝卜41.6亩、白萝卜20.4亩），养牛15户，养猪35户，养羊7户。

积极申报产业扶贫项目补助188.935万元，已全部拨付到位。

除此以外，针对那些缺乏劳动能力的身体残疾、年迈体弱、没儿没女的贫困户，在县委、县政府和乡委、乡政府领导的支持下，商璟还推行了委托代养扶贫。前期协调快乐波尔山羊饲养有限责任公司、泽翔庄园生态农业有限公司和麦田盛晖种养合作社三家企业实施委托代养项目。其中快乐波尔山羊饲养有限责任公司申请财政补贴96万元，委托代养能繁母绵羊960只，涉及7个行政村，153户贫困户、501人。泽翔庄园生态农业有限公司申请县财政补贴31.7万元，委托代养能繁母绵羊317只，涉及1个行政村，51户贫困户、166人。麦田盛晖种养合作社带动51户、164人，申请财政补贴22.78万元，委托代养能繁母绵羊151只、猪256头。这一扶贫措施的成功实施，使那些低保户和兜底户排除了后顾之忧，在增加部分收入的同时，又能通过培训积累自身的养殖本领。

为了发展乡镇经济，昌宁镇还发展了自主产业项目。依托泽翔庄园生态农业有限公司申请县财政补贴12.1万元种植樱桃和玉露香梨，按照每户1亩的标准提供苗木和技术培训，带动12个行政村，235户贫困户、795人种植樱桃246.6亩、梨23亩。这些贫困户还参与镇属产业的管护工作，还能有一份固定的劳动报酬，又增加了一个经济收入渠道。

电商扶贫也发展起来了。新建1个乡级电子商务综合服务站和东廒、法王庙2个村级电子商务便民服务点，利用现代化的空中商道，为农资下行和农产品上行创造了条件，在更广阔的层面上，把本地的特产展示在世人面前，助推群众增收脱贫。

上述扶贫项目的成功实施，极大地推动了全镇脱贫攻坚战役以更快的速度和更高的质量向前发展。

扶贫产业发展起来了，商璟最初的担心烟消云散，最初的期待变成现实。
商璟和全镇干部群众创造了一流业绩。

关注民生不停歇

商璟是一个踏踏实实干事并具有丰富工作经验的人。

多年的工作经历，商璟养成了每干完一项工作就回头看的习惯，及时总结经验，发现不足，分析根源，为下一阶段的工作打好基础。

在大的产业发展起来以后，商璟觉得贫困户的生活细节也需要关心。

他们的出行运输、吃水安全、医疗看病、子女上学，他们的文化建设……

是啊，民生无小事，民生大于天。

于是，商璟扑下身子，认真地干了起来。

于是，一系列崭新的民生工程出现在昌宁镇农村。

12条、23.765公里村组道路，面积18.978万平方米的街巷硬化工程完成了。村连村，户连户，畅通无阻，从此村民出门运输不再难。

20处水利扶贫工程完成了，村民用上了清洁的自来水，饮用河水、雨水永远成为历史。

新建和改建7个标准化村级卫生室，全部配备乡村医生，实现了标准化卫生室全覆盖，村民看病不再愁。

全镇所有行政村文化活动场所覆盖率达到100%，完成了村级农家书屋配备任务，农村精神文明建设得到进一步提升。

完成了残疾人和高龄老人健康信息动态管理及补助发放工作，深入开展了"六个一"活动和"三个一批"行动，认真落实了"双签约"等健康扶贫政策。

对符合条件的贫困学生实施了"雨露计划"，对考上二本B类以上建档立卡贫困户大学生提供了每人5000元资助；为从幼儿到高中阶段的在校贫困学生进行了资助。

对外出务工的212名贫困劳动力进行补助，鼓励有劳动能力的建档立卡贫困户通过外出务工实现增收，并对所有有劳动能力的建档立卡贫困户实行免费技能培训全覆盖。

对应保尽保人员实现了"两线合一"兜底脱贫全覆盖，建档立卡贫困户医保参保率达100%，60岁以上人员养老保险发放率达100%。

建成麦田、田家垣和南阁3个100千瓦光伏发电站，全部并网发电，实现收益，带动贫困户49户、148人脱贫，并且增加了村集体经济收入，实现贫困村顺利脱贫。

全面推进"四位一体"小额信贷金融扶贫，中行"益农贷"办理276户，发放小额信贷1380万元；建行"建宁贷"办理53户，发放小额信贷265万元，超额完成了既定的小额信贷扶贫任务。

在这些工程实施的过程中，商璟不是以一个指挥者、领导者的身份，而是以一个服务者、管理者的身份出现在大家面前。

因为工作认真，严把质量，商璟为此得罪了不少人，但他不以为然。他认为，只要是对脱贫攻坚有利，得罪再多的人他也不怕。

这恐怕就是商璟之所以为商璟的原因吧。

2016年，昌宁镇退出贫困村2个（寺上和法王庙），贫困户152户、450人；2017年，退出贫困村2个（麦田和田家垣），贫困户360户、1123人；2018年，退出贫困户60户、137人。至此，全镇建档立卡贫困户全部脱贫。

脱贫攻坚战场上的骁将

2017年底,管头镇顺利脱贫摘帽了。

人们一提起这事,首先想到的就是副镇长黄彦军,说他是管头镇脱贫攻坚战役中的一员骁将。

黄彦军2016年被任命为管头镇副镇长,是全镇最年轻的领导干部。他分管农业、水利、交通、信访,尤其是乡镇工作第一难——打击非法盗采,也是由他分管。英雄面前无难事,黄彦军一直砥砺前行,忠于职守。

无　情

2017年,脱贫攻坚战役开始了。乡宁县委、县政府定下了一年脱贫的摘帽目标!

为了打赢这一仗,镇党委、镇政府成立了双组长领导组和脱贫攻坚指挥部,书记、镇长分别担任总指挥和常务副总指挥,并决定由年富力强的黄彦军担当副总指挥兼办公室主任。

"你打赢了这一仗,就是乡镇工作的全把式,再没有什么事能难住你。"镇党委书记刘玉杰给黄彦军打气鼓劲。

黄彦军知难而上,下定决心啃下这块硬骨头。

黄彦军,2006年北京农学院法学专业本科毕业,2007—2009年任管头镇东团村主任助理，2009—2014年任管头镇政府办公室主任，2014—2016年任管头镇党委组织委员，2016—2019年任管头镇副镇长。

有7年多乡镇工作经历的黄彦军对农村工作并不陌生，对扶贫工作也略知一二。

黄彦军心知肚明，管头镇脱贫攻坚战役的担子重、时间紧。

管头镇辖17个行政村、106个自然村，共有5926户、17967人，耕地面积42525亩，贫困村2个，贫困户1002户、3420人，是一个典型的工矿区村镇。管头河流域是工矿区，以煤和煤炭加工为主，整体上为工业镇。这里的煤矿、洗煤厂、化工厂、焦化厂等工矿企业众多，务工机会多，群众收入普遍较高，贫困发生率相对较低。下善河流域则为传统农业区，工矿企业少，大多数人以外出务工和种地为生，再加上石山森林区的地形和土质结构，土地出产率低，群众收入低，贫困发生率高。2个贫困村都在下善河流域，全镇还涉及90个自然村的贫困户。全镇的脱贫攻坚战役任务虽然不是很重，但是住地分散，涉及面广，扶贫也有一定的难度。

更重要的是，以前镇政府脱贫攻坚工作的机构不健全、人员不充实，很难发挥作用。人员缺乏明显，尤其是年轻人缺乏。

还有一个比人员缺少更为严重的问题，就是理念问题，有的上了点年纪的人已经过惯了四平八稳的机关工作，突然遇上工作量大、要求又高的脱贫攻坚，存在应付的态度，许多具体工作没人干。

直接的危害和后果就是：上情下达不到位，下情上报不及时工作以及扶贫档案资料的收集整理，底子不清，欠账很多，亟待理顺，根本没法适应紧张而繁重的脱贫攻坚工作。

面对这一工作现状，黄彦军勇敢地奔赴脱贫攻坚战场，迎接各种挑战。在县委、县政府和镇党委、镇政府的坚强领导下，黄彦军迅速健全了脱贫攻坚指挥部办公室的工作制度，充实了工作人员，明确了岗位职责。

稳定了后方，黄彦军紧盯脱贫攻坚的中心工作，施展开了拳脚。

精准，是脱贫攻坚战役的精髓。

黄彦军紧紧抓住这一点不放。首先是贫困户的识别，虽然国家明文规定，哪类人属于贫困户，哪类人不属于贫困户，可是在实际识别过程中，偏偏有那么一些人削尖了脑袋往贫困户行列里钻。

为了解决这个问题，黄彦军首先吃透政策，然后宣传政策。他给自己规定了"三个一样"：对谁讲都是一样、什么时候讲都是一样、不管在哪里讲都是一样。为了做到"三个一样"，他用群众能听懂的话做宣传，凭这一点，就让群众服了他。更令人佩服的是他就事论事，对不符合政策的事和人坚决说不。尤其是在贫困户的精准识别上，不符合条件的一个也不能进来，符合条件的一个也不能落下。

他先后调整出128户有房或者有车的非贫困户，补进去4名因病致贫的真贫困户。

圪咀头村郭万民的老婆有慢性病，儿媳妇原本就有心脏病，女儿脑子不太清楚，后来儿子又突患肾病综合征，家庭看病开支巨大。村民刘金柱2016年突患胃癌，巨大的医疗费压得他喘不过气来。黄彦军知道情况后，亲自上门了解，坚决把他们识别为因病致贫的建档立卡贫困户。

结果最后确定的建档立卡贫困户大家没有一点意见，顺利通过了上级的核查认定。

黄彦军就是这样一位道是无情却有情的干部。

黄彦军认为，作为一名共产党员，作为一名乡镇干部，关键时刻要站得住，危难关头要挺得住。

在一年来的脱贫攻坚中，他向300多人次提出过批评意见，帮助解决大小问题100余个，向领导反映过自己解决不了的问题20多次。

有人说，黄彦军被扶贫逼疯了，四处树敌，可是他不认同。他的理由是：有问题不指出来，迟早是祸害。留下隐患，还不是苦了群众。因此他依然故我，该说还说，毫不忌讳。

有个养牛户，为了让不养牛的亲戚套取补贴，借牛照相，弄虚作假。他知道后不仅批评教育了这个养牛户，而且还把牛编号管理，在每头牛的耳朵上打上记号。

镇里决定让贫困户发展特色种植,由各村委会统一种植、统一提供技术服务、统一收购销售,产生的费用由村集体负担。这本是件好事,但是又有人发难了:集体收入为什么只让贫困户享受?我们也有份呀!

黄彦军说:"集体收入人人有份,只让贫困户享受看似不公,实际上等于你们也参加了扶贫。这次脱贫攻坚,就是要运用政府的力量拉贫困户一把。"一来二去,抵触情绪销声匿迹,特色种植顺利推广开了。

圪咀头村档案混乱,标准不一、变动频繁,导致各工作队工作不好开展。黄彦军直接从第三方评估方请来专家培训指导,很快使档案规范、完整,各项工作也依次开展起来。

痴 情

私家车成了公务车。

节假日变成了工作日。

这是人们对黄彦军工作状态的看法。

黄彦军分管扶贫工作后,整个人忙得像陀螺一样。镇机关里几乎见不到他,家里人也逮不着他的面。全年无休,每天都是他的工作日,更有知情人说得邪乎,黄彦军一年没有接送过孩子!

黄彦军把全部心思都放到了扶贫产业的发展上。

前些年,经济上高度依靠煤,几次实验性转型,比如发展畜牧业——规模养波尔山羊、种植核桃等几次全镇范围内的转型都未能取得明显效果,导致干部群众对发展产业信心不足。

再就是农业基础薄弱,干部群众对农业重视程度不够,普遍存在不愿发展农业的意识,同时发展农业的基础条件也相对较差,人们主要种植玉米,品种单一,更谈不上有现代农业。

黄彦军包联的圪咀头经济结构单一,无工矿企业,收入的主要来源为种植玉米,但玉米的产值很低,每亩产量只有500斤左右,利润300元左右;劳动力缺乏劳动技能,只能从事苦力工作;缺乏发展理念,得过且过；地质灾害隐患较大，基础设施较差。

不仅如此，村集体经济收入为零。

严峻的现实摆在黄彦军的面前，他不惧困难，深入农户做工作，宣传社会经济发展政策，鼓励大家放下思想包袱，因地制宜发展种植养殖业。

为了全镇的扶贫工作，他不是在村里忙，就在外头跑技术、跑资金。他跑遍了全镇15个涉及贫困户的行政村中的90个自然村，2600多亩中药材，12个专业合作社、6个养殖场、220个家庭农场、70多处街巷硬化、21处水利、36公里连村道路、5个村级卫生室全部落地，1002户建档立卡贫困户的家他都全部去过了，户主的姓名他大都能叫得出来。他吃过千家饭，上过百家炕，与群众促膝长谈，为群众排忧解难。

有个合作社，不愿意代养外村的猪，怕麻烦。黄彦军去做工作，解决了代养户的疑虑，使之顺利落实。他及时推广跨村代养经验，使这种代养模样迅速在全镇全面推广开来。

有个养猪场苦于防疫工作没人做，不想扩大规模。黄彦军就帮其找到一个防疫专业的大学生，解决了猪场的防疫问题。

在全力抓好全镇脱贫攻坚战役的同时，黄彦军还兼顾自己所包联的圪咀头村。

针对村里无法确定扶贫产业的问题，他下乡调研、外出考察、请教专家，确定了发展中药材的产业。针对部分群众产业发展立场不坚定，反复变化，种植以后又不进行管护等问题，黄彦军协调村两委采取集体种、个人得补贴、个人进行管理等措施，使中药材产业得以发展。

村民武认虎，原住房子一半快塌了，拿柱子顶着，随时都会发生危险。黄彦军先协调他家借住到安全的地方，而后帮助其申请移民搬迁，享受移民搬迁政策，叫他搬到了镇区，彻底解决了他的住房问题。

2017年底，管头镇通过省市组织的第三方评估验收，被批准脱贫摘帽。

黄彦军本着对歪风邪气的无情、对贫困群众的痴情，把全部身心都扑在了脱贫攻坚战役上,一直坚持战斗在脱贫攻坚战役的第一线,因劳累过度,患上了严重的糖尿病,短短几个月,就瘦了20多斤。

身边的人劝他喘口气,歇一歇,可是他说,既然接下了这副重担,就一定要干到习近平总书记向全世界宣布中国全部脱贫的时候再歇息。

守土尽责的斗士

"是非明于学习,境界升于内省。"

这一句富于哲理的话是西坡镇副镇长韩彦龙的口头禅。在实际工作中,结合当前工作实际,他把读书作为一种生活方式。无论工作多忙、时间多紧、身体多累,他都坚持每天读书至少一小时。

1991年,临汾教育学院物理专业毕业后,韩彦龙先后任西坡镇中学教导主任、副校长,西坡镇教办副主任,西坡镇政府办公室主任,2016年任西坡镇副镇长,是一个长期工作在农村第一线,富于"三农"工作经验的基层干部。

西坡镇位于吕梁山南麓,黄河东岸,群山环抱之中,东邻西交口乡,西接枣岭乡,南临河津市,北连昌宁镇,是乡宁县的西大门。总面积83.86平方公里,辖赵垛、西坡、臧岭、赵院、韩咀、罗毕、井湾、胡家岭、于家河9个行政村、60个自然村、1个街道办,共4189户、14712人。地貌形态为黄土残垣沟壑区,全镇耕地面积18493亩,退耕还林7797.9亩,核桃5874.7亩、花椒6516亩、双季米槐800亩、苹果500亩。赵垛养猪、韩咀和赵院养兔规模不断扩大。境内煤炭资源丰富,现有中煤华晋韩咀煤业、中煤华晋华宁焦煤、中煤华晋王家岭煤矿、乡宁焦煤毛则渠煤炭有限公司和东沟煤业有限公司5个国有煤矿,规划产能1380万吨。地域优势独特,

209国道纵贯全镇，要黄公路沿镇而过，交通十分便利。目前有各类工商业户300余家，2个大型农贸市场，3个大型洗煤焦化、建材企业，是乡宁西部工贸中心城镇。

2016年以来，全镇建档立卡贫困户540户、1830人，经过几年扶贫，大部分贫困户脱贫，走上小康之路，未脱贫的都是因病残弱等原因的深度贫困户。

针对普遍存在的贫困户增收难的问题，韩彦龙在镇党委、镇政府的领导下，狠抓特色产业脱贫，把产业作为贫困户脱贫的根本出路和巩固期的根本措施，确立了"远抓种植近抓牧"的工作思路和"有劳动能力的贫困户户户有产业"的工作目标，镇政府拿出80余万元作为奖补资金，坚持"把贫困户家底摸清、把潜力挖尽、把政策用尽"，因地制宜，

韩彦龙（中）带领镇村干部查看头年栽植的花椒树

因人而异，整合贫困户土地、人力资源抓产业。

首先，实施了3000亩花椒、200亩玫瑰、200亩核桃高接换优项目，连续4年为贫困户免费提供花椒苗20余万株，带动全镇贫困户发展种植业，实现了产业扶贫全覆盖。

其次，充分调动新型经营主体作用，实现主体带动全覆盖。依托赵垛养殖专业合作社，以委托代养模式建成育肥猪集中委托代养小区，为贫困户代养育肥猪，带动建档立卡贫困户52户脱贫致富。

韩咀、赵院采取"党支部+合作社+能人+建档立卡贫困户"的发展模式，成立养殖合作社，投资200余万元，建成2个、500组养兔场，合作社以代养的方式，带动建档立卡贫困户30余户。

依托乡宁县满怀润丰农业科技发展有限公司和乡宁县宗伯扶贫攻坚造林专业合作社，采用"公司＋合作社＋基地＋农户"的模式运营，带动建档立卡贫困户17户。

针对贫困户发展产业知识、技术缺乏的问题，通过4轮培训，使所有有劳动能力的贫困户都参加了培训，培训率100%。

针对部分贫困户住房没有保障的问题，着力落实易地搬迁政策。首先解决贫困户建房选址难题，镇村两级出资聘请测绘队免费为贫困户测绘，科学选择建房地址，确保避开地质灾害地区。2016年，异地扶贫搬迁4户、18人；2017年，异地扶贫搬迁56户、156人。

韩彦龙还十分重视解决贫困户的具体困难。

韩彦龙协调解决韩咀村许江元、任青荣等深度贫困户的占地问题，还有11户贫困户确实选不到建房地址，韩彦龙又和县脱贫攻坚行动总指挥部协商，纳入昌宁镇南阁新村集中安置，使问题得到解决。

由于长期高负荷地工作，2017年9月韩彦龙因身体过度疲劳，连日发高烧。为了不影响工作，他利用工作闲暇和晚上休息时间，就近到赵院卫生院连续打吊针6天。

在2017年脱贫攻坚战役决战的关键时刻，由于工作人员不够用，每天晚上韩彦龙就把大学毕业暂时在家待业的大儿子韩卓轩叫到办公室，让他帮助整理扶贫档案资料。

2017年底，经省市组织的第三方评估验收，西坡镇的脱贫攻坚战役取得全胜，达到脱贫摘帽标准。

作为主管全镇脱贫攻坚工作的副镇长，韩彦龙不敢松懈，仍旧以昂扬的热情和高度的责任感坚守在工作岗位上。

第十章

我们的队伍向太阳

诞生于艰苦卓绝的抗日战争烽火中的《中国人民解放军军歌》见证了人民军队成长壮大的战斗历程，鼓舞成千上万的人民子弟兵去冲锋陷阵，征战四方，赢得胜利。

在前无古人后无来者的脱贫攻坚战役中，也有一支向着太阳前进的队伍，那就是由各机关单位干部组成的驻村扶贫工作队。

在乡宁县，这支队伍共有96个、492名队员，进驻全县181个行政村。

在脱贫攻坚战役中，这支队伍战斗在脱贫攻坚的第一线。他们抛家别舍，为了实现农业强、农村美和农民富的崇高理想，克服重重困难，带领广大贫困户发展产业，脱贫致富。

他们着眼于农村的长远发展，不仅扶贫，而且扶智、扶志，为了乡村振兴，奉献着自己的才能和心血。

坚守脱贫攻坚前线的夫妻

一

2019年元旦,枣岭乡举办了一场迎新年文艺晚会。晚会上,县文物旅游服务中心驻枣岭乡吉庄村扶贫工作队队长高晋阳和队员白雪雁、赵振宇,激情奔放地朗诵了一首他们自己创作的诗歌——

2016年,在这里打响了一场没有硝烟的脱贫攻坚战。
向贫困宣战,这是强国富民的大政方略;
向贫困宣战,这是立党为公的神圣使命;
向贫困宣战,这是执政为民的铮铮誓言。
这一年,我们文物旅游服务中心的驻村扶贫工作队员,
接受党和政府的派遣,
带着神圣的责任,
带着党和人民的重托,
带着脱贫致富的信念,
走进贫困村,深入贫困户,
放下架子,扑下身子,撸起袖子,

担起了扶贫责任的担子。
宣传扶贫政策，分析致贫原因，共商扶贫大计。
帮助村委加强"三基建设"，
落实"三会一课"制度，讲党课，
开展技术培训、扫黑除恶、环境卫生整治，
帮助贫困户解决危房、就学、就医等实际困难，
引导他们发展自身资源条件的主导产业。
冰雹来了，我们和群众一起抗灾救灾；
花椒红了，我们和群众一起享受着丰收的喜悦；
苹果熟了，我们和群众一起品尝着带有艰辛的香甜。
扶贫扶业，形成了可持续增收的产业；
扶贫扶心，让群众增强了战胜贫困的决心；
扶贫扶志，树立了自强不息的文明新风。
2018年全面实现脱贫，
贫困户家庭收入呈直线上升，
干群关系更加密切，
精准扶贫深得民心，
群众从心底感恩。
如果把扶贫当作一场硬战，
无疑我们就是冲锋在前的战士；
如果把脱贫当作伟业，
那我们就是伟业的奠基者；
如果把脱贫当作使命，
那我们就是伟业的实践者。
那就是我们——
新时代骄傲的驻村扶贫工作队员。

等诗歌朗诵完，已过不惑之年的工作队队长高晋阳已经泪流满面，泣

不成声了。

她们和村民一道脱贫攻坚的情景仿佛就在眼前。

二

高晋阳是 2016 年 10 月带队进驻村里的。

和她同时奔赴脱贫攻坚战役第一线的还有她的丈夫、乡宁县工商联秘书长杜文勇，他的岗位在双鹤乡蝉玉河村。

由于双方父母都年事已高，无法帮他们料理家务，只得委托表姐来家帮他们照看刚刚 8 个月的小女儿。

作为妈妈，高晋阳还真有一点放不下还在吃奶的孩子，可是脱贫攻坚战役是全党全国的大事，她无法推辞，狠心给孩子断了奶，义无反顾地走上了脱贫攻坚的第一线。

工作队驻村以后，高晋阳就组织全队人员认真学习国家、省、市、县出台的相关政策和法律法规，重点学习了《农村工作手册》《农村医疗保险》《村委会组织法》，深刻领会精神，不断强化自己的政治意识、大局意识、责任意识和岗位意识，秉持强烈的为民情怀，全力开展帮扶工作。

在具体工作中，高晋阳她们深入 4 个自然村进行入户走访，了解他们的贫困现状和致贫原因,向他们宣传讲解有关扶贫政策,动员他们坚定决心，积极行动起来，借鉴学习外地经验，向贫困宣战，创造新的幸福生活。

有的人家不愿意谈自己家里的情况，对脱贫致富信心不足，其实是对工作队不信任，高晋阳就多次上门做说服动员工作。

精诚所至，金石为开，村民们被她的真诚打动了，向她敞开心扉……

在掌握第一手材料的基础上，驻村扶贫工作队对贫困户进行了精准识别。

高晋阳知道，对贫困户的精准识别，关系到脱贫攻坚战役的胜败，一户一人都不能错。细节决定成败，毫不含糊。她和队员们根据建档立卡贫困户的标准，最终识别 90 户、345 人为建档立卡贫困户。

由于识别精准，群众信服，一经张榜公布，村民大会就获得通过。

这么一来工作队在村民心目中的信任度就提升了，威信树起来了，在村里形成了这样一种氛围，家里有事都爱找工作队，有想法都想找高晋阳说说，请她帮他们拿主意。

三

建档立卡贫困户识别出来了，工作队的工作对象就明确了，工作重心也就确定了。

高晋阳想，下一步的工作就好干了，心里不由得一阵轻松。

可是接下来的工作却远远不像她想得那样简单。

吉庄村位于枣岭乡北部，总面积7.6平方公里，辖4个自然村，350户、1168人，耕地面积2148亩，人均耕地面积约1.84亩，有苹果600亩、花椒1400亩、核桃800亩。2014年，建档立卡贫困户90户、345人，脱贫5户、19人；2015年，脱贫80户、316人，返贫5户、19人，未脱贫困户10户、29人；2016年，脱贫5户、19人，未脱贫困户5户、10人，贫困发生率0.9%。

针对吉庄村的实际情况，高晋阳协助村两委和包联干部密切联系吉庄村的实际，制定了脱贫措施和实施方案，有序推进扶贫工作。

根据实施方案，进村伊始，高晋阳带着工作队员向广大村民讲解相关政策。通过调查走访，高晋阳和工作队员体会到了贫困的真实含义。贫困已成为吉庄村赶上新时代步伐的一大包袱，更像一块硬骨头一样摆在了她和工作队员的面前。她把贫困户当成自己的亲人、朋友，坦诚相待，在贫困户的炕头上、田地里，用拉家常的方式与贫困户面对面地交流，充分了解贫困户的所需，认真帮助贫困户分析致贫原因，寻找脱贫的办法。她的工作赢得了广大贫困户的认可，大家从内心接受了她，都愿意和她家长里短。

那些日子，在贫困户的院落，总能听到高晋阳宣讲政策的声音；在田间地头，总能看到高晋阳调查研究的身影；在村委会办公室彻夜不灭的灯光下，是高晋阳为贫困户操劳的拳拳之心。

高晋阳认为，脱贫攻坚是一项艰巨而伟大的事业，没有任何捷径可走，只能克服困难，一步一个脚印向前走。她用两三个月的时间，把吉庄村所有贫困户的家庭情况、经济状况及生活现状都了解得一清二楚。面对这些贫困户对症下药,因户施策,重点抓好贫困户的增收、产业覆盖和精神鼓励工作。

吉庄村低保贫困户刘晋伟,因脑膜炎后遗症行动不便,但人很勤快。母亲有心脏病,母子二人靠几亩薄田相依为命。经过多次交心畅谈,高晋阳了解到刘晋伟有养猪的意愿,随即与单位领导沟通,由单位出资为刘晋伟家抓了2头猪崽,随后帮助他们申请扶贫自主贷款,又购买了10头猪崽。

高晋阳(左一)与杨建泽一家如亲人一般

接下来,她又协调村委会,为刘晋伟家申报易地搬迁扶贫项目。房子修成后,她带领工作队到刘晋伟家庆贺,刘晋伟的母亲抓着她的手久久不放,感激地说:"你们工作队和村委会可是帮了我们家大忙了,这下房子有了,你可要帮我娃找个媳妇了。"在刘晋伟的母亲心中,高晋阳俨然已成为自家人。

事后,高晋阳还真的帮刘晋伟找了几个"茬口儿",遗憾的是都没说成。高晋阳对刘晋伟的母亲说,以后还要继续帮着找。

在帮扶过程中,高晋阳觉得,驻村就是要真抓实干,扶真贫,真扶贫,帮出成效,脱贫摘帽。因此,她一竿子插到底,当好贫困户脱贫致富的主心骨。她要求全体工作队员扛好脱贫攻坚的大旗,发扬艰苦朴素的工作作风,心里装着群众,始终关注贫困户。

冬季到了,刘晋伟家养的猪就要出栏了,可是没有销路,愁坏了一家人。高晋阳知道后,立即与单位领导沟通,联系企业,以高于市场的价格帮刘晋伟销售了 11 头猪，然后她又开上自己的汽车把猪下水拉到市场去推销。

腊月天，人们看见一向温文尔雅的高晋阳风风火火地出没在饭店、酒店。他们哪里知道，高晋阳是在为贫困户忙碌呢。

在群众的眼中，高晋阳是个一刻都停不下来的人，到处是她忙前忙后的身影。

像她在诗歌里说的那样——

花椒红了，她带领工作队员们帮助贫困户摘花椒。

苹果熟了，她和队员们帮助贫困户收苹果。

冰雹袭来了，她和队员们又出现在救灾第一线。

暴风雨来了，她和乡亲们一起在泥水里抢收。

……

不管什么时候，高晋阳总是和群众在一起，马不停蹄地为群众奔波着……

在驻村帮扶工作中，高晋阳和队员们同广大群众结下了鱼水般的感情。高晋阳相信，脱贫攻坚任重而道远，实干才能不辱使命。没有比人更高的山，没比脚更长的路。高晋阳带领工作队齐心协力，多措并举，形成脱贫攻坚强大而持久的推动力，决心让吉庄村的贫困户，在党的富民政策的沐浴下，日子一天比一天过得更美好。

经过艰苦努力，吉庄村发生了翻天覆地的变化，贫困户彻底脱贫，村民稳定增收的渠道基本形成。2016 年，吉庄村获得枣岭乡脱贫攻坚先进村和党风廉政建设先进村称号。

四

就在高晋阳在吉庄村苦干实干的时候，她的爱人杜文勇也在双鹤乡蝉玉河村紧张地工作。

杜文勇 1998 年山西农业大学本科毕业，先后在县委通讯组、农林局担任科员，2010 年起担任乡宁县工商联秘书长，几年来协助领导出色地完成了工商联系统及县委、县政府交办的各项工作，县工商联先后被山西省工商联评为先进基层组织、山西省五好县级工商联,被全国工商联评为全国五好县级工商联。工作期间,曾在国家、省、市、县级报刊发表文章50余篇,先后13次获临汾市农委、工商联,政协乡宁县委员会先进工作者等荣誉。

脱贫攻坚战役开打以后,杜文勇自告奋勇到第一线工作,后被派到蝉玉河村担任信息员。

杜文勇和妻子高晋阳一样,怀着高度的责任感,坚守岗位,不耻下问,虚心向年轻人请教,单是向县脱贫攻坚行动总指挥部负责信息工作的郑秀丽就打过不下100次电话。在完成本职工作的基础上,还与驻村扶贫工作队为贫困户办实事。

贫困户郑福寿老两口都是70多岁的老年人,45岁的儿子患重病,卧床不起,杜文勇主动登门慰问,送上钱物。还为其子联系办理了残疾证,从县残联争取来一辆轮椅,还帮他们联系到山东省的一位蜂疗专家,到家里给他儿子治疗,老两口感动得直掉眼泪。

贫困户王随保患心脏病多年,因家庭贫困,无力做手术。杜文勇就帮他联系临汾市医院,2017年7月利用北京大医院专家来临汾出诊的时机,给他做了手术。同时帮他落实了健康扶贫"双签约"协议,解决了巨额的手术费用。

2017年,乡宁县已经被山西省政府批准脱贫摘帽,可是杜文勇还坚守在蝉玉河村的信息员岗位上。

自2016年10月进村以来,他们夫妇二人在各自的脱贫攻坚战役岗位上忘我工作,很少有时间回家看望双方父母和即将参加高考的儿子,没有更多地关照一下小女儿,以至于现在小女儿见了高晋阳、杜文勇夫妇就像见了陌生人一般,躲得远远的,高晋阳和杜文勇只得默默地把眼泪往肚子里咽。让高晋阳和杜文勇欣慰的是,双方父母都理解他们的工作,孩子们也健康成长,他们可以把更多的精力放在脱贫攻坚后续的工作上。

真扶贫，扶真贫

一

双鹤乡张元村总面积 8 平方公里，有 606 户、1936 人。2014 年，建档立卡贫困户 251 户、955 人。2015 年 12 月，出列 94 户、379 人。2016 年 8 月出列 15 户、60 人；2016 年 12 月脱贫 48 户、174 人。2017 年 12 月，脱贫 84 户、299 人。2018 年，脱贫 10 户、31 人。山西乡宁焦煤集团台头煤焦有限责任公司驻村扶贫工作队进驻该村以来，在县乡及公司领导的大力支持下，深入学习贯彻习近平总书记扶贫开发重要战略思想和在深度贫困地区脱贫攻坚座谈会上的重要讲话精神，坚持把脱贫攻坚作为头号工程，下足真功夫，走村入户，心系贫困群众，情牵弱势群体，采取"2+1"产业扶贫模式，兴办村企，推进脱贫攻坚各项任务落实见效。

为切实加强对驻村帮扶工作的领导，确保公司承担的张元村驻村帮扶任务有序推进，取得成效，公司党总支部和班子成员高度重视，召开专项会议，周密筹划部署，制定帮扶举措，优化队伍建设。成立了以公司董事长、党总支书记牛国秀为组长，副书记李毅、副总经理王富强、工会主席杨庆生、纪检组长李政委为副组长，主要科室负责人杜晓飞、宁秀庆、许宇飞、刘青、刘博通为成员的驻村帮扶工作领导组。下设驻村扶贫工作队，杜晓飞任队长，并在张元村设立了驻村扶贫工作队办公室。明确了帮扶任务，细化了工作职责，使驻村帮扶的各项工作有效深入地开展。

二

在牛国秀的带领下，杜晓飞坚持用心抓好脱贫攻坚，带领驻村扶贫工作队，深入贯彻《乡宁县干部下乡驻村包户帮扶工作实施意见》精神，实施精准扶贫方略，找到贫根，对症下药。

一是开展"一进二访"活动。进村入户、访困问需、访贫问计，实地调研，用心交谈，详细了解帮扶对象的经济来源、主要诉求等，组织召开扶贫专题研讨会议，修订完善了帮扶措施和帮扶计划，并与贫困户签订了结对帮扶责任书，做到了一对一精准扶贫，扶真贫，真扶贫。

二是建档立卡到户到人。按照建档立卡工作要求，全面开展了贫困户的调查摸底，识别建档立卡贫困户251户、955人，完善扶贫对象动态识别机制。2017年1月20日，牛国秀带领扶贫工作队员，对张元村48户贫困户开展了送温暖活动，受到了当地干部群众的一致好评。

三是结对帮扶到村到户。按照全县"五个一批""六个精准"要求和脱贫攻坚总部署，严格落实帮扶工作制度，做到每个帮扶责任人清晰掌握贫困户的基本情况，因地制宜，因人而异，找准帮扶办法，制订了帮扶计划，做到不脱贫不收队。

四是政策宣传到户到人。多次召开扶贫政策宣传、脱贫产业项目商定会议和脱贫攻坚百日会战动员会，并为贫困户制定信息牌142个、贫困户家庭收支测算表284张、结对帮扶责任书284份，利用网络等媒体宣传上级的扶贫政策，让贫困户能够真正理解、配合扶贫工作，从而加快脱贫产业项目实施。

三

授人以鱼，不如授人以渔。开对了药方子，才能拔掉穷根子。扶贫不是一味地救济，而是要引导所有有劳动能力的人，依靠自己的双手开创美

驻张元村扶贫工作队员在整理扶贫档案

好的明天。面对双鹤乡张元村94户、342人的脱贫任务，杜晓飞和工作队立足当地资源，宜农则农，宜林则林，宜牧则牧。

第一是推行"2+1"产业扶贫模式。以"资金扶助＋产业贷款"的模式解决资金难题，以"贫困户委托代养＋吸纳贫困户劳动就业"的模式倍增养殖效益，以"村集体留成＋贫困户入股分红"的模式，带动整体脱贫，实现了村集体经济收入破零和贫困户脱贫目标。

第二是兴办民建养殖有限公司。张元村16户、44人参加村办企业带动产业，公司向该村投资61.4513万元，改造维修了养殖圈舍，购买了50头能繁母牛、育肥牛和相关设施设备，并且帮村委会注册了村办企业民间养殖有限公司，完善了申报注册公司相关资料，养殖公司建成投产后，带动16户贫困户户均增收3000元左右。

第三是光伏扶贫。与村委会共同协商，在下庄村规划长100米、宽30米的光伏发电场地，公司投资7万元平整了场地，光伏发电可带动19户、71人脱贫致富，目前已经并网运行。

第四是分类施策。通过扶持生产和就业发展一批，通过低保政策兜底一批，通过扶贫产业脱贫一批。其中委托代养母牛16户、44人，生态脱贫 1 户、2 人，参加云丘山旅游开发有限责任公司"股加贷"分红 47 户、144 人，发展玫瑰 31 户、136 人，发展花椒 2 户、9 人，发展核桃 9 户、36 人，财政兜底 12 户、26 人。形成了各项扶贫项目利益连接紧密的链接机制，真正让每一个贫困户都能分享到精准扶贫的红利。

艰辛的付出，收获了累累硕果。如今，张元村各种制度健全，发展思路明确，集体经济有了坚实的保障。走进村里，一条条宽敞干净的水泥路面、一排排整齐的民房和完善的各类公益设施，向人们展示了一派祥和、安康的新农村景象。

认认真真扶贫，踏踏实实攻坚，这种真帮实干的工作作风，受到了张元村当地干部群众的一致称赞，在贫困群众中传为美谈！

劲　旅

在全县脱贫攻坚战役扶贫工作队经验交流会议上，乡宁县统计局驻上下宽村扶贫工作队队长高树德做了一个精彩的发言，受到了与会者的交口称赞。

几年来，县统计局扶贫工作队认真贯彻中央和省市一系列有关扶贫政策，严格按照县委、县政府的安排部署，集中精力，积极组织，创新思路，科学谋划，把脱贫攻坚作为一项紧迫的政治任务来抓。通过两年多的艰苦努力和奋斗，取得了令人满意的成绩。到2017年底，贫困户全部脱贫摘帽，脱贫率100%。

放下架子，精准到心

县统计局扶贫工作队是2016年10月进驻上下宽井两个村的。

队长高树德是统计局副局长，队员许亚荣和郝百成是统计局干事，他们都是本单位的业务骨干。

上下宽井村位于鄂河中下游，北与吉县中垛乡毗邻，南与乡宁枣岭乡接壤，辖10个自然村、11个村民小组，943户、2913人，耕地面积5897亩。2014年，全村建档立卡贫困户99户、316人。农民收入以种植、养殖和农闲务工为主，苹果已成为全村脱贫致富的主导产业。辖区属黄土残垣和河川区，境内水资源丰富，农民商品意识较强，是乡宁县城瓜果蔬菜的重要供应基地之一，但部分村庄因地理位置和交通不便等原因，脱贫的步伐缓慢。

2016年10月，县统计局驻村扶贫工作队承担起了上下宽村的脱贫攻坚任务。

放下架子，就是要放低姿态融入民心。作为驻村帮扶干部，不能以那种居高临下、俯视群众的姿态去工作，不要认为自己是县直机关单位派来的，居高临下对村里的干部群众指手画脚，这样只会引起大家的反感，对你敬而远之。为此，他们始终以一种平等和善的姿态与干部群众交流，抱着我是人民公仆的心态去工作。他们坚持与贫困户共谋脱贫攻坚路，听取了他们对扶贫工作的意见和建议。同时他们还开展了假如我是贫困户的大讨论，弄清楚贫困户的需求。

高树德（左）带领村两委干部查看核桃树生长情况

通过入户入心的走访座谈，他们了解到大部分村民对脱贫致富心怀强烈的愿望。可是也有部分贫困户存在坐等靠要等思想，甚至有人认为国家的钱不拿白不拿，不想脱贫，以穷为荣，严重地制约了上下宽村脱贫工作的推进。

驻村扶贫工作队针对上述情况，做这部分贫困户的思想工作，让他们消除坐等靠要等不切实际的消极思想，靠自己的双手勤劳致富来寻找思想工作的切入点，有的放矢地对这些贫困户进行思想帮扶。

摸清底子，精准到人

摸清底子就是要嘴勤、腿勤、脑勤、眼勤。他们曾3次组织帮扶干部对全村的情况进行详细了解，并摸清了每个贫困户的家庭情况、收支情况及致贫原因。

他们把贫困户的详细情况全部实行指标量化登记，打印成手册发至每个帮扶责任人，让大家结对子、摸底子、寻根子。

最后他们归纳出贫困户致贫的原因：一是因病，二是因灾，三是缺技术、缺资金，四是交通条件差，五是思想问题。

原因找出来了，如何解决问题呢？

病因找到了，怎么对症下药呢？

高树德和队员们又陷入了沉思。

首先，6次组织帮扶干部到一些经验丰富的地方学习取经，同时深入学习领会中央和省市相关文件精神及习近平总书记在山西视察重要讲话精神。通过学习，使大家掌握了工作要领，吃透了文件精髓，集聚了能量，培养了一批精干高效的脱贫攻坚骨干。

之后，他们深入下去大力开展宣传工作，配合村组干部挨家挨户进行解释工作，让每一个贫困户明白自己可以享受国家的哪些扶贫政策，如享受额度、范围、时间等。

通过深入宣传教育，让有这样那样错误认识的贫困户丢掉了幻想，不仅扶贫，也扶志、扶智，通过村民小组会议、与贫困户谈心等形式，促使贫困户发生了思想转变，由"要我脱贫"转变成"我要脱贫"，有效地消除了贫困户中"靠着墙根晒太阳，等着别人送小康"的思想。另一方面选择脱贫带头人，用先进典型激励贫困户树立自强自立脱贫致富的信心。

高树德他们趁热打铁，协助村两委制定了四项脱贫致富的措施——

第一，发展种植业；第二，发展养殖业；第三，组织青壮年外出务工；第四，用活用足国家扶贫政策。

开对方子，精准施策

通过艰苦努力，全村种植花椒84亩、樱桃16亩、苹果496亩，还发展了养猪、养羊、养牛等养殖业，全村呈现出一派欣欣向荣的喜人景象。

窑圪垯村余建成全家5口人，长期处于贫困状态，但他人实在，肯吃苦，对养殖业感兴趣。驻村扶贫工作队就及时与县畜牧局联系，买回5头母牛，并帮助其修建了圈舍，经过精心饲养，目前已发展到7头，价值8万元。

他们还与村组干部找相关职能部门为90户贫困户办理了健康扶贫"双签约"，22户贫困户享受了最低社会保障，2户贫困户享受了五保政策，33户贫困户享受了4000元"益农贷"，15户贫困户享受了"股加贷"，90户贫困户享受了巷道硬化，69户贫困户享受了提质增效政策，1户贫困户得到了畜牧养殖补贴，90户贫困户免缴医疗保险，6户贫困户实现了易地搬迁，14人通过他们的帮助赴福建、安徽、西安等地务工，年收入均在2.5万元以上。

2017年夏，上下宽村遭受了百年不遇的冰雹袭击，90户贫困户全部受灾，损失严重。工作队及时与县民政局联系，请山西省民政厅专家专程来评估，下拨3万元救灾款解决了贫困户的后顾之忧。同时他们与县劳动部门及时联系，对这些贫困户进行了一个星期的果树栽培管理培训。

上下宽村的脱贫攻坚工作得到了县委、县政府的充分肯定和社会的广泛认同，但是高树德认为，工作中尚存在一些短板，他们应寻找差距，弥补不足，借鉴其他工作队的先进经验来推动下一步的工作，奋力实现上下宽村脱贫攻坚全线飘红。

自2016年10月进村，到2017年底，上下宽井村实现了脱贫摘帽，高树德一直坚守在工作岗位上，平时只能利用开会、办事的机会顺便回家看看。

家里老人、孩子病了，打个电话问一下，根本没有时间回家陪亲人到医院。

孩子由妻子一个人照顾，高树德从不过问孩子的学习和成绩，更不用说接孩子上下学了。

可是他们对贫困户家里的困难却牢记在心上，想方设法帮助解决。像下宽村的贫困户乔新中的女儿上大学时，家里拿不出昂贵的学杂费，高树德帮他家落实了"雨露计划"，使他女儿享受到5000元的上学补助。

长期繁重而不规律的农村工作，使他们的身体经受了严峻的考验，心脑血管和肠胃病经常发作，几乎到了天天需要吃药的地步。

但是他们依然无怨无悔地坚守在脱贫攻坚战役的第一线。

勇士面前无对手

一

乡宁县人社局驻尉庄乡蒿圪垛村扶贫工作队是2016年10月进村的。第一书记兼队长张建光，中共党员，尉庄乡人社所所长；工作队信息员穆同强，人才市场办事员；队员闫峰，县人社局干事，这是一支基层工作经验丰富的队伍。

进村以后他们就逐户进行了解，经过一段时间的工作，基本掌握了全村的情况。

蒿圪垛村位于乡宁县尉庄乡西南端，属石山森林区，辖于家坪、冷水坪、蒿圪垛、前蒿圪垛、寺儿上、燕山岭和徐家坪7个自然村，159户、512人，耕地面积2859亩、林地面积5580亩。2014年，建档立卡贫困户95户、372人，贫困发生率约73%。2016年底，贫困户95户、383人，占到全村人口的50%以上，脱贫任务艰巨。

经过深入走访座谈，工作队发现了蒿圪垛村存在的几个现实问题：

一是党建工作薄弱。党建工作不同程度地存在"说起来重要，做起来次要，忙起来不要"的现象，缺乏参与党建工作的责任和激情，党员干部参加培训少，缺乏对新形势、新任务下的党内工作认识。党内组织生活缺少创新意识和手段，存在流于形式的倾向。党员年龄结构老化，文化程度低，26 名党员中 60 周岁以上党员 8 名，达 30% 以上；初中以下学历 17 人，达 65% 以上。从年龄到文化程度都不能适应当前工作的实际要求。

二是村级集体经济薄弱。蒿圪垯村地处偏远，境内交通条件落后，信息闭塞，受地域条件、经济基础等因素的影响，村集体经济发展渠道狭窄，缺乏增加集体经济收入的有效手段，使村两委在抵御自然灾害，帮助低保户、兜底户方面很难有所作为，导致村民对村两委的信任度降低。

三是自身造血功能差。群众自我发展能力较弱，村里主导产业单一，只能种一点玉米、小杂粮。没有龙头企业带动，产业发展缓慢，持续增收能力不强，大多数年轻人外出从事重体力劳动，村中多为老人、儿童，受教育程度普遍低，以初中及小学文化为主，思想观念落后，生产经营能力较低，缺乏致富能力和发展门路，商品意识淡薄，绝大部分村民生活贫困，对短期内脱贫致富信心不足。

存在的问题，张建光并不回避，他认为，工作队下到村里就是帮助村民解决问题来了。如果一切都好，还要他们干什么！

二

工作队协助蒿圪垯村两委紧密结合本村实际，制定了全村脱贫攻坚的发展规划和目标。概括起来，有五大规划、十大工程：

五大规划——

其一，以发展核桃和连翘产业为主；其二，以发展猪、牛、鸡养殖为辅；其三，以发展玉米、小杂粮为根本；其四，实施易地扶贫搬迁；其五，补齐公益事业短板。

工作队和村两委干部一致认为，上述五大规划的实施，首先要解决全村人的思想认识问题。劳动者是商品生产诸要素中最为活跃、起决定性作用的因素。人的思想认识不提高，再好的发展规划也落实不好。

因此，在落实发展规划之前，他们先采取两条得力措施解决村民的思想认识问题。他们紧紧围绕抓党建、促脱贫的总体工作思路，狠抓基层组

驻蒿圪垛村扶贫工作队员在核对扶贫资料

织建设，发挥党员的模范带头作用，认真学习习近平新时代中国特色社会主义思想和十九大会议精神，认真落实"三会一课"制度，组织党员干部赴先进地区学习培训，借鉴先进经验，发挥模范带动作用，增强村党支部的战斗力和凝聚力，为乡村振兴战略提供强有力的组织保障。同时落实好全面小康建设、打击非法盗采、扫黑除恶、禁种铲毒、护林防火、环境卫生大整治等基础工作，为脱贫攻坚战役的顺利实施创造良好的内外部环境。

十大工程——

第一大工程是公益事业和基础设施建设。全村完成村组道路9.4公里、街巷硬化面积8220平方米，实现了村户街巷硬化全覆盖，客车已开通，方便了群众的出行；新建9处安全饮水工程，使全村都吃上了自来水，达到了人畜饮水安全目标；实现全村动力电全覆盖；改建村级卫生室，解决了群众就医难的问题；硬化了文化休闲广场并配置了各类健身器材及音响器材，进一步改善了村容村貌和生活环境，群众幸福指数不断提升。

第二大工程是产业发展。按照乡宁县人民政府产业扶贫政策，结合蒿圪垛村实际，广泛征求群众意见，因地制宜，采取"党支部＋合作社＋贫困户"的模式，成立了乡宁县万博宇种养专业合作社和尉庄乡仓溢农民核桃种植合作社，确立主导产业为连翘和核桃。2017年，发展连翘719亩，核桃95亩，涉及农户94户、397人（其中贫困户84户、356人）；发展养猪户4户、养鸡户1户、养牛户1户。全村群众共享受乡宁县人民政府产业扶贫补贴38.574万元。

第三大工程是易地移民搬迁。2017年，易地扶贫搬迁51户、207人，其中集中搬迁至县城新阁村49户、197人，分散搬迁2户、10人，住房安全率达到100%。

第四大工程是职业技能培训及转移劳动力。为了让群众搬得出、稳得住，在帮扶单位县人社局的帮助下，搬迁户中有劳动能力的69人参加了焊工、电工、厨师、月嫂等职业技能培训，248人参加了由乡宁县农委组织的新型产业类技能培训，并依托乡宁县劳务派遣公司，为贫困户搭建劳务输出平台，共有111人外出务工，其中93人享受转移劳动力就业补贴，人年均增收1200元。

第五大工程是互联网及电视全覆盖。接通了电信移动网络，村民可以通过电脑和手机上网。卫星电视全村已接通，丰富了群众的业余生活。

第六大工程是教育扶贫，78名在校生全部享受教育住宿补贴。

第七大工程是政策兜底工程。全村有37户、55人享受社会兜底政策，达到了应保尽保。

第八大工程是金融扶贫。88户、333人享受云丘山旅游开发有限责任公司"股加贷"，每人每年分红391元；45户、191人享受戎子酒庄有限公司"牵手贷"，每人每年分红1000元；6户、26人享受琪尔康翅果生物制品有限公司"建宁贷"，每人每年分红800元。

第九大工程是养老、医疗保险工程。全村贫困户新型农村合作医疗和农村养老保险全部由政府代缴，享受扶贫资金9.525万元，全村参保率达到100%。"三保险、三救助""双签约"全覆盖，从根本上杜绝了贫困户因病致贫、返贫情况的发生。

第十大工程是村集体经济发展工程。新建100千瓦光伏发电站1个，村集体经济年收入可增加6万余元。村委会账目做到财务公开，规范使用。

上述十大工程的顺利实施，达到了基础设施、公共服务、"两不愁、三保障"、贫困村退出的 13 项标准,发展产业方面有了重大突破,从根本上改变了蒿圪垯村的面貌。

三

在搞好蒿圪垯村脱贫攻坚各项工作的同时,张建光带领队员们怀着极大的热情为贫困户办实事,让党和政府的阳光温暖每一个角落。

他们帮助前蒿圪垯村贫困户冯余占办理了残疾证,帮助他的次子冯杨杰办理了医疗保险大额疾病诊疗手册,并为其全家申请了低保。

帮助前蒿圪垯村贫困户王俊学为其父亲申请大病临终关怀金 5000 元。

帮助前蒿圪垯村贫困户王俊峰的两个儿子和贫困户王高峰的儿子、王军的女儿办理了教育住宿补贴。

帮助前蒿圪垯村贫困户王建军的女儿、贫困户乔王发的儿子和贫困户杨宝荣的儿子享受了"雨露计划"。

帮助前蒿圪垯村贫困户曹永记和王俊峰售卖黑猪肉。

帮助徐家坪村贫困户冯清发办理了医疗保险大额疾病诊疗手册。

帮助前蒿圪垯村贫困户冯根发的孙女办理了小学入学手续。

帮助燕山岭村贫困户冯张红报销其爱人的住院费用。

帮助冷水坪村贫困户冯登峰报销其爱人的手术费用。

这些事情,无论大小,张建光他们都想方设法帮助贫困户办好,让广大群众切身感受到社会主义制度的优越性。

在帮扶的这些事情中,效果最明显、影响最大的莫过于帮助贫困户冯余占。

冯余占家有 4 口人,是蒿圪垯村最贫困的一家人。其 83 岁的老父亲冯吉元左手残疾,次子冯杨杰患有先天性心脏病,需要每天服药,全家就冯余占和长子冯会杰有一定的劳动能力,而冯余占还患有轻微脑梗,左手使不上劲,只能算是个半劳力,全家人对脱贫致富缺乏信心。

张建光他们觉得这户人家确实太困难了,对这一家人充满了同情,决定帮扶他们,真正摆脱贫困。

  他们依据有关政策,与村两委研究把他家确定为社会兜底户。鼓励冯会杰参加焊工技能培训,并通过乡宁县劳务派遣公司介绍其外出务工。同时考虑冯杨杰不能从事重体力劳动,鼓励其参加了电工培训,并为其办理了医疗保险大额疾病诊疗手册,并通过村委会让其享受了光伏发电收益补贴。为冯吉元办理了三级残疾证,鼓励他在种玉米的同时,发展连翘5亩,农闲时外出打零工,增加收入。还帮助冯余占全家搬迁至新阁村。通过一系列的帮扶,使这一家深度贫困户的生活达到了"两不愁、三保障"的要求,精神面貌焕然一新,大大增强了全家人致富奔小康的积极性。

  张建光和队员们并没有在成绩面前陶醉,而是信心百倍地继续前行。目前新的发展蓝图已经绘出,未来蒿圪垛村将进一步壮大集体经济,建设美丽乡村。按照乡村振兴战略20字的总要求,在稳定巩固光伏发电收入的基础上,利用荒山荒坡和拆旧复垦土地等有利条件,2019年,村集体建成一个800亩以上的连翘产业基地,为壮大集体经济打下了良好的基础。同时利用适宜风力发电的有利条件,积极引进上海某风力发电公司建设风力发电站,增加集体经济收入,并利用优美环境发展乡村旅游。

第十章　我们的队伍向太阳

打铁还需自身硬

2016年10月，乡宁县委办公室驻昌宁镇麦田村扶贫工作队正式进村了。

工作队队长由县委办公室副主任薛闫平担任，副队长由副主任科员武振宇担任，6名队员分别是督查室负责人张文盛，信息科科长文冠军，值班室负责人刘康，综合室负责人乔鹏龙，科员武泽华、文云龙。

看看这个工作队组成人员名单，简直可以说是把乡宁县委办公室都搬到了麦田村。

这么一支队伍，县委办公室主任闫江涛可是费了很多心思才决定下来的。他知道，脱贫攻坚战役是全党全国的一件头等大事，一定要在脱贫攻坚战役中占领高地，创造性地开展工作。

因此，在组建扶贫工作队的时候，闫江涛就要求精兵强将上，明确要求工作队员五天四夜驻村，确保沉到底、住下去、干起来。

薛闫平就是带着这样一支队伍下到麦田村的，抱定了不获全胜绝不收兵的决心。

在临进村前的动员大会上，闫江涛说，这次扶贫工作队的中心任务是顺利完成全县省级贫困县摘帽。要充分发挥驻村帮扶精准滴灌的管道作用，切实解决贫困群众最关心的生产生活困难，有效推动扶贫工作纵深开展。

薛闫平他们进村的当天下午，就开始入户走访。

驻麦田村扶贫工作队员和村两委干部查看村民养猪场

由于自然村分布面积较广,居民点距离相距较远,为了加快工作进度,他们累计出动车辆400余辆次,15名帮扶责任人走访入户1000余人次,架好帮扶责任人和贫困户沟通的桥梁。

麦田村距乡宁县城15公里,距209国道3.5公里,有上麦田、下麦田、蒿地岭、曹家河4个自然村,共有228户、728人,耕地面积2561亩、荒山荒坡4200亩、林地面积1000亩。这是一个单纯的农业村,以种植小麦、玉米、小杂粮为主。有1个规模不大的养殖合作社,村民其他经济收入主要靠外出打短工,集体经济收入为零。2015年,全村人均收入不足2700元,村民基本靠天吃饭。2016年底,全村有贫困户76户、241人,占全村总人口的33.1%,是典型的贫困村。

薛闫平组织工作队员和帮扶责任人入户了解贫困户的基本信息、致贫原因等情况,协助村两委健全完善档案资料。

在经过反复调研、多次论证,甚至外出考察学习后,他们提出了立足长远、分步实施的扶贫计划,完善了长抓花椒、连翘种植,短抓猪牛羊鸡养殖的发展规划和村级公益事业、基础设施的建设计划。

至此,麦田村有史以来最彻底的发展变化拉开了序幕!

他们抓了劳务输出促脱贫。工作队积极协调麦田村与附近企业泽翔庄园生态农业有限公司山庄签订劳务输出协议,带动63户、209人增收。

他们抓了产业发展促脱贫。根据县上制定的一系列产业扶持政策,积极入户宣传,重点培育主导产业种植业,积极发展生猪、土鸡养殖业,大力发展核桃60亩、花椒500亩、连翘60亩,同时通过发展光伏产业使20户贫困户脱贫。

他们抓了主体培育促脱贫。麦田村养殖能人杨张平养猪200头,其弟弟养羊500只,是村里的致富标兵。工作队协助他们成立盛晖种养殖合作社,带动村内所有建档立卡贫困户共同致富,早日脱贫。

他们还抓了村里的基础设施建设。

对曹家河、上麦田、蒿地岭3个自然村街巷硬化,面积达1.3万多平方米,维修了曹家河损坏的公路2公里。

协调相关职能单位投资8万元建成了60平方米卫生室,配备了专业医生,为麦田村民体检1000次。

安装了6个太阳能路灯。

成立了马上购电商服务站。

在这些工程实施的过程中,薛闫平配合村两委和驻村第一书记分头把关,各负其责,严把施工质量。

2017年底,经省市第三方评估验收,麦田村达到脱贫标准。

建档立卡贫困户高印明没有忘记,他全家3口人,家庭主要经济来源仅靠外出打零工和种地,因缺乏专业技能,外出务工没有长期稳定的收入,只能干一点体力活,妻子长期在家务农,儿子学校毕业后也没有固定的收入,生活贫困。

2016年,工作队驻村后,帮扶责任人武泽华经常与高印明促膝长谈,消除了高印明思想上的小顾虑,解开心上的死疙瘩。在工作队的帮助下,高印明准备甩开臂膀大干一场,彻底摆脱穷日子。考虑到没有什么专业技能,高印明决心利用自身特长，大力发展养猪业。同时享受泽翔庄园生态农业有限公司企业主体带动务工收入8000余元，并承担蒿地岭村的抽水任务，年收入增加2000余元。在武泽华的引导下，大胆尝试参加了"益农贷"年终分红4000余元。这样一来，高印明的家庭人均纯收入远远高于国家最低标准。

上麦田村的贫困户孙永发不会忘记，他家5口人，儿子在外上大学，共有耕地19亩，主要种植玉米。由于孙永发在2013年下地干活时受伤，导致在家养病多年，无疑给这个本不富裕的家庭雪上加霜。虽然一家人勤劳肯干，但苦于找不到致富路子，又没有资金来源，夫妻二人只能靠务农的收入维持生活。

2014年全县开展精准扶贫以来，在驻村扶贫工作队的引导下，孙永发不等不靠，积极参加县委、县政府组织的各类技能培训，领取外出务工技能培训补贴1200元，并持有大工资格证，2017年外出务工收入增至1万元。其妻子在家发展养殖，共养猪20头，享受补贴6000元，每头可收入2000余元；种植葱1.2亩，享受补贴1725元；享受健康扶贫"双签约"大病医疗服务，解决了看病难的问题；参加"股加贷"分红，每人每年391.25元。

通过辛勤劳动，再加上政府相关政策补贴，孙永发一家收入6万余元，率先摘掉了穷帽子，成为村里有名的脱贫致富模范户。

曹家河村建档立卡贫困户杨建喜也不会忘记，他家5口人，大儿子离异后，带着孩子一直和父母住在一起。家里老的老、小的小，老的没有赚钱技能，小的还要念书花钱，家里经济来源有限，全家人生活困难。

扶贫工作队驻村以后，精准施策，精准发力，精准脱贫。这让杨建喜看到了脱贫的希望，他了解到县委、县政府对产业扶贫方面补贴力度相当大，再加上曹家河村荒山荒坡有利资源，发展养殖业应该是不错的脱贫项目。打定主意后，杨建喜东拼西凑了5000余元买了1头小牛犊，一年时间1头变成了2头，共享受国家产业扶持补贴2400元，2017年养殖收入1万余元，再加上戎子酒庄有限公司"股加贷"分红、泽翔庄园生态农业有限公司企业主体带动、保洁员工资收入，杨建喜2017年家庭人均纯收入远远高于国家扶贫最低标准线,顺利脱贫。

看见全家人过上了好日子,杨建喜内心十分感激驻村扶贫工作队和村两委。他开着农用三轮车,拉了一车自己家地里长的白皮红薯送到县委办公室,薛闫平硬把 200 元塞到了杨建喜手里,杨建喜说什么也不收。薛闫平告诉他,这是销售扶贫!

麦田村顺利脱贫摘帽,离不开县委办公室驻麦田村扶贫工作队、村两委和第一书记罗平安的共同努力,切实解决了贫困群众的实际困难,有效地推动了全县扶贫工作的纵深开展。

无缝隙扶贫接力

用无缝隙扶贫接力来形容乡宁县政府办驻西坡镇韩咀村工作队的脱贫攻坚工作最恰当不过了。

两支扶贫工作队,实行了无缝隙接力,换班子不改初衷,一任接着一任干,把韩咀村的脱贫攻坚战役搞得有声有色。

一

韩咀村位于西坡镇西北5.5公里处,总面积25平方公里,辖13个自然村,林地面积4380亩,有花椒2800余亩、核桃800余亩、苹果200余亩。全村904户、3213人,其中建档立卡贫困户55户、180人。

这是一个具有种植花椒传统的村子,公路旁、地垄上、空闲地、围墙下,到处都是花椒树。一株花椒树就能创造500元的效益,一亩地可以种花椒树50棵,一年效益就是2.5万块钱。村里好多人凭着种植花椒过上了好日月,可是也有不少农户由于这样那样的原因,日子过得不怎么样。

2017年4月,县政府办公室金融办公室主任刘茂盛和陶玮、黄鑫亮、董斌伟,组成扶贫工作队来到韩咀村。

他们事先就略知一二,这是一个贫富差距比较大的村子。

他们进村以后的第一件事就是识别贫困户。

刘茂盛带领工作队员在村两委干部的配合下，对13个自然村，904户、3213人进行了走访摸排，最后确定了建档立卡贫困户的名单，成功迈出了脱贫攻坚战役的第一步。

驻村扶贫工作队严格落实中央、省、市和县关于扶贫开发的各项决策部署要求，按照"五个一批""六个精准"，结合乡宁县制定的九大脱贫攻坚措施，紧紧围绕促进贫困群众增收脱贫，确保村贫困人口全覆盖。

工作队在广泛征求村干部和村民代表意见的基础上，认真分析了韩咀村的情况，其致贫原因主要有四个方面——

一是贫困户自我发展能力差和观念落后。贫困户多是老弱病残，自我发展能力不足，传统思想根深蒂固，抵御风险的能力差。

二是绝大部分贫困户缺技术、缺劳力。

三是部分农民坐等靠要思想严重。

四是缺少土地。

刘茂盛带领工作队员协助村两委制定了《韩咀村精准扶贫实施方案》。

包括十大措施——

第一，扎实推进产业扶贫。围绕产业扶贫，分类制定产业扶持标准，落实扶持政策。坚持项目到村、到户、到人原则，增加投入，确保有发展意愿和能力的贫困户，都有项目和资金。积极培育农民专业合作组织，构建与贫困户的利益链接机制，带动贫困户脱贫致富。不断探索资产收益扶贫路径，充分发挥财政专项资金扶持项目和村级资源效益，推进资源变资产、资金变股金、农民变股东，让贫困户通过入股分红获得稳定收益。通过主体带动扶贫，把韩咀村8户贫困户纳入赵垛养殖专业合作社育肥猪集中委托代养，共贷款38万元、代养208头育肥猪。承诺保底利润每头370元，分红标准按7∶3分配，保底分红259元。2017年6月，成立了民喜养殖专业合作社，发展肉兔，带动韩咀村13户建档立卡贫困户，每年按10%分红。还动员村民种植花椒等经济作物。

第二，做好生态补偿脱贫工作。根据县林业局制定的生态护林员相关政策和实施方案，让有劳动能力的建档立卡贫困人员，就地转化为护林员等生态保护人员，韩咀村建档立卡贫困户有3名保洁员、3名护林员。

第三，持续开展就业扶贫。开展技能培训，引导、扶持、实现转移贫困劳动者就业。大力培育新型农业经营主体和脱贫带头人，带动贫困户实现脱贫。多次组织培训，让贫困户掌握种植花椒、养殖技能，特别是外出学习了养殖獭兔技能，为合作社发展提供了技术支持。

第四，全面落实了健康扶贫政策。实施贫困人口综合医疗保障制度，提升贫困人口分类救治、分级诊疗、医疗卫生服务能力，全面推进医疗卫生综合能力建设，强化医疗卫生人才培养，加强乡村医生队伍建设。进一步规范贫困人口综合医疗保障一站式即时结算服务流程，加强定点医疗机构监管，保障贫困人口合理、合规就医，切实解决因病致贫、因病返贫问题。

第五，持续推进教育扶贫。进一步宣传教育政策，实现建档立卡的贫困家庭学生资助、教育扶贫结对帮扶全覆盖。让建档立卡贫困户真正享受到国家教育扶贫政策，全面摸底贫困户子女受教育情况，不让一个贫困户子女因为没钱辍学，让在校的贫困户子女都享受到教育资助。

第六，加大扶贫小额贷款的支持力度。围绕扶贫小额信贷助推脱贫攻坚，加大对扶贫开发的金融信贷支持力度，帮助贫困户增收，实现稳定脱贫，为建档立卡贫困户对接了"股加贷""牵手贷""建宁贷"，其中建档立卡贫困户"股加贷"参加了30户，"建宁贷"参加了22户。

第七，推动社会力量扶贫力度。通过宣传，发动社会力量对建档立卡贫困户进行帮扶。宏强煤焦集团有限公司就吸纳了10余名建档立卡贫困户到企业就业，通过就业解决自身贫困问题。

第八，抓好易地扶贫搬迁。通过实施易地扶贫搬迁，完成贫困人口搬迁任务，加大搬迁人口后续帮扶力度，切实做到让贫困人口搬得出、稳得住、能致富。韩咀村易地扶贫搬迁建档立卡贫困16户、46人，其中集中搬迁建档立卡贫困人口1户、4人，分散搬迁15户、42人。

第九，进一步落实社会保障兜底脱贫政策。建立并完善农村低保与建档立卡贫困人口数据互通互联、资源共享信息平台，确保把符合条件的建档立卡贫困户全部纳入低保。全面落实建档立卡贫困户残疾人生活补助和护理等政策，韩咀村建档立卡贫困户社会保障兜底36户、117人。

第十，进一步规范村党组织工作运行机制。韩咀村共有党员68人，但党组织民主生活制度不完善，党员的学习性不强。工作队通过健全"三会一课"、党员学习制度，大力提升了党建制度化水平，还通过召开党员大会、支部会等，使党建工作进一步规范化和制度化。

经过精心准备，严格要求，精准施策，十大措施得到圆满落实，韩咀村的面貌发生了彻底变化，产业发展，基础牢固，贫困户稳步脱贫。

二

在推进脱贫措施落实的过程中，县政府办的领导实行了对全村55户贫困户一对一帮扶对策，做到了因户施策、因人施策。

办公室主任李乡民包联的贫困户是王东祥一家4口人，由于自身残疾，丧失了劳动能力，妻子是家里的主要劳力，属于一类低保贫困户。李乡民依据有关政策，让他享受到医疗扶贫优惠政策，并帮他联系临汾的医院换了3万多元的进口假肢，没有让他承担任何费用，使王东祥能够生活自理，还能干一些力所能及的活，大大减轻了家里的负担。

2017年底，经过省市委托第三方评估验收，韩咀村的脱贫攻坚战役取得全胜，被上级批准脱贫摘帽。

2018年是一个崭新的年份，是贫困户脱贫以后过的第一个新年。

县委领导要求按照中央和山西省委要求，在脱贫攻坚期内，贫困县摘帽后仍要做到不摘责任、不摘政策、不摘帮扶、不摘监管的"四不摘"要求，持续建立并完善脱贫攻坚的长效机制，坚决走好脱贫攻坚后半程。

县政府办公室坚决落实县领导的讲话精神，加大了对韩咀村的帮扶力度。出于培养干部、锻炼干部的目的，重新调整了驻韩咀村扶贫工作队人员，由重点办项目股股长高帅率领董斌伟、张晓龙于2018年11月进驻韩咀村。

高帅和队员们进驻韩咀村以后，首先检点前任扶贫工作队的十大措施的落实情况，同时通盘考虑全村工作，总而言之一句话，就是要与前任扶贫工作队实现无缝隙接力。

他们针对因工作岗位调整，造成原一对一结对帮扶的脱节现象，及时向领导汇报，及时补充，使一对一结对帮扶仍旧能够发挥作用。先后补充15名干部来韩咀村结对帮扶，从而保证了一对一结对帮扶不断档，确保贫困人口实现干部结对帮扶全覆盖。

他们结合西坡镇产业发展的大趋势和韩咀村在2017年新种植花椒和养殖獭兔的农户，由于时间紧，没来得及参加培训，缺乏种植养殖技能的实际情况，开展了花椒种植管理和獭兔养殖技术培训，使村民及时掌握科学技术，自觉运用新技术发展种植养殖业。

他们还完成了一项很重要的工作，那就是完善国家扶贫网云平台录入，进行贫困户定位，档案规范化装订整理，迎接了全省市级交叉考核。脱贫数据十分重要，因为随着脱贫攻坚战役的推进，贫困户人数、各项产业的发展数据等情况在不断变化，需要及时更新，要求录入的数据完整、真实、可靠，高帅就带着工作队员认真完成了脱贫档案和数据录入、整理任务。

三

与此同时，各包联干部也没中断对包联对象的帮扶工作。

韩咀村贫困户许江元，双侧股骨头坏死，属二级肢体残疾，多年来离不开双拐，没有劳动能力，靠妻子乔苏萍一个人干活维持生计。还有一个叫许江元难堪的事情，前几年贷了些款，长期还不上，成了不良贷款，银行每年都要下来催款。再就是住房属危房。许江元愁得睡不着觉，整天唉声叹气。

2018年后半年，驻村扶贫工作队来到韩咀村，李吉琳包联许江元一家。

通过深入了解座谈，工作队掌握了许江元一家因病致贫的情况，把他家评为三类低保户，协助他家制定了脱贫措施，一一组织认真落实。

首先是把县里制定的脱贫优惠政策用活用足，叫一家人放开手脚，走上靠辛勤劳动脱贫致富的道路。

分管脱贫攻坚战役的副镇长韩彦龙亲自联系有关银行，协调解决了许江元1万元不良贷款的问题，使他能够重新使用金融资金，享受"四位一体"扶贫贷款4000元和"股加贷"1560元，搬掉了他头上的第一座大山。

还按照有关政策让他家享受三类低保户，每人每月补贴300元，全家4口人全年1.44万元，仅这一项就解决了全家人的温饱问题。

2017年，村两委和工作队征求许江元本人意愿后，报经镇党委、镇政府批准，对许江元家实行了分散安置，选择适当地点，协助他家盖起了新房，为他家补贴10万元建房款，2017年底正式入住，搬掉了第二座大山。

2018年2月，许江元在临汾市人民医院，做了换双侧股骨头大手术，花费13万余元，享受健康扶贫"双签约"政策，个人只负担了3000元。许江元扔掉了拄了多年的双拐，彻底搬掉了第三座大山。

正当许江元跃跃欲试，准备养好身体，大干一场的时候。2017年11月，许江元22岁的儿子许乔玉突患急性脑出血。李吉琳闻讯后，立即用车拉上病人直奔医院急救，还垫资300元的诊疗费。由于治疗及时，许乔玉脱离了生命危险。在临汾市人民医院住院花费5万余元，享受健康扶贫"双签约"政策，个人只负担了3000元。

这一系列的事情，令许江元感动万分。

如今，许江元和儿子的身体已逐步恢复，慢慢地能够干一些力所能及的活儿了。他家还响应号召，种了4亩大红袍花椒，长势良好。

许江元全家过上了冬能保暖，夏能消暑，吃穿不愁，稍有结余的幸福日子，欢乐的笑声时不时回响在这个历经苦难的农家小院。

工作人员闫新文从2016年10月至今包联胡喜龙、胡昌志、胡称志3户贫困户。他自费入户慰问，帮助胡喜龙的儿子在天津上学并就业。还定期给包联户买一些治疗心脏病和高血压的药品，使他们能够得到治疗。

春节期间，他们组织开展了慰问贫困户和老党员、老干部的活动，向大家送去了党和政府的温暖。

四月初八古庙会期间，工作队还慰问了20户刚刚摆脱了贫困生活的村民，一共送去乡宁特色小吃油糕200多斤。贫困户们倍感温暖，纷纷表示一定要珍惜来之不易的幸福生活，不断克服困难，向小康生活迈进。

高帅带领工作队员，切实解决群众关心的问题。入村以来，一方面和村两委干部逐户给群众做扶贫宣传工作，另一方面及时为群众解答疑惑。

认真完成镇党委、镇政府领导安排的其他工作任务。按照镇党委、镇政府安排，全力做好"三基建设"、扫黑除恶、产权制度改革、乡村振兴、环境卫生整治等工作。

无缝隙接力扶贫的开展，使韩咀村脱贫攻坚战役的各项扶贫措施得以保持前后一致，不断完善，收到了稳定脱贫的良好效果。

扶贫工作队员和特困户的故事

一

中秋节已过,天气就不那么热了。太阳光也显得温和多了,可能暴晒了几个月,它也累了。

秋风吹过山野,杨树叶子开始变黄,柳树叶子也慢慢飘落起来。早上起来,露水很大,草叶上挂着亮晶晶的水珠儿,要是不刮风的话,会一直挂到上午 10 来点钟。太阳出来之前的那一阵子,气温很低,早起要穿上一件夹衣裳。

暖和的季节就要结束了,寒冷的日子就要来了。

一行人沿着羊肠小道边走边说。太阳光追着他们的屁股,似乎要帮他们驱赶秋天的凉意。

"许队长,我是见子沟村支书,叫张和平。"在前头领路的细条个子中年男人说,"我们村由见子沟、院上、樊家原、虎坡、夺路、县坡、乔家河、郑大原、桥后、大坪 10 个自然村组成,总面积约 21 平方公里,共有村民 275 户、989 人,耕地面积 5312 亩、退耕还林 337 亩。全村人均年收入仅 3000 元,无村集体经济,是远近闻名的空壳村。全村建档立卡贫困户共 143 户、520 人,约占村民总数的 52.6%。青壮年纷纷外出务工,留在村里的村民基本上都是空巢老人和留守儿童。这种现象尤其在贫困农户中突出，老人病了，没有子女照顾；孩子留在村里，安全不能保障，学习没人监管。老百姓从心底里欢迎你们来我们村帮助我们脱贫致富呀。"

村党支部书记身后的中年人跟着说："我们审计局扶贫工作队是在乡党委、乡政府和村两委的领导下开展工作，以后还需要张支书大力支持。"

"你们是下来帮助我们工作来了，我们还能不支持？"张和平快人快语。

张和平带领一行人气喘吁吁地走进村子顶端的一户人家。

残破的院墙、歪斜的窑洞、满地的垃圾，简直无处下脚。窑洞里面的情景，更叫人揪心。

窑洞里面阴暗潮湿，一根木桩支撑着歪斜的房顶。右手边的土炕上，睡着一个蓬头垢面的女人，灶台边歪歪扭扭的木桌旁，一个男人正垂头抽着旱烟袋。

驻见子沟村扶贫工作队员在整理扶贫资料

"许队长，这是咱们村最困难的一家。"张和平向乡宁县审计局党支部书记兼扶贫工作队队长许俊强介绍道。"等我们先把情况了解清楚，再想办法。"许俊强应道。

许俊强他们是国庆节后进村的，他带了3名队员，分别是局办公室负责人吕凯、局监察室负责人程吉祥、局经济责任审计股股长陈峰。

对能不能搞好见子沟村的脱贫扶贫工作，搞了大半辈子财务审计工作、很少接触农村工作的许俊强心里也没数，但是脱贫攻坚是全党全国的大战役，必须啃下这块硬骨头，更何况自己不是一个人在战斗，这些队员都是局里的业务骨干，都具有独当一面的能力，相信他们一定可以给自己很大的帮助，大家一起努力，完成脱贫任务。

也好，先以帮助这一家脱贫为契机，打开全村脱贫攻坚战役的局面。

许俊强拿定了主意。

经过深入了解，户主叫靳伟伟，小时候因贪玩，两眼受伤，最后发展到完全失明。他的妻子乔丽芳，患有癫痫病，需要长期服药。独生子靳国栋6岁还没有进过校门。

许俊强经多方联系，让他去太原学习盲人按摩。靳伟伟学习勤奋努力，比别的学员早一个月出师，工作队通过多方考察，帮助靳伟伟在省城盲人按摩院当按摩师，月收入2500—3000元。

工作队又为靳伟伟的妻子办理了医疗保险大额疾病诊疗手册，同时为她办理了残疾证。这样，乔丽芳每年享受1200元的残疾人生活补贴，同时享受80%日常用药报销。

这样，一家人的生活问题得到了彻底解决。他们还为靳伟伟的儿子靳国栋办理了入学手续，让孩子与同龄儿童一样接受教育。

经过驻村扶贫工作队一年多的努力，靳伟伟一家顺利脱贫。2017年底，他们家有了第一笔存款5000元。谁也不敢想象，这么困难的一家人的生活发生了翻天覆地的变化。

"工作队厉害，是真的帮咱们脱贫致富来了！"村民们纷纷这样说。

二

在帮助靳伟伟一家脱贫的同时，许俊强带领工作队员进村入户搞调研，详细掌握了见子沟村的情况，和村两委一起制定了发展规划和实施细则。

首要的是关注弱势群体。

老弱病残是乡村中最需要帮助的一个群体，工作队针对村里慢性病人较多的实际情况，深入贫困户家中开展送医下乡等服务，帮助慢性病患者办理医疗保险大额疾病诊疗手册。

他们还成立村民互助小组，结对照顾空巢老人，成立日间照料中心，解决老人的生活困难。同时做好留守儿童的教育帮扶工作，使他们的生活有人照料，学习有人辅导，安全有人负责。

通过努力帮助村民解决身边的大事小事，一次次的奔波、一回回的帮扶，不知不觉间，工作队员与见子沟村民有了深厚的感情。

作为工作队队长，许俊强心里清楚，帮扶的最终目的，就是要带领贫困户和全体村民脱贫，发家致富。

工作队进村以后，协助村两委依托区位优势，制定了大力发展以核桃、花椒为主的种植业和以养猪、养羊为主的养殖业发展规划。

可是在落实的过程中，却遇到了阻力，相当一部分村民认为种植业容易受自然灾害的影响，而养殖业又容易发生传染病，一旦发生将血本无归，因此还是种粮食保险，虽然收益不大，但是总能保本，因此不愿意发展种植养殖业。

许俊强带着队员们挨家挨户宣传政府对种植养殖业的扶持政策，使他们明白粮食直补、农资综合补贴、农作物良种补贴的审批程序，补贴标准、农机具购置补贴申请办理程序及其他相关事宜，引导他们利用各种优惠、帮扶政策。

他们还组织种植养殖技术培训，使村民逐渐认识到种植养殖的发展前景，从一开始的少数几家种植养殖，很快就发展到家家户户积极响应的程度。

工作队和村两委因势利导，成立了乡之情种植专业合作社，通过与农户签订合作生产协议，大力发展花椒。2017年，全村新种植花椒2.1万余株，使全村的花椒树总量达到5万余株，挂果后年产花椒8万余斤，产值达180—200万元。

还成立了恩善核桃合作社，动员90户农户加入合作社，村里新增核桃1227亩，加入合作社，通过为其提供农用物资、技能培训等服务，推动核桃产业健康、有序、快速地发展。

目前，见子沟村已经形成大红袍花椒种植、樊家原核桃产业园等规模性主导产业。

他们鼓励村民大力发展养殖业,全村共养羊1800余只、猪700余头。

农村产业的发展,使见子沟村呈现出五谷丰登、六畜兴旺的喜人景象,有效地巩固和消除了贫困户的脱贫成果与后顾之忧。

2017年6月12日,县审计局杨秀清局长带领局机关全体党员入村调研,并在见子沟村党支部讲了一节以脱贫攻坚为主题的党课,重温了入党誓词,更加坚定了驻村扶贫工作队做好见子沟村帮扶工作的信心和决心。

三

在见子沟村驻村的两年来,许俊强和队员们始终不忘初心,牢记使命,坚持用一名党员的标准严格要求自己,从小处着眼,从小事入手,想方设法为群众办实事,努力为贫困农户解决实际问题。

长期以来,村里没有固定的水源,绝大部分自然村群众吃水全靠旱井积存的雨水,少部分自然村村民从深山沟里挑苦水吃,干旱时间稍长一点,就断了水,还得从县城拉水。吃水成为见子沟村民日常生活中最迫切的困难。

再就是危房,全村的住房出现不同程度的险情,有的房屋有裂缝,有的地基下陷。

许俊强配合村两委寻求支持,投资78万元建成容量为100千瓦的光伏发电站,每年可实现收益10万余元,实现了村集体经济破零。

见子沟易地扶贫搬迁工程2016年8月开工建设,其中集中搬迁贫困户124户、458人,同步搬迁非贫困户55户、198人,分散搬迁贫困户3户、12人。2017年底,贫困户全部乔迁新居。

针对村民的吃水、住房问题,许俊强配合村两委,四处化缘,寻求支持,组织实施,共铺设水管道6000米,修建了1个50立方米的蓄水池和1座100立方米的水塔,在两个集中安置点,实现了户户通自来水。吃了不知多少年雨水的见子沟村民,终于喝上了干净清洁的自来水。

鼓励贫困户参加代养项目,贫困户与兴农相逢专业养殖合作社和财旺养殖专业合作社签订委托代养协议,使贫困户的家庭收入更加稳定。

鼓励村民自主发展，举办养殖技术培训班，引导 5 户贫困户养牛 10 头、10 户贫困户养羊 1555 只。

动员 12 户、48 人加入琪尔康造林合作社从事劳务活动和年终分红，实现稳定增收。

鼓励青壮年外出务工增加收入，2017 年转移劳动力外出务工 211 人，平均外出务工 6 个月，平均月工资 1610 元，实现每人年务工收入 9660 元。

还根据实际情况，对 56 人实施生态补偿脱贫，确定贫困户 6 人为清洁员、2 人为护林员，获得稳定收入。

2017 年 6 月 18 日，樊家原村贫困户樊徐太因经济原因子女退学，许俊强听说了这个情况后，立即对其进行教育扶贫政策宣讲，让其子女享受了"雨露计划"，尽早返校接受教育。

2017 年 7 月 5 日，在工作队对见子沟、乔家河、大坪、樊家原村走访时发现，见子沟村乔水昕病情加重，进食困难。他们赶紧为其联系县医院，先看病后付款，享受最新的医疗政策。

2017 年 7 月 11 日，县审计局局长杨秀清带领局机关所有的帮扶责任人、驻村扶贫工作队员到县人民医院看望因病住院的贫困户乔水昕、乔恩忠，详细询问了他们的治疗情况，并将慰问金交到两人手里，嘱咐其家人要尽心照顾他们的生活，及早康复出院。

如今的见子沟村已不再有当年的模样，群众的生产和生活条件发生了翻天覆地的变化——

一条条干净平整的村级公路在山间蜿蜒，一块块宝石蓝的光伏发电站太阳板熠熠生辉，一排排整齐的新房坐落在公路边，一株株优良树苗茁壮成长，一阵阵欢乐的笑声飞扬在乡村各个角落……

进入 2018 年，县审计局又加大了帮扶力度，充实了人员，重新修订了扶贫规划，扶贫工作队员马不卸鞍，人不下马，又开始了新的攻坚征战！

第十章　我们的队伍向太阳

不走的扶贫工作队

闪亮登场

2016年10月，天高云淡，温暖的阳光照耀下，秋风拂过昌宁镇田家垣行政村的山峦、河流、沟壑、村庄，田野里一派丰收的景象，玉米穗子攻破包皮，露出黄灿灿的颗粒，饱满的黄豆荚摇摆着丰盈的身子，谷子拖着粗长的穗子在地头摇头摆尾。杨树叶子开始变黄，山风刮得稍紧一些就会有几片树叶飘落下来，山菊花反而开得正旺，引来一只只蜜蜂勤快地采蜜……

早上起床以后，女人们开始忙着做饭，农家上空冒出了炊烟；男人们揉着惺忪的睡眼站在村道上，拉开了闲话——

"听说这回来的是县人大办公室的扶贫工作队。"

"嗯，听说了，说是来7个人呢。"

不久村民们又传出一个消息，说是工作队来了就不走了，一定要叫村民都脱了贫。

没几天，扶贫工作队就驻村了。

队长是县人大常委会人事代表工委主任刘继荣，队员是县人大城建环保工委主任王世文（副队长），农工委主任杨来江，法工委主任崔辉，财经工委主任王香梅,法律调研中心主任景杰东,办公室科员师康平、闫天亮,其中刘继荣、杨来江、师康平、闫天亮驻村。

工作队到位以后立即分解任务,责任到人。制定驻村干部岗位职责等制度,学习掌握好各种扶贫文件精神,明确驻村扶贫工作的总要求、目标任务、工作职责、工作纪律,解决好"工作为什么"和"工作怎样干"的问题。

同时在田家垣村级组织活动中心挂出"乡宁县人大办公室驻田家垣村扶贫工作队"的牌子。

这个阵势给村民们吃了一颗定心丸——这一回扶贫工作队可是动真格的了!

扶贫工作队的牌子挂起来以后,活动中心却看不见工作队员的人影了,只有那个崭新的牌子看门。

他们都下到村里走访调研去了。

驻村扶贫工作队采取到田间地头、家庭院落、同村民一块儿劳动、入户座谈等方式,详细了解了村情民意,通过调研把田家垣村的实际情况摸清吃透。

田家垣村的劣势是经济发展基础十分薄弱,没有主导产业,基础设施建设严重滞后,群众文化生活单调,大部分耕地退耕还林,人均耕地1.32亩,村民种地需求十分迫切。

田家垣位于昌宁镇东北5公里,紧邻县城,现有田家垣、石咀、高家河、小院、薛家垣5个自然村。全村278户、789人,其中建档立卡贫困户80户、258人,是需要重点帮扶的贫困村。

瞄准目标

情况摸清了,接下来就是如何帮扶了。

县人大办公室根据田家垣村的实际情况制定帮扶工作措施,坚持与贫困户一对多结对帮扶的原则,按照机关每名干部帮扶3—5户的要求,确定了办公室18位工作人员的帮扶对象,交换手机号码,加上微信,实行面对面的对接，为搞好脱贫攻坚打下了信任基础。队员们分别深入各自的帮扶户对接，结合入户调查情况，完成贫困户手册基本信息填写，整理归档。为了精准扶贫，他们在充分调查的基础上，结合贫困户实际生产生活及当地传统特色产业，因户施策，分类制定切实可行的帮扶措施，并组织专门人员完成国家扶贫网上信息的输入和核对工作，做到准确无误。

驻村扶贫工作队的帮扶工作，就这样从概念到实际，从平面到具体，迅速地展开了。

一段时间，人们发现刘继荣宿舍的灯光彻夜不灭，映照在窗户玻璃上的人影长时间一动不动。

社会阅历丰富、工作经验老到的刘继荣在深沉地思索一个问题。田家垣村的经济要切实起飞，贫困户要稳定脱贫，生活水平不断提高，没有一个坚实的基础不行，没有一个可靠的平台更不行。

这个基础在哪里？

这个平台在何方？

田家垣村昼夜温差大，光照充足，适宜发展苹果、梨、核桃、中药材等林果产业，工作队根据当地的实际与村委会协商确定了"长效发展种植业，短快发展养殖业"的产业发展规划。

种植业以发展苹果、玉露香梨、樱桃作为长远的主导产业。他们组织县农委技术人员对当地果农进行技术方面的管理培训，成立了海瑞种养合作社，通过"合作社＋农户"的发展模式，引导田家垣村民发家致富。为了解决贫困户资金、技术和场地不足的问题，积极与泽翔庄园生态农业有限公司联系，签订栽植技术指导协议，通过企业帮扶带动实现脱贫，有17户贫困户与泽翔庄园生态农业有限公司签订栽植10亩樱桃、7亩玉露香梨的技术指导和服务协议，盛果期每户可增收1万元。

养殖业以养殖牛羊为主，作为短平快项目带动贫困户增收。动员贫困户51户、166人与泽翔庄园生态农业有限公司签订317只绵羊代养协议，每年每户可增加收入400元。同时鼓励贫困户单独养殖牛羊，积累经验，扩大规模。

在发展上述长短产业的时候,刘继荣他们也遇到到了不小的阻力。

田家垣村大多数贫困户因为无技术、无资金,主要以种植玉米、小麦等农作物为生,收入难以增长,处在贫困线以下,还有部分因病致贫和因学暂时返贫的和存在坐等靠要思想,不思进取,消极等待国家资助的。于是,刘继荣带着工作队员从思想工作入手,多次入户与贫困户谈心,鼓励贫困户树立发挥优势、勤劳致富的生活理念,争取早日摆脱贫困的生活状况。

对于 80 户贫困户,工作队进行了分类,对有一定劳动能力,致富需求和欲望比较高,但又苦于没有技术的高玉龙、高术平等 22 户贫困户,组织家庭成员进行专业技术培训,让其掌握一技之长,通过自己的劳动来逐步脱贫;对有劳动能力又想发展产业来致富,只是苦于资金不足的高建国、高鹏飞、胡爱芳、杨保平 4 个贫困户进行金融帮扶;对

刘继荣(右)和王建峰(左)现场查看光伏发电运行情况

一些因病残疾的贫困户,除帮助他们参加社会兜底帮扶外,积极鼓励他们增强生活信心,做一些力所能及的工作增加家庭收入。

他们还组织田家垣村的贫困户高玉龙、高术平和石咀村的王斌、杨保平参加市县组织的劳动技能培训,积极联系帮助他们就业。王斌与妻子加入家政公司,高玉龙在饭店从事厨师工作,高术平到欧派橱柜店做安装员,杨保平建起了自己的养猪场。

2017 年底田家垣村共栽植苹果 200 余亩、樱桃 10 亩、玉露香梨 7 亩、代养羊 317 只,村民个人养羊 1000 余只,贫困户养羊 500 余只,养猪 300 余头,养牛 2 头。

"长效发展种植业,短快发展养殖业"的产业发展规划得到很好的落实。

在大力发展产业的同时,扶贫工作队始终坚持以人为本的扶贫理念,按照县委、县政府加快实施新型职业农民培育工程,紧密结合当地产业发展和农民需求,工作队以贫困户农闲在家的富余劳动力为重点对象,以稳定就业为目标,有计划地组织村里有就业需求的贫困户参加县人力资源局组织的转移就业培训,重点向当地和驻地的企业推介就业,引导贫困户参加造林专业合作社。同时加大贫困劳动力转移安置力度,动员农民走出家门外出打工就业。截至2017年底,有31户贫困户参加了造林合作社,年可收入8000元;有26户、39人外出务工就业,人均可收入1.4万元。

在驻村扶贫工作队的帮助下,有了坚实的发展基础和可靠的发展平台,田家垣村的产业很快就发展起来了,使贫困户既解决了眼前的困难,又有了长远保障。

筑牢发展基础

有那么几天,晚饭以后,人们发现刘继荣和村两委干部在村里村外比比画画,不知他们在干什么,其他队员也深入别的自然村这里看看、那里瞅瞅。

一些见过世面的村民悄悄地说,工作队又要有新动作了。

很快,五项大的硬件工程和三大软件工程就实实在在地摆在了村民面前。

五大硬件工程是——

积极向有关部门申请资金,投资38.5万元修建高家河村级公路,投资30万元对田家垣村街巷硬化和群众文化场的建设,方便群众出行和丰富群众文化生活。

投资25万元对6处水利设施进行了修建和完善,保障农户基本生产生活用水,清洁的自来水哗啦啦地流进了村民的家里。

投资80万修建100千瓦光伏发电站,增加村委会经济收入,成片的宝石蓝光伏板方阵,成为乡村的一道风景。

推进村级卫生室建设，村民看病从此不再难，同时组织城关卫生院与贫困户开展健康扶贫"双签约"活动，解决贫困人口看病就医难、缺医少药的问题。

在符合国家政策、尊重贫困户意愿的基础上，鼓励支持房屋破旧和没房住的6户村民进行分散搬迁，积极帮助他们申请资金。

三大软件工程是——

积极帮助因病、因灾致贫或返贫对象，协调社会保障、民政等部门，优先将贫困户列入长期慢性病、大病社会救助行列，享受基本医疗卫生服务保障，符合社会保障条件的，积极帮他们申请办理最低生活保障。

对因学返贫的，协调乡政府，做好动态跟踪，通过享受低保或教育救助基金予以帮扶。

对丧失劳动能力，无法通过产业扶持和就业帮扶实现脱贫的特殊贫困人口，通过低保、社会救助等方式解决他们的生计问题，以社会保障实施政策性兜底，实现脱贫。他们还关心贫困户的生产生活，逢年过节组织工作队员对贫困对象进行走访慰问。目前田家垣村共有低保贫困户8户、25人，五保户1户、1口人，享受教育"雨露计划"和寄宿制补贴16户、64人。

驻村扶贫工作队还对那些劳力少、身体弱、孤立无助的贫困户给予特别关照。

高建国发展养猪业，苦于没有劳动力，势单力薄，迟迟不敢动工。刘继荣就带着工作队员奋战两天，帮助他修建了猪舍。购进猪崽以后，还邀请兽医专家为他上门服务讲解养殖技术，猪生病了及时把兽医请到他家进行治疗，使高建国的养猪业很快就健康发展起来。

高平安、闫发旺两户贫困户修建住房时，经济紧张，购买建筑材料遇到困难，工程陷于停工状态。刘继荣就兵分两路，一路帮助他们筹措建筑材料，一路帮助他们解决建房款。最后两个问题全部解决，使房子按时完工。

高义明的妻子常年哮喘，不能干重活，高义明本人身体也不好，家庭特别困难。女儿考上大学时，为交学费愁坏了高义明。刘继荣就向县人大领导反映这一家人的困难,在领导的支持下,组织机关捐款,一共为高明义女儿资助和申请贫困学生助学金6000元,帮助她顺利上了大学。

2017年底,田家垣村顺利脱贫摘帽。

刘继荣站在田家垣村头,望着战斗了一年多的乡村,看着那硬化一新的街巷、路边高高耸立的路灯、村民崭新的住房、规范化的村级卫生室、泛着蓝光的光伏发电站,眼前浮动的是已经摆脱贫困的村民的笑脸……

新的发展规划又在刘继荣的脑海中形成……

东庄之恋

一

2017年6月12日晚9点钟，正在贫困户家里走访的县农委驻东庄村扶贫工作队员刘杰的手机急促地响了起来。

原来，刘杰的妻子突发脑梗，不省人事，要他立即回家！

刘杰赶回家里，立即连夜把妻子送到太原的医院。经医生抢救，病情稳定下来。刘杰在医院陪护了几天，心里一直惦着东庄村的工作，说服了家人，简单安排了一下，就匆匆忙忙回到了东庄村。

2017年8月的一天，刘杰怀揣着1800元钱，预备回城时顺便给妻子买点药。

就在他准备动身回城的时候，东庄村的贫困户陈泽民的老婆找来了，说是她丈夫2016年患脑垂体瘤，术后分泌紊乱，要用药物控制，每月光药费就要400多元，由于家里经济困难，陈泽民要停药不治病了。

刘杰立即掏出准备给妻子买药的钱，交给陈泽民的老婆，叫她赶紧去给陈泽民买药，无论如何不能停药！

刘杰知道陈泽民病重，不能出门干活挣钱，全靠老婆一人支撑全家人的生活，儿子还要上学，开销很大，再加上陈泽民天天要吃药，家庭生活十分贫困。刘杰专门到陈泽民家开导他，争取早日康复。通过刘杰的开导和资助，陈泽民有了生活的信心，每天加强锻炼，身体恢复得很好，已经能干不少体力活了。

随后刘杰还为陈泽民办理了低保，现在享受政府兜底7560元、"股加贷"1173元、教育补助1000元，为其代缴医疗养老保险，陈泽民务工工收入1万元。这样人均可支配收入6577元。

陈泽民一家的生活有了明显改观。

二

2016年10月，县农委扶贫工作队驻东庄村，即将退休的刘杰是工作队员。

本来再有一两年就退休了，可是在乡村跑了大半辈子的刘杰自告奋勇，坚决请求参加工作队，参加脱贫攻坚战役。农委领导见他态度积极，也有农村工作经验，就同意了他的请求。

脱贫攻坚先要了解村里的实际情况，刘杰就深入村庄入户走访，掌握第一手资料，足迹遍布东庄村的每一个角落。按照国家"八不进"要求对全村建档立卡贫困户逐一审查，确保贫困户的精准识别，充分考虑无房（危房）、残疾、因病、因灾、因学、无劳动能力等致贫的实际情况，按照村组干部会初选、第一书记和乡村干部走访、党员群众代表大会评议，紧紧把住精准识别第一关，确保不该进的一户也不能进，该进的一户也不能漏。

东庄村位于台头镇东部，面积10.5平方公里，下辖东庄、东圪塔、柏山、秦家坡、加村和幸福河等6个自然村，350户、1253人，耕地面积2245亩。2014年确定为贫困村，贫困户165户、590人，贫困发生率为47%。全村人均收入2080元，无集体经济收入。

刘杰了解到，经过专家调研，东庄村的气候地理条件，一部分地区可以发展核桃，一部分地区可以发展花椒，少部分地区可以发展玫瑰。前几年由于技术差，尽管核桃有种植，但产量低、质量差，群众一度对核桃种植失去了信心，花椒和玫瑰也没种下个样子，村里的经济没有任何起色。

2016年全国脱贫攻坚战役打响后,村两委和县农委驻村扶贫工作队积极配合,政策激励、技能培训、主体带动等多措并举,逐步步入正轨。刘杰积极协调村两委和县农委技术专家签培训协议,对全村种植户不定期进行培训,先后共培训16次,使种植管护技能覆盖全村,有效解决了管护短板,同时借县委、县政府对种植业提质增效的优惠政策,增强了农户的种植信心,全村种植业大力发展起来。在原有1070亩核桃的基础上,新发展核桃200亩、花椒350亩、连翘47亩、玫瑰14亩。

在发展种植业的同时,刘杰又盯上了养殖业,两条腿走路,才能走得又稳又快。他协调村两委联系村里的能人大户成立了新胜种养殖专业合作社和幸福源养殖合作社,动员186户农户加入合作社,其中139户贫困户加入合作社,通过为其提供农用物资、技能培训、统购统销等服务,有效地推动了全村的经济发展。根据石山森林区牧草旺盛优势,鼓励农户发展畜牧业,目前全村11户贫困户养羊1020只,户均增收4400元;10户贫困户养牛13头,户均增收3000元。他们还为8户养殖户购进能繁母绵羊58只,享受产业扶贫补助4.8万元;为10户养殖户购进能繁母牛13头,享受产业扶贫补助5.7万元;为3户养猪户购进育肥猪52头,享受产业扶贫补助1.56万元。

他们还充分发挥扶贫政策的带动作用,结合当地资源,将对口帮扶与群众需求精准对接、精准施策。积极发挥3支队伍的作用,推动产业脱贫政策落地见效。目前,新建100千瓦光伏发电站1个,并网发电后可增加村集体经济收入3万元,可带动20户贫困户年增收3000元;组织有养殖意愿的贫困户参与代养项目,由松卜岭养殖专业合作社主体带动13户、49人,户均增收640元。强化技能培训作用,组织贫困户23人参加家政技能培训,102户贫困户参加核桃技能培训。加大政策性就业促进增收力度,贫困户中1人被聘为护林员,户均增收8842元;6人被聘为保洁员,户均增收3000元。鼓励外出务工,2017年贫困户98户、127人外出务工,户均增收1.6万元。

通过各项扶贫措施的落实,东庄村的各项产业迅速发展起来,贫困户的经济收入得到了稳定增长。

三

贫困户的生活好了,村民的心气儿提起来了,刘杰和工作队员们的信心更足了。他们决心再把东庄村的基础工作进一步夯实,为全村的经济发展提供坚实的基础和平台。他们落实了四项大的措施:

第一,强化集体经济破零行动,利用地理优势与君浩洗煤厂签订土地租赁协议,年租赁费10万元;再加上光伏发电站的收入,集体经济收入3万元,实现年收入超10万元目标,使村两委在全村的公益事业建设和扶持贫困户工作上能够发声,有所作为。

第二,集中实施治理环境提升工程。

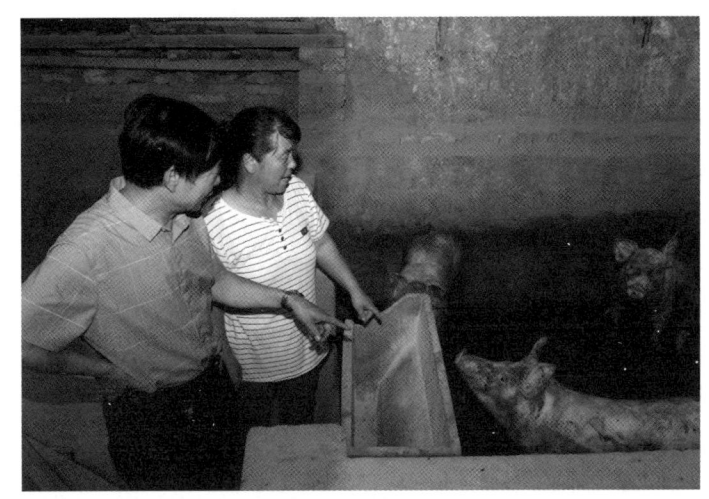

刘杰(左)在走访贫困户

全力建设绿色家园,建设了水利工程,建成村级卫生室,建成文化广场,进行了村级道路和街巷硬化,建设了幸桃四好公路,对3户住房困难的贫困户进行易地搬迁,全村基础设施建设显著提升。工作队与村两委积极配合大搞环境整治,按照上级的要求对村里的道路、街巷、河滩、空地、建筑地、洗煤厂、汽修厂等进行全面的检查和清理,使东庄村容村貌有了很大的变化。

第三,深入开展金融、就业、教育、健康扶贫行动,把国家的惠民政策用活用足,推动乡村振兴,村民致富。

他们落实了小额贷款、植树护林、"雨露计划"、"双签约"等政策,确保病有所医、住有所居、困有所帮，形成了文明和谐、健康向上的人文环境。

第四，抓好基层党建工作。一是开展"两学一做""强化责任、严守纪律、树好形象"教育活动。二是认真履行"三会一课"制度，加强党的组织生活，提高党员的政治觉悟。三是党务村务按照"定、查、评""四议两公开"的工作方法推行，确保公正廉洁，扎实做好"三基建设"。

2017年底，东庄村的脱贫攻坚战役顺利经过了上级委托的第三方评估验收，被批准脱贫摘帽。

四

刘杰出生在农村，对农村有着很深的感情，对农民劳作的艰辛、生活的贫困，有着很深的体会，总想着能有机会亲自到农村为父老乡亲办点实事。参加扶贫工作队以后，他怀着满满的信心进驻东庄村，开始了不一样的工作。

在东庄村，他时时刻刻把群众的事放在心上。两年多来他不知道什么是公休日、节假日，在驻村700多天的日子中，在农户家中的时间超过500天。

谁也不知道，刘杰究竟为贫困户办了多少实事，进了多少趟贫困户的家，可能只有他那双脚知道，只有东庄村的群众知道。

刘杰的两个女儿都已出嫁，妻子身体不好，常年吃药。他一下乡，家里就剩下生病的妻子。

在驻村的日日夜夜里，他对自己的家人照顾得很少，但对贫困户的事特别上心。

在走访中，刘杰发现五保户刘景山家中的电线像蜘蛛网一样布满屋子，存在极大的安全隐患。第二天他便带上工具，将刘景山家的线路布置得整整齐齐。

加村贫困户李锁奴，丈夫郭根才因病于2016年不幸去世，儿子还在上学。了解了这些情况，刘杰帮助她申请救助，鼓励她参加合作社进行产业脱贫。通过一系列工作，使她鼓起了对生活的信心，发展产业，很快就达到了脱贫的条件。

柏山村的贫困户李锁回，丈夫高位截瘫无劳动能力，二女儿脑瘫，大女儿在上学，全家只有李锁回一个劳动力。

刘杰热情地帮助她办理有关手续，使其家庭享受了政府兜底11880元、"股加贷"1173元、教育补助2000元、残疾人补贴600元、代缴医疗养老保险。全年下来，李锁回全家人均可支配收入3913元，搬进了125平方米的砖混窑洞，还安了自来水，实现了稳定脱贫。

东庄村的孙小伏股骨头坏死需手术更换，刘杰为其多方联系医院，使原来走不成路的她，现在行动与常人无异。帮助她办理有关手续，使其家庭享受政府兜底11880元、"股加贷"1173元、代缴医疗养老保险。

还有柏山村的李锁，因两口子都是智障，只能干一点简单的活儿。刘杰就依据政策帮助他们办理了享受政府兜底7560元、"股加贷"782元，还帮助他们参加了基本医疗养老保险。

积雪漫脚的日子，他到养殖户家中帮助清理积雪；炎热的中午，他在农田里帮助农户收割庄稼……

每为群众办完一件事，他的心中便会涌起幸福的感觉。

刘杰不图名、不图利，2018年10月已经退休的他还坚守在扶贫一线。他说得很轻松："我给你们帮帮忙……"

桃花山人

热闹的婚礼

2017年九月初三下午4点半钟,火红的太阳把热烈的光线洒向山林、村落、田地、村道……

台头镇桃花村显得比往日更加明亮,新盖的住宅是那样的光鲜,细微的山风刮过来,给人一阵说不出来的凉爽。

"回来了!回来了——"几个小孩子一边跑一边叫唤着跑进院子。

紧跟着几辆小轿车从村头的那一株高大的白皮松树下面转过来,驶进村子……

"放炮!快放炮——"有人在高喊。

紧接着噼噼啪啪的鞭炮声就响起来了,小孩子跟在小汽车屁股后面跑进村民贾文化的小院里。

穿着一新的贾文化和妻子朝第一辆小车跑过去。司机刚下车,就被贾文化紧紧拉住双手:"薛主任,辛苦了!辛苦了!"

被叫作薛主任的司机指指正在下车的新郎和新娘笑着说:"老贾,你别急着招呼我,赶紧招呼新媳妇呀!"

薛主任的话,引起村民的一阵哄笑。

这位薛主任是县委组织部驻桃花山村扶贫工作队员薛刚。

薛刚是 2016 年 10 月随县委组织部驻桃花山村扶贫工作队进村的。

薛刚大学本科学历，2007 年 9 月参加工作，是县委组织部研究室主任，在这之前担任过西坡镇胡家岭村干部、西坡镇政府办公室科员。县里要组织驻村扶贫工作队，他自告奋勇报名参加。

进村不久，薛刚就遇上了一件挠头的事情。

一天上午，70 多岁的村民贾文化来找薛刚，说是他的小儿子贾天仓找了一个隰县的对象，两个孩子都满意，需要一个有身份的人到隰县见一下女方父母，因为村里人都没出过远门，怕说不好话。因此请薛刚帮着跑一趟，说说媒。

从来没有这方面经验的薛刚没办法拒绝，就答应了下来。

几天后，薛刚在贾天仓姨夫的陪同下，驱车 200 里到隰县女方家说亲。

说是说亲，其实是敲定婚前一切事宜，薛刚沉着冷静，把事情处理得合情合理。

贾天仓的婚事万事俱备，只欠东风了。

婚事敲定了以后，薛刚又忙里忙外帮着张罗。

到了结婚那一天，贾文化请薛刚再辛苦一趟，跟着车队去接新媳妇，薛刚满口答应。

一时间，工作队不仅扶贫，还帮着娶新媳妇的消息，传遍桃花山村周边十里八乡。

核桃专家

工作队进村以后，随着工作的深入，薛刚发现桃花山村党组织不健全，村里连一个党支部书记都选不出来，现任党支部书记还是由台头镇武装部部长兼任。多年不发展新党员，现有党员普遍年龄大，难以发挥作用。村两委连个活动场所也没有，平时开会研究工作就在村主任家里。于是他配合驻村扶贫工作队领导整顿了村党支部，筹措资金新建了村两委活动场所。恢复了"三会一课"制度，积极发展新党员。随后，针对农村党员作用弱化的问题，他与村党支部协商，组建了花山核桃专业合作社党小组和外出务工党小组，引导党员为贫困群众宣讲政策、技术帮带，为外出务工人员提供务工信息、维权服务。

村民们感到党支部又回来了，有了困难找村两委解决。

在深入调查研究的基础上，薛刚和驻村扶贫工作队员们全面掌握了桃花山村的基本情况。

桃花山村，山岭重叠，沟壑纵横，梁峁交错，海拔1361米，是典型石山森林区地质地貌。历史上曾尝试发展过苹果、蘑菇、杂粮等产业，因种种原因均失败。2010年后，村委会经论证，将核桃定为产业方向，栽植核桃面积达1012亩，但受管护技能、经营管理、市场把控等制约，经济效益不理想。

驻村后，薛刚跑遍了全村所有的核桃园，哪家几亩核桃，栽的什么品种，多少亩挂果，他都摸底登记。结合桃花山村立地条件和产业基础，制定了"短抓畜牧、长抓核桃"的产业脱贫思路。多次与驻村扶贫工作队队长及合作社带头人协商，在提高核桃管护水平、加强防病防虫、严把质量等方面大胆尝试探索。

原先核桃都是农户自己采收，时间不够固定，有的村民为了卖新鲜，提前采收，结果质量无法保证，还卖不下好价钱，反而坏了桃花山核桃的名声。薛刚经请教行家，知道桃花山核桃到白露以后才能成熟，于是他和村两委协商，将核桃采摘时节确定为白露后，并挨家挨户进行宣传，通知谁家也不能提前采收！

这一招很灵，2017年白露前全村没有一家采摘核桃，核桃品质较往年大大提升，桃花山核桃的名声又恢复如初。

白露刚过，村里比往日显得热闹，家家户户满心喜悦地谈论着今年的核桃收成。这时候村里已经成立了花山核桃专业合作社，薛刚和第一书记李万标，挨家挨户收核桃，并要求大家在自己装核桃的纸箱上签上名字，通过质量倒查保证核桃品质。

种核桃大户万小锁拿到合作社统购后的核桃支付款后高兴地说："今

年花山核桃专业合作社比往年更专业，虽然核桃收购时标准要求高、筛选严，不同尺寸和品种的核桃划分更明确，但价格也高了，总体来说每亩核桃比往年多赚2000元，我对种植核桃越来越有信心了。"

薛刚分析这一年少数农户核桃收成不好的原因，主要还是管护技术和病虫害防护不过关。为了解决好这个问题，他跑到中央农业广播学校山西省乡宁分校找专业技师史晓斌，请其来做技术传授。

没过几天的一个周末，史晓斌就在薛刚的带领下带着工具，来到了桃花山村，义务教大家如何管护。核桃种植户学得非常认真，有人说："这次培训更有针对性，可操作性强。"培训结束以后，薛刚梳理了培训内容，编写了桃核种植管护说明，送到了农户手中。

经过大家的共同努力，2017年全村销售核桃2万余斤，户均增收1000多元。

核桃已成为全村脱贫增收的摇钱树。

薛刚也被村民称为核桃专家。

在发展核桃产业的同时，薛刚还注意针对每户的实际情况，鼓励他们一户一业，精准发展。

2017年全村发展养殖户12户，享受产业补贴达4.6万元，户均畜牧养殖收入达1.6万元；100千瓦光伏发电站11月并网发电，年可增加村集体经济收入3万元，带动贫困户20户、56人年增收3000元。

咱家里人

在抓好全村产业发展的同时，薛刚还十分注意关注那些深度贫困户。

王三娃原是村里的能人，多年前突患脑血栓，落下半身不遂。孩子正读高中，入不敷出，全家靠国家救济勉强维持生计。性格要强的他，整天借酒浇愁。2016年工作队与县扶贫办联系，帮王三娃申请了乐村淘农村电商，可到20里外的乡镇进货成了问题。

为了让商店运营起来，薛刚主动当起了送货员。王三娃把所需商品信息用微信发给薛刚，薛刚根据订货信息，从城里购好货物，运回村里。王三娃的生意一天天好起来了，既方便了群众，也给他带来了稳定收入。

农历十月二十五是大洼村的贫困户张当虎的生日。张当虎属轻微精神病患者，丈夫去世，大儿子离家出走，她与同患经精神疾病的小儿子相依为命。一次闲谈，张当虎说起过生日，想吃蛋糕。为了满足老人的愿望，到了她生日的那一天，薛刚和工作队员早早来到她家，为她家铺上了新买的炕布。

临到中午，大家和村干部一起围坐在老人周围，拆开蛋糕，插上蜡烛，伴着音乐，拍手为老人送上生日祝福歌。当老人把大家递过来的香甜松软的蛋糕送入口中时，一滴泪顺着脸颊滴到崭新的炕布上，"共产党好，工作队好"的声音环绕窑洞。

张满堂的儿子张昊昊2017年考上大学，一家人既喜又愁，孩子上学是一笔不少的支出。张满堂来到村委会找到薛刚，薛刚了解了他家的情况后，先给他讲解助学贷款政策，而后帮他填写资料，帮助他办理了助学贷款的手续。最终，张昊昊获得7000元助学贷款，并申请到县扶贫办5000元的大学生资助金。两年来，薛刚帮助村里的5名考取大学的学生申请到了助学贷款和资助金。

因病致贫在桃花山村贫困户中占比较高，为解决贫困户吃药开支的大问题，薛刚和其他工作队员最终为11户贫困户办理了医疗保险大额疾病诊疗手册。

在薛刚和县组织部扶贫工作队的共同努力下，桃花山村享受戎子酒庄有限公司"股加贷"5户、16人，享受云丘山旅游开发有限责任公司"富农贷"24户、87人，帮助1户贫困户办理了创业小额贷款，参与松卜岭养殖专业合作社主体代养18户，加入丰茂园造林专业合作社2户、8人，协助9户、23人享受2017年低保政策，2名有劳动能力的贫困户被聘为本村护林员和公路养护员，享受两免一补、生源地贷款、"雨露计划"、教育救助等教育扶贫政策22户，让国家扶贫政策红利辐射到更多的困难群众，也让脱贫成效更加扎实。

无论是自己了解的，还是村民找上门来说困难，薛刚都当作自己家里的事情来办。

一件件实事,密切了党群关系,让贫困群众切实感受到党和政府的温暖。

一件件好事,温暖了群众的心田,桃花山村的贫困户都把他当作家里人来看待。

遇上一个不顾家的人

"遇上了一个不顾家的人",是薛刚妻子杜娟对自己丈夫的评价。

杜娟是中共党员,现任乡宁县城东小学教师,夫妻二人育有一儿一女。

女儿诗羽 2017 年 7 月出生时,薛刚连续几周在村里忙着扶贫,根本没有时间照看妻女。孩子满月后,按照习俗要送妻女回娘家,答应亲自送妻女的他,临时接到上级任务,又一次食言,只好让父亲和妻舅代替。听着妻子"家里什么事都指望不上你"的埋怨,他无言以对,愧疚难当。他就是这样,把脱贫看得比什么都重要,把对妻儿的爱埋在了心底。薛刚每年 200 多天坚守在扶贫点上,家里的事情根本顾不上。

2017 年 6 月 1 日,儿子的学校召开家长会,杜娟碰巧有事,就给薛刚打电话,看他有没有时间参加一下。当时薛刚正好有空,就答应了下来。

可是等到了开家长会的时间,村里又来了电话,说是有急事,请他火速返回村里。没办法,薛刚只好提前赶到学校跟班主任说明情况,急匆匆地赶回村里。

由于薛刚长期不在家,本来应该由男人干的事情,结果全部交给了妻子杜娟。

对此,通情达理的杜娟说:"没办法,谁叫咱遇上了一个不顾家的人呢!"

山乡宁静

脱贫攻坚日志

翻阅县政协办公室驻罗毕村扶贫工作队刘海鹏的工作日记,发现日记写得很有特色,不妨抄录几段——

2016年10月17日

根据县脱贫攻坚行动总指挥部的要求,确保在既定时间完成对接贫困户脱贫任务,确保扶贫对接工作有序开展,我们单位成立了干部下乡驻村包户工作队。对于下乡,我并不陌生,自进入政协工作后,已经记不起下了多少次乡,大都是调研,其内容很多,包括引黄工程、安全饮水、核桃种植、花椒管护、煤矿安全、采煤沉陷区治理、县域旅游发展、民俗文化传承、百名委员下基层、乡村道路维护、禁毒工作等。从下乡地方来说,乡宁县所辖10个乡镇都去过,有的不止一次;从下乡的人数来说,少则十个八个,多则五六十人。然而对于驻村和工作队却是第一次,况且这一次县委、县政府极其重视,可见此次任务非同一般,我等也不敢懈怠。

工作队成立了,队长由我们县政协的秘书长穆鑫同志担任,队员有刘科军、温晓宏、牛世伟及本人。工作队还下设办公室，办公室主任由刘科军兼任，工作人员是单位的两名干将，也是两名入党积极分子贾好、牛世伟。这还没完，因为我们工作队承担西坡镇罗毕村和西坡村31户贫困户、108口人的精准扶贫工作，所以又分为罗毕村工作组，组长穆鑫，成员温晓宏、刘海鹏，温晓宏兼联络员。包村的乡镇干部是王瑞东，此前根本没听说过此人。村委会联系人叫杨占林，这人有点熟，此前是我们县八届政协委员。西坡村组长刘科军，成员兼联络员牛世伟，包村的乡镇干部叫曹峰，村委会联系人任康平。

真抓实干，马上就办。随后工作队各小组按照分配的帮扶名单与乡镇领导、村支书、主任接头，调查摸底、分解任务、责任到人、分户到人，实施精准扶贫。按照安排，我的帮扶结对对象是西坡镇柏崖湾村的3户、11口人。3户分别是马占堂家、王海发家和高建东家。

很快，工作组与西坡镇政府取得了联系，我便收到了我结对帮扶的柏崖湾村的3户贫困户的情况。其时，我开始从文字中了解我所包联的各户的情况，也由此开始了我的扶贫工作。

2016年10月18日

贫困户基本情况：高建东一家4口人，有土窑洞4间，住房面积约120平方米，8亩责任田，三轮车1辆、摩托车1辆。

户主高建东，43岁，初中文化程度，在家务农，是家里主要劳力。妻子臧惠萍，39岁，小学文化程度，智障，劳动能力低下。长子高浩源，15岁，在西坡初中上初三年级。次子高浩淇，13岁，在罗毕小学上六年级。

致贫原因：其一，家庭经济收入水平低。主要经济收入依靠种植单一的粮食作物或外出打工为主，再加上落后的农业生产方式和价格上涨的农业生产资料,导致农产品附加值不高,而且还增加了农业生产成本。其二,家庭劳动力少。家中两个孩子都在上学就读,妻子常年有病,不能干重活。在劳动技能方面,也不具有一技之长,大多时间是体能性的务农、打工。无固定经济来源,缺少技术,主要靠传统农业种植,打零工维持生计;其三,因病、因学致贫。妻子臧惠萍智障,两个孩子上学支出大。

居住条件差,离中心村1公里以上。

急需解决的困难:居住的土窑洞急需改造重建。种植单一的粮食作物不能支撑孩子上学的费用和家里日常的开支。农业生产工具落后,无法正常使用。

高建东个人发展意愿:学习先进的农业生产科学技术和管理经验,种植商品性高的经济作物(如花椒、油料作物等)。

贫困户基本情况:乡宁县西坡镇罗毕村的柏崖湾村民马占堂一家3口人,有土窑洞3间,住房面积约80平方米,6亩责任田,退耕还林2亩,摩托车1辆。

户主马占堂,65岁,初中文化程度,在家务农,是家里主要劳力,本人有心脑血管疾病。妻子王顺兰,62岁,初中文化程度,重病在身,劳动能力低下。儿子马志强,35岁,小学文化程度,智力低下。

致贫原因:其一,家庭经济收入水平低。主要经济收入依靠种植单一的粮食作物或外出打工为主,再加上落后的农业生产方式和价格上涨的农业生产资料,导致农产品附加值不高,而且还增加了农业生产成本。其二,家庭劳动力少。妻子常年有病,不能干重活。在劳动技能方面,也不具有一技之长,大多时间是体能性的务农、打工。无固定经济来源,缺少技术,主要靠传统农业种植,打零工维持生计。其三,因病致贫。本人和妻子都患有重病,儿子马志强智力差,医药费支出大。

急需解决的困难：居住的土窑洞急需改造重建。种植单一的粮食作物不能支撑医药费用和家里日常的费用开支。农用生产工具落后，无法正常使用。

马占堂个人发展意愿：学习先进的农业生产科学技术和管理经验，种植商品性高的经济作物（如花椒、油料作物等）。

贫困户基本情况：乡宁县西坡镇罗毕村的柏崖湾村民王海发一家4口人，有房屋5间，砖混结构，住房面积约120平方米，2亩责任田，摩托车1辆。

户主王海发，47岁，初中文化程度，在家务农。妻子岳粉枝，48岁，小学文化程度，劳动能力低下。儿子王进科，24岁；女儿王宁霞，19岁。

致贫原因：其一，家庭经济收入水平低。主要经济收入依靠种植单一的粮食作物或外出打工为主，再加上落后的农业生产方式和价格上涨的农业生产资料，

刘海鹏（左）在走访贫困户

导致农产品附加值不高，而且还增加了农业生产成本。其二，家庭劳动力少。家中一个孩子在上学就读，妻子常年有病，不能干重活。在劳动技能方面，也不具有一技之长，大多时间是体能性的务农、打工。无固定经济来源，缺少技术，主要靠传统农业种植、打零工维持生计。其三，因病、因学致贫。夫妻二人都有病在身，孩子上学支出大。

急需解决的困难：种植单一的粮食作物不能支撑孩子上学的费用和家里日常的费用开支。农业生产工具落后，无法正常使用。

王海发个人发展意愿来看：学习先进的农业生产科学技术和管理经验，种植商品性高的经济作物（如花椒、油料作物等）。

以上信息的真实性我不敢百分之百确认，单从贫困户急需解决的困难和个人发展意愿来看，3户基本相同来看，我已产生疑问。"纸上得来终觉浅，绝知此事要躬行。"

2016年10月19日

我的同事刘科军、付亮平、牛世伟、文丽最先去过高建东家，他们回来之后，说起来觉得这家人真是恓惶。

罗毕的初冬，水瘦山寒，到处是光秃秃的，风不时地一阵一阵带着冷气从梁上吹过来，太阳懒洋洋地照在这一片贫瘠的土地上。

第一次去高建东家。

把车停放在写有"柏崖湾"3个字的路边，顺着一个两米左右、约莫50度左右的土坡走下去，拐了几道弯到了沟底，沿着曲曲弯弯高低不平的土路，走了将近20分钟到了高建东家。

这样的路，我太熟悉了！从我有记忆开始，我们村里通往周边村的路，都是这样，晴天一身土，雨天一身泥。后来变成了沙土路，再后来变成了石子沙土路，再再后来就成了水泥路。

如今再走在这样的路上，倍感熟悉亲切，似乎回到十几年前，同时又多了几分感慨，竟然还有如此落后的地方。

说是院子，却没有一堵墙，仅有4孔破旧的土窑洞，背靠大山，面朝山沟。已然是冬天了，门上依然挂的是夏天用的透风帘子，窗户也透着风，破窗纸随风抖动，让人感觉甚是凄凉。窑洞里，简单的生活用品乱七八糟地扔着，许多地方布满灰尘，墙上还挂着蜘蛛网。

第一次见到高建东。

1.6米的个头，脏兮兮的古铜色衣服久未换洗，毛糙的头发沾着灰尘，似乎逾月未洗，铁锈般的脸上泛着黑色，一双眼睛直愣愣瞪得人害怕，40岁刚出头给人感觉有60多岁。

我想，要改变建东家生活的现状，首先是要改变其思想状况。

2017年10月26日

今年的秋雨异常的多，隔三岔五，绵绵不绝。

今天天气稍晴。

下午我和工作队队长尉志荣一起走访了我帮扶的贫困户马占堂。

我们今天入户的目的是要向马占堂进一步宣传讲解，前一段时间县卫生局安排县中医院、西坡镇卫生院签订的山西省建档立卡农村贫困户人口健康扶贫"双签约"服务政策；落实村委会发放的花椒苗是否如数领到，计划何时栽种；了解易地搬迁房何时入住。

在路上，遇到了马占堂。他正用木棍背着用绳子捆着的大木箱子吃力地走在尚未全干的泥土路上——在搬家。看到我们，他一边高兴地打招呼，一边急忙打算放下扛着的木箱，我赶紧跑上去帮他接住。

问明来意，我们要帮他，他执意不肯。

我们帮他把箱子重新扛上肩膀。

我们决定一会儿再去看他的新房子。

老院门口，两只狗汪汪汪地叫个不停。

听到狗叫，王顺兰从老窑洞里走出来，一面大声呵斥自家的狗，一面向我们挥着手，面带微笑迎了上来，把我们引进窑里头。

她连声说:"你们真是为人民服务到家了。"

我说:"这是我们应该做的。"

我向她介绍了尉志荣。

"你们真是我们的贴心人,谢谢你们!谢谢你们!你们真是我们的贴心人。"

她重复了好几遍,高兴激动之情溢于言表。就是这个女人,曾经流着眼泪激动地对我说:"那天,占林(罗毕村党支部书记)雷额屋里(来我家里)给额雪(我说),国家给额(我)盖平房,额雪额(我说我)这辈子都某(没)有想过还能从土窑里搬出去,住平房,额(我)不是揍(做)梦哩吧。"

尉志荣队长说:"你应该感谢共产党,感谢习近平总书记。"

王顺兰说:"是是是,对对对,不过,他离额(我)太远,你几个离额(我)近些。"

整个窑洞里充满了我们3人欢乐的笑声。

坐在炕沿上,我们聊了起来。

尉志荣队长拿出建档立卡农村贫困户人口健康扶贫"双签约"服务协议书,仔细讲解,并不时解答王顺兰提出的问题。同时,我们还了解了她儿媳妇张改霞的病情和儿子马志强的打工情况。

昨天我给马占堂打电话没打通,然后给他儿子马建强通知,让他帮助他父亲领取花椒苗。今天,我们在院里看到了花椒苗,告诉她赶紧栽种,不敢耽误了。

离开时,我们说准备去她的新房子,帮她搬一些东西过去,她坚决不让。

她迅速地找了一个塑料袋,装了一些红薯、青辣椒,说这是自家地里头种的、院里头栽的,不上化肥,不打农药,绿色食品,要我们带上。我们再三推辞,她说,这是我的一点心意,你们一定要带上。

多么热情、朴实、诚恳的人啊!

第十章 我们的队伍向太阳

刘海鹏（右）在与贫困户研究脱贫方案

马占堂的新院子，新铺的水泥路连接着209国道。

马占堂正在院子里劈柴。看到我们来了，停下了手中的活，引我们走进新房。崭新的深红色的门，阳光透过明净宽大的窗户照在屋里，加上炉膛里燃烧的红通通的柴火，热量传导至新装的暖气片上，整个屋子里暖烘烘的。此时，你会感觉浑身上下是暖暖的，心里也是暖暖的，生活原来是这样美好。

我和尉志荣队长对马占堂讲解了建档立卡农村贫困户人口健康扶贫"双签约"服务政策和罗毕村今年光伏产业扶贫情况，详细地询问了解了搬迁房选址、推地基、找工队、拉砖、买水泥、买钢筋、装门窗等情况。

马占堂最关心的是剩余20%的易地搬迁扶贫款何时能发下来。哦，这事搁谁谁也会问的。

"住上后，扶贫办等单位统一验收完毕，立即发放！"

马占堂听了，很严肃地问我们："宅（咱）十九大都开完了啦，你几个四不四（是不是）就准备离开回城里头呀？"

尉志荣队长说："不不不，到2020年啦，你们过上小康生活，额们才回哩。"

这似乎给他吃了颗定心丸。

他脸上重新泛起了笑容。

回工作队驻地的路上,阳光正洒满罗毕垣面上。

新时代,真好!

"自古逢秋悲寂寥,我言秋日胜春朝。晴空一鹤排云上,便引诗情到碧霄。"

2018年3月16日

根据县政协脱贫攻坚会议的安排,我于2016年10月到罗毕村进行驻村定点扶贫。时节如流,岁月不居,一年多的驻村帮扶工作,让我更多地学习了党和国家的各项精准扶贫政策,更多地了解了农业、农村、农民的现状,更多地践行了县委、县政府脱贫攻坚的各项决策部署,进一步开阔了我的视野,增强了我的工作责任心。同时,在与其他驻村扶贫工作队员及罗毕村民的朝夕相处中,增进了理解与交流,建立了深厚的情谊,学到了许多工作方法,并从他们身上感受到了强烈的进取精神和发展意识,真切感受到基层锻炼的必要性与益处。

(一)不断加强学习,充分认识扶贫工作的重要性。

我认为,扶贫工作的主要任务,就是要打牢农业、农村发展基础,增强农村发展后劲,促进农民增收,逐步使广大农村和农民群众"生活富起来、精神乐起来、生态好起来、村容美起来、班子强起来"。要做一个合格的扶贫工作队员,就必须认真学习有关农村政策、规章制度和各种会议精神,不断丰富自己的理论水平,充分地认识与理解扶贫工作的重要性。因此,在工作中,我注重学习,认真思考,不耻下问,并结合实际和工作需要,一直坚持学习相关的理论,不断丰富自己的知识,增长工作才能,增强自己的工作自信心，逐渐提高了自身的素质和综合能力，以帮助自己更好地完成各项工作任务。

（二）深入基层，踏踏实实为群众服务。

1.进村调研，制定脱贫规划。我和其他工作队员进驻罗毕村后，首先是通过走访群众、座谈、召开村民代表大会和村组干部会等多种方式开展调查研究，了解民情，熟知村民的要求与愿望，仔细分析与研究，掌握好第一手材料，做到心中有数。其次是和村两委班子共同研讨，制定道路房屋整洁化、村风民俗文明化、社会秩序和谐化的目标，科学合理地规划罗毕村的建设以及产业发展。

2.进村做好宣传，营造良好工作氛围。在做好调研，制定好规划后，就是要做好宣传工作，让群众充分了解扶贫工作的主要目标。为此，我和其他工作队员，一方面组织党员干部认真学习扶贫工作的具体内容、任务和目标；另一方面是召开群众大会，向群众反复宣讲建设内容，规划项目，建设实施方案、过程、步骤。通过宣传，提高了群众主动参与新农村建设的积极性，更为建设项目的实施打下了坚实的群众基础。

3.入户走访，摸清户内基本情况。走访所帮贫困户，了解家庭情况定措施，解决问题真帮扶。驻村扶贫工作队每月至少走访一遍贫困户，访民情、察民意、解民困，摸清致贫原因，精准帮扶举措；作为帮扶责任人每月至少与帮扶贫困户电话联系两次，每月至少到所帮贫困户家中走访两次，做到沟通经常化、服务常态化。

4.召开座谈会，抓党建转作风促脱贫。共同协商安排罗毕村委会年轻党员、村干部每人包5户，因户施策，制定帮扶措施。定期组织召开村组干部、广大党员、贫困群众代表座谈会，充分发挥广大党员在脱贫攻坚工作中的模范带头作用。依托村里的资源情况、人员情况、产业基础等，共商脱贫大计、发展大计。结合各村实际，积极推行"党支部＋合作社＋能人＋贫困户""四位一体"的精准扶贫模式，以龙头企业、专业合作社为平台，通过流转土地等方式大力发展种植、养殖等特色产业。聚民合作社养兔带动6户，通泰种养合作社种植油菜带动22户，养猪带动12户。同时，深入学习贯彻十九大精神，持续深入开展"两学一做"学习教育制度化、常态化，坚持以学促做。

5. 核查数据，建立各项分类台账。根据县上核查数据要求，我和工作队其他同志利用近两个月的时间对所有贫困户线上、线下数据进行了核查。经核查涉及数据项目50余项，特别是有些数据是从农委、医保中心、西坡卫生院、宣传部、民政局、扶贫办、教科局、西坡中学、西坡镇中心校、枣岭中学、保险公司等单位调查所得，保证了数据真实、全面、精准。经过核查数据，建立了各类台账共52种，整理了各类档案40余类。

6. 抓好基础，完善村户纸质档案。与包村干部、村委会干部、帮扶责任人上门入户了解扶贫对象，不仅实地察看贫困户家庭现状，详细了解其家庭人口、劳动能力状况、主要经济收入来源、致贫原因、脱贫意愿、住房情况等基本信息，以图文形式来展示具体工作细节和鉴别贫困户真实情况，做到真扶贫、扶真贫。对4个年度6个批次的纸质档案全部完善，发放了明白卡，填写了《帮扶政策牌》，完善了《扶贫手册》，做到贫困户信息和帮扶措施精准。

7. 精准施策，发展产业帮扶项目。坚持因户施策，加大帮扶力度，推动贫困户脱贫。参与了以下工作：一是实施易地分散搬迁项目14户、53人。二是评定生态护林员3名，人均年收益1.2万元；评定保洁员4名，人均年收益5500元；评定公路养护员2名，人均年收益5500元；12户、44口人参加了造林合作社，每户人均年收益3200元。三是14户、57人纳入"股加贷"项目，人均年收益约400元；"四位一体"金融扶贫贷款71户，每户年分红4000元，享受3年。四是实施产业扶贫工程，实施特色种植项目，全村发展花椒 350 亩，覆盖贫困户 90 户；种植牡丹 15 亩，覆盖贫困户 6 户；油菜种植 160 亩，覆盖贫困户 22 户；小杂粮种植 150 亩，覆盖贫困户 28 户。五是发展 100 千瓦光伏发电站，目前已建成，受益贫困户 24 户。六是实施交通扶贫工程，罗毕、要里、胡坪、柏崖湾"户户通"工程已竣工。七是实施水利扶贫工程，要里、胡坪 2 个自然村户户引水工程已投入使用。八是实施教育扶贫工程，贫困户家庭中共有 113 名学生享受教育资助。九是新型合作医疗和养老保险纳入 100%，健康扶贫"双签约"覆盖 138 户、511 人，村卫生室已竣工投入使用。

8. 建立微信群，加大政策宣讲力度。除采取对贫困户集中讲解、入户宣讲政策外，还分村建立了贫困户脱贫致富微信群，驻村扶贫工作队、镇帮扶干部、村两委班子成员、扶贫专干及责任人全部加入了微信群，每天发送信息 500 多条，其中图片占 60%，平均每天工作落实信息和报告工作进度 200 多条。微信群的建立，让镇、村、工作队、帮扶人和贫困户一下子集中到了一起，拉近了距离，信息送达更便捷及时，方便了大家的沟通联系，增进了干部与贫困户的感情。干部们对贫困户提出的问题，及时解决。脱贫攻坚中的一些疑难问题，一人无法答复时，其他成员也热心帮忙出主意，齐心协力解决问题，工作效率显著提高。利用微信群确保贫困户了解扶贫政策，对照各自实际情况，保证该享受的政策应享尽享，提高了贫困户的满意度。

9. 组织活动，助力脱贫攻坚。参与组织开展形式多样的文化惠民活动，一是由县政协文艺界委员张海平、张谕、连瑞祥、左明科、王高丽，政协机关干部温晓宏和职业中学部分老师、学生为罗毕村民进行抓党建、转作风、促脱贫文化惠民活动文艺演出，进一步丰富了群众的业余文化生活。二是邀请乡宁县老百姓大药房到罗毕村开展送医、送药、送健康医疗扶贫活动。给罗毕村的 138 户建档立卡贫困户每户免费发放一个药箱，每个药箱备有 20

余种家庭常用药品，价值100余元；为2017年底脱贫的特困户发放价值300余元的血压计，并发放长期购药优惠卡；邀请中医主治专家为现场群众义诊，并指导用药。

10. 举办培训班，让贫困户掌握技术。针对罗毕村大面积发展花椒、油菜，大部分贫困户栽植、管护技术欠缺的不足，和工作队其他同志商量，邀请县农业技术推广站专业技术人员到罗毕村，给贫困户培训花椒、油菜栽植与管护技术等，并实地指导。为了及时解决贫困户栽植、管护中存在的问题，采取"请进来、走出去"的方式，一是把专业人员邀请进罗毕村的脱贫致富奔小康微信群，二是把贫困户邀请进乡宁县花椒交流群，极大地方便了贫困户与专业技术人员的交流。

11. 共吃农家饭，增进彼此之间的感情。走进贫困户家中，自带食材，亲自动手，吃农家饭，真心交流，真情融入。从贫困群众热切盼望的具体事情入手，参与协调有关部门，背靠帮扶单位帮助贫困群众解决现实困难，并为14户喜迁新居的易地搬迁户送上对联、拍全家福。

12. 义务劳动，彻底改善村容村貌。积极参与贫困户的生产活动，与贫困户同劳动，积极帮助贫困户，特别是帮年老病弱的贫困户打扫庭院、收拾房屋，为他们营造良好的生活环境。定期参加村里的卫生大清扫，协助村里搞好绿化、美化、亮化、净化"四化"工程，彻底改善村容村貌。

13. 化解矛盾，营造团结和谐的氛围。针对高贺隆等人反映，杨吉林将自己和其他村民的田间道路损坏的问题，我和工作队其他同志多次入户，同杨吉林及其妻子沟通交流，向其反复讲政策与法律。最后问题得到圆满解决，大大提高了村民的满意度。

14. 合理分配帮扶资金。与西坡镇包村领导、驻村扶贫工作队其他同志和村委会共同协商，对3.4万元的帮扶资金合理分配使用：每户发放200元，用于产业发展和学生上学路费补贴；每户发放压面机一台，方便贫困户生活。

（三）存在的问题及今后努力的方向。

一年多来，我虽然取得了一些成绩，但在思想和工作上还存在着许多不足，主要表现在以下几个方面：一是基层工作经验缺少，工作新局面还有待进一步打开。以前一直在县直机关单位工作，虽然有时也下乡，但真正深入农村一线工作很少，农村工作经验缺乏，对农村工作自身独创性开展不够。二是政策理论水平低，不能很好地为群众服务。由于本人对农村政策理论掌握不够，对市场经济知识了解不多，缺少经济操作实践经验，加上所驻村经济条件所限，驻村以来，在发展当地经济工作方面不甚理想，还有待进一步提高。三是科技知识缺乏，不能很好地为群众提供技术指导。四是工作力度不大，主要表现为观念更新不够，抓实事、大事不够，高效做事不够。五是工作上尚欠主动性，胆子不够大。六是协调能力不强等。

针对上述存在的诸多问题，我将认真反思与总结，并在今后的实际工作中，加强学习，勇于实践，牢固树立全心全意为人民服务的思想。带着责任、带着问题、带着任务、带着情感真正深入基层，深入实际，把党在农村的各项方针政策落实好，我有决心、有信心圆满完成各项工作任务。

（四）体会和收获。

经过一年多的驻村开展工作，每天都与村民朝夕相处，并肩工作，村民的纯朴、善良、勤劳深深地感染了我，使我的思想受到了极大的触动。通过一年多的基层锻炼，我对农村工作的开展和存在的问题有了进一步的认识，对今后的工作有了很大的帮助和指导作用。工作中，我也深切地体会到做好农村基层工作，必须与群众融为一体，放下架子，虚心待人，耐心听取群众意见，加强与村民的交流沟通，并从他们的利益出发，才能求得理解与支持，更要依靠和争取村干部的支持与帮助。现在我更深刻地体会到了，只有扎根群众，才能了解群众；只有深入群众，才能服务群众；只有勤于实践，才能尽快成长。同时，驻村工作使我在政策水平、工作能力、思想作风上的提高将会让我终身受益。

谢谢扶贫工作！

2018年5月31日

今天天气晴好。

呼吸着柏崖湾村初夏自由的空气，让人感到神清气爽。

下午4点多，在联系好我的包联户高建东后，我和工作队的同志牛世伟、任庆霞、柴斐娟一同入户。

高建东是2017年享受党和政府易地搬迁的脱贫户。不过今天他不在新房子，因为油菜收获了，他正在老院子里弄油菜籽。

到了老院门口，就听见汪汪汪的狗叫声，两个女同志有些害怕，往后躲。这个时候高建东迎了出来，小狗在他的脚边安静了下来。

看到院子里一堆堆收获的油菜，看到老窑洞里已经脱粒的油菜籽，我们都是满心的欢喜。

收获的喜悦洋溢在高建东的脸上。

高建东说，收了油菜，地里再种些葵花，就能实现一年两收，经济效益应该不错。他主动发展生产的积极性激发出来了，我们真为他高兴。

……

我们又聊了一些别的令人高兴的事情，窑洞前不时传出一阵阵愉快的笑声，飘荡在山野里。

王小平在柴汾

王小平,光华镇税务所所长,2016年10月任税务局驻柴汾、陡坡村扶贫工作队副队长,不久任队长。脱贫攻坚中他为村民办了不下60件好事、实事,受到村民的广泛赞誉。

筑牢阵地

王小平怀着一腔扶贫热情,带头驻村,他想大干一场,把柴汾村的面貌彻底改变。

可是,村级组织活动中心脏乱差,叫他实在难以静下心来好好工作。村两委连个牌子都挂不出来,办公室门锁坏了无人修理,窑洞门窗跑风漏气,档案资料乱七八糟堆在破烂不堪的文件柜里边,找啥材料也找不着。

办公设施是这样,工作呢?党支部长期不开展组织活动,党员长期不照面,村委会也是形同虚设,村两委干部谁也找不着谁,根本开不成会。村主任就差把公章别在裤腰上了。

村里边公益事业、基础建设欠账极多,道路不通,吃水困难。

王小平沉默了。

这样一副烂摊子如何带领全体村民脱贫攻坚呢?

柴汾村脱贫攻坚任重道远!

王小平毫不气馁，先把脱贫攻坚的阵地建设好，把队伍训练好。

王小平积极向局领导汇报请示，争取到10万元。

王小平在办公室窑洞屋顶安装了彩钢棚顶，购置了必需的办公用品，电脑、打印机、电话一应俱全，硬化了周围道路，使村委会办公条件大为改善。

村党支部和村委会的牌子也挂出去了。

接下来，恢复了"三会一课"制度和政治学习制度。王小平多次在会上宣讲党的十八大、十九大精神和习近平总书记视察山西重要讲话精神、宣传党的惠农政策，要求共产党员充分发挥先锋模范作用。

人们走进村委会，首先看到的是屋顶上悬挂的标语"抓党建促脱贫带领全体村民脱贫致富奔小康"。

好的产业不仅能让贫困户每年有稳定的收入，同时也能有效地防止返贫情况的发生。为了帮助柴汾、陡坡两村的贫困户早日脱贫，王小平经过多次考察，结合两村的地理环境和水土状况，在县脱贫攻坚行动总指挥部的统一部署下，制定了产业发展规划和实施方案，鼓励贫困户优先种植花椒，再补充种植玫瑰、连翘等。还请来科技人员举办技术培训班，提高村民对发展种植业的思想认识和技能。不仅会种植，而且会管理。到目前为止，柴汾村种植花椒贫困户96户，发展花椒650余亩；陡坡村55户贫困户，种植花椒140余亩、玫瑰50余亩，形成了一定的规模，为贫困户脱贫增收奠定了坚实的基础。

王小平又把目光盯在村里的公益事业和基础建设上。

柴汾村干旱缺水，村民吃的是旱井水。遇到天旱之年，干脆就断了水，还得到更远的地方去拉水。

为了尽快解决人畜吃水的困难，王小平先是找有关部门实地踏勘寻找水源，而后筹措资金修建水塔，铺设管道，使柴汾村和邻近村子的乡亲们都用上了自来水。

吃水难、路不好不止柴汾村，洞沟村也存在同样的问题。王小平了解到，洞沟村这几年有人把山上的泉水引到鱼塘养鱼、卖水，还与别的村产生了争水源的矛盾，积怨太深，至今没有解决，致使全村人吃不上水。曾有村领导前往解决，始终没能如愿。王小平认为，水是公共资源，任何人无权霸占。为此，他先后多次到养鱼人家中，终于做通了思想工作。又与税务局李春山副局长一起到县水利局奔走水库建设审批事项，最终获得投资 21 万元，于 2018 年修建了 30 立方米水库 1 座。铺设管道 6650 米，使洞沟村民在街巷硬化前铺好了管道，解决了该村多年应解决而未解决的老大难问题，让全村 86 户、252 人吃上了自来水。

村民面前无小事

2017 年 7 月，扶贫工作进入攻坚克难的紧要关头。

王小平帮扶的贫困户荣小娃是洞沟村的一个光棍汉，住在其兄长分给他的一孔旧砖窑里。王小平第一次到他家时，几袋粮食堆放在窑底，一张单人床放在中间，家徒四壁，生活十分困难。看到这种情况，王小平立即掏出随身装着的 600 元钱，让其改善一下居住条件。回家后他又给荣小娃带来冬夏衣物，并找人给他盘了个火炕，之后又送去电视机并帮助安装好卫星接收器，让荣小娃过上了现代人的生活。

2018 年 1 月 29 日，农历腊月十三，荣小娃因流感病重高烧不退。他兄长到光华卫生院为他买了些感冒药，服用后仍不见好转。因前几天下了大雪，坡陡路滑无法出行，延迟了治疗，等送到乡宁县人民医院后，荣小娃因心肺衰竭抢救无效死亡。王小平闻讯后立即赶到医院，把身上仅有的 500 元给了荣小娃的兄长，让其安排荣小娃的后事。

之后，他又到县民政局为荣小娃申请到 2000 元的救济款和一套棉衣棉被，并租了一辆三轮车，连夜将其送回村。

农历腊月二十五，是荣小娃下葬的日子。王小平又专程赶到洞沟村，送了荣小娃最后一程，把党的关怀送到贫困户家中，使村民备受感动。

2017 年，挂甲岭村民反映上挂甲岭村与下挂甲岭村之间 1 公里路未硬化的问题。原因是两个村不属于一个村委会，不能统一规划。上挂甲岭村民经下挂甲岭到沿河湾村是 4 公里，若经柴汾村到沿河湾村，需走 12 公里。

当年沿河湾村修小学，上挂甲岭村民还捐了款，孩子们一直在那里上学。就是因为这未硬化的1公里，孩子们上学、村民们外出办事极不方便。王小平知道这事以后，多次向县乡领导写报告反映，但因种种原因，一直未能解决。但是他并没有因此而放弃，坚持不懈，多方奔波，最终硬化该路段一事得到落实。

2018年王小平得知，挂甲岭核桃丰收，却为销路发愁。他及时将村民的困难反映给税务局局长张乃生，得到了局领导的大力支持。8月28日，乡宁县税务局组织20余名干部，帮助村民采摘核桃800余斤，并踊跃按市场价购买。

柴汾村贫困户曹根生因患心脏病做了两次支架手术，不能干重体力活。工作队得知他想养蜂后，就主动帮其向乡宁县邮储银行申请金融扶持贷款3万元，使其扩大养蜂规模，达到58箱蜂。2018年，曹根生养蜂纯收入1.5万元，乡宁电视台对他的脱贫事迹进行了专题报道。

陡坡村每年正月十五，有一个传统的"摆弯"文化节。在这一天除了特色文娱表演外，村民还借此进行农产品贸易，但是由于缺少资金，之前许多年，村两委就是选一块麦地，作为贸易场所，并没有专门的交易场地。

王小平得知后，除了向县文化局提出申请以外，还向县税务局领导反映。税务局领导在资金吃紧的情况下，仍拿出5万元建设陡坡村文化广场。

两年多来，王小平为贫困户解决了许多生产和生活中的难题，拉近了与贫困户的关系，受到村民的一致认可。到2018年底，两个村建档立卡贫困户270户、965人全部脱贫，实现了"两不愁、三保障"。

王小平并没有在扶贫成绩面前陶醉，而是以更加昂扬的斗志，为民服务，为党解忧。

第十一章

动感地带

　　如今青年志愿者无时不活跃在我们的生活里。他们用热情的笑脸、周到的服务，为周围的人们排忧解难；他们用温暖的问候、辛勤的劳动，为求助的人们提供帮助。他们在服务他人、服务社会的同时，自身得到提高、完善和发展，精神和心灵得到满足。参与志愿工作，既是在帮助他人、服务社会，同时也是在传递爱心和传播文明。志愿服务个人化、人性化的特征，可以有效地拉近人与人之间的心灵距离，减少疏远感，对缓解社会矛盾、促进社会稳定发挥了积极作用。

　　我们看到，在乡宁县脱贫攻坚战役中，也活跃着许多青年志愿者，他们为脱贫攻坚战役助力，为贫困户脱贫致富助力。

共青团在行动

青春的队伍,鲜红的旗帜

2016年以来,在乡宁县脱贫攻坚战役第一线,活跃着一支支以脱贫攻坚为中心的青年志愿者队伍。这些队伍无怨无悔地战斗在脱贫攻坚第一线,为贫困户脱贫致富助力,为乡村建设出力。他们用青春、科学和智慧在全县脱贫攻坚战役中贡献力量。

他们中有在校大学生、公务员,还有青年工商业者,他们为了一个共同的人生目标,汇聚在共青团的旗帜下,用不同的方式向需要帮助的人们伸出援手。

根据团中央的建议,乡宁团县委创新开展常态化下基层新"4+1"模式,即4天在基层,1天在机关。下基层干什么呢?一是在团组织中,以参加组织生活会为抓手,通过讲团课、团干部述职测评、团员青年志愿者座谈等,密切和团干、团员、青年志愿者之间的联系。二是在社会组织中,主动联系接触青年聚集的组织,通过座谈,了解需求,服务需求,建立各种青年志愿者微信群,用群密切和青年志愿者的联系。

全县共组织了53支志愿者队伍,开展了300余次志愿活动,覆盖社会各领域,锻造了一支朝气蓬勃、担当有为的志愿者队伍。

抓学习讲话，强化教育引导，是他们的组织理念。通过个人带头学、集中培训学、交流体会学，不断增强青年志愿者的理论自信、制度自信、文化自信和民族自豪感。

抓活动参与，强化过程引导，是他们的组织方式。通过严密组织各类志愿活动，"打志愿者旗帜，亮志愿者身份"，不断培育志愿精神。

抓座谈总结，强化感悟引导是他们的活动纲领。通过活动后座谈总结，鼓励志愿者勇于发挥先进性，敢于担当。

伟大时代激扬青春风采，宏伟事业成就青春梦想。"奉献、友爱、互助、进步"的志愿精神在乡宁大地落地生根，为推进"五化进程"（富裕、实力、美丽、幸福、和谐），建设"五个乡宁"汇聚起磅礴力量！

传播正能量的活动方式

共青团乡宁县委紧紧围绕全县的党政中心工作，积极组织广大青年志愿者，采取寓教于乐的方式，开展了内容丰富的社会活动，他们的目的只有一个——传播正能量。

"五个助力"活动，发挥了青年志愿者生力军作用。

助力脱贫攻坚是首要任务。团县委包联昌宁镇富家垣村，他们深入扶贫一线，在做好产业、教育、生态扶贫，社会兜底的基础上，还组织农村青年参加电工、焊工等技能培训志愿活动，参加者百余人次；开展"助学扶贫志愿行动"，为贫困生捐赠学习用品200套，为10名贫困大学生筹款6万元，为神底小学捐助10台电脑。

助力乡村振兴是活动的聚焦热点。脱贫摘帽不是终点，而是新起点。摘帽之后，他们致力于做好乡村振兴抓什么，奋力开启全面小康新征程。先后邀请山西师范大学、太原理工大学、中北大学、厦门大学、清华大学美术学院的志愿者团队，为乡宁农产品、畜牧产品、传统手工艺品等设计外包装，为乡宁旅游景点拍摄制作宣传片，为乡宁电商平台进行指导推介，用现代科技手段和艺术手法展现乡宁丰厚的文化底蕴和民俗民风，为推进乡村振兴战略、建设小康乡宁奉献一份青春力量。目前，已做出48套产品外包装，被企业采用3套；促成5家企业与厦门大学"我知盘中餐"平台签订销售意向协议；拍摄旅游短片2部；进行电商培训3场。开展红领巾研学旅行基地筹建工作，目前已联系清华大学美术学院、太原理工大、中北大学等高校志愿者暑期到基地进行墙绘、文创产品设计等工作。

助力创建国家卫生城镇是活动的关注重点。通过组织高校返乡志愿者进入创卫指挥部，组织青年志愿者和中学生志愿者以进社区、入商户、访市民、发传单等方式，宣讲创卫政策，号召大家一起共建美丽家园。

助力污染防治是活动的题中之义。为积极响应临汾市委、市政府助力全市打好污染防治攻坚战的号召，他们联合县环保局开展了主题为保卫蓝天·共治雾霾的宣传活动，1000余人参加，发放宣传资料1万余份。组织青年志愿者走进乡宁县煤炭工业技工学校、昌宁镇中心校、下县、大石头、碾角社区等，进行宣传讲解，确保活动有实效。

"六个针对"活动，主要是针对广大在校和社会青年的精神和物资需求开展的活动。

一是针对困难大学生，开展希望工程圆梦计划。2017年为10名贫困新生争取团省委资助金5万元，2018年为9名贫困新生筹款1.3万元，举办捐赠仪式并召开座谈会，鼓励他们好好学习，努力成长为国家的栋梁之材。

二是针对义务教育阶段的中小学生，开展同心助学等活动。为幼儿园小朋友和小学生捐赠图书6000余册、学习用具和体育用品2400余件。联合明日之星公益基金管委会捐赠价值50万元的助学物资。为推进少先队文明礼仪体验教育工作，团县委组建本地艺术指导志愿团队，每周深入乡镇学校指导，为县级赛演成功举办打下了扎实的基础，既锻炼了学生的个人能力，又加强了社会主义核心价值观的引导作用，效果良好，获得了省、市、县领导和社会的一致好评。

三是针对农村留守儿童等困境青少年，开展传递爱心·树立信心主题活动。邀请县足协开展微心愿认领活动，捐书赠物陪踢球，实现了52名学生的微心愿；开展中央专项彩票公益金支持困境青少年社会服务系列活动，为留守儿童赠送书籍、文具等学习用品100余件；邀请乡宁职业中学心理咨询师沈彩云老师、县法院法官助理薛云霞为留守儿童举办感恩心理教育和行为教育讲座;组织山西师范大学教育科学学院心之新源志愿服务队,开展暑假7天陪伴课程等,及时帮助留守儿童解决学习生活中的实际困难,让他们真正感受到社会的温暖。

四是针对创业青年,开展创青春活动。持续推荐优秀创业青年参加团市委创青春青年创业创新大赛。两年多来,他们共推荐了17个项目,其中9人通过复赛,5人获得杭州培训资格,5人参加决赛并推荐参加山西省青年创新创业大赛,1个获得二等奖,团县委被授予全市优秀项目推荐奖。

团县委组织青年志愿者进行卫生防疫知识宣传

五是针对热心青年,开展志愿活动。随着志愿氛围的浓厚,结合3·5学雷锋日、五四、端午、重阳节等时间节点,结合各部门、各企业活动,开展了内容丰富的志愿者活动,如云丘山越野赛志愿活动、腊八节送粥活动、敬老院志愿活动等,获得社会好评。

六是针对需要关爱的未成年人,开展维权志愿活动。乡宁县职业中学是全县青少年法治教育基地,也是全市唯一一个未成年人关护基地。团县委选聘2名专业心理师为关护员,联合县检察院、公安等部门定期开展法律知识讲座、模拟法庭体验等,提升青少年的法律意识,努力构建共青团、学校、社区家庭教育"三位一体"的救助帮扶机制;建立青少年维权专员志愿队伍,引导社会专业力量参与未成年人司法保护综合服务工作,完善全县少年儿童权益保障网络。截至目前,组织中小学生参观青少年法治教育基地2次、法律专题讲座2场,开展禁毒防艾系列活动5次,为学生团员圆满解决法律纠纷1起，为未成年人关护基地规范化建设贡献志愿者力量。选聘青年律师志愿者2名，联合县法院、妇联等相关部门，探索家事审判新模式，更好地保护青少年的合法权益。

团组织是全体青年的精神家园，是年轻人活动的平台，青年志愿者队伍是他们的战斗组织。在这个美好的家园里，在这个精巧的平台上，在这个温暖的组织里面，广大青年刻苦学习，努力工作，不负韶华，义无反顾地投身于脱贫攻坚战役中。

在脱贫攻坚战役中涌现出一大批先进青年志愿者团体和模范个人。西街小学、新城区幼儿园、台头煤焦有限责任公司、小吴快餐、秦记升、县直幼儿园青年志愿者服务队和郑秀丽、杨静艳、郑博、关冲翔、闫改萍、闫香娟、李瑞平等，他们像一根根标杆和一颗颗明星，齐聚在团县委的旗帜下，以自己微薄的力量，向贫困户们伸出援手，给他们以力所能及的帮助，在贫困户脱贫致富的大潮中，掀起一朵朵晶莹的浪花。

脱贫攻坚战役中，共青团在行动！

脱贫攻坚战役中，志愿者在行动！

他们没有迟到！

他们更没有缺席！

关王庙七日

2018 年 7 月 14 日

上午，乡宁县关王庙中心校红旗招展，欢声笑语，一片欢腾。

山西师范大学教育科学学院心之新源服务队来这里开展三下乡筑梦心理实践活动。在到达学校后，团队受到了老师和同学们的热烈欢迎。

县团委书记臧宁专程来关王庙中心校欢迎他们并进行了简短的交流。

第一天的与留守儿童共行活动，由此启动。

下午开展了活动的启动仪式，在仪式上，县团委臧书记首先表示了对留守儿童深深的关切，对团队寄予的厚望。为了助孩子们更好地成长，进行了征集微心愿与制作信封的活动，让孩子们写下自己的心愿后收集起来，以帮助他们实现各自的心愿。在这一天之中，每一位队员与孩子们进行初步的沟通接触，虽然遇到了些许困难，但都较好地解决了。同时，我们也坚信，在以后的每一天，队员们都能以最好的姿态去给孩子带来一个愉快的时光！

山乡宁静

2018年7月15日

今天是山西师范大学教育科学学院心之新源服务队来到关王庙中心校的第二天。

今天一天，队员们与孩子们开展了心理班会、心理普查和课业辅导活动。上午开展的心理班会结合视频和互动小游戏，让孩子们了解了亲子关系、师生关系、同伴关系在成长过程中的重要作用和提升学习效果的方法策略。

班会结束后，还进行了心理普查，用量表的形式调查孩子们的心理状况并进行分析，以便有针对性地开展活动和帮助。同时把调查结果反馈给学校，在指导老师——韩琴老师和尹忠泽老师的指导下对心理问题较为严重的孩子进行针对性的辅导。

下午的课业辅导中，孩子们对学习表现出很大的热忱，但毕竟年龄还小，难免会有一些小动作。经过商议，队员们采取了制定奖惩制度、建立班规的措施来进行管理，经过实践发现这个办法是很有效的。所以在之后几天的活动中，他们都将采取这种措施来管理孩子们。

学习之余，他们带领孩子们在操场上进行踢毽子、打篮球、踢足球、跳大绳等体育活动。在活动中，有的孩子学会了踢毽子，有的学会了投篮，有一个孩子竟然可以连中5个球！在活动过程中，不仅丰富了孩子们的体育技能、锻炼了身体，还拉近了志愿者和孩子们的距离，方便了下一次活动的开展。

队员们信心十足，相信经过大家的齐心协力，一定可以和孩子们度过一个有意义的7天之旅，获得更多的心理支持。

2018年7月16日

本日活动的主要内容是团体心理辅导。上午首先进行了兔子舞活动，该活动旨在培养孩子们的团队意识。活动过程中遇到了诸多挑战，但孩子们不畏艰难，坚持不懈，最终活动取得了圆满成功。随后又进行了契约树和同心圆活动，通过活动培养孩子们的规则意识和团队意识。下午开展了大风吹活动，活动以游戏的形式，寓教于乐，在感受到快乐的同时学会思考、学会分析。在这一天之中，每一位队员都引导孩子们去独立思考，培养孩子们的规则意识和团队意识，纠正孩子们的一些不良习惯。孩子们脸上的笑容和眼中的希望是我们工作动力的源泉，队员们将以更加积极的姿态，为留守儿童贡献自己的力量。

2018 年 7 月 17 日

今天的活动是开展以团结一心、风雨无阻为主题的团体心理辅导活动，旨在提升团体成员之间的凝聚力，培养成员信任他人的能力。

上午 9 点，大家准时在操场列队集合。在活动负责人简要介绍了项目并讲述了规则后，依次开展了齐心协力送气球、传话筒和同舟共济活动。在齐心协力送气球环节中，为了团队的胜利，大家积极踊跃地参与到项目中来，操场上到处都是矫健的身影，此起彼伏的呐喊声、加油声在操场上空回响。传话筒环节要求所有的人都不可以说话，只能用手势表达意思。同舟共济环节中，每个人都按照要求，有条不紊地进行。活动取得圆满成功，孩子们在这个过程中更加明白了团队的意义，懂得了团结的作用。

下午在进行了一个小时的课业辅导之后，九人十足活动得以顺利进行。这是一场较量智慧、比拼速度、团结成员、鼓舞士气、升华精神的比赛。这个活动重在体现集体合作精神，更体现出了运动的趣味性，孩子们在欢声笑语中享受到了比赛的快乐。

山乡宁静

2018年7月18日

今天是山西师范大学教育科学学院暑期三下乡心之新源服务队来到乡宁县关王庙乡的第五天。

上午8点半,服务队和孩子们一起进行了关于人际关系的心理剧的编排。在此过程中,每个孩子都要扮演一个角色,在经历一些心理冲突情景以及最后的解决冲突的过程中,孩子们从中学会了许多处理人际冲突的方法,并且亲身体会身处矛盾中的困扰与心情,使孩子们获得了更为强烈的感悟!

下午3点,开展了手工制作的活动,充分激发孩子们的想象力与创造力以及他们的执行力。

下午4点半,对这几天的团体心理辅导活动进行了一个总结。与此同时,还开展了一个名为同心祝福的活动,该活动旨在让孩子们意识到他们是被人关爱着的以及意识到他们是一个团结友爱的大家庭!

在一天的忙碌后,心之新源服务队的团体心理辅导活动宣告结束。最后,愿每一个孩子都能被关爱,都能阳光普照!

2018年7月19日

山西师范大学教育科学学院心之新源服务队在关王庙中心校的志愿活动将近尾声。

上午他们开展了筑梦心理班会,旨在帮助小学生树立正确的世界观、人生观、价值观,成长成才。

上午10点,所有志愿者与学生准时在指定教室入座。主持人借一段关于《幸福是什么》的小视频,引发学生的思考。接着进行了击鼓传花的游戏,让学生们主动说出参加团队活动以来的收获与感受。后边又相继进行了才艺表演与明信片心愿收集活动。

学生们积极参与，分享经验与体会，活动取得圆满成功，反馈效果良好。教室里一片欢声笑语，喜气洋洋。

下午大家都聚集在各组教室，集中精力投入到心理剧汇报演出的排练中。志愿者与学生们都在细心编排每个细节，在质量上严格把关。为使正式活动顺利进行，5点左右他们安排了彩排，对即将到来的演出信心倍增。

2018年7月20日

今天是山西师范大学教育科学学院暑期三下乡心之新源服务队来到关王庙乡的第七天，也是心理驿站活动的最后一天，他们通过心理剧汇报演出的形式，以及实现微心愿活动结束了他们的暑期三下乡之旅。

7月20日上午7点钟，他们就已经起床，布置着汇报演出场地。当孩子们8点来到学校，便开始了入场、表演、退场彩排。

他们邀请到乡宁团县委臧书记、乡宁县心理咨询师团队以及关王庙小学的老师，为同学们的心理剧表演打分。

上午9点半，活动如期进行，各团队依次上场，将之前两天排练的心理剧节目一一展示，得到了评委老师、观众们的一致喝彩。节目表演期间，德武堂培训中心为观众朋友们带来了精彩的少儿舞蹈和跆拳道表演，更将整个活动推向了高潮。表演结束以后，评委老师为心理驿站活动中表现优异者、进步最大者以及获得一二三等奖的队伍颁奖。

紧接着进行了实现微心愿活动。乡宁县团县委臧书记为关王庙中心校的孩子带来了之前在征集微心愿中的承诺，一些由社会爱心人士捐赠的课外读物。在征集微心愿活动中，有不少孩子写下了自己想要阅读的书籍，这正体现了孩子们热爱学习、渴求知识的上进心。臧书记亲手给孩子们递送心愿，拿到自己心愿的孩子，脸上都洋溢着快乐的笑容。这是实现微心愿的第一期活动，后续会帮助更多的孩子实现他们的心愿。

山西师范大学教育科学学院服务队的暑期三下乡志愿服务实践活动胜利结束了。下午2点，队员们怀着依依不舍的心情与臧书记，还有学校领导道别。

这项活动不仅对山村的留守孩子是一次学习锻炼的机会，就是对大学生们来说，何尝不是一次认识社会、增加生活阅历的机会呢。

助推山区振兴

2018年8月1日,清华大学美术学院2016级环境艺术设计专业大三学生、20岁的徐翊博率领清华大学美术学院志愿队来到乡宁县云丘山景区,从事文化创新志愿活动。

此次活动是应共青团乡宁县委的邀请,清华大学校团委委派志愿队来乡宁县参加青春兴晋暑期社会实践活动的。活动旨在通过当地团委联合清华大学美术学院青年志愿者投身乡宁乡村振兴,用专业知识和独特视角,通过设计乡宁特色文创产品,用现代科技手段和艺术手法展现乡宁民俗民风和乡宁丰厚的文化底蕴,推介乡宁土特产,宣传乡宁良好形象,为当地精准扶贫和全面建成小康乡宁贡献清华学子的智慧和力量。

徐翊博一行13人在云丘山景区,进行了为期14天的志愿实践活动,志愿队分为环艺组、产品设计组、摄影组3个小组来进行帮扶。

实践内容主要有:

1. 为云丘山景区的农产品、土特产、畜牧产品、传统手工艺品等设计外包装。

2. 为云丘山景区文物古迹和旅游景点设计宣传片,帮助规划和宣传旅游景点。

3. 通过对云丘山景区旅游的宣传,帮助当地旅游布局和规划路线,通过旅游等第三产业，推动当地经济的发展。

实践在于唤醒这个时代的青年大学生回归乡土、植根于本土来进行具有本地特色的优秀设计，作为青春助力乡村振兴行动扩大影响力的第一步。在实地考察中，他们的确感受到了晋文化的厚重与蓬勃发展的潜质，尤其是对窑洞民宿的改造以及旅游景区与道教文化的相结合，不仅是物质上的，更包含精神层次上的开发，更加坚定了清华学子回归乡土的热情。

按照合作计划，暑期实践活动结束设计产品落地时，会联合乡宁团县委、云丘山景区择期举办一场文化创新成果展示会，并挂牌"清华美院乡宁工作站"，进行长期规范的常态化合作，提升帮扶效果，参与到精准扶贫和乡村振兴之中，为实现中国的全面小康贡献出一份自己的智慧和力量。

清华大学美术学院志愿队分为三组开展活动。

第一，环艺组。环艺组由徐翊博、巫鑫洁、欧阳海莉、张博程组成，任务是为云丘山景区设计庭院和进行古村落改造。

通过实地走访康家坪古村落，与来自台湾的建筑师陈永围交流，了解目前云丘山古村落的打造理念、施工情况、陈永围老师在四川所设计的文创基地和民宿与云丘山的结合等内容。为了更好地实践，他们加入了陈永围的改造队伍，一起打造云丘山古村落。

在保留了传统中国北方古老居住形式——窑洞的基础上，运用最传统的功法以及最自然的建筑材料，对古村落建筑群进行改造，融入独有的生活美学，让历史的变迁如刹那烟云，新的生活乐趣注入康家坪古村落。以建造为主导，设计为辅助，采用废旧木船拆下来的木板、秸秆土灰等为材料，从外墙到家具，在发挥无限创意的基础上纯手工打造。结合当地喀斯特地貌易渗水的现象，在建筑构件上抹防水砂浆、浇筑掺有外加剂的细石混凝土或预应力混凝土等以达到防水的目的。在建筑构件上使用柔性材料，如铺设防水卷材、涂布防水涂料等，做防水层，彻底改变喀斯特地貌给建筑带来的渗水影响。

在建造活动中，人类会消耗大量资源，同时制造大量的环境污染物，可持续发展和建筑问题成为云丘山古村落打造的核心关注点。康家坪古村

共青团乡宁县委与留守儿童一起过端午

落完全采用可持续与环保的理念,基座与大部分墙体保持原有建筑材料的同时,新增的围护结构和家具并没有采用新木材,而是收集四川快速生长的竹子以及雅安地震破损建筑所残留下来的木构造,经过防水防蛀处理、打磨刨光后,配上古色古香的墙体,充分营造并凸显出了原生态古村落的韵味。

这种乡土建筑风格加上可持续绿色设计概念就是未来建筑与村落改造开发的很好的一种模板,同时这样的建筑风格也受到了消费者的青睐。消费者来到山村想体验的就是与城市所不同的居住环境,而这种改造就很好地将现代都市的功能性需求与乡土审美相结合,衍生出了一种全新的居住风格,即过去与现在、自然和人文的有机融合。

目前,环艺组进行了室外桌椅、凉亭等改造的建模工作,绘制出了产品参数图、三视图等。下一步,将按照实践方案加快后续工作,进行专业提升,直至设计产品落地。

第二,产品设计组。产品设计组由张兆宇、项雅特、苏心怡、石昊辰、吴夏组成,任务是为云丘山景区进行旅游文创产品的设计,为景区的农产品、土特产、畜牧产品、传统手工艺品等设计外包装。

他们通过走访，调查了当地人文环境与自然环境，了解到云丘山景区的一些现存问题，如当地除特产之外少有特色纪念品、部分小商品生产环境较差、资源配备不齐、交通不畅等。他们因地制宜，对环境素材、人文素材进行归纳总结，在原有摄影的基础上提取元素，进行纪念品初步草图设计。深化产品的结构、材质、工艺，初步设计系列产品的包装和宣传，并进行当地风景、人文海报制作。

目前，进行了钢笔、明信片、扇子、手机壳、帆布袋等文创产品伴手礼的礼盒包装设计；对6个景点进行了插画系列设计；应企业要求对云丘山的景点图标进行再设计。以纪念品为主导的产品设计，包括包装设计、实际产品设计、现有产品改造，通过改变产品形象，增加产品种类来延伸当地旅游业的产业链，扩大经济效益。

第三，摄影组。摄影组由于海悦、吕加怡、谢琪雨、李晔组成，任务是为云丘山文物古迹和旅游景点拍摄宣传片，帮助规划和宣传旅游景点。

通过实地走访圣母崖、五龙宫、塔尔坡、玉皇顶、祖师顶、神仙峪等景点，考察了解当地自然环境和人文环境，对特色食品、景点、人物等进行了拍摄和后期制作。

经过10天的实地走访了解，清华大学美术学院志愿队对云丘山的自然景观、人文环境、企业发展需求等有了一个全面而深刻的了解，他们积极发挥主观能动性，用专业知识，结合当地实际和企业需求，整合集体智慧做出符合当地特色的设计作品，帮助云丘山景区做得更好，联合共青团乡宁县委，调动当地青年力量，扎实推进乡宁乡村振兴战略，为全面决胜小康社会做出清华学子的贡献，也希望可以通过青春兴晋活动来带动更多的大学生建设乡村与发展当地文化。

我是一名团干

一

2017年12月13日,昌宁镇团委的微信朋友圈发了一篇配着精美图片的美文——

为丰富学生课外活动,开创第二课堂,12月13日,昌宁镇团委、社管委青年之家组织碾角小学、西廒小学困境青少年走进戎子酒庄开展综合实践活动。

经过前期的精心规划、筹备、组织工作,当日,志愿者驾车将参加活动的学生安全带到戎子酒庄。在工作人员的带领下,同学们先后参观了鲜食葡萄酒长廊、葡萄标本展厅、原酒车间、生产车间和地下酒窖,了解了葡萄品种、酿酒过程和储存等相关知识。

欢乐的时光总是让人觉得太短,不知不觉,此次参观活动就结束了,孩子们依依不舍地走出了酒庄。这次参观,丰富了学生的知识,开阔了眼界,让他们了解了酒的文化,了解了人类的智慧。

2017年12月18日,昌宁镇团委的微信朋友圈又发了一篇同样配

山乡宁静

闫沛赟在检查被资助学生的作业

着精美图片的美文——

为了关注留守儿童的实际困难,让他们感受到社会的温暖,助力健康成长,12月18日,昌宁镇团委、社管委青年之家在关王庙中心校开展了中央专项彩票公益金支持困境青少年服务活动。此次活动主要是针对暑期孩子们的需求,帮助留守儿童实现微心愿。

活动共捐赠以下物品:

电子琴4架、机器人2个、乐高玩具1个、玩具狗1个、篮球7个、足球5个、羽毛球拍1个、滑板3个、遥控飞机1个、书籍9套、水彩笔1个。

礼物发放结束,昌宁镇团委表示会继续以服务青少年为宗旨,努力为留守儿童的健康成长营造一个较好的外部环境

编辑美篇的是昌宁镇团委书记闫沛赟。
美篇一发出,昌宁镇团委朋友圈好评如潮。
有爱心人士表示,他们愿意对成绩优异的孩子进行资助。

足球协会的教练说，他们可以教孩子们踢足球。

理发店的师傅说，他们可以去学校免费给孩子们理发。

眼镜店的师傅说，他们想去学校免费为孩子们发放眼贴。

鞋店的老板说，他们可以免费为家境困难的孩子提供鞋子。

……

一天上午，闫沛赟正在办公室整理资料，手机叮咚响了。一看，是亨得利眼镜店的验光师王峰发来信息——"闫书记，我看到你朋友圈发的美篇了，我也想为孩子们做点事。"闫沛赟看了一阵欣喜，赶忙回复——"太好了，我替孩子们谢谢你。"随后，王峰同闫沛赟和工作人员先后到昌宁镇中心校、碾角小学、张马中学给孩子们讲授爱眼、护眼知识，并免费给孩子们发放了350余盒护眼贴。

二

闫沛赟2007年通过考试当上了昌宁镇南阁村主任助理，2010年又通过公务员考试，当上了昌宁镇政府科员，2013年担任昌宁镇团委书记。

自2013年从事团的工作以来，闫沛赟始终严格要求自己，在政治理论学习、遵纪守法和联系服务青少年等方面都较好地发挥了先锋模范作用，以饱满的工作热情、扎实的工作作风不断发扬不怕苦累的无私奉献精神，出色地完成了本职工作，曾被省、市、县授予优秀共青团干部、优秀党员称号，她所在的昌宁镇团委被授予共青团山西省委五四红旗团委等称号。

作为昌宁镇团委书记，闫沛赟踏实做好团改工作，落实从严治团任务，广泛联系青年。2018年，在她的带领下，成立了乡宁县昌宁镇青年志愿者服务队和昌宁镇社管委青年之家，全年共开展了24场帮扶困境青少年系列活动，辐射昌宁、尉庄、关王庙3个乡镇、9所学校，共帮扶困境青少年252人。

2018年，通过微信朋友圈她招募了23名各行各业的爱心志愿者，并多次联系昌宁教办收集辖区困境青少年的信息，开始了送教、送暖、送爱心活动。

第一次开展帮扶困境青少年活动是在昌宁镇中心校,当时仅开设了武术课程。武术对于孩子们来说可谓是新鲜事物,他们非常喜欢郭红星教练的幽默教学,认真跟着教练一招一式地学。看到孩子们兴奋的小脸,作为组织者的闫沛赟异常兴奋。

在昌宁镇中心校和郑校长聊天中闫沛赟得知,农村学校的音体美课程一般都由主课老师兼,相对不专业。她当天就联系神童口才训练营和枫叶教育的负责人,两个培训机构的负责人答应每周到昌宁镇中心校、碾角小学对孩子们进行一次美术、口才培训。

有一次,在碾角小学开展武术教学,孩子们兴致勃勃地学习。闫沛赟无意间发现一个叫栾常发的孩子脚上穿着裂口的鞋子,脚趾头冻得通红。她赶忙向老师打听孩子的家庭状况,得知孩子是外地人,父亲打工,母亲无业,供两个孩子读书,家里很困难。

闫沛赟心里很难过,心想得赶紧给孩子买双过冬鞋。就这样,第二天,她就将崭新的过冬鞋送到孩子手里。

在和碾角小学杨茹校长闲谈的时候,听说还有一个品学兼优但家境困难的孩子叫刘奥运,母亲去世,和奶奶、父亲相依为命。2019年春节前夕,闫沛赟自掏腰包买了米面油等生活必需品,和团县委李波书记、武术教练郭红星、碾角小学杨校长等一起将年货送到刘奥运和栾常发家中。

一次在碾角小学,一个孩子引起了闫沛赟的注意。孩子衣着不整洁,不愿与同学们交流、玩耍,显得很自卑。后来闫沛赟了解到,这个孩子叫杨文盛,上六年级,学习成绩中等,由爷爷奶奶抚养,是建档立卡贫困户。闫沛赟决定到孩子家里看看。

在村支书的带领下,闫沛赟和郭教练、杨校长一起来到杨文盛家。当时正值晚饭时间,家里只有爷爷和孩子两个人,孩子在写作业。他们询问起孩子的奶奶,爷爷说孩子的奶奶有心脏病和糖尿病,同时伴有眩晕症,耳部一级残疾,在里面躺着了。郭教练问到孩子的情况,爷爷说孩子父母早年离异,十几年来杳无音讯,孩子一直由他和老伴抚养。近年来奶奶身体不太好,他在家照顾,无法外出务工,医药费开支很大,家里没有经济来源。孩子性格内向，不喜欢和人交流，学习认真，但是成绩不理想，如果考不上初中就只能辍学了，说到这里老泪纵横。郭教练当即表示，他可以供孩子上学，每年的学杂费都由他负担，闫沛赟也表示要对杨文盛给予资助。目前，郭教练已经联系好山西省体校，准备将孩子送往该校上学。

每次开展活动，闫沛赟都不忘和孩子们进行交流。通过了解，闫沛赟发现，孩子们基本上过着学校、家里两点一线的生活，很少出门。带孩子们去户外增长见识的想法又在闫沛赟脑海里不断回旋……

通过向团县委汇报、联系戎子酒庄、组织志愿者、确定参观人数，2018年12月的一天，她组织5名志愿者开车将西廒小学和碾角小学的43名困境青少年带到戎子酒庄进行参观游览，看着孩子们求知、期盼的眼神，她倍感欣慰。

每次开展完活动，她都会制作成美篇在朋友圈进行分享，这几年一共编辑了21篇美文。一幕幕暖心的画面、一句句贴心的话语始终萦绕在她的心头，这也正是她前进的动力。

通过开展一系列的送教、送暖、送爱心活动，不仅让困境青少年增长了见识，学习了新技能，同时也让他们感受到了社会这个大家庭的温暖。

三

虽然闫沛赟只是一名普通工作人员，但她时刻牢记自己是一名团干的光荣使命，以高度负责的态度对待繁杂的工作，全心全意为人民服务，让团干的先锋模范作用反映到本职工作中，落实到自己的岗位上。

自2018年3月参与创立昌宁镇青年志愿者服务队以来，一向秉持奉献、友爱、互助、进步的志愿服务精神开展志愿活动，是志愿活动的组织者和参与者，先后组织了昌宁镇中心校、张马中学、碾角小学、西廒小学、尉庄乡小学、石固小学、桥上小学、枣原小学；关王庙中心校252名贫困学生，开展了美术、口才、武术、足球、心理咨询、户外参观、微心愿、免费理发等活动，收到理想效果，使孩子们在学校课堂以外见识了更广阔的社会，丰富了生活，开阔了眼界，增加了知识。

每次开展志愿活动之前，闫沛赟都要做好前期准备工作，像定制活动条幅、购买志愿者马甲、联络被帮扶学校负责人商谈场地、组织志愿者确定当天服务内容、协调车辆开展户外活动、找相关部门领取环保宣传手册、为孩子们购买学习用具等都亲自检点，确保活动顺利开展。

活动结束以后，她还要和工作人员认真总结经验，查找不足，以便更好地开展活动，并为下一次的活动做好准备。

闫沛赟从事乡镇团的工作已经六七年了，她本人也是两个孩子的妈妈了，可是她感觉自己还很年轻。

和孩子们在一起的时光是那样的宝贵，是那样的令人难忘，收获的是满满的成就感。

闫沛赟时刻牢记着——我是一名团干。

明星闪烁在深山

一

在乡宁县,有一位名气较大的人物。他就是郭红星,中共党员,大专学历,昌宁镇青年志愿者服务队成员、县跆拳道协会秘书长、县80·90爱心大使公益团队发起人、临汾红十字会会员、天龙救援队成员。

郭红星是山西省吕梁市汾阳市人,从小经受了贫困生活的历练。兄弟姐妹4个,父母都是地道的农民,除了种地,没有其他任何赚钱手段,生活拖累很大。郭红星小时候从来没有穿过新衣裳,都是拾哥哥姐姐换下来的衣服穿。到了上学的年龄,买不起新书包,背的也是哥哥姐姐淘汰下来的补丁摞补丁的旧书包,在同学面前抬不起头来。长大以后,郭红星决定走出家门闯天下。后来他当了兵,上了大学,学会了跆拳道,当了教练,成了家,日子过得多少像一些样子了,但是小时候苦寒的日月还时时出现在他的脑海,犹如昨天发生的事情,提醒着他一定不要忘记过去的苦日子。作为一名党员,他遵纪守法,严以律己,积极向上,乐于助人,被朋友圈的年轻人奉为偶像。走在大街上,遇到乞丐,他总要掏几块钱,还要问问他们吃饭了没有,要是没有吃饭,他还要为他们买饭吃……

二

郭红星在完成工作任务的同时，担当起了青年志愿者的社会责任，走上了做公益的人生道路。

2016年脱贫攻坚战役展开以来，郭红星组织捐助过烧伤、白血病、癌症等困境儿童及孤寡老人，对他们进行精神抚慰和物资帮助。3年来，他和他的伙伴们共捐助了12名贫困者，捐资达10余万元。

2016年，乡宁县城有一名烧伤儿童急需救治，但是由于家境困难，家人一时凑不齐医药费。郭红星知道以后，第一时间发动乡宁县跆拳道协会的成员、家长、朋友等发起捐助，短短3天捐了1万余元。当他把捐款交给孩子父母的时候，他们流下了感动的泪水。

郭红星在教孩子们武术

2017年，乡宁县枣岭乡有一名女孩患白血病，住院治疗费用巨大，因家境非常困难，无钱医治。郭红星知道以后主动帮她联系山西省儿童医院，详细咨询医生，发起捐助，他个人捐款5000元，通过实际行动感染身边的爱心人士又捐款4526元，一共近1万元。他亲自把这些钱送到女孩家长手上，解决了住院治疗亟须。

郭红星的爱心活动感染着身边的每一个人，在他的精神感召下，很多志同道合的年轻人聚集在他的周围。经他提议和组织，成立了乡宁县80·90爱心大使公益团队，队伍迅速扩大到20余人。

为了帮助更多需要帮助的人，2018年，郭红星联系昌宁镇团委为昌宁镇、尉庄乡等6名品学兼优的困难儿童提供生活补贴，为他们的家庭送去了生活必需品，并资助几个有发展前途的贫困儿童到省城学习发展。

碾角村的小学生杨文盛，父母离异，与爷爷奶奶相依为命。这个孩子很能吃苦，特懂事，身体条件也很好。郭红星不愿意浪费了这一块好材料，把他送到山西省体校上学，培养其成为体育运动员。

尉庄乡的张志强，人很聪明，学习特别好，但是父亲身体不好，母亲没有生活能力，家里没有经济来源，生活负担相当沉重。郭红星很看重这个孩子，为了不使他失学，隔一段时间就送去生活用品，帮其解决一些困难。

尉庄乡山水村的贫困户武永峰，育有一子，属建档立卡贫困户。2019年6月，郭红星带领乡宁县跆拳道协会给武永峰家送来了生活必需品，同时了解到，孩子的学籍由于在河南没有调回来，在乡宁县没办法上学，所以一直辍学在家。郭红星与有关方面沟通，解决了孩子的学籍问题。

三

郭红星说自己是一个自谋职业者。

可是就是这样一个自谋职业的年轻人，一个普通的共产党员，坚守责任，勇于担当，时刻牢记自己是一名共产党员的光荣使命，在平时的爱心帮扶活动中，时时处处以党员的标准严格要求自己，时刻牢记全心全意为人民服务的宗旨，一直以身边的先进分子为榜样，学习他们吃苦在前、享受在后的精神，同时以身作则，用自己的实际行动影响和带动身边的人，时刻维护一名共产党员的良好形象。

这些年，作为一个体育教练，郭红星兢兢业业、勤勤恳恳，在乡宁县少儿体育竞技事业上做出了杰出贡献，培养了很多优秀人才，推送乡宁县多名学生进入专业院校深造。他本人被山西省体育局、临汾市文化局跆拳道协会评为优秀教练，国家二级体育指导员，并带领会员多次取得省市好成绩。

作为一名志愿者，郭红星跟随昌宁镇志愿者服务队开展了24场帮扶困境青少年系列活动，为孩子们教授武术、跆拳道。在教学之余他不忘初心，个人为6名孩子发放了过冬棉鞋，让孩子们感受到社会大家庭的关爱和温暖。

  郭红星这位从吕梁市汾阳市农村贫困家庭走出来的苦孩子，自觉用自己的臂膀扛起脱贫攻坚的社会责任。诚然，他也许并没有做出什么惊天动地的壮举，也没有催人泪下的事迹，但是他始终牢记自己的社会责任与担当，在人们最需要他的时候出现。这可能就是平凡孕育伟大、伟大出自平凡的道理吧。

第十二章

繁忙的脱贫攻坚行动总指挥部

2017年初,乡宁县脱贫攻坚战役正式开打。

战斗要取胜,战役要成功,必须要有得心应手,指挥灵活的组织指挥机构。

战斗和战役的作战意图要最后实现,必须明确每一个进攻方向的战斗任务和攻守目标!

脱贫攻坚战役就是这样一场大战!

为了有效地对全县脱贫攻坚战役实施情况进行管理和监督,随时掌握一线的情况,保证全县脱贫攻坚战役正常进行。乡宁县委、县政府成立了乡宁县脱贫攻坚行动总指挥部。

脱贫攻坚战役还没开打,脱贫攻坚行动总指挥部就开始紧张而有序地运转了。

快速而高效运转的办事机构

2017年初,乡宁县委、县政府成立了乡宁县脱贫攻坚行动总指挥部。

乡宁县脱贫攻坚行动总指挥部下设信息科、宣传科、联络督查组等办事机构。

信息科最初为统计每年贫困人口的多少以及增减情况,后来因为贫困人口的识别要求越来越精准,主要负责贫困人口的建档立卡、贫困人口基本信息线上线下一致、所享受帮扶措施线上的完善。全县在每个乡镇设置了专职信息员,任务大的乡镇设2人,任务小的乡镇1人,向每个村派出信息员1人,一共15个乡镇信息员、181个村信息员。无论乡镇信息员,还是村信息员,都要求常住乡镇和村里,坚守第一线开展工作,形成一个严密的县、乡镇、村三级脱贫攻坚信息网。

脱贫攻坚信息是一件基础性和即时性的工作,不仅要反映各个乡镇、村脱贫攻坚的真实情况,而且要精准!贫困人口的进入和退出都要及时、动态地如实反映出来。

为了适应全县脱贫攻坚工作的需要,总指挥部信息科首先对乡镇、村信息员进行了严格培训,使之具备上岗资格,而后不断派人下去帮助工作,采用师傅带徒弟的办法,在工作中教,在工作中学,在工作中提高。

在全县脱贫攻坚信息工作中,先后进行了初次普查、回头普查、清洗普查等工作阶段，组织部门、乡镇、驻村三级信息员，与村委会、驻村扶贫工作队、帮扶责任人逐村逐户逐人开展精准识别"回头看"，开展多轮线上信息核准、修改、补录和贫困人口动态调整工作，实现了贫困人口数据信息线上线下一致。错评和漏评是影响贫困精准识别率的两个主要因素，国家评估验收标准是漏评率不高于2%，乡宁县错评率和漏评率两项指标都控制在了0.5%以内。

确保建档立卡贫困户、脱贫措施、贫困户实际收入、贫困户退出和进入准确可靠，最后形成完整的"一户一档一卡多策多干部"的脱贫攻坚档案资料。

脱贫攻坚档案信息的收集整理工作始终与全县脱贫攻坚工作同步进行，如实反映每一个阶段的工作情况。

国家评估验收标准是群众满意度达到90%以上，经2017年山西农业大学对乡宁县开展的3次预评估来看，群众满意度持续提升，达到了95%以上。

聪明的脑瓜记不住，千年的文字会说话。

脱贫攻坚档案正是会说话的文字。

脱贫攻坚档案记载着乡宁县按照党中央和省市工作部署，举全县之力实施脱贫攻坚战役的全过程和最终效果，成为这一战役最权威、最真实、最完整的资料！

很多三级信息员在脱贫攻坚档案信息资料工作中做出了突出贡献。

这些信息员多是80后和90后的年轻人，他们坚守在脱贫攻坚第一线，不分昼夜加班加点，没有怨言，不讲条件，克服困难，圆满完成了任务。

他们都有一个共同的目标，摘帽。

他们都有一个共同的理想，奉献。

他们都有一个共同的标志，青春。

宣传部门不断创新宣传形式，丰富宣传内容，拓宽宣传阵地，扎实开展工作，从三个方面加大了宣传教育力度，为全县脱贫攻坚工作营造了良好的舆论氛围。

一是强组织领导,确保责任到人。县委宣传部组成内外两个宣传组,由主要领导任正副组长。

二是明确责任分工。将宣传目标任务细化分解,责任到人,分别负责脱贫攻坚各项工作的影像采集、文字撰写、舆情引导、时政新闻、民生新闻方面的宣传。

三是建立信息联络员制度。从新闻中心抽调1名、广电中心抽调2名联络员,在脱贫攻坚行动总指挥部宣传组脱岗工作,负责参与脱贫攻坚简报信息撰写工作,及时收集新闻素材,报道脱贫攻坚工作动态,协调拍摄专题片,并根据脱贫攻坚行动总指挥部办公室的安排,深入村镇一线挖掘脱贫亮点和典型。

为进一步做好脱贫攻坚报道工作,宣传部确定了报道重点:一是以种植、养殖、旅游为重点,发现新型农村经济组织和新型职业农民,贫困户自立自强、学习致富技术、勤劳致富的典型为报道要点;二是在政府实施的易地搬迁,电商和金融扶贫,抓教育、健康、民政和残疾人帮扶的政策扶贫效果上做文章;三是挖掘驻村扶贫工作队和第一书记帮扶的工作典型。在《乡宁新闻》开辟的《脱贫攻坚进行时》专栏中共播出新闻56条、标语3条;在专题节目《鄂邑故事》栏目中先后播出10期乡宁县10个乡镇、20户脱贫户的脱贫故事。在智慧乡宁手机台设立《巩固脱贫成果助推乡村振兴》专栏,播报巩固脱贫成果,助推乡村振兴活动图文、视听资讯共计309条,其中视听资讯97条、图文资讯85条,还制作视频新闻116期、1000多分钟。

以省市电视台、市级以上主流媒体为主要宣传阵地,全方位展现全县干部群众坚决打赢脱贫攻坚战役的决心信心、战略步骤、新举措成果、新经验典型,在《山西日报》《山西经济日报》《山西农民报》《山西法制报》《临汾日报》等主流媒体及新华网山西频道、中新网、黄河新闻网等主流网站上发表以脱贫攻坚为主题的新闻稿件59篇,其中省级媒体24篇、市级媒体35篇。

深化社会宣传,鼓舞士气信心,主要做了以下几方面的工作:

一是利用春节期间组织楹联爱好者深入部分乡镇、煤矿等企业现场,书写以脱贫攻坚为内容的楹联赠送给广大群众，起到了脱贫攻坚思想贴近群众、深入群众的作用。

二是结合节庆活动，开展文化下乡书画展、摄影展、剪纸作品展等活动，以群众喜闻乐见的形式，把脱贫攻坚工作融入作品中，反映脱贫攻坚的快板、歌舞、小品等节目受到广大群众的热烈关注和欢迎。

三是组织各乡镇刷写墙体宣传标语，县城街道、广场电子屏滚动播出与脱贫攻坚相关主题的内容，宣传中央、省、市、县脱贫攻坚的政策措施。

四是印制下发了精准扶贫宣传单，通过驻村扶贫工作队发放到贫困户手中，提高贫困户和普通群众对脱贫攻坚政策的知晓度和满意度。

五是利用广场文化消夏月活动宣传，组织多场脱贫攻坚专场晚会，仅2017年先后开展20余次文化扶贫下乡进村活动，将脱贫政策、致富技能编排进节目，寓学于乐，让群众记得住、用得上、见到效果，营造贫困不光荣、致富才体面的脱贫氛围。

整个脱贫攻坚期间，所有宣传部门的工作人员都做出了贡献，其中中小企业中心副局长赵立功、住建局副主任科员闫帅、县委宣传部干事王娟、教育局干事牛扬帆、广电局服务中心干事苏生红，站在脱贫攻坚的最前沿，使用各种媒介向全社会传播党和国家关于脱贫攻坚的各项方针政策。他们是大自然的报春鸟。

他们奋战在脱贫攻坚的最前线，及时传播好的经验，分析存在的问题及其根源。他们是辛勤的小蜜蜂。

他们在脱贫攻坚战役中笑到最后，来不及喝庆功酒，赶不上戴大红花，他们要把胜利的消息传遍四方。他们是欢快的报喜鸟。

他们是乡宁县脱贫攻坚行动总指挥部有学识、有素养、有干劲的精英。他们铁肩担道义，一心奔脱贫。

除了脱贫摘帽，他们再没有别的追求；

除了农民小康，他们再没有别的期待。

为了贫困户早日脱贫，为了建设美丽乡村，他们在自己的岗位上精心设计，科学部署，认真操作，严格要求，把黑夜当白天，把假日当工作日，为贫困户早日脱贫摘帽和乡宁经济社会的发展进步而努力工作,无私奉献,在乡宁大地上留下了自己清晰的足迹和坚实的背影——

县委副书记、脱贫攻坚领导小组副组长冯小宁主要从四个方面入手,充分调动贫困群众自主脱贫的内生动力。一是会议推动。冯小宁先后主持召开座谈会、务虚会、推进会 20 余次,与贫困群众共同分析脱贫现状问题,一起商定脱贫发展大计,共同打好脱贫攻坚硬仗。二是媒体宣传。就是协调新闻媒体广而告之,唱响脱贫攻坚主旋律。县电视台开设《精准扶贫进千家》《扶贫第一线》《聚焦一周扶贫》《扶贫进行时》等专题节目,智慧乡

刘科军(右二)在核实脱贫数字

宁手机平台推出《向贫困宣战乡宁在行动》板块,网络媒体、报刊、微信群及时发布动态信息,让党和政府的脱贫政策深入人心。三是文化下乡。就是抓好文化下乡扶志、扶智,激发脱贫攻坚精气神。广场文化消夏月活动期间,组织多场脱贫攻坚专场晚会,并先后开展 20 余次文化扶贫下乡演出。四是典型引路。就是培育先进典型引领带动,汇聚脱贫攻坚正能量。先后树立了光华镇欣隆肉牛养殖、尉庄乡仁义村易地扶贫搬迁等全县工作典型,同时树立了昌宁镇麦田村第一书记罗平安、台头镇桃花山第一书记李万标、尉庄乡东沟门村第一书记张伟等帮扶典型,推广了左长科等脱贫致富典型,让扶贫典型示范带动脱贫工作整体提升。

在乡宁的脱贫攻坚中,冯小宁跑遍了全县的 181 个村、45 处易地扶贫搬迁工程、大多数产业帮扶项目,最多的村去了 8 次,对全县的产业扶贫、生态扶贫、教育扶贫、易地搬迁等九大扶贫措施的进展情况了如指掌,帮

助自己包联的 5 户贫困户解决实际问题 40 余个，5 户贫困户全部实现稳定脱贫。冯小宁对脱贫攻坚的每一项重点工作，都亲自过问。他亲自填写档案，亲自抓试点，把尉庄乡张家塔村打造成全县的档案资料规范化建设示范村。他编纂的《扶贫档案规范资料汇编》，受到省市扶贫办的一致好评和推广。冯小宁每天都要与脱贫攻坚行动总指挥部相关领导碰头，经常深夜一两点了还在研究解决扶贫难题，第二天又早早地奔赴乡村调研扶贫具体工作。

分管农业、农村和脱贫攻坚的政府副县长张保平，以新时期合格党员干部为标准要求自己，在各方面都严格约束规范自己的行为，认真把各项廉洁自律的要求落到实处。以"拼命三郎"式的工作精神，在重要工作落实的关键节点，常常是四五个星期不回家，亲自深入工地和田间地头，调查研究，督促工作；深入农家，访贫问苦，掌握情况；特别在脱贫攻坚任务上，在打不开局面的困难时刻，亲自坐镇一线指挥，连续几天加班，迅速摸清底数，定方向、理思路，及时打开了工作局面。同时对扶贫工作中的腐败行为打击绝不手软和退缩，树立了敢于担当、敢于碰硬的形象，在全县干部群众中享有较高的威望，是乡宁县脱贫攻坚工作中涌现出的先进人物和突出代表。

根据县委、县政府的工作安排，在易地搬迁、光伏发电、产业发展等方面，大力破解了土地、资金等瓶颈问题。2016 年，在全省首先探索出"股加贷"金融扶贫新模式。将以前年度结转的 2707 万元扶贫资金进行整合，折股量化给贫困户入股到农业产业化龙头企业，建档立卡贫困户人均入股 2500 元，企业按照每年 15.65% 的标准向贫困户发放分红，仅此一项就可让入股贫困户人均增收 391 元。2017 年，顺利推动完成投资 10 亿多元，实施完成 45 个移民新村工程项目，建设农村安全饮水工程 344 处、村级光伏发电站 38 个，补助扶持发展特色种植 3.1 万亩、特色养殖 22.7 万头（只），有力地保障了乡宁县脱贫摘帽任务的如期完成。

脱贫攻坚行动总指挥部办公室干事连晓斌，参与各乡镇、村委会前期摸底工作，全面掌握贫困人口规模、五个一批规划等第一手资料。跟随各领导深入乡镇指导档案管理工作，梳理存在的问题并及时反馈。担任县第一督导组联络员,对脱贫攻坚工作进行多次督导。配合带队领导合理安排行程,认真记录督导情况,汇总督导组成员意见,形成汇报初稿。陪同模拟第三方评估组对乡宁县工作进行评估,第一时间汇总存在的问题,及时上报总指挥部。按照时间节点要求,督促各乡镇按时报回各项工作进展情况,负责各乡镇半月汇总上报工作。

工作中他严肃认真,坚持原则,圆满地完成了各项工作任务。

作为尉庄乡信息员,加凯在全乡扶贫档案整理、数据核查、动态调整、易地搬迁整改、扶贫产业申报等工作上做出了贡献。

在贫困人口数据第一次核查中,面对全乡庞大的数据,能够保持清楚的头脑,根据工作实际情况,理清各年度数据之间的逻辑关系,组织各村信息员进行交流,总结高效的核查方法并在各村推广,最后对各村的结果进行逐一审核验收。

在乡宁县开展动态调整工作中,为了确保动态调整数据的准确性,尉庄乡21个村的贫困人口增减、整户删除、整户增加、贫困属性的修改、证件号码与姓名全部要由他进行修改,他任劳任怨,在县文化中心一待就是3天。

对标档案目录,完善各级档案。在全乡档案乱序的情况下,他条理明晰,拉出之前的档案,对照时间节点,积极收集相关材料,同分管领导出去取经,向其他乡镇信息员询问,协调县脱贫攻坚行动总指挥部领导培训,对检查中提出的问题及时组织人员进行解决,使全乡档案的标准化、规范化程度得到了提高。

关王庙乡信息员刘鹏飞,核准贫困人口数据,开展精准动态调整。第一次数据核查的对象是从2014—2017年所有建档立卡贫困人口,面对全乡庞大的数据,他根据工作实际情况,理清了各年度数据之间的逻辑关系,圆满完成了数据核查的任务。乡宁县开展动态调整工作,为了确保动态调整数据的准确性,他根据贫困人口分布情况,将23个村分成小组,从而确保了全乡动态调整的进度。

作为一名大学生村干部,西交口乡信息员冯康被人称为脱贫攻坚的"四大员"。

一是上传下达的信息员。着眼于群众所思所想,及时反馈给村干部和乡领导,推动了各项工作的顺利进行,真正成为群众的贴心人,成为群众与村干部、乡领导交流的信息员。

二是惠农政策的宣传员。在工作中认真学习、研究、把握上级部门的各项扶贫政策,及时传达、认真贯彻各项扶贫政策,立足于乡情民情,结合大学生村干部的优势,为群众答疑解惑,切实将上级的各项扶贫政策宣传到位,深入人心。让群众了解国家的好政策,激发群众对美好生活的向往和脱贫致富的干劲,让群众真正感受到党和国家的关怀。

三是群众思想的引导员。对贫困户进行耐心细致的心理开导,帮助贫困群众努力克服坐等靠要和消极思想,切实引导他们变被动为主动,提高他们的主观能动性,调动一切积极因素,在国家政策、扶贫干部的帮助下埋头苦干,发奋图强,积极投身创业实践,不断提高致富能力,真正实现从"要我脱贫"到"我要脱贫"的根本转变。

四是资料管理的档案员。对贫困户、贫困人口进行定期全面核查,摸清基础情况,找准致贫原因。对识别出来的贫困户,在建档立卡的基础上,逐户分析,真正弄清贫困程度、致贫原因等,为开准治贫脱贫方子打好基础。建立健全一套规范的农村扶贫工作档案系统,对摸清底数、找准对策、总结工作、推动农村扶贫工作起了很大作用。他坚持精准识别、精准帮扶的原则,帮助乡镇、村委会完成贫困户识别、出列、脱贫、返贫、回退的一系列线上扶贫系统动态调整工作和线下一户一档工作,协助完成全乡的易地搬迁项目和产业扶贫项目的申报、建档、验收工作,为全乡脱贫攻坚发挥了重要的作用。

这一天,西坡镇信息员贺耀泽办完最后一个易地搬迁手续,已是深夜1点,他又困又饿,才想起中午到现在都还没吃饭,这个点也找不下吃饭的地儿,这种一天一顿饭的日子也不是第一次了,还是回家吧。一出扶贫局的大门,外面白茫茫一片,这是2017年的第一场雪,在回家的路上,看着车外鹅毛般的大雪,他感慨万千。去年下第一场雪的时候,也是在扶贫局加班到半夜，也是在乡宁回河津的路上，回想这几年来，河津到乡宁这条路跑了无数次，又是易地搬迁，又是数据核查，又是产业申报，加班成了常态，扶贫工作似乎没有终点，但是想着又一笔易地搬迁资金马上就要拨付，又有一批贫困户脱贫，他心里觉得些许安慰，觉得路途不再艰辛、工作的辛苦没有白费。

在2017年脱贫攻坚任务繁忙的那段时间，在无法兼顾工作和照顾亲人的困难面前，双鹤乡信息员李娟毅然割舍亲情，义无反顾地投身于脱贫工作。几个月的儿子生病，她把孩子塞到婆婆怀里，好几天加班到深夜两三点，累得精疲力竭，眼泪忍不住地流下来，但是在她心里扶贫任务就是一道命令，她必须坚守，容不得一丝懈怠。

2017年扶贫工作时间紧、任务重，枣岭乡贫困户基数大，工作量也特别大，尤其是全国扶贫开发信息系统内的贫困户信息与线下档案严重不符，需要对扶贫系统内的贫困户信息进行核实、清洗。为了保证今后扶贫工作的精准，枣岭乡信息员史振扬认真研究全国扶贫开发信息系统，在最短的时里理清了系统中各项指标的具体含义和指标之间的逻辑关系，加班加点同每个村的村委会主干、工作队员核对线上线下的贫困户信息，累计清退重复人口19户、47人，清退死亡、户口迁出人口85人，补录遗漏、户口迁入人口32人，修改全国扶贫开发信息系统错误信息3000余条，使扶贫系统贫困人口信息完全符合线下实际情况。

扶贫工作任务紧，长达3个月的时间他没有休息，多少个日夜在整理、健全、完善一盒盒的扶贫档案，多少个节假日伏在电脑屏幕前修改错误信息，不是在填报各种信息、整理档案，就是在给村两委讲解政策、了解情况；不是为驻村扶贫工作队答疑解惑，就是在不断钻研政策知识。看到他的时候，总是感觉他在不停地跑来跑去忙碌着，没有片刻闲暇。有一次，山西省扶贫办反馈回的错误信息比较多，时间也比较紧，为了按时完成任务，他连夜将枣岭乡的错误信息筛选出来，及时通报给工作队信息员，然后又工作到深夜两三点，将涉及的错误信息的修改方法整理出来发给大家，保证了全乡错误信息能及时地修改完成。修改完成后，他又向领导建议抽调年轻干部成立数据清洗小分队，对全国扶贫开发信息系统全乡贫困户信息进行查验，保证全乡贫困户信息真实可信。面对紧张复杂的扶贫任务，他没有一句怨言，始终以一种乐观的态度，对工作踏实认真，积极主动，出色地完成了领导交办的各项工作任务，为2017年枣岭乡圆满完成贫困退出任务贡献了自己的一分力量。

作为一名大学生村干部和台头镇信息员，当李伟看到眼前的一切时，深深地意识到自己工作的必要性。为了能够切实了解情况，收集到一手真实有效的数据，他跟随村支书走家访户，深入田间地头，使他对农村的认识更加深刻，也切实体会到了村民生活的困苦和基层干部的艰辛。

脱贫攻坚工作千头万绪，每一环都紧紧相扣，每一个部分都不可或缺，工作量的巨大需要他付出百倍的努力，每天的工作不是在下乡，就是在整理报表数据。

2017年是台头镇脱贫攻坚的决胜之年，一路走来，每一项工作的完成，每一次考核的通过，每一次差错的纠正，都是对他年轻心灵的一次洗礼。当脱贫攻坚战役取得完胜之际，曾经的困难、劳累，都变成了欢欣、自豪，而那像山一样高耸的档案资料则显得那样神圣和亲切。

脱贫攻坚的"可口可乐"

"全县产业发展情况谁最了解?"请问赵立功。

"全县派出了多少支扶贫工作队?"请问赵立功。

"花椒产业发展最好的是哪个乡镇?"请问赵立功。

"哪个乡镇贫困户最多?"请问赵立功。

"'双签约'是怎么回事?"请问赵立功。

"'雨露计划'是怎么回事?"请问赵立功。

啥事都要问赵立功。

赵立功啥事都知道。

赵立功原是乡宁县中小企业局副局长,2016年10月被抽调到脱贫攻坚战行动总指挥部负责协调宣传报道工作。

赵立功是一个办事稳重沉着的人,跟赵立功一起合作共事,你不会着急上火,也不可能拖拉误事。

时间长了,传出一句话:赵局长是脱贫攻坚的"可口可乐"。

啃书本,嚼条文

赵立功干起工作来稳扎稳打,有板有眼,对脱贫攻坚工作中的各项方针政策全都吃透了。

第十二章 繁忙的脱贫攻坚行动总指挥部

脱贫攻坚行动总指挥部的工作头绪多、任务重，只要稍有空闲，赵立功就捧着书本或者文件学习。

赵立功的学习内容包括两个方面：

一是党和国家的大政方针。加强学习党的十九大精神和习近平总书记系列重要讲话精神，自觉做好表率，坚定新时代中国特色社会主义思想信念，进一步增强"四个意识"和"四个自信"，对党忠诚，为党尽责，始终做到在思想上高度认同核心，在政治上坚决维护核心，始终把学习宣传贯彻党的十九大精神当成当前和今后一段时期的主要任务，带头学习宣传贯彻党的十九大精神，并深入贫困户家中宣讲十九大精神和各级扶贫惠民政策，自觉用习近平新时代中国特色社会主义思想武装头脑，指导实践，推动工作。

赵立功在整理资料

二是脱贫攻坚工作的各项方针政策。像建档立卡贫困户的出入标准、产业发展政策、健康扶贫"双签约"、教育扶贫的"雨露计划"、低保贫困户的生活补助标准、金融扶贫的各种优惠贷款、贫困户外出务工的路费补助标准、易地扶贫搬迁的政策标准等，他都记得一清二楚。

他说，学习国家的大政方针和扶贫政策，不是为了作秀，而是为了实用，不仅要为工作人员提供服务，更重要的是为广大村民和贫困户提供服务，为他们答疑解惑。

不学习怎么能适应实际工作的需要？

赵立功这样问自己，也这样问别人。

编手册，掌实情

为了认真学习各级有关脱贫扶贫政策，切实读懂、弄懂政策要点，便于大家学习贯彻，赵立功结合乡宁县出台的一系列扶贫惠民政策措施和各行业部门扶贫政策，把重点整理出来，编印出通俗易懂、实用性强的《乡宁县脱贫攻坚手册》和条理清楚、一目了然的扶贫明细表，及时发放到全县每个帮扶人员和贫困户手中，做到扶贫政策宣传全覆盖，切实提高了群众对政策的知晓率。

他还把全县脱贫攻坚周例会精神、主要领导调研扶贫工作和走访贫困户、上级督查调研等信息，以及在脱贫攻坚工作中涌现出的先进典型、经验做法，及时通过简报等形式传送出去，为全县脱贫攻坚工作造势。到目前为止，共撰写简报121期，较好地完成了本职工作。同时和宣传组的王娟一道加强宣传力度，将乡宁县脱贫攻坚工作的进展情况、成功经验和先进典型等及时向上级相关部门和新闻媒体报送，在更大的范围内让人们知晓乡宁县脱贫攻坚工作中好的经验做法。根据工作需要，以对组织负责、对自己负责的态度认真撰写脱贫攻坚周例会报告52次，全县周例会报告一直在全市每周的排名通报中持续靠前，受到县领导和同事的一致好评。

说实话，报实情

作为宣传报道部门的工作人员，赵立功积极主动作为，用心、用情宣传报道。通过各种途径掌握脱贫攻坚典型事例，研判分析归纳整理，挖掘精准扶贫、精准脱贫的亮点和特色，为电视台提供可用素材，带县电视台深入一线，策划协调，对扶贫一线的驻村扶贫工作队、帮扶责任人、第一书记、村两委干部以及脱贫典型进行宣传报道。通过树立标杆、典型，挖掘先进，以点带面，全方位、全视角展现脱贫各条战线上涌现出来的新气象、新作为，营造积极向上、奋发有为的良好的舆论氛围，以身边的先进事迹和人物感染每一个扶贫干部。为总结扶贫战役在脱贫攻坚、巩固、提升等每个环节的成果，进一步鼓舞脱贫士气，主动撰写片头语和宣传片脚本，参与拍摄、审议、剪辑脱贫攻坚宣传片,讲述好故事,打造具有立体感的宣传视角,做到乡镇层面有针对性、行业扶贫目标性强的纵向横向宣传网,鼓舞人心士气,成为脱贫攻坚不可或缺的推动力和助推器。

同事反映赵立功工作细致而严谨,办事有条不紊,是一把好手。

赵立功却说,一定要明白自己的位置,一定要负起自己的责任,把国家的方针政策吃透,把握精髓,准确执行。

当参谋,做助手

脱贫攻坚是一项复杂而又系统的政治性工作,头绪多、时间紧、任务重。在搞好宣传报道的同时,赵立功积极参与到档案整理、检查督查等方面的工作中,以发现问题、解决问题为导向,及时把存在的问题分类拉出清单,并提出规范化、合理化的解决方案和建议,反馈给乡镇,确保问题整改到位,为全县脱贫摘帽尽自己最大的努力。

在整理《乡宁县脱贫攻坚手册》前,他先系统学习各级有关扶贫精神,拉出重点,再参照其他县市的手册,列出扶贫政策常识以及乡宁脱贫攻坚的大思路和建档立卡有关的东西。再结合乡宁实际情况,捋顺与乡宁有关的扶贫政策,和农业、扶贫、交通、城建、金融、林业、粮食、教育、卫计、民政、残联、人社、畜牧、科技等职能部门联系,让他们提供近几年以来的各级扶贫政策,本着扶贫帮扶人员能看懂,老百姓也能弄清的思路,从对象、条件、范围、标准等入手,尽量做到简单易懂,不遗漏,全覆盖。

在下乡采访或带电视台拍片子时,他通过乡镇主要领导、分管扶贫领导、驻村扶贫工作队、第一书记、村两委干部了解存在的问题、困难及解决的思路方法、经验、建议,罗列整理出来,汇报给领导,同时提出自己的看法建议,使领导能掌握到第一手资料,推动全县举一反三,学习样板,解决问题。

在撰写汇报材料时,对有些吃不准、搞不清的问题,赵立功心里总觉得不踏实,不想马马虎虎根据提供的资料写,搞清楚才放心。

在树标杆、立典型,挖掘先进的过程中,他首先根据县上安排的脱贫攻坚工作进度，在推进过程中向乡镇、部门领导了解情况，看有无先行一步的，工作中有哪些好的做法、典型，和脱贫攻坚宣传报道组同志深入一线、基层采访，撰写简报，在全县报道。给电视台提供素材，带电视台拍片子，进一步从视频的角度做好宣传。其次是及时捕捉先进信息。在与领导、朋友、同事聊天时，听到有干得好的人和事，就再深入了解一下，或者主动了解这方面的情况，每次发现新的事迹，就联系乡镇部门核实，及时深入，并通知电视台进行采访、拍摄。再有就是从乡镇和部门的材料中发现典型，即时进行采访报道，起到典型榜样作用。

随着时间的推移和脱贫攻坚工作的进展，赵立功的工作越来越深入，越来越细致，真正发挥了"活字典"和"政策通"的作用，凡是有人来调研、采风、采访，指挥部总是安排赵立功具体配合。

"花的事业是伟大的，让我们做一片普通的绿叶吧。有了绿叶，花才显得更加鲜艳，世界才显得更加美好。"赵立功最欣赏这一句话。

只是为了"精准"这两个字

一

2016年10月,李新霞被抽调到县脱贫攻坚行动总指挥部办公室工作。

李新霞1982年出生,硕士研究生,中共党员,2005年12月参加工作,曾任乡宁县综治办副主任、县委政法委主任科员兼机关党支部书记。

来到总指挥部办公室,李新霞面临一个全新的工作环境。脱贫攻坚是一项她以前从没接触过的工作,对于干了多年综治、政法工作的李新霞来说,不能不说是一个严峻的挑战和考验。

李新霞是一个对工作和生活都很认真的女性,不干则已,干就干好,是她多年坚持的原则。

在原工作单位她是一名正科级机关干部,在总指挥部她只是一名普通工作人员。如何摆对位置,如何开展工作,让自己既不错位,又不失职,恰到好处地开展工作,是她思考最多的问题。

李新霞的工作任务主要有三:一是参与各类指导性、总结性文件的起草,二是参与对各乡镇村脱贫攻坚工作的检查督导,三是参与各级档案资料的收集整理工作。

经过学习、消化各级领导机关关于脱贫攻坚工作的各项方针政策,李新霞知道，脱贫攻坚是一项空前绝后的工作。这一工作的精髓就是精准。

脱贫对象要精准，脱贫措施要精准，脱贫成果要精准，脱贫验收要精准。总而言之一句话，一切都用"精准"这两个字来衡量，来不得半点马虎。

由此，李新霞为自己定下目标，一切为了精准！

二

在总指挥部起草文件材料，是一件很严肃认真的工作，从政策制定，到精准识别的政策程序、精准施策的方法步骤、精准退出的评估考核，每个环节都要求写作者全程参与、掌握。通过参与和掌握，对全县的扶贫政策和进展有了更深刻的理解和认识，才能全面理解领导的观点和意图，写出高质量的材料。李新霞正是在掌握国家脱贫攻坚政策、掌

李新霞在学习扶贫政策

握本县脱贫攻坚工作进展情况的基础上，较好地完成了各种材料的写作任务的。

在写作过程中，她并不仅仅满足于已经掌握的情况，而是再三核实才下笔。2017年9月，总指挥部领导叫她写一份情况通报。赶巧那一段时间李新霞外出开会，对全县脱贫攻坚工作的实际情况不是太了解。于是，她除了认真翻阅现有的资料以外，还深入有关乡镇村实地了解情况。一次到枣岭乡了解情况的时候，半路上遇到了大雨，山洪阻塞了公路，她只好将车停在公路边等着。为了节约时间，李新霞在车上打开随身携带的笔记本电脑整理了解到的第一手材料。等洪水退了，材料也整理完了。还有一次，去尉庄乡调研，先座谈，实地踏勘，再找村民了解，等回到乡政府，天色

已晚,而且天气也不好,乌云密布,风雨欲来。乡领导劝她先吃一口饭住下,明天再回县里。李新霞想到明天上午开会还要用材料,就婉言谢绝了乡领导的好意,连饭也没吃,在暴风雨来临之前回到县城,连夜加班把材料赶了出来。

写材料是一件很辛苦的工作,除了要深入采访掌握第一手材料,还得有过硬的文字写作功夫。在这一点上,李新霞对自己要求很严格。她总是抱着挑毛病的态度,认真推敲,文章是否准确,支撑实例是否得力,文字是否顺畅,前后逻辑是否成立,只要发现不满意的地方,她都会斟酌修改。

李新霞对自己的要求是:不求最好,只求更好;不求完美,只求精准;她的目标是:无一字不讲究,无一事没来历,所以她写出的材料到了领导那里,常常是一次通过。

俗话说文如其人,在乡宁县,只要一看材料,人们就知道这个材料准是李新霞写的。李新霞也不客气,总是说:"这就是我写的材料,请大家多提意见。本人是虚心接受,坚决不改呀。"

三

在各个阶段的督查和评估验收中,李新霞也是全程参加。

为了确保县委、县政府各项脱贫政策落实到位,脱贫攻坚进展顺利,县委共成立了6个脱贫攻坚督查考核指导组,坚持每月一次督查考核,督查前李新霞参与了《督查考核细则》和《脱贫攻坚干部履职考核办法》的起草,并作为副组长参与了第五小组的全部考核督查工作。督查工作覆盖全县各乡镇、贫困村、县直单位和每个驻村扶贫工作队及第一书记。督查工作结束以后,李新霞都要全面掌握督查结果,认真梳理存在的问题,分析产生的原因,最后形成督查情况反馈材料,提出整改时限、跟踪督导、验收考核机制,确保了脱贫攻坚各项工作、问题整改和主体责任落实到位。

在脱贫攻坚行动总指挥部办公室工作期间,李新霞作为县级领导带队的督导组成员,乡宁县的乡镇村及贫困户家中,她像男同志一样,坚守岗位,不叫苦、不喊累,高负荷地工作,坚持到底。

2018年,全县脱贫工作进入真正的攻坚阶段,督查考核已经成为常态化。作为业务骨干,她先是担任县直部门考核组的联络员,后又担任乡镇考核组的副组长兼联络员。在4月的例行督查中,她对乡镇第一书记的工作进行了专项督查。有的第一书记是她的同学、朋友,或明或暗地希望她能给予关照,不要把问题报告给县委,但是她依然如实撰写督查报告,按照实际打分排队通报。因为她觉得只有这样才能真正推动问题的解决,才能真正实现脱贫摘帽的目标,而这正是她一年多来为之奋斗的目标。

对于一时没有搞明白的问题,李新霞绝不会轻易放过,而是通过再次深入乡村核实清楚,才最终写进反馈材料。2017年10月,省市第三方评估验收工作中,一个乡易地扶贫搬迁工程一个数据不清楚,问谁也得不到令人信服的答复,李新霞就带上工作人员再次到那个乡实地核查,最终查明了问题,提出了解决的方案。

在脱贫攻坚行动总指挥部工作的两年多时间里,像这样的事情还有很多,对于李新霞来说已经是很平常的事情了。

四

脱贫攻坚的档案资料十分重要,它既是脱贫攻坚的施政依据,又是脱贫攻坚成果的最终体现;既是脱贫攻坚当前需要解决的问题记录,又是脱贫攻坚备查的实证资料。因此,每一个数据都需要精准。

李新霞深知这一工作的重要性和难度。在脱贫攻坚进程中,档案建设既贯穿始终,又是难点。为了做到档案规范统一,她负责起草了全县脱贫攻坚档案的参考目录,从县脱贫攻坚行动总指挥部办公室到乡镇、村委会、贫困户,每个层面的档案都提出了统一的标准。同时她与同事们多次深入全县10个乡镇对脱贫攻坚档案工作进行培训督导,确保了全县脱贫攻档案的规范化、标准化。在档案资料"回头看"阶段,她与同事们苦干两三个月,硬是把10个乡镇、181个行政村的11218户贫困户和38989名贫困人口的脱贫档案整理得规范、清楚。

2017年深秋的一个雨天,她与同事深入尉庄乡的一个贫困村指导村级档案工作。原定半天的行程，因为数据需要核实确认，为了切实达到精准要求，她与同事一起深入贫困户家中走访采集，直到晚上 10 点多才把后续工作干完。此时，山中雨后大雾弥漫，崎岖的弯路充满了危险，她硬着头皮驾车回县城，半夜才回家，第二天一早又按时上班。

由于李新霞自己带头做出了好样子，不仅全县的脱贫攻坚档案做得好，而且还培养出一批思想坚定、业务熟练的信息人员，有的同志还被临汾市扶贫办抽去参加全市脱贫档案的督查整理，帮助兄弟县整理规范脱贫档案。

在脱贫攻坚最紧张的那些日子里，李新霞多是白天下乡镇、进农村调研走访，了解工作进展，晚上学政策、学文件领会精神，指导全县工作，周六周日参加周例会或者总指挥部政策研讨会，起草文件、方案。

李新霞家在临汾，距离乡宁一个多小时的车程，但在这期间，她愣是近两个月没有顾上回去一次。她几乎忘了家中还有 6 个多月大的孩子，寄放在母亲那里。其实，她并没有忘记，只是觉得同志们都在加班加点，自己一个人请假回去，张不开口。终于还是忍不住思念，在一个周六的晚上她请假回到母亲那里，宝宝哭着不让她抱，孩子已经不认识她这个妈妈了。面对此情此景，她放声大哭起来，但是第二天一早，她又悄悄地吻别熟睡中的孩子，开车回到乡宁，再次投身脱贫攻坚。

其实，李新霞内心也是怀着深深的愧疚的。她的父母都是年近古稀之人，可是她不仅没能照看老人的饮食起居，叫老人安度晚年，反而把自己的孩子交给老人看管，作为女儿，内心该是多么不安呀！

父母需要她这个女儿照顾，孩子需要她这个母亲抚育，但是为了脱贫攻坚，为了贫困户早日脱贫致富，为了乡村振兴，为了履行一个共产党员的职责，她只得硬着心肠坚守在工作岗位上。

李新霞在心里不止一次地念叨："亲人呀，等脱贫攻坚战役取得完胜以后，容我加倍偿还。"

"既然从事了这项工作，不管面对什么样的困难，我都不能退缩。作为一个新时代的女性，首先要兑现对自己的承诺，才能不负韶华。"李新霞这样解释自己的选择。

习近平总书记这样深情地告诫年轻一代:"人的一生只有一次青春。现在,青春是用来奋斗的;将来,青春是用来回忆的。"李新霞正是用自己的实际行动来践行习近平总书记的嘱托。

"曾经沧海难为水,除却巫山不是云。"经历了脱贫攻坚战役洗礼的李新霞正以"我们面前无困难,困难面前有我们"的气魄奋然前行。

特殊人物的特殊贡献

在乡宁县脱贫攻坚行动总指挥部有一位很特殊的人物。

她于 2005 年从兰州大学汉语言文学专业毕业。2009 年 10 月通过招考当了一名大学生村干部,担任双鹤乡玉家沟村主任助理。2012 年通过公务员考试,考入乡宁县文化局执法队。

从 2011 年开始,先后获得县市优秀大学生村干部、优秀志愿者、巾帼志愿者、十大道德模范等荣誉称号。

2009 年开始资助贫困大学生,10 年来,累计资助 14 名贫困学生,资助金额 12.6 万元。

2016 年 10 月她借调到县脱贫攻坚行动总指挥部办公室参与全县的扶贫工作,在信息科负责全县扶贫数据核查、动态调整、档案资料的完善及归档。她不仅完成了本县的扶贫档案整理工作,还应邀参加临汾市扶贫办组织的脱贫档案资料整理工作组赴蒲县、永和督导检查脱贫信息工作,受浮山、洪洞等县政府邀请,赴当地帮助他们整理扶贫档案。

在从事脱贫档案资料的整理工作中,郑秀丽认真学习党的十八大以来习近平总书记多次在调研、会议、批示中就扶贫工作做出的重要论述,深入学习贯彻党的十九大精神,始终坚持正确的政治方向,提高政治素养,增强工作本领,全身心地投入到乡宁县的脱贫摘帽工作中。她不断更新自己的知识结构，积极参加省、市、县组织的各种培训。在工作中，把在省、市、县学到的各种文件及会议精神，尤其是群众比较关心的关于扶贫领域的涉及老百姓利益的低保、"股加贷"等政策，以及全国扶贫开发信息系统的各种技术操作及指标解释，全部给大家宣传到位，并按时间节点完成各项工作，真正发挥上传下达的作用。

2016年10月，她主要负责乡宁县脱贫攻坚档案建设、云平台的完善和全县数据核查、整理、完善以及错误数据的修改，完成了教育扶贫的1万余名学生、全县"五个一批"产业扶贫核实以及医疗中心对两次反馈回来的1000余人进行再次核实确认等。2017年6月—11月负责管头档案建设、数据完善；11月组织指挥部工作人员及乡镇报回来的优秀信息员，先对其进行培训，然后对所包乡镇进行为期一个半月的错误数据追踪核查，每天追踪，每天反馈，及时修改。

为了增强责任意识，及时掌握面上的工作情况，互相沟通信息，交流经验，郑秀丽利用新兴媒体网络工具，建立了两个工作微信群：一个是乡镇信息"宝"群，成员是10个乡镇的信息员，共同参与全县的档案整理、数据核查、动态调整；另一个是全国扶贫开发信息系统数据填报群，成员有全县96个单位的250多名信息员，发送非正式通知360余条。顺利完成2017年两次动态调整、一次数据核查，整理出《乡宁县2014—2018年贫困人口汇总表》等系列表格，使线上线下数据完全一致，为全县其他职能单位提供了真实有效的参考依据。

2018年10月，郑秀丽被临汾市扶贫办抽调到临汾市委驻县脱贫攻坚工作一组常驻蒲县，督查协调脱贫摘帽工作。两个多月的时间，她深入9个乡镇、21个行政村进行督导检查，参加蒲县脱贫攻坚周例会和有关会议，充分发挥好工作组作用，全力助力蒲县脱贫，受到市县领导和同事们的一致好评。

2017年12月25日是周一，郑秀丽准备从临汾回乡宁。当时雪连续下了两天多，总指挥部的领导给她打过电话，让她不要着急，晚一两天来也可以。可是郑秀丽心里惦记着单位没干完的工作，心里还是不放心，第二天早上6点半她就打上出租车去台头镇。因为下雪高速路封了，他们只能走普通公路。一路上很多路段都有积雪，有的地方还结了冰。结果半路上出租车打滑，在路中间扭了两下直接甩到右边水渠了。等头脑发蒙的郑秀丽从水渠里爬出来一看，多亏甩到右边水渠了，要是甩到左边深沟里的话，后果不堪设想。

从 2016 年 10 月—2018 年 10 月整整两年的时间，郑秀丽坚守在脱贫攻坚行动总指挥部，负责脱贫档案的收集整理工作，从对脱贫档案资料的一无所知，成长为一个全临汾市扶贫系统知名的行家里手，多次受到表彰奖励。

郑秀丽在核对数据

做好扶贫档案工作，是郑秀丽为脱贫工作贡献力量的一个方面。同时郑秀丽还热心公益事业，用另一种方式来脱贫攻坚。

一

郑秀丽热心公益事业，资助贫困学生完成学业。

或许是机缘巧合，或许是命运使然，就在郑秀丽 2009 年到村里上班刚刚领到第一个月工资的一天，她到村里走访，听说村里一个贫困户的孩子马书剑因为学费问题，把一本院校改为二本院校。郑秀丽很伤心，主动找见马书剑，问明情况，决定对他进行经济上的资助。郑秀丽留下不多的生活费，把剩余的工资全给了马书剑。起初郑秀丽每个月资助马书剑 200 元，后来生活费贵了，每月资助增加到 500 元，有时候经济稍好一些，就一个月资助 1000 元，一直到马书剑大学毕业。

如今马书剑已经从大同大学矿机专业毕业并参加了工作，2017 年国庆结婚成了家，本人在介休市工作，爱人是人民教师。马书剑没有忘记扶持自己完成大学学业的郑秀丽，经常跟她联系，汇报工作和生活情况，过年节回乡宁时一定来看望自己的恩人。

鹤坡村的贫困户孙李华，母亲患有癫痫病，父亲因照顾母亲生活起居，无法外出务工，家庭经济拮据，无力上大学，最后在郑秀丽的资助下才得以走进大学校园。现就读于首都医科大学，本硕连读儿科专业。本人勤奋好学，多次获得奖学金，终于完成了学业。他家在扶贫政策的帮扶下，通过发展养羊，家庭情况逐渐好转。

还有鹤坡村的陈正义，母亲在他初三时因病去世，剩下他和得过脑血栓丧失劳动能力的父亲，还有个上大学的姐姐，生活困难。2018年，陈正义考取了山东建筑大学建筑设计专业，郑秀丽及时给予资助。如今，姐姐大学毕业，陈正义在郑秀丽的帮助下利用假期在县城找了份家庭教师的工作，整个家庭的状况都往好的方向发展。他父亲享受了国家扶贫优惠政策，身体状况也有所好转。

二

为了让更多的贫困学生得到帮助，郑秀丽于2012年8月发起成立了MOMO爱心助学网站，累计接受捐助十几万元，45名贫困学生获得帮助。

这些年郑秀丽一直思索着如何帮助贫困家庭改善生活条件，让他们的子女不再因为贫困而上不起学。2013年，终于有了答案。她找到其他几位村干部，一起出谋划策，通过自筹资金，在当地建起农资服务站，为附近17个村、1000余农户搭建起了便捷的农资购销平台，还经常邀请专家为农民提供技术指导，帮助农民发家致富，许多贫困家庭生活状况得到改善。后来郑秀丽从农村回到县城，在县文化局执法队上了班，但是她的心还在家境困难的孩子身上，现在仍有5名大学生、10多个困难家庭由她资助和帮助。她自己并不富裕，但她几乎倾其所有，义无反顾地帮助那些需要帮助的贫困家庭和贫困学子。

她行走在爱心之路上。

郑秀丽用爱温暖了弱势群体的心灵，用善行点燃了一个个困难家庭的希望。进城工作以后，她仍把爱心和温暖传递下去。她资助贫困大学生，走进了大学校园，实现了大学梦；她帮助残疾人，让他们渡过了生活难关，提升了生活质量。

对这一切，郑秀丽内心充满了满足。

时下有一句话，叫"实现了对自己的承诺，就叫酷"。郑秀丽有时感觉自己也很酷。

三

郑秀丽像冬天里的一把火，为周围的人带来温暖。

在她的义举善行感召下，更多的志愿者跟着她走上了资助贫困大学生的道路。

县交通局局长刘玉杰现资助一名学生，每月1000元。

县财政局干部王宏斌也在资助一个孩子，每月1000元。

县文化局的王莲红书记，连续3年，每年给郑秀丽1000块钱，委托她资助贫困学生。

2018年，太原有一个好心人，被郑秀丽的事迹所感动，委托她资助贫困孩子，2019年，又捐助了2000元。

他们信任郑秀丽，委托她替自己完成善举。

郑秀丽家的经济状况一般，前些年曾有些积蓄，近几年由于资助的人多，所剩无几。她在生活方面比较节俭，教育孩子一定也要勤俭节约，乐于助人。

在刚开始资助贫困大学生的时候，爱人贾常红和双方父母并不知道。后来知道了，大家都很支持她。父亲以她为榜样，也曾资助过一个贫困大学生。

郑秀丽的爱人在尧都区工作，家也在临汾城里，两个孩子都在临汾上学。郑秀丽长期在乡宁乡下工作，把家里的活儿全都扔给了爱人。为了全力支持郑秀丽的工作，爱人没有任何怨言，把全部家务承担下来。郑秀丽拖着疲惫的身体从山上下来回到自己的小窝，顿感无限温暖和惬意。

郑秀丽知道自己不是一个人在单打独斗，前行的征途上她并不形单影只。

家是她停靠的港湾，众多热心公益的朋友是她一路同行的战友。

年轻的老将

《乡宁：脱贫成效巩固提升持续发力》《乡宁：脱贫户的幸福生活》《精准扶贫让左长科"守得云开见月明"》《加建荣：让黄沟变新村》……

2016—2018 年，3 年间省内外新闻媒体先后推出 20 多篇以乡宁县脱贫攻坚为主题的稿件，在广泛的社会层面上及时宣传了乡宁县脱贫攻坚战役的进展情况。

撰写这些稿件的是乡宁县宣传部干事王娟。

因工作突出、业务过硬，2016 年底刚刚 30 岁的王娟被抽调到乡宁县脱贫攻坚行动总指挥部担任宣传组信息员。

其实，王娟已经是乡宁县通讯报道队伍里的一员战绩卓著的老将了。在担任宣传部新闻中心通讯员期间，王娟按照"把握立场、提炼高度、找准角度、精炼表达"的新闻写作原则，围绕中心、服务大局，对全县重点工作进行深入的报道，对各行各业涌现出来的优秀代表进行大力宣传，生动讲述乡宁故事。其中《乡宁："穷集体"告别"零收入"》《撬动发展的"第二支杠杆"：乡宁县民营经济发展掠影》等稿件着重反映了全县经济社会发展的立体风貌，《桃李不言下自成蹊》《连喜祥：十五年背出一个大学生》《王晋强：乡宁民歌的"拓荒者"》《甘化春泥沃新芽》《大爱无言好家风》《"最美乡宁"的记录人》等报道以点带面、以小见大，唱响时代主旋律，在县域范围内营造出了崇德向善、乐于奉献的舆论氛围。

现在能够耐得住寂寞，承受得起冷落，坚守在三尺文案之前，孤灯独影写作的年轻人已经很少了。究其原因，写作是个苦差事。

大凡吃这碗饭的人，须绞尽脑汁，挖空心思。

话又说回来，虽是苦了点，但是当文章发表的那一刻，成就感也是其他人所无法体会的。

提高政治站位，增强自身素质，是王娟成功的首要因素。意识决定行动，认知决定标准，是王娟写作的实践准则。

她深知，作为一名基层新闻工作者，必须坚定理想信念，牢记使命职责，才能不断增强脚力、眼力、脑力、笔力，做合格的新闻宣传工作者。

为了强化自己的理论认知，王娟非常注重日常积累，认真学习习近平新时代中国特色社会主义思想和党的十九大精神，学习省、市、县的各项决策部署，时刻保持思想与时代同进步，思维与社会同发展。为了提高自己的业务水平，她坚持每日浏览《人民日报》《山西日报》《临汾日报》《半月谈》等党报、党刊，钻研如何写好大小标题，如何开阔观察角度，如何提高表达能力，为做好新闻宣传工作打下良好基础。

坚持深入基层，深入生活，倾听百姓心声，不断增加生活积累，是王娟成功的重要因素。脱贫攻坚以来，为了解攻坚进展，掌握基层动态，她跑遍了乡宁县的10个乡镇，累计走访基层百余次，累积采访素材80余个，亲眼见证了脱贫攻坚攻城拔寨、取得成效、载入史册的全历程，亲身感受了产业发展突破重重困难落地生根、基础设施发生翻天覆地巨变、易地搬迁搬出新生活、政策叠加让群众实打实得到实惠，3支队伍呕心沥血致力帮扶、贫困群众面貌焕然一新。她撰写的稿件《乡宁：脱贫成效巩固提升持续发力》《乡宁：脱贫户的幸福生活》在《临汾日报》等主流媒体的头版头条刊发，为脱贫攻坚营造出了团结向上的政治舆论氛围，引起了较大社会反响。比如乡宁县仁义村是王娟多次深入的采访点，从该村选址填土、项目建设、新村落成到搬迁入住，她一直跟踪采访，写出了《加建荣：让"黄沟变新村"》等作品。她先后多次将仁义采访素材写入相关脱贫攻坚稿件，让乡宁故事深入人心。正是这些采访事例,让稿件活起来,有了温度和品质。

2018年春节,王娟收到了西坡镇胡家岭村柏崖自然村的脱贫户王立世的感谢信。这位摆脱了贫困生活的村民在信中写道:

尊敬的王记者:

感谢你多次看望我,感谢你对我的报道,给我们一家带来极大的正能量和精神鼓舞,我们懂感恩,一定把这份情谊铭记于心。

感谢党的好政策,叫我们贫困户过上了好日子,感谢政府的各级领导,他们的关怀和帮助,使我们的生活今非昔比。我在有生之年,看到家乡的变化,心情特别激动。

以前我受了伤,对我家人来说,如同天塌一样,一步步落下来的烂摊子,导致我家债台高筑,困难重重,那时我真是生不如死呀!

现在,我有了获得感、幸福感和安全感。在这里,我感谢所有关怀和帮助过我家的好干部和好领导。我还要把日子过好。

再次感谢你的关心和看望!谢谢!!谢谢!!!

王立世
2018年正月初四

王立世是一个在党和政府脱贫政策带动下脱了贫的建档立卡贫困户。王娟曾几次带着省内外主流媒体记者采访过他,对他摆脱贫困的事例进行了报道,因此王立世写信向她表示感谢,并通过她感谢县委、县政府和乡镇村的领导。

看到自己的工作产生了这么大的社会影响,王娟兴奋不已,工作的干劲更大了。

2018年5月25日,她曾写了一篇长达3000字的通讯《乡宁:脱贫成效巩固提升持续发力》,在新华社播发,产生了很大的社会反响。

刻苦学习、勤奋写作是王娟成功的又一个因素。王娟不是那种眼高手低的年轻人,她愿意静下心来,做好日常工作,扎实干好每一项细小的工作。她信奉那句话:"把简单的事情做好,就是不简单;把容易的

王娟在查阅资料

事情做成,就是不容易。"因此在日常工作中,她事无巨细,每次采访都能够认真对待。大的文稿要尽心尽力写好,小的文章也要精琢细磨。她深知尺有所短、寸有所长的道理,世界上最难写的是一句话新闻,最难进的是绣花的针眼。在脱贫攻坚行动总指挥部,王娟还负责简报和相关工作。她及时将会议精神、脱贫经验提炼汇编,在围绕中心、服务大局中不断充实完善自己。她为乡宁县桃花山村、北村、仁义村编写的贫困村典型材料被收录到《百村脱贫案例》中,通过扎实的工作练就了写作基本功。

2019年,王娟被调到县委宣传部理论室,同时兼顾总指挥部的宣传工作。

理论室的工作比起新闻报道来,又提高了一个档次,王娟又一次站在新的起点上!

在调任宣传部理论室后,王娟迅速转换角色,投入到新的工作中。在各方面都取得了一定成绩。虽然本科室工作任务繁重,加班已成为常态,但是她始终爱岗敬业,尽职尽责,力求各项工作对标一流,以不懈奋斗的劲头同时兼顾好脱贫成效巩固提升"改革创新,奋发有为"大讨论、"不忘初心、牢记使命"主题教育简报等多重工作。

机关里的公文写作,是一件很辛苦的工作,关键是写出的文章,材料要符合当前工作的需要,这就要求写作者要真正能吃透政策和精神,王娟在这一点上把握得不错。

未来的路还很长,坚持是通往成功的唯一捷径。生命不息,奋斗不止!

她暗暗表示,将以不懈的努力继续前行,以开阔的胸襟和敏锐的视野,争当一名宣传新时代、记录新时代、讴歌新时代的排头兵。

扬帆正遇东风来

2017年初,牛扬帆被借调到乡宁县脱贫攻坚行动总指挥部办公室,主要从事文秘、公文写作和办公室综合性工作。在总指挥部工作的两年间,他起早贪黑,加班加点,在材料撰写这块阵地上,为打赢脱贫摘帽攻坚战,做出了积极贡献。

材料撰写工作不同于其他业务性工作,其限时、耗力、费脑筋,对写作者的素质、耐力、抗压力及责任心都是很大的挑战和考验。脱贫攻坚节奏紧、任务重、责任大,紧锣密鼓的工作安排,所需的各类材料应接不暇,脱贫攻坚行动总指挥部办公室作为全县脱贫攻坚工作上传下达的中枢部门,文件起草是其重要的职能之一。面对一天一个小材料、两天一个大材料的超强工作量,牛扬帆从不推诿,毫无怨言,没有节假日地连轴转,加班加点是家常便饭,通宵达旦已司空见惯,轻伤不下火线、带病上岗也习以为常,往往是为了赶一篇稿子连吃饭的时间都要省略,常常是忙了一整天回到家里刚端起饭碗,手机铃声响起需要连夜急赶明天的会议材料。也不记得有多少次凌晨三四点回家,也数不清有多少回晚上通宵第二天、第三天接着工作,也忘记了一篇稿子顶着压力前前后后反反复复修改了多少遍,也记不清一天需要赶几篇稿子饿了吃馍片、困了趴在桌上休息有几天。

有同事说:"我最佩服扬帆为赶材料能坐在办公桌前写一天,为节省时间、不打断思路，连饭都顾不上吃直到材料写完。有时人手不够，还要捡点负责印发，这种精神难能可贵，一般的人真做不到。"

据粗略统计，自到总指挥部办公室工作以来，牛扬帆配合县委、县政府起草了《乡宁县2017年脱贫攻坚规划》《"百日会战"实施方案》《督查考核细则》《脱贫成效巩固提升三年规划》《2018年脱贫成效巩固提升工作方案》《脱贫摘帽存在问题整改方案》等一系列重要方案，制作迎接各级检查的多块版面，先后起草各类领导讲话、汇报

牛扬帆在起草文件

材料、调研报告、工作总结100余篇，起草下发各类通知、通报、方案和文件80余篇，撰写上报省、市、县各类督查问题整改台账、整改报告和典型材料30余篇，并将去兰考、武乡等外出学习情况，各乡镇务虚会提出的问题建议情况以及每次督查考核情况，形成总结性和建议性材料上报领导以供参考，可以说他每天都是在奋笔疾书中度过。

自古忠孝难两全，由于工作繁忙，他无暇顾及自己的家庭，对家人他心里满是愧疚。母亲有腿疾，常年卧床静养，他不能侍奉左右、解忧在旁，却是母亲病中还为他费心操持，尽量减少儿子的后顾之忧，并时刻叮嘱儿子要注意身体，常常是等儿子回来后才能安睡。两个年幼的儿女，大的4岁，小的1岁，正是需要有人照看的时候，但他经常是晚上孩子睡着还未归，早上孩子未醒已出门，有时整日里都见不上一面。就在他刚调入总指挥部办公室工作不久，父亲查出肾上囊肿和心脏房颤，医生建议尽快手术，但

这时正值脱贫攻坚期，而父亲手术又没有人照顾。为了不耽误工作，他将父亲的手术日程一推再推，并就近选择医院接受治疗，最大限度缩短陪护时间，尽早回到工作岗位。

牛扬帆是一个积极上进的人，刚到总指挥部办公室时，面对全新的领域，他每天不论是在单位还是家里，不论是上班还是休息，只要一有时间，总是把自己置身于一大堆资料里，心无旁骛地学习钻研，很快就熟悉了工作，掌握了实情，为搞好工作奠定了扎实的基础。他从没放松学习，在总指挥部办公室繁忙的工作中，他竟拿下了山西大学硕士研究生学位，并通过了考试成为一名公务员，走上了新的岗位。

一位有名的企业家曾经说过这样一句话："如果你有智慧，请你献出智慧；如果你没有智慧，请你准备吃苦；如果你既没有智慧又不想吃苦，那么请你离开。"牛扬帆就是这样一个既有智慧又能吃苦的共产党员。

脱贫攻坚的多面手

中国戏曲中有替补演员,俗称"戏补丁"。这块"补丁",哪个行当都能来几下子,而且还来得有模有样。俗话说救场如救火,每逢演员突发状况,就得这块"戏补丁"上场了,生旦净末丑,唱念做打,需要唱什么就唱什么,要来什么就来什么,总而言之一句话,保障把戏演完。

这块"戏补丁"演技得老到,还得有点心理承受能力,做到"卒然临之而不惊,无故加之而不怒"。然而,这一点并不是每个人就能做到的。

乡宁县脱贫攻坚行动总指挥部办公室就有这么一位"戏补丁"。

闫帅,1981年生,大学本科,乡宁县住建局副主任科员、工程师、国家二级注册建造师。2016年10月至今在脱贫攻坚行动总指挥部办公室工作。

在住建局工作期间,他曾完成10个乡镇的总体规划,为5500余户农户进行危房鉴定、施工、验收,成功申报10个国家级传统村落,为9500多户农户解决冬季清洁取暖问题。在工作中他不断积累经验,提升了工作能力,在县住建局是一个响当当的人物。

2016年底,闫帅被抽调到脱贫攻坚行动总指挥部办公室工作,担任5个包联乡镇小组之一的小组长,指导建档立卡档案的规范建设工作。

2017年初,乡宁脱贫攻坚进入深度推进阶段。作为山西省首批脱贫摘帽县，没有现成的经验可循，时间紧、任务重、责任大，对标中央、省、市要求，产业扶贫、易地搬迁、生态扶贫、教育扶贫、社会保障兜底等各领域都需要制定更精准、更细化、更完善的方案措施，推进各项工作的落实。脱贫攻坚行动总指挥部作为中枢部门，要对全县的各项扶贫工作进行顶层设计，整体规划，审核把关，指导督促。

作为总指挥部的一员得力干将，闫帅在统筹各项工作、指导协调各部门的过程中发挥了非常重要的作用。他负责与全县各相关职能单位联系，协调解决乡镇遇到的各类扶贫政策问题。经过同20多家单位沟通，最终制定出台了40多项专项方案和实施办法，为脱贫攻坚顺利实施提供了强有力的制度保障。

在百日攻坚期

闫帅在修改材料

间，全县进入了攻坚拔寨、啃硬骨头的奋战阶段。闫帅制定了6轮督导检查方案，组织全县各类培训20余场，负责脱贫项目进度的周报、半月报，协调全县脱贫项目库的建设以及办公室的各项工作。最繁忙的时候，闫帅同时承担了10多项任务。紧锣密鼓的工作节奏、纷繁复杂的工作任务，闫帅从不推诿，随叫随到连轴转。

有一段时间，全县脱贫攻坚宣传报道工作人手不够，领导就叫闫帅协助宣传部门的工作人员参与资料收集、下乡拍摄、协调关系等工作。在尉庄乡山水村的一次拍摄中，拍摄人员与拍摄对象因为认识不同，产生了不同意见，双方都不太冷静，迫使拍摄工作中止。闫帅凭借丰富的工作经验和对脱贫政策的深厚储备、准确理解，耐心地做好双方的思想工作，及时化解了现场拍摄的突发问题，赢得了大家的认可。他先后跟随拍摄组下乡百余次，协调完成脱贫专题片 90 多部。

2017 年 6 月，闫帅又参与贫困村产业发展和档案规范建设的调研工作。他同样任劳任怨，亲力亲为。一天他和总指挥部的同事到双鹤乡张元村调研督导工作。他们在张元村整整工作了一个白天，等工作结束，天已擦黑，天气也不好。村两委和第一书记、驻村扶贫工作队的同志，劝他们吃完饭歇息一晚，明天一早再回县城，也不误事。可是闫帅坚持要走，说是明天还有明天的事情，不能把时间耗在半路上。在他们返回的路上突遇大暴雨，泥泞的道路让车颠颠簸簸，摇摆不停，好几次都差点滑入沟渠。再遇到危险的路段，他们就下车步行，踩着泥泞通过。近 3 年的脱贫攻坚工作中，像这样危险的情况还发生过多次，但是再苦再累，闫帅从来没有抱怨过，工作热情高昂。

在总指挥部办公室，闫帅没有明确的工作岗位，却是最繁忙的一个，哪里需要他，他就奔向哪里。有时候一个人干好几个人的活，顶好几个人的岗，他像一块"戏补丁"，随时准备救场。

繁忙的工作使闫帅无暇顾及家庭，他把家里的事情全都甩给了妻子。

孩子们好多天与闫帅照不上面，一次儿子发高烧，闫帅只在医院陪了孩子一个晚上，第二天早上还没等孩子醒，他就上班去了。舍小家为大家，闫帅用自己的实际行动诠释了这个道理。

尾声

2018 年风景

2017年乡宁县经济社会发展可圈可点的地方很多，但是从县委、县政府领导到各部门、各乡镇领导并没有陶醉于已取得的成绩，而是瞄准乡村振兴的大方向，明确科学发展的大思路，率领全县人民乘风破浪继续奋力奔跑，出台了巩固提升脱贫攻坚成果的措施方案，确立了农业强、农村美、农民富的奋斗目标！

各支队伍战旗猎猎，马不卸鞍，踏上了新的征程。

"山，快马加鞭未下鞍。惊回首，离天三尺三。山，倒海翻江卷巨澜。奔腾急，万马战犹酣。山，刺破青天锷未残。天欲堕，赖以拄其间。"毛泽东气吞山河的词句很好地诠释了2018年乡宁县经济社会发展的风景。

2017年结束的时候,一张乡宁县脱贫攻坚战役成绩单摆在了县委书记樊洪平面前——

2017年,全县脱贫攻坚战役呈现出三大特点:

其一,帮扶机制实施有力。

96个驻村扶贫工作队、4154名党员干部与贫困村、贫困户结对帮扶,为贫困村、贫困户办实事2.5万余件,帮助转移劳动力3447人,协调推进项目609个,开展政策培训929场次,为贫困户直接捐赠物品1.7万余件,捐款81.7万元。

其二,精准施策推进有效。

扶贫投资超10亿元。实施易地搬迁2430户、8622人,建成集中安置点45个。完成285条、470公里村组道路,710个自然村、245万平方米街巷硬化。建成344处饮水工程。扶持8231户贫困户新发展干鲜果1.27万亩、中药材1.18万亩、食用菌6.86万棒、畜禽26.15万头(只);36个贫困村培育发展农民专业合作社58个,入社贫困户2191户;2777户贫困户、9419人通过委托代养和领养等方式实现增收,2735名贫困人口通过县外务工实现脱贫。招聘贫困户护林员361人、协管员145人,2.3万亩林业生态工程全部由扶贫造林合作社实施。金融机构发放扶贫小额贷款1.7亿元,全临汾市排名第一。实现了互联网村村通，新增村级光伏发电站38个，新建电商运营中心3个、乡村电商综合服务站点95个。36个贫困村全部实施了动力电升级改造，完善了文体配套设施。改扩建乡村卫生室89个，贫困人口住院医疗费用个人自付比例控制在8%以内，远远低于省定20%的指标。教育、民政、旅游、科技和社会等扶贫发挥了积极作用。贫困县14项退出指标全部完成，"两率一度"高标实现，10632户、37356口人实现脱贫。

其三，贫困县退出14项指标全部完成，2项核心指标高效率完成。

贫困发生率指标降至0.84%。2014年脱贫459户、1601人；2015年脱贫2693户、9531人；2016年脱贫1632户、5813人；2017年脱贫5939户、20794人。建档立卡贫困户11218户、38989人，累计脱贫10723户、37739人。

36个贫困村全部退出。2016年退出13个贫困村，2017年退出23个贫困村，全县36个贫困村均达到13项退出标准，退出率达到100%，总体达到了贫困县脱贫摘帽标准。

面对还算不错的成绩单，樊洪平没有沾沾自喜，更没有自我陶醉，反而觉得肩上的担子更重了，因为在他的脑海里还有一张攻坚图：

2017年底，全县还剩余贫困人口586户、1633人，其中因病致贫250户、698人，因残致贫225户、582人，因缺劳力致贫45户、106人，因学致贫35户、156人，因缺技术致贫22户、66人，因灾致贫7户、20人，因自身发展动力不足致贫2户、5人。

樊洪平心里清楚，全县的脱贫攻坚战役虽然已经取得了胜利，但是还存在很多不尽如人意的短板、弱项：

个别移民新村还有扫尾工程未完成。

易地搬迁的复垦任务还没有最后完成。

部分实施产业脱贫的农户的经营水平还有待提高。

个别兜底户的生活还需要优化。

新的转型产业的管理和市场还需要继续培育完善。

工人们在精心制作紫砂工艺品

总之,2018年乡宁县脱贫攻坚战役的任务是坚守阵地,巩固提高!

很快,巩固提升脱贫攻坚成果的措施方案就出台了。

方案规定,要深入贯彻落实党的十九大精神,以习近平新时代中国特色社会主义思想为指引,坚持精准扶贫、精准脱贫基本方略,认真落实习近平总书记视察山西重要讲话精神及中央、省、市有关脱贫攻坚的各项决议决定和部署要求,大力实施乡村振兴战略,按照市委、市政府摘帽不摘责任,摘帽不摘政策,摘帽不摘帮扶,摘帽不摘监管"四不摘"要求和在临汾市推行"五清单、两标准、一档案"工作要求,进一步明确职责任务、补齐短板弱项、夯实帮扶基础、提升脱贫成色,扎实做好脱贫成效巩固提升工作,让困难群众彻底稳定摆脱贫困,进一步改善农村生产生活条件,加快推进小康乡宁建设步伐。

方案在精准原则下,明确了总体思路,详细规定了每个月的工作任务,确定了责任单位、完成时间,强化了工作纪律和保障措施。

2018年的春节还没过完,各路人马就全部披挂上阵。

对于2017年底还未脱贫的1633名贫困人口,除了44名县级领导干部每人帮扶2名之外,其余的全都明确到全县副科以上干部头上,做到已脱贫户和剩余未脱贫人口领导包联全覆盖、已脱贫村和党组织软弱涣散村对口帮扶全覆盖。

包联干部针对已脱贫户和未脱贫户分别制定并落实巩固脱贫计划和精准脱贫计划,脱贫成效成色得到提升,群众满意度得到巩固。确定脱贫项目、完成任务时间,立下军令状,年底逐一验收,精准兑现!

然而,貌似简单的事情并不简单,看似容易的事情并不容易。

3个问题摆在干部群众面前:

一是脱贫提升干什么?

二是全面小康做什么?

三是乡村振兴抓什么?

对这3个问题的准确回答,决定了2018年全县脱贫攻坚战役的价值取向和进攻方向。

几经调研考察,乡宁县委、县政府确定了实施十大工程,即统筹实施产业提质增效工程、易地搬迁后续工程、培训就业增收工程、健康扶贫工程、生态助力工程、社会保障兜底工程、集体经济壮大工程、内生动力激发工程、基础设施和公共服务提质工程、社会力量帮扶工程等,涵盖了巩固提升的各个领域和环节。

十大工程的实施,需要用真金白银做支撑、严格管理做保障,脚踏实地真抓实干才能实现。

在继续完善基础设施、公共服务等工作的同时,乡宁县主要实施了两大动作:

一是紧盯金融创收增收。向县域内各大金融机构注入风险补偿金1104万元,按1∶8的比例放大小额信贷规模,发放扶贫小额贷款5827万元,累计发放23286万元,规模位居全临汾市之首。继续实施"股加贷"资产收益扶贫,将2538.75万元财政结余扶贫资金折股量化到符合条件的贫困户名下,配套扶贫低息贷款2830万元入股4家龙头企业,10144名贫困人口每人每年分红391.25元,一方面解决了企业的融资难题,另一方面实现贫困户收益,龙头企业和贫困户实现了双赢。

二是培育和发展新型产业。乡宁县委、县政府在全县遴选出20个运行规范、辐射带动作用强的龙头企业和合作社进行扶持,带动1789名建档立卡贫困户持续增收;撬动5230万元扶贫周转金,注入24个龙头企业和合作社扶持发展;继续采取"政府+银行+龙头企业+农户"的模式,培育壮大戎子酒庄、琪尔康、昱德新、美聚香凝等一批农产品生产、精深加工为一体的龙头企业,扶持发展欣隆肉牛养殖、福兴獭兔养殖等一批规模效益好、带动能力强的明星合作社,通过产业带动、规模生产、订单收购、务工就业,引领农业发展,带动农民增收。与此同时,乡宁县财政拿出3178万元,对贫困户发展的种

大家在商议如何改进紫砂工艺

植类10个项目、养殖类7个项目进行补助,贫困户根据自身条件自主选择1—2个产业项目,户均补助4000—8000元,实现了有劳动能力的贫困户都有一两种产业项目。2018年,乡宁县财政拿出1108万元,进行新发展项目补助和提质增效补助,全县建档立卡贫困户新发展林果业86亩、中药材71.5亩,新增家禽牲畜212头(只),实施林果业、中药材提质增效66960.23亩。

经过上述措施的落实,全县巩固脱贫攻坚战役成果取得了完胜。最突出的成绩是对脱贫攻坚起着决定作用的产业扶贫、企业扶贫机制运转正常,效益良好,不仅巩固和增加了2017年已经脱贫贫困户和贫困人口的经济收入,而且也使尚未脱贫的586户、1633人中的566户、1557人顺利脱贫退

出，脱贫成效得到全面巩固和有效提升。

2018年9月7日，山西省人民政府制发晋政函〔2018〕117号《山西省人民政府关于批准阳曲等12县退出贫困县的通知》指出：

> 按照中共中央办公厅、国务院办公厅《关于建立贫困退出机制的意见》及中共山西省委办公厅、山西省人民政府办公厅《关于山西省贫困退出实施办法》有关规定，经县级申请、市级初审、省级部门评价、省级第三方评估检查、整改专项检查和社会公示，阳曲县等12个省定贫困县均达到贫困县退出的相关指标，符合贫困县退出标准。经研究，批准阳曲、平鲁、山阴、柳林、昔阳、沁源、沁水、陵川、乡宁、安泽、夏县、闻喜退出贫困县。

山西省政府的通知在极短的时间内传遍了乡宁县城乡，这个吕梁山最南端的贫困县沸腾了。

24万乡宁人多年的期盼终于变成了现实！

为了今天，多少人呕心沥血，顽强拼搏！

为了今天，多少人风雨兼程，披星戴月！

为了今天，多少人出力流汗，无私奉献！

为了今天，多少人默默付出，无怨无悔！

贫困户脸上的笑容、田野间丰收的喜讯、省政府的通知，就是对他们最高的奖赏！

劲舞跳起来，赞歌唱起来，乡宁人过上了好日子。

后 记

走过了冬，走过了春，走进了夏，长篇纪实文学《山乡宁静：乡宁县脱贫攻坚实录》终于杀青。

半年多的时间，笔者始终陷入感动之中，始终沉浸在创作的亢奋之中。

60万字的作品饱含着笔者的泪水和汗水及期待。

乡宁大地的昌宁、枣岭、西坡、双鹤、光华、台头、管头、尉庄、关王庙、西交口等朴实而响亮的名字已经深深铭刻在笔者的脑海里。

县乡领导的苦心、第一书记的拼搏、工作队员的付出、乡村干部的坚守、包联干部的辛劳、青年志愿者的爱心、贫困户发自内心的喜悦、村民的幸福生活、农村的美丽倩影、农业的强劲发展，无时不在叩问着笔者的心智，激励着笔者把作品写得更好！

"全面建成小康社会，一个不能少；共同富裕路上，一个不能掉队！"

"人民对美好生活的向往，就是我们的奋斗目标。"

习近平总书记铿锵有力、充满感情的话语，时刻回响在笔者的耳旁，回响在广大农村，回响在中国大地上。

西坡和枣岭的花椒林莽、台头和光华的核桃群落、尉庄和西交口的移民新村、云丘山和戎子酒庄的大地艺术、关王庙和双鹤乡的食用菌基地、昌宁镇和管头镇的养殖产业，像一幅幅精美的图画展现在世人的眼前。

贫困孩子毫无后顾之忧地上学了，因疾病伤残致贫的弱势群体看病吃药有了保障，孤儿孤老的衣食住行有了依靠，水泥路通到了家门口，自来水流进了饭锅里，宽带、电视、手机、取暖、消暑成了百姓生活的常态。"楼上楼下，电灯电话，点灯不用油，耕地不用牛"，中国老百姓几十年来的期盼，终于在21世纪之初的脱贫攻坚战役中变成了活生生的现实！

　　如果说中国共产党已经带领中国人民站起来、富起来的话，那我们离真正强起来已经不远了！

　　这不仅是中国奇迹，也是世界奇迹，值得大书特书，彪炳青史！

　　在采访和写作过程中，笔者得到了乡宁县委、县政府、县委宣传部、县脱贫攻坚行动总指挥部以及县直各部门、各乡镇、各村两委的大力支持。尤其是得到了广大第一书记、工作队员、包联干部青年志愿者、贫困户的积极而热情的协助。特别是县脱贫攻坚行动总指挥部的刘科军、赵立功、王娟、苏生红、郑秀丽、闫帅、曹晋龙等同志的密切协同和全力帮助，白建国同志提供了大量精美的图片，王敏学同志题写了书名，在此一并表示诚挚的感谢。

　　天佑乡宁！

　　天佑鄂邑！

2019年6月30日